新編諸子集成續編

鶡冠子校注

黄懷信 撰

中華書局

目録

附録

序言

黄懷信教授從事古代文獻研究多年，近期集中心力，完成鶡冠子一書的校注，將由中華書局出版。這是對諸子之學的一項重要貢獻。

自西漢儒學定於一尊以後，諸子的傳習研究長期處於次要甚至從屬的地位。直至清代中葉，儒家經學的神聖光輝逐漸減褪，諸子之學纔重得振興，然而學者的研究仍衹能先從子書的整理校勘出發，至於其思想涵蕴的探討，則要到清末民初，經學衰亡，始能深入進行。隨着學術史、思想史、哲學史等現代學科的建立發展，諸子的整理研究更覺必要，許多前輩學者投入這方面工作，著述衆多，特别是近三十年，成績更爲顯著。試取中華書局過去印行的諸子集成及同時期類似注本，與近年出版的新編諸子集成和新出種種注本對比，就很容易看出其間積累進步的趨勢。

新編諸子集成開始分别出書以來，每種後面均附有新編諸子集成擬目，便於瞭解這一套書的概貌。讀者可能已經注意到，在擬目中，同過去諸子集成一樣，是没有鶡冠子的。出現這種現象的一個原因，是極少有學者專門對鶡冠子整理校勘。鶡冠子雖在漢書藝文志已有著録，但後來的流傳可説是不絶如縷。唐代柳宗元作辨鶡冠子，斥之爲「盡鄙淺者」，認爲是「好事者僞爲其書」，後來晁公武、陳振孫、王應麟等等都遵從柳説，其書之僞於是成爲公論，沿襲至於現代。甚至爲鶡冠子作注釋者，也要聲明其爲僞書，衹是「不盡僞」而已。因此，我曾説這部書是「先秦諸子中命運最乖舛的一種」（讀鶡冠子研究，人文雜志二〇〇二年第三期），自然罕有人顧及。

現在校勘注釋鶡冠子，有以下幾點難處。

首先是缺少善本。鶡冠子的傳本，主要是宋陸佃注本，有四部叢刊影印的明翻宋本和道藏本，然存在不少訛脱，更早僅有羣書治要摘引的一部分。舊爲傅增湘先生收藏的所謂唐寫本鶡冠子殘卷，早已證明爲僞，傅熹年先生前些年曾以其照片賜示。現在齊齊哈爾圖書館的唐寫本殘卷，據云與傅氏舊藏的中間部分大致相同，包括本文及注，恐也不足憑信。

其次是没有佳注。陸佃注雖爲後人依據，但失於簡略，以致被學者譏爲「循文敷衍」。此後幾乎無人爲此書作系統注釋，衹在清末以下，有王闓運的鶡冠子注、孫人和的鶡冠子舉正、吴世拱的鶡冠子吴注，也都不够詳盡。一九七四年，臺灣師範大學國文研究所張金城博士的學位論文鶡冠子箋疏，次年刊登於該所集刊第十九號，輯集各家，有一定規模，惟仍有不理想處。新編校注，在不少方面没有充分憑藉。

鶡冠子書本身的特點，也造成校注的困難。其一是在語言，作者鶡冠子，據漢人記述係楚國隱士，從而書中存在許多楚人方言詞語，與當時其他文獻多有不同。其二是在學説，如明代宋濂諸子辨所言：「其書述三才變通、古今治亂之道。」儘管主旨仍屬道家，却吸收了不少陰陽數術的因素，於是更爲晦澀費解，使一些學者即使對此書有興趣，也不得不望而却步。

學術界對研究整理鶡冠子的要求正越來越迫切。發生這一現象的契機，是一九七三年末長沙馬王堆三號漢墓帛書的發現。這批珍貴帛書裏有黄帝書（我同意唐蘭先生主張即漢志的黄帝四經），很多觀點和語句與鶡冠子相同，確證後者是先秦古書，而且是黄老一派的要籍。由此，國内外都有學者致力於鶡冠子研究，發表了一系列論著。爲了推進有關工作，一部好的鶡冠子校注的工作實爲迫不及待。

黄懷信教授適時地擔當了這項工作。他在西北大學任教已久，在文獻研究整理方面有深厚基礎、豐富經驗，已出版著作多種。以他來進行鶡冠子的校注，自然駕輕就熟，其成果如何，讀者翻閱本書即可概見。應當説，鶡冠子的重要性，仍衹是初步認識，在未來的研究中，還會有很多奥秘揭示出來。無論如何，黄懷信教授的工作將起着重要的推動作用。

李學勤

二〇〇三年十月二十七日

於清華大學思想文化研究所

前　言

鶡冠子是一部先秦道家的著作，最早著録於漢書藝文志。由於書中有不少文句與西漢賈誼鵩鳥賦相同或相似，長期以來被視爲僞書，遭受冷遇。一九七三年長沙馬王堆帛書黄帝書出土以後，因其與帛書亦有不少相同或相類似的語句，從而又時來運轉，獲得了新生，成爲海内外學人研討的「熱門」。

一　鶡冠子的著作者

關於鶡冠子的著者，漢書藝文志班固自注：「楚人，居深山，以鶡爲冠。」顔師古注曰：「以鶡鳥羽爲冠。」應劭風俗通義（佚文）曰：「鶡冠子，楚賢人，以鶡爲冠，因氏焉。」隋書經籍志注曰：「楚之隱人。」舊唐書經籍志注曰：「鶡冠子撰。」藝文類聚卷三十六隱逸上引袁淑真隱傳曰：「鶡冠子，或曰楚人，隱居幽山，衣敝履空，以鶡爲冠，莫測其名，因服成號，著書言道家。馮煖常（嘗）師事之，後顯於趙，鶡冠子懼其薦己也，乃與煖絶。」高士傳有同説。

從上面這些記載我們可以知道，鶡冠子的作者鶡冠子係楚人，是一名喜以鶡鳥羽毛爲冠飾並以之爲號的隱士，而且曾做過馮煖的老師。馮煖就是龐煖，「龐」與「馮」古音相近，故多互用。史記廉頗藺相如列傳附李牧傳索隱曰：「煖，即馮煖也。」李牧傳載：「趙悼襄王元年，廉頗既亡入魏，趙使李牧攻燕，拔武遂、方城。居二年，龐煖破燕軍，殺劇辛。」是龐煖爲燕將，係趙人。那麽，鶡冠子本人又當到過趙。

鶡冠子係楚人，從鶡冠子本書即可得到證實。如王鈇篇所記「柱國」、「令尹」等官名與官制，爲楚國所特有。鶡冠子爲隱士，觀其名號不用真名即可不疑。曾爲龐煖師，從世賢、武靈王二篇記龐煖事可得到證實，因爲二篇的思想與全書一致，而且世賢篇記趙卓（悼）襄王與龐煖對話，龐煖兩次提到楚王（「楚王臨朝爲隨兵」、「楚王聞傳暮䮑在身」），也足以作爲佐證。關於鶡冠子到過趙，從鶡鳥的産地可以得到證實。説文解字云：「鶡，似雉，出上黨。」山海經中山經「（輝諸之山）其鳥多鶡」，郭璞注云：「音曷，出上黨，似雉而大，青色，有毛角，勇健，鬭死乃止。」上黨，戰國魏地，後屬趙，在今山西長治地區。現代動物學研究也表明，歷史上鶡馬鷄（即鶡）主要分佈在今山西東北及河北西北部山地。

這一地區，戰國晚期正屬趙地。又據後漢書輿服志下，趙武靈王曾以鶡「表武上」（因其勇健善鬭），是趙國確有鶡。而楚地則無出鶡鳥的記載。既然鶡冠子常以鶡羽爲冠，則其必定居住在出産鶡鳥之地，亦可見鶡冠子曾居於趙。

以上分析説明，鶡冠子作者確係一名出生於楚、遊學並定居於趙、喜以當地所産鶡鳥羽毛爲冠飾並以之爲號、曾做過龐煖老師而已佚名的隱士。

二　鶡冠子的篇卷

漢書藝文志道家類著録：「鶡冠子一篇。」隋書經籍志著録：「鶡冠子三卷。」韓愈讀鶡冠子云：「鶡冠子十有六篇。」崇文總目著録：「鶡冠子三卷，今書十五篇。」晁公武郡齋讀書志著録：「鶡冠子三卷，十五篇。」今本分三卷，十九篇。另外也有作八卷者，是與墨子等書的混編，可不論。

那麽今本是否漢志之舊呢？前人論此，多持否定態度。如崇文總目曰：「今書十五篇，述三才變通、古今治亂之道。唐世（柳宗元）嘗辨此書後出，非古所謂鶡冠子者。」晁公武郡齋讀書志曰：「四庫書目鶡冠子三［卷］十六篇，與愈合，已非漢志之舊。」姚際恒古今僞書考曰：「漢志止一篇，韓文公（愈）所讀有十六篇，四庫書目有三十六篇，逐代增多，何也？意者原本無多，餘悉後人增之歟？」四庫全書總目云：「漢志作一篇，而隋志以下皆作三卷，或後來有所附益，則未可知耳。」這是前人以今書非漢志之舊、古今本篇卷相差懸殊的看法。

今考漢志著録書籍，多「篇」「卷」互用，而每家總計，則「篇」「卷」同計爲「篇」，説明其「篇」與「卷」相當。因而，漢志之「一篇」，不當與今十九篇之篇同觀，而應視爲卷。而卷之大小，由人劃分，古今可以有異。所以，漢志僅一篇，尚不能證明今本非漢志之舊。

也有以今本鶡冠子爲漢志鶡冠子與漢志兵家龐煖或縱横家龐煖合編本者。如胡應麟四部正訛曰：「藝文志兵家有龐煖三篇，鶡冠子兵政稱龐煖問（按今本作「龐子問」），而世賢、武靈王等篇直稱煖語，豈煖學於鶡冠，而此二篇自是煖書，後人因鶡冠與煖問答，因取以附之歟？」顧實漢書藝文志講疏則進一步指出：「兵家龐煖三篇，汪刻本漢書作二篇，合此鶡冠子一篇，正符三篇之數。」王闓運題鶡冠子云：「漢書藝文志鶡冠子在道家，又龐煖二篇在縱横家。隋志則鶡冠子三卷，無龐煖書矣。」「則隨（隋）三卷者，因合煖二

朱養和刊鶡冠子集評。此本題「宋陸佃解，明王宇永啓評，明朱養純元一、張堯翼幼青參評」，係在陸解本基礎上於行間偶加評注，並於天頭以眉批形式集録前人數十家評語，不注出處。其書重在評，對文字訓詁無所發明。（四）清康熙間馬驌鶡冠子之言。該本節録博選、著希、環流、近迭、王鈇、天權、能天、學問諸篇本文，無注，在繹史内。（五）清嘉慶間姚文田撰鶡冠子音諧。此本節録鶡冠子文句之有韻者，將叶韻之字加以圓圈，下注篇名，以韻别類輯，在古音諧内。（六）清光緒間李寶淦鶡冠子文粹。此本録博選至能天十七篇原文，加以删節圈點，間附按語，在諸子文粹内。（七）民國間張文治鶡冠子治要。此本録博選篇原文，無注，前有鶡冠子傳略，在諸子大綱内。（八）民國七年初刊張之純評注鶡冠子菁華録。此本基本上全部録存了鶡冠子十九篇原文，衹有第八、第九、第十三等篇删節了部分段落，雙行夾注，並附眉批，在商務印書館評注諸子菁華録中。另有清末民初王仁俊輯鶡冠子佚文一卷。此本實際所輯衹有一條，在經籍佚文内。

近世又有所謂敦煌唐寫本殘卷本。此本由傅增湘先生於國立北平圖書館月刊第三卷第六號首先披露，該文名跋唐人寫鶡冠子上卷卷子。文曰：「鶡冠子上卷，唐人寫卷子本。凡二十六紙，每紙二十八行，每行十七字，都七百二十行。末一紙後空八行，距書名

篇與？」

考今本十九篇中，十二篇爲專題論文，七篇爲對話。七篇對話中，近迭第七、度萬第八、王鈇第九、兵政第十四、學問第十五五篇均記龐子與鶡冠子的對話，皆以「龐子問鶡冠子曰」開篇；而世賢第十六記趙卓（悼）襄王與龐煖的對話，以「卓（悼）襄王問龐煖曰」開篇；武靈王第十九記趙武靈王與龐煥的對話，以「武靈王問龐煥曰」開篇。可以推測，以「龐子問鶡冠子曰」開篇的五篇，係一人手筆，而且此五篇與十二篇專題論文在内容上有完整性，是一個有機的整體；而以「（趙）王問龐煖（煥）曰」開篇的二篇，則又係一人手筆，因爲一稱「龐子」，一稱名，昭然有别，而且内容上亦欠相屬。又以常理，言龐子問鶡冠子，自係鶡冠子書中事；而趙王問龐煖，與鶡冠子無關，不得屬鶡冠子，而正當名龐煖或龐煥。而龐煥實際上就是龐煖，因爲「煥」、「煖」二字古音相同，陸佃注亦云：「煥，一作『煖』。」是古本有直接作龐煖者。所以，世賢與武靈王二篇當係龐煖書。那麽此二篇又當屬哪一家龐煖呢？從内容看，世賢、武靈王二篇所記，有兵家性質。如世賢龐煖曰：「昔伊尹醫殷，太公醫周武王，百里醫秦，申麃醫郢，原季醫晉，范蠡醫越，管仲醫齊，而五國霸。」「治之無名，使之無形，至功之成其下，謂之自然。故良醫化之，拙醫敗之。」武靈王篇更是通論「百戰而勝，非善之善者也；不戰而勝，善之善者也」，言「此陰經之法、夜行之道，天武之類也」，正類兵權謀家言，而不似縱橫家語。所以今本世賢、武靈王二篇，當係漢志兵權謀家之龐煖。然而兵權謀家之龐煖通行本漢志作三篇，而今本鶡冠子中又找不出另一篇當爲龐煖書的文字，而且其餘十七篇本身又有完整性，看來兵家之龐煖，祇有從汪刻本漢書作「二篇」了。除二篇以外的十七篇，既然在思想内容及文字上具有完整性，那麼就應當是漢志道家鶡冠子之舊。所以今本鶡冠子當是漢志道家鶡冠子與兵權謀家龐煖之合編。

今本十九篇，除去龐煖二篇，尚有十七篇，仍與韓愈所見不合，蓋今本泰鴻與泰録二篇，原本當是一篇，而後人分之。因爲泰鴻與泰録均論天、地、人三才之道，從内容上看是一個整體；從篇名看，「録」是記録、登録的意思，泰録篇未出現「泰録」，却以「入論泰鴻之内，出觀神明之外」，定制泰一之衷，以爲物稽」開篇，與泰鴻篇開篇「泰一者，執大同之制，調泰鴻之氣」相貫應，可見泰録是泰鴻的續録。

那麼今本是何時所合，十九篇又是何時分定的呢？

考最早引鶡冠子而文在十七篇之外者，爲唐高祖武德年間歐陽詢等人所撰的藝文類聚。該書卷十九引鶡冠子曰：「趙武靈王問龐煖曰：『寡人聞飛語流傳曰：百戰百勝，非善之善者也。』」見今武靈王篇，説明當時已合。唐太宗貞觀年間魏徵等人撰作的羣書治要引鶡冠子，亦及世賢篇，是唐初龐煖二篇已在鶡冠子。所以，隋書經籍志所著録的三卷本，必爲已合之本，因爲隋志即魏徵等人所撰。隋志本爲五代史志，其書之撰，總括了梁、陳、齊、周、隋五代官私書目之所著，所以今本鶡冠子之編，很可能在梁、陳以至魏、晉以後，因爲魏、晉間官家校書頻繁。當然，十九篇之分定，即泰鴻篇被一分爲二，也就是合編者之所爲了。因爲今本世賢、武靈王並非簡單地編排在後面，而是有所調整。

十九篇之分既在韓愈之前，韓愈讀之，爲何衹言「十有六篇」呢？我們説，韓愈所讀，當是尚未編入龐煖二篇的原本鶡冠子，因爲我們知道，對書籍進行重新編輯分篇，一般都是官家校書時所爲，而官家所校之書傳至民間，需要一個過程，在這個過程中，民間原有的舊本不可能没有流傳。那麽，韓愈所讀爲未被編合之舊本，也就不奇怪了。至於宋人所見的十五篇本，又當是未編舊本之殘缺。這又説明，直到宋代，鶡冠子一直有兩種不同的版本在流傳。

三　鶡冠子的撰作時代

原本鶡冠子，即十二篇論文和五篇以「龐子問鶡冠子」開頭的對話，所記最晚之事，爲燕將劇辛兵敗自刎。世兵篇云：「劇辛爲燕將，與趙戰。軍敗，劇辛自刎。」那麽，其撰作自應在此事之後。史記燕召公世家記此事曰：「（燕王喜）十二年，趙使李牧攻燕，拔武遂、方城。劇辛故居趙，與龐煖善，已而亡走燕。燕見趙數困於秦，而廉頗去，令龐煖將也，欲因趙弊攻之。問劇辛，辛曰：『龐煖易與耳。』燕使劇辛將擊趙，趙使龐煖擊之，取燕軍二萬，殺劇辛。」史記趙世家記此事曰：「（悼襄王）三年，龐煖將，攻燕，擒其將劇辛。」史記李牧傳記此事曰：「趙悼襄王元年，廉頗既亡入魏，趙使李牧攻燕，拔武遂、方城。居二年，龐煖破燕軍，殺劇辛。」是劇辛之死在趙悼襄王三年、燕王喜十三年，即公元前二四二年。所以，至少世兵篇之撰作不能早於公元前二四二年。至於其他諸篇，或許有更早者，因爲武靈王篇記武靈王問龐焕（煖），龐焕（煖）答言所講「陰經之法，夜行之道」，與夜行篇「聖人貴夜行」思想完全一致，是當時龐焕（煖）已受學於鶡冠子。這也説明，鶡冠子夜行之説，當時已有。趙武靈王公元前三二五至前二九九年在位，即使是武靈王晚年，去悼襄王三年亦已五六十年。所以，鶡冠子一書，當是鶡冠子一生學術的結晶，其撰作年代跨度當較大，而最終完成，當在公元前二四二年以後，但也不會太晚，因爲一則是年齡的關係，二則是不避「遷」字。如王鈇篇云：「不見異物而遷。」泰録篇云：「與時遷焉。」世兵篇云：「斡流遷徙。」而「遷」則是繼悼襄王以後趙王的名諱。所以，原本鶡冠子的完成，當在趙悼襄王之世。悼襄王在位九年，公元前二三六年卒，那麽，鶡冠子的最終完成，就當在公元前二四三至前二三六年間。又從「龐子」稱謂看，也許有人會以爲這是龐煖弟子的手筆，其實不然。我們知道，「子」確是對人的尊稱，但鶡冠子與龐煖雖有師徒關係，而年齡則不會相差過大，因爲二人都經歷了趙武靈王與趙悼襄王世，而二世本身已達六十年。加之龐煖早年已學有所成（答武靈王可知），也是一名學者，所以，鶡冠子爲了表示尊重而稱龐煖爲龐子，完全可能。而若謂係龐煖弟子所作，則其不可能對鶡冠子的思想、語言瞭解如此清楚，而且時代也不相當，因爲全書没有更晚的事件。

至於原爲龐煖的世賢、武靈王二篇，時代自當稍晚，因爲世賢篇提到「卓（悼）襄王」謚號。趙悼襄王卒於公元前二三六年，所以，世賢之作，至少要在公元前二三六年以後。悼襄王卒後其子趙王遷即位，七年而趙亡。二篇稱「龐煖」，當是其本人手筆；又篇中没有出現「遷」字，也没有趙亡以後以至秦統一的迹象，所以當在趙王遷之世。而且根據年齡，龐煖也不可能活到趙亡以後，因爲武靈王晚年至趙亡（公元前二二八年）已近八十年，而武靈王晚年龐煖已學有所成。所以，世賢、武靈王二篇，至少世賢篇之作，當在公元前二三六至前二二八年之間。

總上可知，今本鶡冠子的最終撰作時代，當在公元前二三六至前二二八年之間，可見其確是一部先秦文獻。

四　鶡冠子的版本

鶡冠子傳世最早的文本，是唐貞觀年間魏徵羣書治要所引。而該書實際上衹節録了博選、著希、世賢三篇部分文字，而且無注。其次有唐貞觀年間馬總意林所引，也僅節其要語兩條而已。完整的傳本，衹有宋徽宗年間陸佃鶡冠子解一種。該本卷首有陸氏鶡冠子序，次列韓愈讀鶡冠子，下分上、中、下三卷（也有不分卷者），十九篇，雙行夾注，含校、音。後世出現的各種傳本，實際上都是以陸解本爲祖本的。

陸解本傳世版本較多，主要有：四部叢刊影印江陰藝風堂藏明翻宋本、明正統間所刊道藏本、明弘治間碧雲館活字印本、明萬曆四年刊子彙本、明嘉靖間刊五子書本、清乾隆間鈔四庫全書本、清乾隆間武英殿聚珍版叢書活字本、清嘉慶十年張氏照曠閣刊學津討原本（四部備要本所祖）、清嘉慶九年姑蘇聚文堂刊十子全書及其覆刊、重刊本等，達數十種之多。

陸解本中，目前流傳最廣的要屬四部叢刊本。此本左右雙欄，白口，半頁八行，行十七字，分三卷。此本存在的錯誤較多。較善的本子，當屬子彙本。此本四周雙欄，白口雙魚尾，半頁十行，行二十一字，傳爲潛菴子所校，是目前傳世版本中錯誤最少的本子。明弘治本今不可多見，其版式爲四周單欄，白口，半頁十行，行二十字，正文各句頂格，注低一格，偶有「原作某」字樣，上有清高宗弘曆題字，當是四庫全書祖本。五子書本也稱輯校鶡冠子，係歐陽清所校，其文字、版式頗似四部叢刊本，當有關係。武英殿聚珍版叢書本也稱校訂鶡冠子，係紀昀等人所校。

陸解本以外的傳本尚有：（一）明隆慶間沈津編鶡冠子類纂。此本節録鶡冠子各篇文字，間注字義，在百家類纂内。（二）明萬曆十九年刊陳深所編鶡冠子品節。此本節録鶡冠子要語，分爲「佳品」、「神品」、「妙品」，間附評語，在諸子品節内。（三）明天啓五年

後空一行，低二格題『貞觀三年五月燉煌教授令狐袁傳寫』一行十五字。卷中『民』字皆缺末筆。每紙接縫處，紙背鈐有朱色花紋記。用筆秀勁，結體方博，微具褚虞遺範。開卷題『鶡冠子卷上』，次行頂格寫本書，不標篇名。以今本覈之，自博選起，次著希，次夜行，次天則，次環流，次道端，次近迭，次度萬，至王鈇篇『上序其福禄而百事理，行畔者不利』止，蓋上卷爲今本八篇有半也。第『行畔者不利』下，尋繹文義未終，不知何以劃斷爲卷，疑莫能明也。每段下有注。」

另齊齊哈爾市圖書館今藏也有所謂「唐人寫本鶡冠子殘卷」。據介紹，該本硬黄紙，有竪格，天地有横綫，書高二十四釐米，長三百三十二釐米。共有一百八十行，每行十七字。内存原文四十四節，注文十三節。卷末頂格題書名「鶡冠子卷第一」。下空一行頂格書「大唐貞觀三年五月校定畢」十一字。避唐太宗諱，文中「民」字皆缺末筆。其書殘文起「凶者反此」，迄「退謀言弟子愈恐」，即環流第五（殘篇）、道端第六、近迭第七，計此寫本存文二篇有半。是與傅見本又非一本。

敦煌卷子中有鶡冠子，按理自不爲奇，問題是以其文字（傅跋所附）與今本相校，則疑竇叢生：該本文字雖多異文，但幾乎無一超出陸校，凡陸佃云「一作某」者，該本必定作某。以道端篇爲例，「然後有以量人」，陸注曰：「一本無『然』、『以』二字。」該本作「後有量人」，無「然」「以」；「長不讓少，貴不讓賤，足以知禮達」，陸注曰：「（達）或作『迭』。」該本作「足以知禮迭」，不知「迭」爲「達」字之誤；「第不失次，理不相舛」，陸注曰：「（舛）一本作『奸』。」該本作「理不相奸」；「二者先定素立，白蓼明起」，陸注曰：「立白蓼，一本作『七一曰藻』。『藻』，一作『慕』。」陸注「七一」二字當有誤，而該寫者不知，亦徑從之，作「二者先定素七一曰慕」，可見其必據陸注。而且注文文辭淺近，不引經典，祇作串講，無甚發明，不似古注，如：「夫寒温之變，非一精之所化也」下注：「寒温交變，非一精所化合之者，繁。」「天下之事，非一人之所獨知也」下注：「天下事非一人獨爲，賴輔弼者之功。」「出究其道，入窮其變」下注：「出當究其道，入當窮其變。」還有妄改者，如：「所備甚遠，賊在所愛」，改爲「賊在所近」；「天不開門户」，改爲「天不閉門户」。脱文掉句，亦所在多有，如：「忠者，君之政也；信者，君之教也」句，作「忠者，君之教也」，脱「政也信者君之」六字；「出封越境適絶國使信，制天地御諸侯使聖」，脱「使信」和「地」字，等等。可見其必非古本。加之其所用「硬黄紙」，與民國間北京流傳的僞敦煌卷子基本相同（李學勤先生説），所以，所謂「敦煌唐寫本殘卷」，當是民國間之僞造品。

齊齊哈爾市圖書館所藏也是「硬黄紙」，文字與傅跋本基本相同。如道端篇「天定之，地處之」，「處」均作「居」；「夫寒温之變，非一精之所化也」，「寒温」均作「温寒」；「天不開門户」，均作「天不閉門户」；「忠者君之政也，信者君之教也」，均脱「君之政也信者」六字，等等。儘管也有個别異文，亦必係一人之所僞造無疑。

五　鶡冠子的校注本

鶡冠子舊注，惟北宋陸佃鶡冠子解一家。

陸佃，字農師，號陶山，宋越州山陰人。少勤學，受經於王安石。熙寧三年擢進士中科，授蔡州推官，選爲鄆州教授，召補國子監直講。元豐時擢中書舍人，哲宗初爲吏部侍郎。徽宗即位，參與修哲宗實録，遷吏部尚書。曾出使遼國，歸拜尚書右丞，轉左丞。後罷知亳州，卒於官。宋史本傳稱其「精於禮家名數之學」，有埤雅等書傳世。其鶡冠子解大概作於晚年。序中説：「此書雖雜黄老刑名，而要其宿時若散亂而無家者。然其奇言奥旨，亦每每而有也。自博選篇至武靈王問凡十有九篇，而退之讀此，云十有六篇者，非全書也。

今其書雖具在，然文字脱繆不可考者多矣。語曰『書三寫，「魚」成「魯」，「帝」成「虎」』，豈虛言哉？余竊閔之，故爲釋其可知者，而其不可考者輒疑焉，以俟博洽君子。」是其並非經意之作，難怪後人多有非議。如王闓運批評其「訓詁則望文生義，無所取也」。

事實上，陸解很有價值。首先，作爲第一家，其篳路藍縷之功即不可没。書中不少疑難詞句，就是靠它而得到了解釋。就篇幅言，陸解雖不是逐句有解，但相對於後世各家，還是比較詳備的，而且在解詞釋義的同時，往往能引據經典，證明並疏通文義。陸解的另一貢獻，是大量保存了鶡冠子古本的異文。陸解雖然校勘不精，但書中大量注明「一本作某」或「或作某」，使後人能够瞭解古本異文，成爲今天校勘鶡冠子的珍貴材料。另外，陸解還對部分容易誤讀的句子作了明確斷句。如天則篇「舉善不以窅窅，拾過不以冥冥。決此，法之所貴也」，「決此」下注「一「句」字，使人不致將「決此法」連讀；天權篇「故莫務行事，與其任力俱終；塞，故四發上統而不續」，「俱終」下注「一「句」字，使人不致將「塞」字屬上，等等。此外，陸解還爲不少字注明了音讀，也有價值。

陸解以外，晚近以來通注鶡冠子者有王闓運、張之純、吴世拱、張金城四家。

王闓運，字壬秋，祖籍湖南湘潭，生於湖南善化（今長沙）。自幼勤勉好學，七歲入私塾，十八歲入長沙城南書院。十九歲應縣試，補諸生。二十四歲中舉人。二十七歲入曾國藩帳下任幕僚。後歷任長沙思賢講舍主講、衡陽船山書院山長、江西大學堂總教習。一九〇八年，湖南巡撫岑春煊以「耆儒」報請朝廷，授翰林院檢討，後又加侍講銜。一九一四年入京，任清史館館長、參議院參政。一九一六年病逝於湖南衡陽。王氏鶡冠子注作於光緒二十一年。其書雖號通注，實際上總共祇有一百三十餘條，而且多則一條二三十字，少則一兩個字，實在是簡注中之簡注。一百三十條注中，有不少屬於校字、注音、斷句，於文義無大發明。王氏本的另一特點，是對文字有所校勘，而且偶有所得。

張之純，又名純一，民國初年人。所編評注諸子菁華録，依儒家、道家、法家、墨家、雜家、兵家之次序，選晏子春秋、荀子、賈子新書、春秋繁露、揚子法言、老子、文子、莊子、列子、鶡冠子、鬻子、商君書、韓非子、墨子、尸子、吕氏春秋、淮南子、孫子凡十八種子書，「就原書擇尤採録，詳悉評注，並細加圈點」。其鶡冠子注多採用或演繹陸佃注，亦有自注，對讀鶡冠子有所幫助。

吴世拱，江蘇鹽城人，師從於曾任湖北大冶縣知事、河北大學兼民國大學教授的尹桐陽。所撰鶡冠子吴注，成書於民國十八年。序中說：「夫探研舊籍，洞窺其學說與時代爲歸，某作與非某作之真僞，係一人之事，既微且輕，無從正辨，亦可置之。考其名物訓詁及學術思想，塙爲秦前之物，決非後世所能叚借。惜荒堙既久，脱落者多，紕繆之士擅自改奪，還反舊觀，莫有依據。世拱校注幾及三年，猶有未安。」可見其確實下了一番功夫。從篇幅上説，該注較爲詳備。吳注的基本方法，是先釋詞，後串講，釋詞能重視聲音的因素，同時還大量引用典籍文獻，以疏通證明文義。吳注還對書中用韻情況一一作了指明，儘管有很多未必正確。吳注對前人的研究成果没有很好地吸收。另外，由於吳氏過分相信聲訓，所以望文生義者有之，穿鑿附會者亦有之。儘管如此，吳注還是有不少發前人所未發的真知灼見，值得重視。

張金城，原是臺灣師範大學國文研究所于長卿先生的研究生，所撰鶡冠子箋疏，刊在國文研究所集刊第十九期上。其敘例中説：「余既入上庠，承于師長卿先生訓誨諄諄，每想通觀子書精義。先生曰：『欲博觀必自專精始，求專精先從一子下工夫。』余欣然受教，因請以鶡冠始。求乎子史之中以箋其義、疏其注，並就古注類書所徵引有可以驗其訛奪者略爲之正。法郝懿行氏箋疏郭注山海經之例，先列陸氏舊注，圈外羅列前賢之説，最後案以己意。文既成，名曰鶡冠子箋疏，蓋冀因訓詁之明以達全文之精微也。」箋疏吸收了除吴注以外的幾乎所有前人校注方面的研究成果，因而能多有發明。同時，箋疏還彙多種版本及羣書治要、永樂大典、文選注等所引，對原文進行了精審的校勘，時有創見。箋疏的另一貢獻，是一一詳細注明了陸佃注中所引經典的出處。

通注之外，校注及於鶡冠子者尚有以下數家：

一、洪頤煊。其成書於清道光初年的讀書叢録中校釋鶡冠子疑難詞句七條，涉及博選、環流、度萬、世兵、天權等六篇。

二、俞樾。其成書於清光緒間的諸子平議中校釋鶡冠子疑難詞句三十二條，多有發明。

三、孫詒讓。其成書於清光緒十九年的札迻中校釋鶡冠子十七條，多以羣書治要所引爲校。

四、孫人和。孫氏一九二九年刊發在國立北平圖書館月刊第三卷第二號上的鶡冠子舉正，校注鶡冠子四十三條，以校爲主，涉及著希、兵政、能天之外的十六篇内容。

另有敦煌唐寫本殘卷。該本涉及博選、著希、夜行、天則、環流、道端、近迭、度萬及王之鉃，傅增湘録爲七十九條，每條多釋一大句。該注雖實不古，但對校勘有所幫助。

黄懷信

二〇〇一年五月初稿於西北大學

二〇一三年十一月修訂於曲阜師範大學

例言

一、鶡冠子原文及陸佃校、注，皆以明萬曆五年刊子彙本爲底本。

二、校勘採用鶡冠子舊本及注本包括：

（一）民國十四年上海涵芬樓影印明正統道藏本，簡稱「道藏本」；

（二）四部叢刊影印上海涵芬樓借江陰繆氏藝風堂藏明翻宋本，簡稱「叢刊本」；

（三）明弘治間碧雲館活字印本，簡稱「弘治本」；

（四）明天啓五年朱氏花齋刊鶡冠子集評本，簡稱「朱氏本」；

（五）清乾隆間武英殿聚珍版叢書活字本，簡稱「聚珍本」；

（六）清文淵閣四庫全書本，簡稱「四庫本」；

（七）清嘉慶十年張海鵬照曠閣刊學津討原本，簡稱「學津本」；

（八）清宣統六年刊王闓運校本，簡稱「王氏本」；

（九）唐羣書治要鶡冠子（四部叢刊本），簡稱「治要」；

（一〇）唐人寫本鶡冠子殘卷（據傅增湘跋唐人寫鶡冠子上卷卷子，國立北平圖書館月刊第三卷第六號)，簡稱「唐寫本殘卷」。

三、採輯前人及今人校注包括：

(一)宋陸佃校注；

(二)明陳深諸子品節(萬曆十九年刊本)；

(三)明王宇鶡冠子集評(朱氏本)；

(四)明朱養和、朱養純注(朱氏本)；

(五)清紀昀校(據聚珍本)；

(六)清洪頤煊鶡冠子叢録(道光二年富文齋刊讀書叢録)；

(七)清俞樾鶡冠子平議(中華書局一九五四年版)；

(八)清孫詒讓鶡冠子札迻(札迻光緒二十年刊本)；

(九)清王闓運鶡冠子注(王氏本)；

(一〇)民國張之純評注鶡冠子菁華録(商務印書館評注諸子菁華録，民國十四年版)；

(一一)民國孫人和鶡冠子舉正(國立北平圖書館月刊第三卷第二號)；

（一二）民國吴世拱鶡冠子吴注（九鶴堂叢書本）；

（一三）張金城鶡冠子箋疏（國文研究所集刊第十九期，重加標點）；

（一四）敦煌唐寫本殘卷。鑒於此本不真，故衹入校。

四、校、注以小字夾注形式隨附句下，先出校，後出注，校、注之間加「〇」以區分；無校者注前亦加「〇」，以清眉目。

五、陸佃注文之校，隨附在原文下圓括弧内。

六、校、注之原文句子單位劃分，視文義及校注之多寡有無而定。

七、原文異讀處之斷句，多從陸佃，以便處理其校注。

八、採各家注説，以訓詁釋義者爲主，評論性文字一般不録；個别條目，原文略顯煩瑣，對與校、注無關的文字，有所删節。

九、各家引文，一般均與原書作了覈對。

一〇、各家注説中之明顯誤字，皆徑改不出校。

一一、各家引文未明確出處、篇名者，一般均作了查證與説明。

一二、校、注下附撰者按語與斷語，以「按」的形式給出。

卷上

博選第一

〇陳深曰：「此篇説求士。」按：博，廣博、廣泛。選，選才。戰國策燕策：「王誠博選國中之賢者而朝其門下；天下聞王朝其賢臣，天下之士必趨於燕矣。」此取開篇二字（今本誤，見後注）名篇，主要講博選的重要性及方法。

王鈇非一世之器者，厚德隆俊也。 鈇，叢刊本、朱氏本作「鉄」，注同。紀昀曰：「一作『鐵』，非。」王鈇非一世之器者，治要作「博選者」。厚德隆俊也，治要作「序德程俊也」。孫詒讓曰：「羣書治要三十四引無『王鈇』句，首句作『博選者，序德程俊也』，與篇名正相應，是也。後王鈇篇云：『工鈇者，非一世之器也。』今本疑涉彼文而誤增，與上下文皆不相屬，足明其非。『序』、『厚』，『程』、『隆』，亦形近而誤。」按：孫説是，當從治要。「鈇」作「鉄」者誤字，作「鐵」者又因「鉄」誤。〇陸佃曰：「王鈇，法制也。賈子曰：『權埶法制，人主之斤斧。』夫專任法制，不以厚德將之，而欲以持久，難哉。」洪頤煊曰：「説文：『鈇，銼砍刀也。』後漢書獻帝紀李賢注引蒼頡：『鈇，斧也。』斧鉞，王者所以示威，故稱王鈇。」吴世拱曰：「鈇，同『夫』，治也。隆，重也。俊，才能也。記月令：「孟夏，……命太尉贊桀俊。」注：「桀俊，能者也。」周書洪範：「俊民用章。」孔安國云：「賢臣顯用。」言王道久遠不一世者，在厚其德、隆人才也，故王鈇云：「王鈇者，非一世之器也，以死遂生，從中制外之教也。」案：從中，厚德也；制外，隆俊也。」按：諸家皆據誤本爲說，不足信。博，廣也。博選，謂廣泛選拔人才。序，次也。序德，謂序明人品先後次第。程，說文：「品也。」廣雅釋詁三：「量也。」此句開宗明義，言所謂博選，乃是序人品、量俊才。**道凡四稽：一曰天，二曰地，三曰人，四曰命。**○陸佃如是讀。王宇、紀昀讀「命」連下「權」字爲句，非。陸佃曰：「命者，所以令之。」吳世拱曰：「道，王鈇之道也，謂序德。稽，止也，言止於此也。四稽下自解。命，令也，所以出制也。春秋元命苞：『命者，天之令也。』度萬：『令也者，出制者也。』賈子禮容語下：『命者，制令也。』」按：道，承上指博選之道，謂方法。凡，共。稽，考，考證、考察。命，令，指君之令。下文曰：「所謂命者，靡不在君者也。」此句言博選的方法共有四稽，分別爲稽天、稽地、稽人、稽命。

權人有五至：孫詒讓曰：「此冡上『三曰人』而言，治要引無『權』字，是也。」按：孫說是。「人有五至」，與上文「道有四稽」相對，當從治要刪「權」字。○王闓運曰：「不能知人，可以其至權之。」吳世拱曰：「權人，王鈇之權人也，謂隆俊，言度量人用之也。至，來也。五至，下自解。」按：至，謂來到，吳說是。五至，即下文「伯己者至」等五至。又：依上下文，此句至「五曰徒隸」在「神明者以人爲本」下，文義方順。

一曰伯己，伯，治要作「百」，用本字。陸佃曰：「百於己者。」張之純曰：「謂人之才百倍於己者。」張金城曰：「『伯』、『百』音同字通。」**二曰什己，**什，治要作「十」，用本字。○陸佃曰：「十於己者。」吴世拱曰：「什，同『十』。」**三曰若己，**○若，如、像。若己，與己相仿。陸佃曰：「與己等也。」**四曰廝役，**○陸佃曰：「事我者也。」吴世拱曰：「廝役，賤衆也，謂養役，與賈子官人『廝役』異。」按：廝役，供人驅使的奴才。公羊傳宣公十二年：「廝役扈養，死者數百。」**五曰徒隸。**○陸佃曰：「又其下者。」吴世拱曰：「徒，屬也，私也，謂侍御寺宦之類。廝役可使作戰，徒隸則左右阿曲取媚而已，故四廝役，最下徒隸。」張金城曰：「賈子官人篇曰：『王者官人有六等：一曰師，二曰友，三曰大臣，四曰左右，五曰侍御，六曰廝役。』」按：徒隸，服役的罪犯，較廝役又下一等。

所謂天者，物理情者也。「物理」二字治要倒。孫詒讓曰：「治要引作『理物情者也』，當據乙。」張金城曰：「孫説是。王鈇篇云：『辨於人情萬物之理，稱於天地。』正是此義。周禮天官冢宰目録曰『天者統理萬物』是也。」按：二説是，當從治要。張引周禮，見該篇疏所引鄭目録。○陸佃曰：「道無所治，有之者，以稽於天，所以爾也。教者，地事也；治者，天事也。」吴世拱曰：「言各正性命也。泰鴻：『天明三以定一，則萬物莫不至矣。』」按：陸説迂曲。理，治、統。物，萬物。情，性。天統理萬物之情，故當稽。**所謂地者，常弗去者也。**陸佃曰：「（弗）一作『不』。」吴世拱曰：「『弗』、『不』同。」按：「不」、「弗」古音同，故互用。○陸佃曰：「道無所住，有之者，以稽於地，所以爾也。運者，天道也；處者，地道也。」吳世拱曰：「去，離去也。言地常順天，長養不離去也。泰鴻：『地者，承天之衍，備載以寧者也。』」按：去，失去。地恒久不失，故可稽。**所謂人者，惡死樂生者也。**○吳世拱曰：「呂覽論威：『人情欲生而惡死。』」張金城曰：「呂覽適音：『人之情欲壽而惡夭。』與此義同。」按：人惡死樂生，可以生死相挾逼，故可稽。**所謂命者，靡不在君者也。**○陸佃曰：「莫不聽之之謂命。」張之純曰：「君，説文：『尊也。从尹、口。』尹，正也；口以發號，故號令得其正者方可爲君，而人皆聽命。」吳世拱曰：「靡，無也。言命令無不在君也。春秋繁露：『君也者，掌令者也。』」按：命皆出於君，故可稽。以上言四者可稽之故。**君也者，端神明者也。**治要「君」下無「也」字，依例當是。○陸佃曰：「無爲而尊。」吳世拱曰：「端，引出也。神明，出萬物者也。説文『神』下云：『神，引出萬物者也。』言拱坐而能各正性命，以出發神明之功謂之君。」張金城曰：「神明，指精神説。淮南原道曰：『聖人内修其本，而不外飾其末，保其精神，偃其智，故漠然無爲而無不爲也。』是端神明之謂。」按：端，正也。神明，謂人之精神，故下曰「以人爲本」。張説是。**神明者，以人爲本者也。**治要無「者也」二字，是，此蓋後人涉上而誤增。下三句同。○陸佃曰：「因人則逸，任己則勞。」吳世拱曰：「以，因也。記禮運：『人者，其天地之德、陰陽之交、鬼神之會、五行之秀氣也。』左桓六年傳季梁曰：『夫民，神之主也。』欲通神明之功，先治其主也。」按：精神寄於人體，故曰以人爲本。**人者，**

以賢聖爲本者也。○吳世拱曰：「聖賢能治利人。墨子親士：『緩賢忘士而能存其國者（按今本作『而能以其國存者』），未曾有也。』言欲得神明之主，必資賢聖之功。」張金城曰：「此言任人又當取其至者，以賢聖爲要。」按：賢聖，指明君。明君爲百姓所依賴，故曰本。**賢聖者，以博選爲本者也。**○陸佃曰：「舜發於畎畝，傅説舉於版築，膠鬲舉於魚鹽，管夷吾舉於士，孫叔敖舉於海，百里奚舉於市。然則選士之路，豈可不博哉？」吳世拱曰：「欲資賢聖之功，先通選路也。」按：博選方爲明君，故明君以博選爲本。**博選者，以五至爲本者也。**○吳世拱曰：「以君之所至來之道爲主。」張金城曰：「此謂欲博選良吏，當不分貴賤，百己、十己者故當延攬，即厮役、徒隸之中，有卓異如百里奚、管夷吾亦不可遠，故曰以五至爲本。」按：五至，謂百己、十己、若己、厮役、徒隸五者之至。**故北面而事之，則伯己者至；**張金城曰：「戰國策燕策曰『詘指而事之，北面而受學，則百己者至』，文與此相出入，而多『詘指而事之』句，或原文有而後脱之。」按：燕策有，此不必有，張説非。○陸佃曰：「北面事之，所謂承之者也。」吳世拱曰：「賈子官人『取師之禮，黜位而朝之』，蓋出此。燕策郭隗曰：『詘己而事之，北面而受學，則百己者至。』」按：北面而事之，謂以臣禮事之。郭隗之語，見戰國策燕策一燕昭王收破燕後即位章，下皆同。**先趨而後息，先問而後默，則什己者至；**趨，治要作「趍」，下同。廣韻云：「趍，俗『趨』字。」張金城曰：「默，藏本、小學紺珠卷三引作『墨』，同音通用。」○陸佃曰：「先人而趨，後人而息；先人而問，後人而默，雖亦降己，異乎承之者也。是以伯己者往，什己者來。」吴世拱曰：「先趨聘之，迎歸而安之，然後敢安。先就問之，伺其終辭，然後敢默。賈子官人『取友之禮，以身先焉』出此。燕策郭隗曰：『先趨而後息，先問而後默，則什己者至。』」按：先趨而後息，先問而後默，謙也。**人趨己趨，則若己者至；**〇陸佃曰：「人趨己趨，與之雁行者也。」王闓運曰：「人趨己趨，與同勞勩。」吴世拱曰：「言先使聘之，而後己迎之。賈子官人『取大臣之禮，皮幣先焉；取左右之禮，使使者先焉』出此。燕策郭隗曰：『人趨己趨，若己者至。』」按：人趨己趨，與人同也，故若己者至。雁行，如大雁之飛行，在一列也。**憑几據杖，指麾而使，則厮役者至；**憑，治要作「馮」，同。據，或作「攄」，異體字。下同。〇陸佃曰：「坐則憑几，立則據杖，指麾而使，尚爲有禮焉。」吴世拱曰：「燕策郭隗曰：『憑几據杖，眄視指使，則厮役之人至。』」按：憑几據杖，傲慢之態也。麾，同「揮」。指麾而使，無禮貌也。**樂嗟苦咄，則徒隸之人至矣。**樂嗟苦咄，治要作「噫唶叱」，叢刊本闕「樂嗟苦」三字。洪頤煊曰：「宋王應麟小學紺珠引此作『謳藉⿰言疾咄』。今本『樂嗟苦』三字注，皆明人妄補。」孫詒讓曰：「治要引作『噫唶叱』三字，黄氏日鈔引作『謳藉嫉咄』，似皆有譌。考此章文，與戰國策燕策郭隗説燕昭王語正同。『樂嗟苦咄』，彼作『呴藉叱咄』，是也。『謳』『呴』，『藉』『唶』，形聲相近；『噫』『⿰言疾』，並傳寫之誤。此書正文及注皆明人肊竄，並非陸本之舊。明朱養和本載王宇校云：『按舊本闕「樂嗟苦」三字，今補之。』今檢子彙本亦有此三字，不知據何本補也。」張金城曰：「今考戰國策燕策句多同此，則孫説是。」又陸佃曰：「人，一作『者』。」按：作「者」非。「樂嗟苦咄」不辭，當如燕策作「呴藉叱咄」，唯彼「藉」乃「嗟」之借字。治要「喈」與「嗟」同，「叱」、「苦」音近。蓋此「叱」既誤爲「苦」，後人又改「呴」爲「樂」，以與「苦」相對。黄氏日鈔引作「謳」，與「呴」音近可證。○陸佃曰：「樂則嗟之，苦則咄之，不禮甚矣。苟非無耻之人，豈所甘心哉？」按：陸説無義。呴，同「吼」。楚辭九懷蓄英：「熊羆兮呴嗥。」嗟，呼喊。詩七月：「嗟我農夫。」叱，大聲呵斥。公羊傳莊十二年：「手劍而叱之。」咄，呵叱。是四者皆喝喊訓斥之詞。喝喊訓斥之，故唯徒隸之人來至。**故帝者與師處**，○吴世拱曰：「管子兵法：『察道者帝。』史記正義：『德象天地曰帝。』燕策郭隗曰：『帝者與師處。』」按：帛書黄帝書稱曰：「帝者臣名臣，其實師也。」**王者與友處**，友，治要作「交」，誤。○吴世拱曰：「管子兵法：『通德者王。』燕策郭隗曰：『王者與友處。』」按：吴子圖國：「能得其師者王，得其友者霸。」帛書黄帝書稱：「王者臣名臣，其實友也。霸者臣名臣，其實賓也。」**亡主與徒處**，徒，治要作「役」，疑是。燕策郭隗曰：「亡國與役處。」○張金城曰：「賈子官人篇：『故與師爲國者帝，與友爲國者王，與大臣爲國者伯，與左右爲國者强，與侍御爲國者若存若亡。與厮役爲國者，亡可立待也。』又説苑君道篇：『帝者之臣其名臣也，其實師也；王者之臣其名臣也，其實友也；霸者之臣其名臣也，其實賓也；危國之臣其名臣也，其實虜也。』又韓詩外傳六亦曰：『能自取師者王，能自取友者霸，而與居不若其身者亡。』」（亦見吴子圖國篇）文義同。」按：帛書黄帝書稱：「危者臣名臣，其實庸也；亡者臣名臣，其實虜也。」李學勤先生曰：「郭隗、鶡冠子的話，都是對此的引申發揮。」**故德萬人者謂之雋**，陸佃曰：「萬，一作百。」按：太平御覽四〇三引作「德及萬人謂之豪，德過百人謂之英」，疑此「雋」與下句「豪」字互誤。○陸佃曰：「雋者，知哲聖人之謂也。」張之純曰：「雋，廣韻：『鳥肥也。』其字从弓、隹。隹，短尾鳥也。唯野鳥味可言雋，故从弓。此蓋以鳥之雋制名也。」按：雋，同「俊」，借字。説文：「俊，材千人也。」呂覽、淮南注等亦以「千人爲俊」，與此異，則此句作「豪」爲是。又白虎通引禮別名記云：「百人曰俊。」左傳宣公十二年疏引辨名記曰：「十人曰選，倍選曰俊。」別爲一説。**德千人者謂之豪**，此句「豪」宜作「雋」，參上校。○陸佃曰：「此以獸之豪制名也。」張金城曰：「文選西京賦注引聲類曰：『豪，長毛也。』又素問刺要論『病有在豪毛腠裏者』注：『毛之長者曰豪。』是陸氏『以獸豪制名』之説也。豪與『毫』通。」按：豪，借爲「𠢕」。説文：「𠢕，健也。从力敖聲，讀若『豪』。」楚辭大招注：「千人才曰豪。」與此同。呂覽、淮南注以「才過百人曰豪」，與此異。又春秋繁露爵國注曰：「十人者曰豪。」亦異。**德百人者謂之英**。陸佃曰：「百，一作『萬』。」按：上已言萬人爲雋，則此作「萬」者非。○陸佃曰：「此以草之英制名也。」毛詩傳曰：『萬人曰英。』記曰：『五人曰茂，十人曰選，百人曰俊，千人曰英。』今此又以萬人曰俊、百人曰英，蓋莫可考矣。人物志曰：『獸之特者爲雄，草之秀者爲英。韓信是雄，張良是英。』（按今本『特』下有『羣』字，『秀』上有『精』字，後二句作『必聰能謀治，明能見機，膽能決之，然後可以爲英，張良是也。氣力過人，勇能行之，智足斷事，乃可以爲雄，韓信是也』）此言近之。」吳世拱曰：「經傳多有此說，然皆不同，蓋各據所聞爲說耳。能天：『德萬人者謂之俊，德千人者謂之豪，德百人者謂之英。』與此同。」張金城曰：「文子上禮篇：『智過萬人者謂之英，千人者謂之儁，百人者謂之傑，十人者謂之豪。』于先生集證曰：『案：英、儁、豪、傑之說，古來亦無定見。』是也。」按：詩毛傳、春秋繁露、淮南泰族注皆以「智萬人者爲英」；白虎通聖人引禮別名記、荀子儒效注以「千人曰英」，與此異。

德音者，所謂聲也，未聞音出而響過其聲者也。張金城曰：「文選漢高祖功臣頌注引此作『音者，所以調聲也，未聞音出而響過其聲者也』。李善注曰：『響爲音初也。』是今本『德』字涉上衍，『謂』爲『調』之誤，『所』下脱『以』字。當據正。」○王闓運曰：「言以名聲亦可以取士。人主譽其臣，以五至驗之可定。」張之純曰：「合衆音以成聲，故音響小，聲響大；一音之奏，斷不敵衆聲之發。亦以喻博選也。」張金城曰：「王、張二說皆非。此蓋言調聲在於爲音。聲之爛燦，一依音之和當，猶之乎治國在於得人，得人亦因乎博選也。然音之初出也響必小，求其過聲，殆無是理。欲墜其響，在於爲音而已。猶之乎得人少而求國治，亦理之所無。故欲國治，亦端在博選一道也。」按：音，說文：「聲也。生於心，有節於外，謂之音。」禮記樂記、毛詩序並云：「聲成文謂之音。」周禮鼓人疏云：「單出曰聲，和（一作『雜』）比曰音。」聲，說文：「音也。」禮記樂記：「單出曰聲。」準此，則文選注所引「音」、「聲」二字當互易。然於此亦覺突兀，與上下文不屬，竊謂今本不誤。德音，美好之聲譽。詩狼跋：「德音不（丕）瑕。」是「德音」爲古詞語。聲，即聲譽，故曰「德音者，所謂聲也」。此承上「德萬人」、「德千人」、「德百人」言，故曰德音。音出而響不過其聲，謂人之聲響有過其德者，意當實察之。**貴者有知，富者有財，貧者有身，**○陸佃曰：「無知也，故賤；無財也，故貧。所有者，特天地之委形而已。總括百骸謂之身，衆象備見謂之形。」俞樾曰：「『知』字無義，當讀爲『制』。大戴禮勸學篇『楔而舍之，朽木不知（按今本作『折』）』，荀子『知』作『折』。論語顔淵篇『片言可以折獄者』，魯讀『折』爲『制』。蓋『知』、『折』、『制』三字古音相近，故得通假。鶡冠子以『知』爲『制』，亦猶大戴禮以『知』爲『折』也。國語越語曰：『君行制。』荀子解蔽篇曰：『王也者，盡制者也。』可證『貴者有制』之義。泰録篇：『道包之，故能知度之。』『知度』，即『制度』也。此本書假借『知』爲『制』之證。」張之純曰：「『知』去聲，讀作『智』。此言貴者祇知有智，富者祇知有財，貧者祇知有身，不知博選，故言不合而事不成也。」張金城曰：「俞説是也。蓋貴者之知、富者之財、貧者之身（身謂有用之身，如諸賢未遇明主前，是貧者有身也），必相合符，乃可成事。若讀『知』如字，則貧者之知，又豈在貴者之下乎？注曰『天地所委形』云者，見莊子知北遊。」按：「知」、「制」固可通，然此釋爲制則與下「財」、「身」不相應，俞説非。知，當同「智」，張説是。三句謂貴者有的是智，富者有的是財，貧者有的是身。身謂力。**信符不合，事舉不成。**陸佃曰：「一本云『舉事不成』。」按：「符」與「舉」爲韻，作「舉事」者非。○吴世拱曰：「符、信皆法也。陸機辯亡論『抑有前符』，文選注：『猶法也。』合，信也。言法不信則人私顧忘公，事舉不成矣。」按：信符，取信之憑證，兵符、虎符之類。墨子號令：「大將使人行守操信符。」此承上言，謂貴者雖有智，富者雖有財，貧者雖有力，然若信符不合，則事雖舉亦不能成，言信符之重要。**不死不生，不斷不成。**「不生」下叢刊本、學津本空一字，道藏本空二字。孫人和曰：「此文四字爲句，『生』、『成』爲韻，不當有闕文。張良陰符經注引鶡冠子曰：『不死不生，不斷不成。』正與此同。」按：孫説是，此處不當有闕文。○陸佃曰：「常騎兩可之地，豈足以就其斷哉？」王闓運曰：「師臣者難，故譬之以死。」張之純曰：「不除暴不能安良，無決斷不能成功。」吴世拱曰：「言法在果斷，然後生成之道得，所謂無破壞無建設也。」王鈇：『以死遂生。』天則：『生殺，法也。』按：不死不生，猶言無死則無生，以襯不斷不成。帛書十大經正亂：「不死不生，慤爲地程。」斷，決斷。**計功而償，權德而言，**○吴世拱曰：「言，猶使令也。」詩彤弓『受言藏之』箋：『謂王策命也。』釋名：『宣也。』言使令不過其實。」張金城曰：「『記功而償』者，程俊也；『權德而言』者，序德也。由此二句，則文端『厚德隆俊』之誤，更得其證。」按：計，統計、計算。權，稱、量。償，同「賞」。言，猶令，使也，吴説是。**王鈇在此，孰能使營？**○吴世拱曰：「在此，如此也。指上言。營，惑也，同『熒』，聲轉。『聲』、『身』，『成』、『生』，『成』、『營』爲韻。」張金城曰：「營，當訓爲惑，即大戴禮記文王官人篇『煩亂之而志不營』之營。淮南子精神篇『而物無能營』注：『營，惑也。』是也。能使營者，蓋上所論必死之、必端之者也。」按：王鈇，猶王法，統治者之治事大法，此指上所言「信符」、「斷」、「計功而償」、「權德而言」諸法。各家「王鈇」説見開篇首句注。

著希第二

○陳深曰：「此篇泛論賢人君子。」按：著，明；希，希冀，此謂篇中之「希人」、「希世」。言著希之道，故名。此篇主要講君主希人、希世之道及君子、小人之别。

道有稽，○陸佃曰：「以道爲決。」吴世拱曰：「博選：『道凡四稽。』」張金城曰：「莊子天下『以稽爲決』，釋文曰：『稽，考也。』」按：此即博選篇「道凡四稽」之道與稽。承之，言博選之道有稽考之法。**德有據。**據，叢刊本作「搋」，異體字，今通作「據」。○陸佃曰：「以德爲驗。」吴世拱曰：「『稽』、『據』對文，同義。論語：『據於德。』」按：德，承上篇指德音。據，依據，即所謂「音出而響不過其聲」是也。吴引論語，見述而篇。**人主不聞要，**○吴世拱曰：「莊子天道：『要在於主。』」張金城曰：「要者，稽以道德之要也。」按：要，要領、關鍵，即「王鈇」所指。**故耑與運堯而無以見也，**陸佃曰：「耑，一作『常』；『無以』下一有『自』字。」又「堯」，朱氏本、陳深本及諸家注本作「撓」。張金城曰：「藏本、子彙本、聚珍本、學津本作『堯』，非是。」按：以下文例之，作「耑」爲是，與「運」皆名詞。堯，當作「撓」。有「自」字者非，見即自見，無需多一「自」字，且與下文句法不合。○張之純曰：「（耑）與『端』同。」吴世拱曰：「耑，小也。運，同『渾』，大也。撓，擾也，亂也。今本或作『堯』，撓、堯聲轉。言事不别大小而躬自雜治之。耑運相擾，則智昏而不明矣。」按：吴説是。耑，古「端」字。端，頭，引申有小義。運，與「渾」同从「軍」聲，自得通假。渾，説文：「混流聲也。」引申有盛、大義。此句言即使大小紛擾，却一個也不能看到。**道與德館而無以命也，**○王宇曰：「道、德同宅，曠而弗居。」吴世拱曰：「館，貫也，瀆也。左昭二十六年傳『貫瀆鬼神』，説文作『摜』。館、貫聲轉。老子曰：『道者同於道，德者同於德。』（按原文作『從事於道者道德之，同於德者德德之』，見二十三章）今道與德既瀆而敗，又何命焉？」張金城曰：「管子心術上曰：『德者道所舍，物得以生。』韓非子揚權篇：『虚心以爲道舍。』文曰『道與德館』之『館』，即舍也。命，廣雅釋詁：『使也。』此言其人修身以道，潤身以德，而人主不聞要，無以顯命之。」按：道，道德之道，與上「道有稽」異。館，客舍，引申有居義。道與德館，言道、德居身，以身爲館。命，當讀爲「明」，謂道德居身而不能明。**義不當格而無以更也。**○陸佃曰：「攘鷄紾兄之類是已。格，正也。凡此，以不聞要而已。然則人主豈可以不知務哉？放飯流歠，而問無齒決，亦無益於事也。」吴世拱曰：「當，正也。義以格非，不正則非。不能改，故曰無以更。」張金城曰：「更，替代也。此言其人雖義不合正，亦充位而弗之去。注言攘鷄事，見孟子滕文公下；紾兄事，見告子下；放飯流歠事，見盡心上。『格，正也』，方言卷三文。」按：義，同「儀」，儀節。當，吕覽大樂「莫不咸當」注：「合也。」格，標準。禮記緇衣：「言有物而行有格也。」更，改也。言儀節不合標準，而不能改正。**若是置之，雖安非定也。**○陸佃曰：「言幸安也。夫抱火厝之積薪之下而寢卧其上，雖未及然，終亦必運而已矣。」吴世拱曰：「定，安固也。」張金城曰：「賈子數寧篇曰：『夫抱火厝之積薪之下而寢其上，火未及燃，因謂之安，偷安者也。』注蓋用其文。」按：置，處也。言如是處之，則雖表面安寧，而實非平定。**端倚有位，名號弗去。**○陸佃曰：「言其違道遠矣。所存者，名號而已。」張之純曰：「倚恃有位，雖不用賢，而爵賞名號仍而未去。」張金城曰：「有位者，如孟子『賢者在位，能者在職』之職位。名號，則『公』、『卿』、『大夫』之屬也。此言考覈不明，故良窳雜陳，其不肖者端倚其位而不修德，所存者名號而已。」按：端，正也。帛書黄帝書經法道法：「正奇（倚）有立（位），而名號弗去。」倚，邪。説見後漢書楊震傳。此蓋言邪僻小人與正人君子均有職位名號，而不能除去。**故希人者無悖其情，希世者無繆其賓。**○陸佃曰：「方是之時，俯而徇俗，仰而阿時者至矣。」王闓運曰：「希，冀也。士冀見用，或自貶損，以師友而爲厮役，以求容於亂世，不欲悖繆也。賓，謂外貌。」吴世拱曰：「希，望相也。虞書所謂『面從』，説文作『俙』。悖，違乖也。莊子讓王原憲曰『希世而行』，司馬云：『希，望也。所行常顧世譽而動。』漢書董仲舒傳：公孫弘『希世用事』。『情』、『賓』爲韻。」按：希人，希望得其人。悖，違也、逆也。情，人情、感情。希世，希望得到世人贊譽，即所謂「顧世譽」。繆，同「謬」。廣雅釋詁二：「謬，欺也。」賓，客，謂世人。世爲主，人爲客。二句言希望得人者不違人情，希望得世譽者不欺世人。**文禮之野與禽獸同則，**張金城曰：「韓詩外傳卷四曰：『小人大人則慢而暴。其肢體之序與禽獸同節，言語之暴與蠻夷不殊。』則此文『文禮』爲『支禮（肢體）』之誤，『野』

爲『序』之誤，『則』爲『節』之誤，當據正。」按：此文不必與外傳同，張説非。○陸佃曰：「羔、雁雖有跪乳行列之儀，而以人文格之，野心多矣。又況無羔、雁之性者，奈何同之乎？」張之純曰：「論語云：『質勝文則野。』謂鄙略也，與此『野』字同義。行禮而無文，亦如羔跪乳、雁行列耳。」吳世拱曰：「則，式也。易繫辭傳：『野（今本作『冶』）容誨淫。』記檀弓『若是野哉』疏：『不達禮也。』」張金城曰：「此蓋言小人無德，雖具支體，而無異禽獸之節序。注言跪乳，事見公羊傳莊公二十四年；雁行，見禮記王制。」按：文禮，禮節。野，野蠻，不合禮法。則，法、式。**言語之暴與蠻夷同謂。**上「文禮之野與禽獸同則」及此句，疑當在下「以利爲情」句下，言小人如此。○陸佃曰：「蠻夷，鴃舌者也。」吳世拱曰：「暴，嚚也，亂也。謂，道也，稱也。」張金城曰：「雖會道説，而所論不殊蠻夷之鴃舌也。蠻夷鴃舌，見孟子滕文公上。」按：暴，粗暴。謂，説。

夫君子者，易親而難狎，畏禍而難刦，刦，治要作「劫」。孫詒讓曰：「治要是也，當據正。」吳世拱本據改，云：「『劫』、『刦』聲義亦同。」按：作「刦」是，「劫」當是「刦」之訛，治要誤，孫説非。又張金城曰：「又據荀子不苟篇、韓詩外傳卷二，『親』似亦當作『知』爲是。」按：作「親」不誤，與「狎」義相對，張説非。○陸佃曰：「死義，故難刦也。」吳世拱曰：「愛人，故易親；莊敬，故難狎。刦，説文：『人欲去，以力脅止曰刦。』記儒行『刦之以衆』注：『脅也。』」按：親，親近。狎，親近而不莊重。難，不易。刦，退卻。言君子容易親近，但不容易狎褻；雖畏禍，但不輕易退卻。**嗜利而不爲非，**○陸佃曰：「義然後取。」**時動而**

不苟作。治要「動」下有「静」字，孫詒讓曰：「當據補正。」張金城曰：「『時動而不苟作』，與上三句文法一例，加一『静』字，則不倫矣。」按：張説是，治要衍。○陸佃曰：「不得已而後起。」吴世拱曰：「易乾文言：『乾乾因其時而惕，雖危无咎矣。』」張金城曰：「此蓋論語『時而後言』、『時而後笑』、『時而後取』之義也。」按：張説是。時，適時。苟，苟且、隨便。**體雖安之而弗敢處，然後禮生。**治要「生」下有「焉」字，孫詒讓曰：「當據補正。」吴世拱本據補。按：「焉」字無義，且與全篇文氣不類，治要「焉」字蓋引者所增，未可據。○陸佃曰：「君子克己復禮，蓋克此而已。」張之純曰：「此即『君子克己復禮』之意。」張金城曰：「體安而不敢處者，必以道乃處之，故禮生。」按：體，身。安，謂安適之環境。處，猶享。禮，禮儀。**心雖欲之而弗敢信，然後義生。**治要「信」作「言」，「生」下有「焉」字，孫詒讓曰：「當據治要補正，陸本『信』字已誤。」吴世拱本據補「焉」字。按：作「言」是，「信」乃「言」之誤。「焉」字不當有，參上校。又陸佃曰：「（生）一作『立』。」按：「禮生」與「義生」相對，作「立」者形之誤。○陸佃曰：「信，猶『任』也。君子克己就義，蓋克此而已。」張之純曰：「此即君子舍生取義之意。」吴世拱曰：「信，伸也，宣也。治要作『言』，同。與荀子禮論謂先王爲人治禮誼別，然其因情欲以生禮義則同。」張金城曰：「欲而弗敢信者，必修德以來之，故義生。字作『信』亦可通。」按：作「信」不可通，陸氏以下各説非。不敢言，謂不敢説出口。心雖欲而口不説出，則欲在心而已。在心則外人莫得知，故義生。義，宜也。**夫義，節欲而治；禮，反情而辨者**

也，○吴世拱曰：「治，理也。言義所以節欲而治也，論語所謂『克己』。反，復也。辨，分明也。言禮所以反情而辨也，論語所謂『復禮』。」張金城曰：「易文言曰：『義者，利之和也。』（按原文『義』『利』二字互易。）制其心之所理，是謂節欲。欲節則生和，故曰節欲而治。治，理也。禮者，禮坊記曰：『因人之情而爲之節文，以爲民防者也。』反，復也。辨，治也。荀子不苟：『事起而辨。』王念孫曰：『辨者，治也。』此謂復人之情使歸乎平和者，即謂之禮。」按：治，處理。上所言「心雖欲而口弗敢言」，即是節欲，故曰義者節欲而治者也。反，相反之反，釋「復」者非。辨，亦治。荀子議兵「城郭不辨」注、呂覽過理「實辨天下」注並云：「辨，治也。」張説是。上云「體雖安之而不敢處」，即是反情，故曰禮，反情而辨者也。**故君子弗徑情而行也。**○張之純曰：「徑情，猶直情也。」張金城曰：「徑，老子『大道甚夷，而人好徑』河上公注：『徑，斜不平正也。』又禮記祭義『道而不徑』釋文：『斜也。』是徑情者，斜曲其情也。弗徑情而行，與論語『行不由徑』義同。」按：徑，徑直、不曲。徑情，猶言任情、由情。節欲、反情，故曰不徑情而行。

夫亂世者，以麤智爲造意，「亂世」二字，疑當作「小人」或「不肖」，涉下而誤。○陸佃曰：「造意微矣，豈麤智之所能知哉？」吴世拱曰：「造，至也。言以麤智爲精深。」張金城曰：「麤者，文子精誠篇曰：『名可名，非常名也。著於竹帛，鏤於金石，可傳於人者，皆其麤也。』（淮南本經語相似）是也。亦即淮南繆稱『道之有篇章形埒者，非其至者也』之謂也。造意者，造化所意也。莊子大宗師曰：『偉哉造化！又將奚以汝爲，將奚以汝適？』其事難測，故曰『造意微矣，豈麤智之所能知哉』。」按：小人，與上「君子」相對，皆承前「端倚（正邪）」而來。麤，「粗」之異體。粗智，粗淺之智。造，到、至，引申有「精」義，吴説是。**以中險爲道，**張金城曰：「『中』字似衍。」按：張説是。以險爲道，與下「以利爲情」對文，不當有「中」字。○陸佃曰：「司巇也。」張金城曰：「險，巇也，即釁巇也。以險爲道者，即老子『大道甚夷而民好徑』之義。注言『司巇也』者，法言重黎篇曰：『賢者司禮，小人司巇。』注『小人伺見隙則作』是也。」按：險，險阻之地。道，人道。以險爲道，不與正人同也。**以利爲情。**前「文禮之野與禽獸同則，言語之暴與蠻夷同謂」二句，蓋當在此句下。○張金城曰：「論語里仁曰『小人喻於利』是也。」按：情，説文：「人之陰氣有欲者。」即本性也。**若不相與同惡，則不能相親；相與同惡，則有相憎。**○陸佃曰：「小人難近如此。」張之純曰：「暴君難近如此。」吴世拱曰：「有，又也。恐分奪名利。」張金城曰：「莊子寓言篇『與己同則應，不與己同則反；同於己爲是之，異於己爲非之』是也。」按：相與，一起、共同。惡，好惡。憎，憎恨。相與同惡則有相憎者，妒也。**説者言仁，則以爲誣；發於義，則以爲誇；**○張金城曰：「禮記表記『受禄不誣』注：『於事不信曰誣。』説文：『誣，加也。』注：『玄應五引皆作「加言」。』云加言者，謂憑空構架，聽者所當審慎也。』是誣者無實，與下文『夸』義同。朱駿聲曰：『夸，假借爲誇。周書謚法曰：『華言無實曰夸。』』」按：説，音「税」，勸説。誣，妄、荒誕。誇，大言。**平心而直告之，則有弗信。**○陸佃曰：「利令智昏，不可與明如此。」吴世拱曰：「有，又也。韓子説難影此。」張金城曰：「史記平原君列傳：『鄙諺曰：利令智昏。』」按：有，同「又」，吴説是。**故賢者之於亂世也，絶豫而無由通，異類而無以告。**○張之純曰：「絶豫，猶豫絶也。」張金城曰：「慧琳一切經音義十九：『豫，古文作「與」。』又儀禮鄉射禮『賓不與』注：『古文「與」作「豫」。』是『絶豫』者，無其同與之謂，與下文『異類』義同。『豫』、『類』皆謂同朋，『絶』、『異』是否隔之義。」按：亂世則小人得志，故有此言。絶，斷絶。豫，借爲「與」，張金城説是。與，結交。通，交往。異類，謂與得志小人不同類。不同類，故無以告。**苦乎哉！賢人之潛亂世也。**○陸佃曰：「蓋傷之也。」張之純曰：「莊子曰『悲夫』，鶡冠子曰『苦乎哉』，皆傷心語也。」按：潛，伏也，藏身也。無由通、無以告，故苦。

上有隨君，下無直辭，○張之純曰：「隨人之惡曰隨，見詩大雅毛傳。」吴世拱曰：「隨君，弛廢其要之君也。隨同『隋』，聲轉。道端：『隨君不從，當世滅亡。』」按：隨君，謂隨臣之君，即無主見之君。無主見，聽隨近臣之言，故下無直辭。**君有驕行，民多諱言。**○張金城曰：「諱者，廣雅釋詁三：『避也。』」按：驕行，驕横之行。諱言，忌諱之言。**故人乖其誠能，士隱其實情。**○張之純曰：「（乖）違也。」按：乖，違背。誠，猶真。**心雖不説，弗敢不譽。**○陸佃曰：「揚雄美新是已。」此非可已而不已者也。夫雄如此，而義不能繩墨者，則以有道故也。魯人曰『柳下惠固可，吾固不可』，孔子善之。然則無雄之道，浮沉濁世，齷齪阿上，而欲自比於雄，亦已惑矣。」張金城曰：「揚雄作劇秦美新文，班固漢書於本傳諱之。文選五臣曰：『王莽篡漢位，自立爲皇帝，國號新室。是時雄仕莽朝，見莽數害正直之臣，恐己見害，故著此文，以秦酷暴之甚，以新室爲美，將説莽意，求免於禍，非本情也。』是『非可已而不已』之説也。注又引『魯人曰』者，事見家語好生篇。」按：説，同「悦」，二説是。**事業雖弗善，不敢不力。**○陸佃曰：「此汝墳之所勉者也。雖非殷其雷之義，亦其所遇不得不爾也。」張金城曰：「詩周南汝墳疏曰：『文王之化行乎汝墳之國，婦人能閔念其君子，猶復勸勉之以正義，不可逃亡。』是汝墳之所勉者，勉以正也。又召南殷其雷傳曰：『殷其雷，勸以義也。』注引此者，以明處濁世而能自勉以正義也。」按：事，從事。業，事業、職業、工作。力，用力、盡力。**趨舍雖不合，不敢弗從。**○陸佃曰：「夫在我者，皆彼之所不能易，則雖譽所不譽，力所不力，從所不從，亦應世之道也。」張金城曰：「趨舍，與『取舍』同。韓非子姦劫弒臣篇：『取舍同者則相是也，取舍異者則相非也。』淮南齊俗：『故趣舍合即言忠而益親，身疏即謀當而見疑。』猶曰好惡也。」按：趨，就；舍，離也，與趨反。從，隨也。**故觀賢人之於亂世也，其慎勿以爲定情也。**陸佃曰：「(上)『也』，一作『者』；『慎勿』，一作『順勿(道藏本作『物』)』。」按：作「者」義長。「慎」當句。作「順」者借字，作「物」非。○陸佃曰：「凡此所爲亂羣焉耳，故以遠害而已，豈真同也哉？」張之純曰：「定，古通『正』。言非情之正也。」吴世拱曰：「『慎』、『順』聲轉。」按：慎，謹慎。勿以，不要。爲，猶行、用。定，真，古音同。

夜行第三

○夜行，謂在冥冥之中摸索，以見「鬼見」（人所不見）。管子形勢解：「所謂夜行者，心行也。」淮南子覽冥訓：「惟夜行者爲能有之。」高誘注：「夜行，喻陰行也。陰行神化，故能有天下也。一説言入道者如夜行幽冥之中，爲能有招遠親近之道也。」此取篇末「故聖人貴夜行」之二字名篇，主要講陰陽之妙用及其窈冥無狀。聖人貴探其冥如夜行，故曰貴夜行。

天，文也；地，理也；○吳世拱曰：「易繫辭：『仰以觀於天文，俯以察於地理。』正義：『天有懸象而成文章，故稱文也；地有山川原隰，各有條理，故稱理也。』文子上德：『天道爲文，地道爲理。』泰鴻：『上滅天文。』又曰：『地理離經。』」按：文，文理之文，紋飾、圖象。理，文理之理，脉理。此句言天有文，地有理。**月，刑也；日，德也。**○陸佃曰：「陰以刻制，陽以昭蘇。」吳世拱曰：「説文：『月，闕也，太陰之精。』刑，滅殺也，與闕義同。大戴記易本命注：『陰爲刑。』月爲太陰，故曰刑。王鈇：『天者，信其月刑也。』德，誠實也。説文：『日，實也。太陽之精。』德、實義近。王鈇：『天者，誠其日德也。』」張金城曰：「月刑日德者，春秋繁露王道通三篇曰：『陽爲德，陰爲刑。』（按原文作『陰，刑氣也；陽，德氣也』）淮南天文篇：『日者，陽之主也。』『月者，陰之主也。』又曰：『天圓地方，道在中央。日爲德，月爲刑。月歸而萬物死，日至而萬物生（按此亦約引其義，非原文）。』又漢書天文志引星傳曰：『日者，德也；月者，刑也。』蓋就其德性而論也。」按：二句謂月主刑，日主德。刑謂刑殺，德謂恩德、施與。管子心術：「化育萬物謂之德。」**四時，檢也。**○陸佃曰：「有明法而不議。」張金城曰：「檢，文選演連珠注引蒼頡篇曰：『檢，法度也。』此言四時運行，即法度之象也。注曰『四時有明法而不議』者，見莊子知北遊。」按：四時，春、夏、秋、冬。檢，檢式、法式。四時運行不移，故猶法式，張説近是。**度數，節也。**○陸佃曰：「天地之節，蓋有度數存焉。」吴世拱曰：「度數，即周天三百六十五度四分度之一及一至九與干支也，所以定四時，辨方位。天則：『循度以斷，天之節也。』節，制限也。」按：度數，指陰陽運行之度數，吴説近是。周髀算經下：「月度疾而日度遲。」注：「度，日月所行之度也。」節，節度。周禮大司徒之職：「以度教節。」是度有節也。**陰陽，氣也。**此句當在下「隨而不見其後，迎而不見其首」句下，蓋後人移此以與「五行」相次。○張金城曰：「莊子則陽曰：『陰陽者，氣之大者也。』」按：陰陽，萬物之所生。氣，無形之物。**五行，業也。**○陸佃曰：「（五行）五材也。在地成形，故曰業。」吴世拱曰：「五行，金、水、木、火、土。業，功業。以其生克，主萬物生長收藏之事也。」張金城曰：「五行爲五材者，尚書洪範疏曰：『書傳云：「水火者，百姓之所飲食也；金木者，百姓之所興作也；土者，萬物之所資生也，是爲人用。五行即五材也。」』又左傳襄公二十七年：『天生五材，民用之。』言五者各有材幹也。淮南地形篇曰：『五行相治，所以成器用。』所謂有材幹、成器用，即『業』也。」按：金、木、水、火、土係五種物質，故人可爲業。**五政，道也**。○陸佃曰：「（五政）五辰也。在天成象，故曰道。」吴世拱曰：「五政，五星也。尚書考靈曜：『歲星，木精；營惑，火精；鎮星，土精；太白，金精；辰星，水精也。』書舜典：『以齊七政。』鄭注：『日、月、五星也。』正義：『七者各自異政，故爲七政。得失由政，故稱政也。』此言五不重出也，且事不相比屬。以其行治五政，故曰道。淮南天文訓：『執規而治春，其神爲歲星。』又：『執衡而治夏，其神爲營惑』；『執繩而治四方，其神爲鎮星』；『執矩而治秋，其神爲太白』；『執權而治冬，其神爲辰星。』」按：五政（正），即五星，二説是。五星行各有道，故曰「五政，道也」。**五音，調也**。○陸佃曰：「聲成文，變成方謂之音，斯謂之調。」吴世拱曰：「五音，宫、商、角、徵、羽。毛詩傳：『聲成文，謂之音。』故曰調也。」張金城曰：「廣雅釋詁三：『調，和也。』此言五音之性，相和而不奪倫也。注曰『聲成文』云者，見樂記。」按：此言五音係調和而成。孟子離婁上：「不以六律，不能正五音。」**五聲，故也**。○陸佃曰：「五聲因習而異，在齊而齊言，居晉而晉語，斯謂之故。」吴世拱曰：「故，本質也。聲質而無文，未經調也。」按：五聲，蓋指律調之五音。禮記樂記：「聲成文，謂之音。」故，固有。此言五聲是固有的。**五味，事也**。○吴世拱曰：「五味，辛、酸、鹹、苦、甘。事，治也，和也。記王制：『五味異和。』故曰事也。」按：事，治也。言五味係調治而成。調治即和，吴説是。**賞罰，約也**。○陸佃曰：「賞所以約之使赴功，罰所以約之使辟咎。」吴世拱曰：「約，約束也。」張金城曰：「賞罰者，得失之報，上下所以相約是也。」

按：約，預先規定。言賞罰是預先規定的。**此皆有驗，有所以然者。**孫人和曰：「下『有』字當作『其』。陸注云『其所以然者道也』，是正文作『其』明矣。」按：孫説非，陸氏「其所以然者道也」係釋「隨而」句。○吳世拱曰：「言上皆有證驗，可考其所以然者。」張金城曰：「秉其性者有其功，故曰有驗，有所以然者。」按：驗，證驗。所以然者，其理也。**隨而不見其後，迎而不見其首。**前「陰陽，氣也」當在此句上。○陸佃曰：「其所以然者，道也。道無首尾，而欲從迹其所爲，譬如捕風，逆之無前，從之無後。此雖顏子，恍然不能定也，又況賜之流乎？」吳世拱曰：「老子：『迎之不見其首，隨之不見其後。』」張金城曰：「此言其道恍惚，若存若亡也。注曰『顏子恍然』云者，事見列子仲尼篇。」按：此就「陰陽」言。**成功遂事，莫知其狀。**○陸佃曰：「夫孰知之？」張金城曰：「老子曰：『功成名遂身退，天之道。』（文子上德篇、淮南道應篇引同）。又十七章：『成功遂事，百姓謂我自然。』此皆言道無爲而無不爲之妙也。韓子解老曰：『今道雖不可得聞見，聖人執其見功以處見其形，故曰無狀之狀、無物之象。』是其義也。」按：陰陽化生萬物，故曰成功遂事。無形，故莫知其狀。張引老子，見九章。**圖弗能載，名弗能舉。**○陸佃曰：「夫巧者不能畫，則辯者亦不能言矣。」吳世拱曰：「墨子經説上：『告以文名，舉彼實也。』故小取以名，舉實以説出，故此言圖、名不足以載，舉其象也。」按：圖，畫。載，猶繪。名，文字。舉，説明。圖不能載，名不能舉，無狀故也。**强爲之説曰：芴乎芒乎，中有象乎！芒乎芴乎，中有物乎！窅乎冥乎，中有精乎！**

○陸佃曰：「芒者似有，芴者似無。」張之純曰：「（芴）音忽。窅，深也。冥，暗也。」張金城曰：「此數句多仿老子以爲言。老子二十五章：『吾强爲之名曰大。』又二十一章：『道之爲物，惟恍惟惚。惚兮恍兮，其中有象；恍兮惚兮，其中有物；窈兮冥兮，其中有精。其精甚真，其中有信。』此文『芒』、『芴』，即老子『恍』、『惚』。莊子至樂篇：『芒乎芴乎，而無從出乎！芴乎芒乎，而無有象乎！』正作『芒』、『芴』。王弼注『恍惚，無形不繫之嘆』是也。窅乎冥乎，即老子『窈冥』是也。」按：芴，同「忽」；芒，同「恍」，二字均恍惚義。窈，深遠。冥，幽暗。**致信究情，復反無貌。**○陸佃曰：「夫道有情有信，非若斷空，雖無形而非理也，要在致而究之。貌且無之，況於形乎？」吴世拱曰：「致，至也。信，誠也。究，竟也，猶至也。言道之至信至情，反復無狀也。」老子：『其精甚真，其中有信。』又：『大道氾兮，其可左右。』」張金城曰：「老子『其精甚真，其中有信』注：『物反窈冥，則真精之極得，萬物之性定。』此言『情』者，即老氏之『精』。言『致』、『究』者，王注所言『得』、『定』之事也。無貌者，道也。此言人若能體道，復反於莫狀之貌。」按：致，至、達。信，誠，真實。究，探求、探究。情，實情。復，又。反，同「返」。無貌，即無形。此承上言，謂雖强爲之名，然致其信究其情，則又返回於無形。吴引老子「其精甚真，其中有信」二句，見二十一章；「大道」句，見三十四章。

鬼見不能爲人業，陸佃曰：「一本作『鬼不能見』。」按：作「鬼不能見」者非，其「不能」，蓋涉「不能爲人業」而衍。○陸佃曰：「露則不神，豈足以建功立事哉？故善爲人業者，微矣妙矣，雖鬼不能窺其密矣。」吴世拱曰：「淮南原道訓『鬼出電入』注：『鬼出，言無蹤迹也。』鬼見，猶鬼出也。」張金城曰：「老子曰：『以道莅天下，其鬼不神。』蓋道化窈冥，成乎無爲，鬼神合德，兩不相傷，其功成乎微妙也。」按：鬼見，唯鬼能見而人不能見者。人所不能見，故不能爲人業。業，事業。張引老子，見六十章。**故聖人貴夜行。**○張之純曰：「夜行，言不使人見也。」吳世拱曰：「夜，陰也。如道之冥行，使人不見知也。老子：『功成事遂，百姓皆謂我自然。』」按：貴，重。夜行，本指夜間行路。夜間行路能有鬼見，故聖人貴之。謂聖人貴在幽冥之中探索，以發現人所不見之物而爲人業也。

天則第四

○陳深曰：「此篇泛論政體。」按：則，法則。天則，自然法則。此取篇中「斯其離人情失天節（則）者也」及「天之則也，差謬之間言不可合」之「天」「則」二字名篇，主要講聖王治國之道「天之、人之、地之」及法制之重要。

聖王者，有聽微決疑之道，道藏本、叢刊本、弘治本「聽」下「決」上闕二字，無「微」字；朱氏本、學津本「微」下闕一字。孫人和曰：「四部叢刊影印明翻宋本『聽』下空二格，不足信也。」按：「聽微決疑」，語義無缺，孫説是。○張金城曰：「韓詩外傳二：『君以臣爲能聽微決疑，故使臣爲理。』」按：聽，處理。微，小，指小事。決，決斷。疑，疑難。**能屏讒權實，逆淫辭，**○陸佃曰：「楊、墨之屬。」張之純曰：「權實，猶言審實也。」吴世拱曰：「屏，杜絶也。權，稱量也。逆，拒也。」管子五輔：「詰詐僞，屏讒慝，而毋聽淫辭。」孟子滕文公：「放淫辭，邪説者不得作。」鄧析子轉辭：「塞斜妄之路，蕩淫辭之端。」張金城曰：「注曰『楊、墨之屬』者，孟子滕文公下『距楊、墨，放淫辭』是也。」按：屏，排除。讒，讒言。權，權衡、審度。實，實語。逆，拒絶、抵觸。淫辭，虚語。**絶流語，**○陸佃曰：「管、蔡之屬。」張金城曰：「流語，猶流言。尚書金縢：『武王既喪，管叔及其羣弟乃流言於國。』詩七月序疏：『流，謂水流。造作虚語，使人傳之若水流然，故謂之流言。』」按：絶，斷絶。流語，流言飛語，無根據之言。**去無用**，○陸佃曰：「屠龍之伎、刻楮之巧，雖號高妙，無所用之。」吴世拱曰：「去無用人也。管子侈靡：『親左右，用無用，則辟之若相。』」張金城曰：「管子五輔：『明主之務，在於强本事，去無用。』注：『無用，謂末作也。』又書傳洪範：『聖人在上，其君子不誦無用之言，其工不作無用之器。』尹文子大道上：『有能而無益於事者，君子弗爲。』皆此之謂也。注言『屠龍之伎』者，事見莊子列禦寇篇；云『刻楮』者，事見韓非子喻老及列子説符篇。」按：諸説是，無用者皆去。去，除去。**杜絶朋黨之門**，○陸佃曰：「持禄養交，背公死黨，滃滃然患其上，訿訿然思不稱乎上，豈可開之？」吴世拱曰：「管子君臣：『治國無法，則民朋黨而下比。』」張金城曰：「淮南覽冥：『屏流言之迹，塞朋黨之門。』（文子上禮篇同）又荀子臣道：『不恤公道通義，朋黨比周，以環主圖私爲務，是篡臣者也。』則朋黨之門者，比周圖私之徑也。注曰『滃滃』、『訿訿』者，詩小雅小旻毛傳文。爾雅釋訓：『滃滃、訿訿，莫供職也。』」按：杜，本字作「𢾁」，説文：「𢾁，閉也。讀若『杜』。」**嫉妬之人不得著明**，○陸佃曰：「常置卑晦。」張金城曰：「謂嫉賢妬善者也。」按：著明，猶顯達。**非君子術數之士，莫得當前。**○張之純曰：「遠佞人，親賢臣。」吴世拱曰：「非操君子道藝者，不得近左右也。」按：君子，有才德之人。術數之士，有技藝之人。詖行，偏頗不正之行。**故邪弗能奸，禍不能中。**○吴世拱曰：「奸，侵也。古今字詁：『奸，古文「干」字。』」張金城曰：「淮南原道：『好事者未嘗不中。』高注曰：『中，傷也。』」按：奸，同「干」。

小爾雅廣詁：「干，犯也。」中，去聲，傷也，張説是。

彼天地之以無極者，以守度量而不可濫。○陸佃曰：「此況邪弗能奸、禍不能中之義。」吳世拱曰：「以，能也。濫，周書程典『不濫其度』注：『過也。』説文作『㜮』。」張金城曰：「言天地守度量而不濫，故以無盡。聖王以揚明去惡，故以無奸無禍也。」按：度量，謂法度，固定的標準。不可，猶不。濫，超出。

日不踰辰，○陸佃曰：「日月所會爲辰。」吳世拱曰：「踰，過也。辰，同『⿱辰會』。言日行黄道，不過差其會也。左昭七年傳：『日月之會是謂辰。』」按：踰，越也。日不踰辰，言日必定於辰與月相會。**月宿其列，**列，原作「剡」，異體，今改正體。後同。○陸佃曰：「言宿其辰之次也。」吳世拱曰：「宿，止也，守也。列，行次也。」張金城曰：「禮記月令『次諸侯之列』注：『次也。』此句與上『日不踰辰』同誼，但就月而言，故其辭異也。」按：列，次，星次。**當名服事，**○陸佃曰：「當箕之名，服箕之事；當斗之名，服斗之事。其他放此。」按：當，猶「居」。服，從事。言當其名則服其事，陸説是。**星守弗去，**○陸佃曰：「各止分域。」張金城曰：「史記天官書：『其入守犯太微。』集解引韋昭曰：『居其宿曰守。』此言居其宿而無失也。」按：星，星辰。守，守其分域。**弦望晦朔，終始相巡，**陸佃曰：「（巡）一作『選』。」按：作「選」者音之誤。○陸佃曰：「夫日陟降而成晦朔，月盈虧而成弦望。反復相尋，如轉磨引鋸，豈有終窮！」吳世拱曰：「論衡四諱：『月中分謂之弦。』又：『三十日日月合宿謂之晦。』説文：『望，月滿，與日相望也。』又：『朔，月一日始蘇也。』釋名釋天：『朔，月初之名也。』巡，沿也，巡行不息也。記祭義：『陰陽長短，終始相巡。』」張金城曰：「釋名釋天曰：『弦，半月之名也。』又曰：『望，月滿之名也。』是月虧盈而成弦望也。左桓十七年經『十月朔』注曰：『晦朔者，日月之會也。』此日月合離陟降則成晦朔也。」按：弦，月半圓；望，月滿圓。晦，月末；朔，月初。巡，同「循」，循環。**踰年累歲，**○陸佃曰：「年取禾之一熟，而歲騎兩稔。」張金城曰：「爾雅釋天：『載，歲也。夏曰歲，商曰祀，周曰年。』郭注：『（歲）取歲星行一次，（年）取禾一熟。』歲星一次在冬至與冬至間，故曰『歲騎兩稔』。」按：踰，越。累，疊、積。年、歲同。**用不縵縵，**陸佃曰：「（用）或作『肅』。」按：作「肅」者形之誤。○陸佃曰：「縵縵，漫滅之貌。」張金城曰：「書傳虞夏傳『糾縵縵兮』注曰：『教化廣遠。』莊子齊物論『大恐縵縵』疏：『大恐寬暇而沮喪也。』是『縵縵』二詞，引申則有窮遠漫滅之義。此言天用其誠，故能經久而長新，其爲用也，絕不漫滅。」按：用，猶「以」、「而」。縵縵，同「漫漫」，淹沒、消失，陸説近是。**此天之所柄以臨斗者也。**陸佃曰：「（斗）一作『計』。」按：作「計」者形之誤。○陸佃曰：「言斗臨制四方，運乎四時，終古不忒，而天道如上所謂，更以臨之。」吳世拱曰：「斗近北極，可四照，臨環流。斗柄指一方，四塞俱成。論語：『譬如北辰，居其所而衆星共之。』」張金城曰：「言天所柄持且臨斗乎上者，蓋謹守度量而不可濫而已。言臨斗者，蓋斗主發號施令。」按：此，承上指日月。柄，同「秉」，持也。臨，「居高臨下」之臨。斗，北斗星。吳引論語，見爲政篇。

中參成位，陸佃曰：「（位）一本作『伍』，一本作『五』。」按：作「伍」者「位」之誤，作「五」者又「伍」之誤。○陸佃曰：「言參天地而成位乎其中也。」吴世拱曰：「言參天地得中以定位也。周禮冢宰：『唯王建國，辨方正位。』司徒職：『日至之景，尺有五寸，謂之地中，天地之所合也，四時之所交也，風雨之所會也，陰陽之所和也。』亦即天地參合、得中以成位之義也。」按：中，中間。天所柄，是天在上；臨斗，是斗在下，故曰中。參，配合而成三。此謂日月與天、斗參配爲三，無關人、地事，諸説非。**四氣爲政，**○陸佃曰：「政法四時。」按：四氣，蓋指温、熱、寒、暑四氣。政，政事。**前張後極，**○陸佃曰：「張，南方之星也。極，北方之星也。或言張或言極，互相挾焉。」吴世拱曰：「張，南方朱鳥七星之一。極，北辰也。爾雅釋天：『北極謂之北辰。』」按：前、後，謂南、北。張、極，皆星宿名。張爲南方朱雀七宿之一；極，北極星，諸説是。**左角右鉞，**陸佃曰：「（角）一作『魯』。（鉞）一作『越』。」按：作「魯」、作「越」者，皆形之誤。○陸佃曰：「角，東方之星也。鉞，西方之星也。參、伐，一曰鈇鉞。」吴世拱曰：「角，東宫倉龍首星也。爾雅釋天：『壽星，角、亢也。』郭注：『數起角、亢。』漢書律曆志：『東方角、亢、氐、房、心、尾、箕。』白虎通禮樂：『角者，躍也，陽氣動躍。』鉞，西方白虎宿，經傳多作『伐』，或作『罰』。『鉞』、『伐』、『罰』聲轉通用。」按：左、右，謂東、西。角、鉞，皆星宿名。角爲東方蒼龍七宿之一，鉞爲西方白虎七宿之一。二説是。**九文循理，以省宫衆，小大畢舉。**宫，道藏本、四庫本、聚珍本作「官」，是，此誤。○陸佃曰：「此言簡而不遺也。」張之純曰：「九文，即洪範之『九疇』，治天下之大法也。」吳世拱曰：「九，究也，言究循其文理。宮，當同『官』，『宮』、『官』雙聲。言本四時天象所事之不同，效之以省其官衆也。官，謂總職。如東方爲田，法仁則春生殖；南方爲司馬，法忠則夏功立；西方爲理，法義則秋成熟；北方爲司空，法聖則冬閉藏之義。衆，謂分職，謂四時之官各有屬職也。舉，猶得也。」按：九，周易乾卦「用九」注：「天之德也。」九文，蓋泛指衆多之天文。循，同「巡」，巡回。理，治。省，視。官衆，蓋指全天下。小大，即大小。舉，檢舉。張引漢志，謂漢書天文志。**先無怨讎之患，後無毁名敗行之咎，**○吳世拱曰：「先，前也。列子説符『先日所用』之『先』與此同。吳越春秋『前』多作『先』。」按：患，憂。咎，禍。自然之道，故先無怨讎之患，後無毁名敗行之咎。列子説符全句作「先日所用，今或棄之；今之所棄，後或用之」。**故其威上際下交，**陸佃曰：「交，元作『校』。」俞樾曰：「『交』，乃『究』字之誤。王鈇篇『神明者，下究而上際』可證。」吳世拱曰：「校，亦交也，聲轉。陸氏改作『交』，非。」按：陸云「元作『校』」，則不得爲「究」之誤。校，借爲「交」，陸改是，俞説非。王鈇篇之「究」，疑亦是「交」之誤。○吳世拱曰：「『際』與『交』義同。言和同天地人也。」按：際，會合、交合，與「交」義同。**其澤四被而不鬲。**○陸佃曰：「東漸西被，朔南暨焉，沛然莫之能禦也。」吳世拱曰：「被，加也。鬲，同『隔』，滯塞也。」張金城曰：「注曰『東漸西被』者，尚書禹貢『東漸於海，西被於流沙，朔南暨聲教』是也。又曰『沛然』云者，孟子盡心上：『若決江河，沛然莫之能禦也。』」按：不鬲，無阻隔也。

天之不違，以不離一。○陸佃曰：「所謂趣物而不兩也。」吳世拱曰：「違，背也。言不離一，然後能不違物衆而御之。」張金城曰：「一，謂道也。道沖而用之，又不盈也，故不違。注曰『趣物而不兩』者，莊子天下篇文，郭注曰『物得所趣，故一』是也。」按：違，去也、失也。一，無也、空也。環流篇曰：「空之謂一。」天權篇云：「以一宰萬而不總。」泰録篇云：「類類生成，用一不窮。」帛書要篇云：「易之爲書也，一。」

天若離一，反還爲物。○陸佃曰：「天之所以異乎萬物者，抱一而已。字解曰：『一而大者，天也；二而小者，示也。』」吳世拱曰：「反，復也。言離一必亦反還同物。」張金城曰：「老子曰：『載營魄抱一，能無離乎？』謂抱一則萬物自賓也。蓋天之爲道深，其爲萬物宗；失其宗，則反還爲物矣。淮南原道曰：『道者，一立而萬物生矣。』此之謂也。注引字解者，子師曰：『當是王荆公字説。』」按：物，有形之物。謂天若離「一」，則不成其天，而成爲物矣。張引老子，見十章。

不創不作，與天地合德。○陸佃曰：「常輔萬物之自然而不敢爲也。天不創而萬物化，地不作而萬物育。」吳世拱曰：「（不創不作）謂人君主一。（與天地合德）與天地合不離一之德也。」張金城曰：「此老氏所謂『無爲而無不爲』也。淮南原道曰：『所謂無爲者，不先爲也；所謂不爲者，因物之所爲也（此『也』字今本奪，據劉臺拱校補）。』蓋聖人因天地，順物生，故雖不創不作，而化已行矣。周易文言曰：『夫大人者，與天地合其德。』」按：德，指品性。言人唯有不創不作，方可與天地合德。**節璽相信，如月應日。**○陸佃曰：「日循星而進退，月應日以生死，信之至也。」張之純曰：「節，符節也。璽，王者印也。」張金城曰：「此言聖人合德天地，信誠不渝，如節璽之相信，又如日月之相應也。」按：節、璽，皆取信之物。言有節璽則人即信，如同有日即有月，自然之數也。應，隨。**此聖人之所以宜世也。**○吴世拱曰：「宜，理也，處也。」張金城曰：「老子：『聖人抱一以爲天下式。』宜世者如此。」按：聖人，指王者。宜，適宜。宜世，謂能久立於世。張引老子，見二十二章，本無「以」字。**知足以滑正，**○張之純曰：「滑，亂也。晉語『置不仁以滑其中』，即此義。」按：知，同「智」。滑，音「骨」，同「汩」，擾亂。正，正常、正確。**略足以恬禍。**○張之純曰：「恬，安也。言以禍爲安也。猶孟子『安其危，利其災』之義。」吴世拱曰：「恬，同『銛』，取也。荀子性惡『恬禍而廣解』注謂『安』，失之。韓非子主道：『去好去惡，臣乃見素；去舊去智，臣乃自備。』按『舊』，故習也。」按：恬，安静、平息。張引孟子，見離婁上。以上二句言小人。**此危國之不可安，亡國之不可存也。**○陸佃曰：「强足以拒敵，辯足以飾非，此跖之所以不可以救藥也。」吴世拱曰：「言好用知略，不守一以與天地合德也。」按：亡國，謂行將滅亡之國。存，存續、維持。危國不可安，亡國不可存，以其有智足以滑正、略足以恬禍之人故也。

故天道先貴覆者，○陸佃曰：「天道能覆覆者而已。如其自絶，雖天不可如何。」張金城曰：「論語子張：『人雖欲自絶，其何傷於日月乎？』」按：故，猶「夫」。道，規律。先，首先。貴，重。覆，蓋。天在上覆蓋萬物，是其本能，故其道先貴覆者。**地道先貴載者，**〇陸佃曰：「地道能載載者而已，如其自棄，雖地不可如何。」張金城曰：「孟子離婁上：『自棄者不可與有爲也。』」按：地在下承載萬物，是其本能，故其道先貴載者。**人道先貴事者，**〇陸佃曰：「柳下季曰：『子不聽父之詔，弟不聽兄之教，雖令先生之辯，將奈之何哉？』」張金城曰：「列子天瑞云『天職生覆，地職形載，聖職教化，物職所宜』是也。注言『柳下季曰』者，亦用莊子盜跖文。」按：事，做事。人別於動物，做事爲其本能，故其道先貴事者。**酒保先貴食者。**陸佃曰：「（酒）一或作『借』。」按：作「借」者形之誤。〇陸佃曰：「酒保，貸酒者也。此中天貴覆者、地貴載者、人貴事者之況也。」王闓運曰：「庸保，戰國語也。蓋閑民來，執事者必有保任，然後用之。」張金城曰：「呂覽去私：『庖人調和而弗敢食，故可以爲庖。』」按：酒保，賣酒之人。世兵篇曰：「伊尹酒保。」食，謂食酒者。酒保先貴食酒之人，亦其自然。**待物，□也。**叢刊本、道藏本、朱氏本、四庫本、聚珍本、學津本「也」上闕二字。吴世拱曰：「『物』下『也』上原缺，按當是『氣』字，與下『領氣時也』正相遞貫。莊子人間世：『氣也者，虛而待物者也。』與此同義。」按：吴説近是。〇待，等待。氣空虛無形，待物而後實，故曰待物者氣也。**領氣，時也。**陸佃曰：「（領）或作『顧』。」按：作「顧」者形之誤。〇陸佃曰：「四時各領一方之氣。」吴世拱曰：「領，理也，有檢括義。夜行：『四時，檢也。』」張金城曰：「獨斷上：『秋爲少陰，其氣收成』；『春爲少陽，其氣始出』；『冬爲太陰，盛寒爲水』；『夏爲太陽，其氣長養』。是四時領氣之異也。言『時也』者，釋名釋天云：『時，期也。物之生死，各應節期而止也。』是『時』與下文『法』、『節』義相近。」按：領，率、統。時，四時。張引獨斷説是，領時者爲氣，即所謂春領始生之氣、夏領長養之氣、秋領收成之氣、冬領盛寒之氣是也。**生殺，法也。**○生殺，謂主生殺者。法，法律。**循度以斷，天之節也。**○陸佃曰：「物不可以終通，故循度以間之，性命自然之節也。」吴世拱曰：「循，因也。夜行：『度數，節也。』」張金城曰：「周易繫辭上：『一陰一陽之謂道。』春秋繁露陰陽義：『天道之常，一陰一陽。陽者，天之德也；陰者，天之刑也』，『是故天之道以三時成生，以一時喪死』。是間斷之説也。注曰『物不可以終通』者，周易序卦傳『物不可以終通，故受之以否』是也。」按：循，順、依。度，度數，日月運行之度。斷，分割。節，節度，一定的距離。**列地而守之，分民而部之。**陸佃曰：「守，或作『止』。」按：作「止」者非。○陸佃曰：「此聖人法天之節。循度以斷之，故地各有守，民各有部。」吴世拱曰：「列，裂也。部，居也。管子小匡：『列地分民者若一。』守或作『止』，同義。」按：列，借爲「裂」，分也。守，保守、自守。部，統率。此承上言，謂循度而斷爲天之節，故地上之人可以裂地而守之，分民而部之。陸説近是。**寒者得衣，饑者得食，寃者得理，勞者得息，聖人之所期也。**○吴世拱曰：「期，約也。」張金城曰：「此法天立制之用也。」按：理，謂審理昭雪。期，期盼。

夫裁衣而知擇其工，裁國而知索其人，此固世之所公哉！陸佃曰：「（哉）一作

『或』。」紀昀曰：「一本『所』下有『以』字。」按：作「或」者形之誤，有「以」者衍。○陸佃曰：「譬之製錦而使人學裁者，未之有也。」吴世拱曰：「墨子尚賢：『有一衣裳不能製也，必藉良工。』裁，治；公，知也。或，同『惑』。言世裁衣皆知求良工，裁國則皆惑於求賢人矣。」張金城曰：「左襄三十一年傳：『子有美錦，不使人學製焉。大官、大邑，身之所庇也，而使學者製焉，其爲美錦不亦多乎？』是裁國不可不索人之説也。」按：裁，裁製。索，求。公，共識。

同而後可以見天，○陸佃曰：「天道一而不二，故自其同者視之，夷貉一家也。」吴世拱曰：「天無所不覆也，故以同見。」按：同，相同。天於人同，故人人可以見天。**異而後可以見人，**○陸佃曰：「人道二而不一，故自其異者視之，肝膽楚越也。」吴世拱曰：「人心不同如面，故以見異。」張金城曰：「必由其同，乃見天道之大；必由其異，乃見聖人之心。注曰『夷貉一家』、『肝膽楚越』者，莊子德充符『自其異者視之，肝膽楚越也。自其同者視之，萬物皆一也』是其所本。」按：異，不同。人與人各異，故可以見具體之人。**變而後可以見時，**○陸佃曰：「常運而不停。」吴世拱曰：「寒燠長短，燥濕時更，故以變見。」張金城曰：「一闔一辟之謂變。反復相尋，陰陽代勝，是以時分也。」按：變，變化。四時變化，故可以見四時。**化而後可以見道。**○陸佃曰：「庚桑子曰：『越鷄不能伏鵠卵，魯鷄固能矣。』趎往南見老子。然則道之等級見矣。」吴世拱曰：「道立於一，化成萬物，故以化見。」張金城曰：「蓋道體隱微不可見，可見可述者，所起用者也。故必待其化，乃可以見道。注『庚桑子曰』者，事見莊子庚桑楚篇。」按：化，自然化育。道，化生萬物之「道」，道家所謂之「道」。注所言「趎」，人名，庚桑子弟子。**臨利而後可以見信，臨財而後可以見仁，臨難而後可以見勇，臨事而後可以見術數之士。**○陸佃曰：「繁霜勁風，然後可以別草木之真性。」吳世拱曰：「義而不惑於利則信，故以利見信。事來而知應則賢，故以事見術數之士。術數，道藝也。道端：『富者觀其所予，足以知仁。』又：『迫之不懼，足以知勇。』此節言索人之方，非世之所能公知也。」張金城曰：「此就天道同異變化而有觀，因法之以觀人道也。注曰『繁霜』云者，謂觀真性必待臨事倉促之際也，即論語子罕『歲寒然後知松柏之後凋也』之義。」按：言祇有在關鍵時刻，才能見人之本性。

九皇之制，○陸佃曰：「春秋緯云：『人皇兄弟九人，分治天下。』九皇之號，豈緣是歟？」吳世拱曰：「周官小宗伯『四類』鄭司農注：『三皇、五帝、九皇、六十四民咸祀之。』疏引史記：『九皇氏没，六十四民興。』」張金城曰：「藝文類聚帝王部引項峻始學篇：『人皇九頭，兄弟各三百歲，依山川土法之勢財度爲九州。』路史九頭紀『泰皇氏』注：『人皇九頭，頭者，人也。』」按：太平御覽七八引春秋緯：「天皇、地皇、人皇兄弟九人，分爲九州長天下。」是則不能謂爲九皇。據周禮小宗伯鄭司農注及疏引史記，是九皇又在三皇五帝之後，然世無其事，莫能考。竊謂「九皇」，蓋泛指上古帝王。**主不虛王，**王，朱氏本誤「正」。○陸佃曰：「王德備矣。」按：主，君主。不虛，有實也。王，去聲，稱王、爲王。主不虛王，言君主要做實事，不能虛占王位，即所謂「德稱位」。**臣不虛貴階級。**「階級」二字吳屬下。張金城曰：「繹其文，『階級』二字似不當有。上下二句文相對，唯下文陸注『受封之臣不虛貴梯級』，所據本有之。」按：張説近是，「階級」二字當係後人據陸注所增。○陸佃曰：「列等之爵，無虛授也。」吳世拱曰：「德稱位也。『制』、『貴』爲韻。」張金城曰：「路史九頭紀『泰皇氏』用此文，『臣不虛貴』絶句。」按：吳説是。言臣不能空占尊貴之名號地位，要有實迹。**尊卑名號，**○陸佃曰：「言尊卑其名號也。」張金城曰：「此言君有德，臣有能，名號尊卑皆得當也。」按：此言君臣吏民各自之名號尊卑。「君（臣）吏民」探下省，諸説非。**自君吏民，**○陸佃曰：「各君吏民。」王闓運曰：「唯有三等階也。」張之純曰：「名號有尊有卑，各自君其吏民。」按：自，來自。承上謂君臣吏民之名號尊卑，皆來自其本人，即有其才德則有其尊，有其名號。**次者無國。**○陸佃曰：「入使治之。」王闓運曰：「不封建也。」按：次，猶劣，劣於當國者。國，謂封地，自君言。**歷寵歷録，**俞樾讀連下「副」字爲句，曰：「下『歷』字衍文也。『歷』字訓『次』。禮記月令篇：『命宰歷卿大夫至於庶民土田之數。』鄭注曰：『歷，猶次也。』是其義也。録，讀爲『禄』。周官職幣注：『杜子春云：「禄，當爲『録』。」』是『録』與『禄』古字通也。歷寵禄副，所以付授，言次第其臣下之寵禄，必與所付授者相副也。陸注曰『歷録，文章之貌。言更歷寵榮華煥如此』，則其所據本已衍下『歷』字，又不知『録』爲『禄』之假字，故所説非是。如其説，則『歷寵歷録』殊不成義也。」按：此句無誤字，俞讀非。○陸佃曰：「歷録，文章之貌。言更歷寵榮華煥如此。毛詩傳曰：『務歷禄也。』」吳世拱讀上「歷」字連上爲句，曰：「『卑』、『歷』爲韻。尹大令桐陽云：『歷，即履。未任前所經歷之事，今人謂履歷。』副，福也，若今書版。吏民次者無國歷，謂吏民才能之次者，其名不得書於册。寵歷録者，謂履歷高者則録之於書版以便授事。」張金城曰：「注引毛傳曰者，見詩秦風小戎傳。」按：歷，廣雅釋言：「逢也。」逢，猶遇，即受到、得到。寵，榮耀。録，同「禄」，俸禄。**副所以付授，**「以」字當衍。○陸佃曰：「非特受封之臣不虛貴梯級，雖無國者亦稱所以副授。」張之純曰：「其次無封國而輔佐天子者，亦更歷寵榮，文章華煥，足以稱其所付授。」按：副，同「符」，漢書禮樂志注：「稱也。」謂相稱、相符。授，謂付出。二句謂所得到之寵與禄與所付出者相稱，即所謂「不虛」也。諸説非。以上言九皇之制，是其先貴事者也。**與天人參相結連，**天人，當作「天地」。○陸佃曰：「天人一貫，不可解也。」張金城曰：「春秋繁露王道通三曰：『三畫而連其中謂之王。取天地與人之中以爲貫而參通之，非王者孰能當是？』又陰陽義：『（天）與人相副，以類合之，天人一也。』謂明主立制合天也。」按：參，配合而爲三。天道先貴覆者，地道先貴載者，人道先貴事者，皆自然之勢也。九皇之制先貴事者，是與天地參相連結也。諸説非。**鉤考之具不備故也。**張金城曰：「路史引此無『故』字。」按：路史所引是，此「故」字蓋後人所增。○陸佃曰：「鉤考，督責之術也。言惟無督責之術，而以道相化，故能如是，故曰『燒之剔之，刻之雒之，馬之死者十二三矣』。夫馬之性固真矣，然其智至於詭竊者，伯樂之罪也。雖然，九皇之制亦寓言耳。夫太上無法而治，安有受封之制哉？　契理之士，要其會歸，而遺其所寄可也。」吴世拱曰：「言與天人合一，不備鉤考之具故也。泰鴻：『無鉤無繩，渾沌不分。』『副』、『備』爲韻。」按：鉤，小爾雅廣詁：「取也。」莊子天運：「君無所鉤用。」考，考察、考覈。尚書舜典：「三載考績。」具，工具。鉤考之具，謂取士考官之制度。此承上，言九皇之制合天地自然之道先貴事者，而無取士考官之具。諸説非。

下之所逜，上之可蔽，張金城曰：「『可』字疑當作『所』，字形相近而誤。」按：張説是，當作「所」。○陸佃曰：「逜之言干也。」張金城曰：「逜，即『迕』。爾雅釋天釋文：『逜，本作「迕」。』朱駿聲曰：『叚借爲「捂」。』小爾雅廣詁：『迕，犯也。』廣韻：『逜，干。』是也。」按：逜，同「捂」，張引朱駿聲説是。捂，用手遮蔽，引申泛指遮蔽。蔽，蒙蔽、不明。下，臣下；上，主上。下所捂則上不能見，故蔽。**斯其離人情而失天節者也。**天節，疑當作「天則」。下文「人之情」、「天之則」，即承此言。○吴世拱曰：「蔽天逜下也。」張金城曰：「下之所逜，謂違乎人也。上之所蔽，蔽於天也。故曰離人情，失天節。」按：舊讀如此。斯，實探下言，指以下之「緩則怠，急則困，見間則以奇相御」，舊讀非，説詳下節俞樾説。離，背離。天則，自然法度。

緩則怠，急則困，見間則以奇相御，人之情也。陸佃曰：「（間）一作『門』。」按：作「門」者字之壞。朱氏本作「問」，亦誤。○陸佃曰：「恒物之情，緩之則怠，急之則困。故昔賢驅鷄之喻，戒在疾徐也。間，巇隙也。方其鍵閉，雖有奇計，安得而抵之哉？天節見上，故於此具論人情也。」俞樾曰：「陸佃所讀如此。然『緩則急』三句，以爲人之情，説尚可通，『舉以八極』二句，何以爲天之則乎？疑陸氏失其讀也。『緩則急，急則困，見間則以奇相御』，當屬上讀之，即上句所謂『斯其離人情而失天則者也』。此下又分説人之情。天之則，當合下文『差謬之間，言不可』合讀之，乃倒句法也。『人之情也，舉以八極，信焉而弗信』，此言人情之不能見遠也。『天之則也，差謬之間，言不可合』，此言天則之不可稍失也。」張金城曰：「注曰『驅鷄之喻』者，即莊子達生篇『養鬬鷄不驕不疾，以至於全德，望之如木鷄』是也。曰『間，罅隙也』者，史記魯世家『故君臣多間』，集解引賈逵曰『間，隙也』是也。注又以『奇計』釋『奇』，義未晰。奇，與『斜』同義。老子『奇物滋起』王注：『巧僞生則斜事起。』以『斜事』訓『奇物』，是『奇』即『斜』也。此蓋如荀子哀公問『鳥窮則啄，獸窮則攫，人窮則詐』之謂也。」按：俞説是，「人之情也」屬下。怠，懈怠。困，謂受困。間，隙，機會。奇，不正常。御，治，處理、對待。事緩則懈怠而不抓緊，事急則困無所措；看到機會，便以不正常的方法對待，此其離人情、失天則的原因。帛書黄帝書經法道法：「變恒過度，以奇相御。」「奇」正與「恒（常）」相對。

舉以八極，信焉而弗信，天之則也。

弗信，疑當作「弗疑」，「信」字涉上誤。○陸佃曰：「八極，八方之極，四中、四角是也。淮南子曰：『八埏之外有八紘，八紘之外有八極。』夫八極有之，而以跡所不至，更若誕謾，故曰信焉而弗信也。雖然，以懸寓觀之，八方上下無盡也，亦無無盡；無極也，亦無無極，故曰天之則也。」張之純曰：「既用鉤考，所舉雖多，可信者不足取信，此亦天則也。」吴世拱曰：「淮南子：『八紘之外有八極。』高誘曰：『八極，八方之極也。』信焉而弗信，言八極有其事之不同，可分而無實處也。」張金城曰：「舉，墨子經上曰：『擬實也。』舉以八極，猶曰示以八極之事也。信焉者，其情甚真也。而弗信者，人情弗之信也。注曰『無盡亦無無盡』云者，列子湯問殷湯曰：『然則上下四方有極盡乎？』革曰：『然。無極之外復無無極，無盡之中復無無盡。』是也。注引此者，以明天則之幽深難測也。」按：「天之則也」當屬下，參上俞樾說。舉，列舉之舉。八極，大地八方之極限。信焉而不疑，相信而不懷疑。此言人情之特點，是可以有較大的出入。陸引淮南子，見墬形訓，原文作「八埏之外，而有八紘」，「八紘之外，而有八極」。**差繆之間，言不可合，**繆，道藏本、張金城本作「謬」，本字。又「之」，張金城本作「一」，云：「『一』字藏本外作『之』。」按：作「一」非，張誤。○陸佃曰：「孔墨之道，同是堯舜，同非桀紂，而終不可合者，其獘由此也。」張之純曰：「（繆）同『謬』。」張金城曰：「言天節，自然性命之節，使其節差一間，則所言必離天而不可合，所議必不中於法矣。注曰『孔墨之道』云者，韓非子顯學『孔子、墨子俱道堯舜，而取舍不同』是也。」按：差謬之間，喻極小的距離，與「八極」相對。言，言之。**平不中律，**○陸佃曰：「小失聲韻，則雖平不中律矣。夫千里之失，謬於毫釐；而歷年之患，誤在頃刻，是故君子慎其小也。」王闓運曰：「『平』、『評』通用。」張之純曰：「此三句申明鉤考之無益，以下則言天人相參之數。」吴世拱曰：「平，權也，調和也。」按：平，同「評」，王説是。評，與「言」相對，謂評説、評議。中，去聲，合。律，本指定音的竹管。淮南時則：「律中太簇。」引申指標準。此言天則的特點，是稍有偏差，則言之不可合，評之不中律。**月望而**

晨，月毁於天，珠蛤蠃蚌虚于深渚，晨，當作「盛」；毁，當作「晦」，以音誤。○陸佃曰：「水岐成渚。」王闓運曰：「虚，虧也。」張之純曰：「淮南子：『月虚而魚腦減，月死而蠃蚌膲。』注：『膲，肉不滿也。』」張金城曰：「釋名釋水：『小洲曰渚。』注曰『水岐成渚』者，謂水分而中浮小洲即渚也。」按：月望，月圓。盛，豐滿，指珠蛤蠃蚌言。晦，説文：「月盡也。」張引淮南子，見天文訓。**上下同離也。**前「下之所逌，上之所蔽」，疑當在此句下而錯於彼。○陸佃曰：「言同氣附離而無間，雖狸物潛於深渚，與月盛衰，更如在上也。淮南子曰：『日至而麋鹿解，月死而蠃蚌膲。』」吴世拱曰：「離，附也。言上下相關也。呂氏春秋：『夫月形乎天，而羣陰化於淵。』」張金城曰：「呂覽精通篇『月也者，羣陰之本也。月望則蚌蛤實，羣陰盈；月晦則蚌蛤虚，羣陰虧』是也。此言上下相感之事也。注引淮南子曰者，用天文篇文。」按：離，讀爲「麗」，附麗。諸説是。陸引淮南子「月死而蠃蚌應」，即前張引「月死而蠃蚌膲」句意，非原文。

未令而知其爲，未使而知其往，上不加務而民自盡，此化之期也。○吴世拱曰：「賈子修政語：『不賞而民勸，不法而民治。』」張金城曰：「盡者，盡其性也。言人主法天抱一，故其化大行也。論語子路『其身正，不令而行；其身不正，雖令不從』是也。」按：務，致力。盡，盡力。期，盼也、望也。此又一説，與上不相涉。**使而不往，禁而不止，上下乖謬者，其道不相得也。**○吴世拱曰：「管子權修：『力無以畜之，則往而不可止也；無以牧之，則處而不可使也。』近迭：『令不行，禁不止。』」張金城曰：「此言賞罰陵夷，上下違戾，由於失道也。」按：乖謬，抵觸、不和。道，主張、思想。不相得，不相投合。

上紘下撫者，遠衆之慝也。紘，四庫本、聚珍本、張之純本作「統」，王闓運本作「絶」。張金城曰：「統，聚珍本、學津本外作『紘』，形近之誤。本書天權篇『塞故四發上統而不續』注：『上統，或作上紘。』是二字多混。」按：張説是，「紘」當作「統」，形之誤。又「遠衆之慝」疑亦有誤字，莫能明。○王闓運曰：「遠方與上絶不通，則下有人撫定而有之矣，此分國之由。」吴世拱曰：「紘，止也。撫，同『無』，亡也。慝，忒也，惡也。言上止居之，而下猶走亡，是遠棄其衆、不親愛之過也。」張金城曰：「統，周禮太宰『以統百官』注：『猶合也。』上統，與天權篇同，皆謂上合於天也。下撫，謂下安萬民也。慝，僞古文尚書大禹謨『負愆引慝』注：『惡也。』言能合天安人，故足以遠乎衆人之惡也。」按：此數句「上」、「下」皆指君、民。統，領也。撫，猶「順」，説見史記曆書正義，諸説似非。**陰陽不接者，其理無從相及也。**○吴世拱曰：「接，猶濟也。及，止也。言治理之道不能致陰陽和也。文子精誠：『逆天暴物，則日月薄蝕，五星失行，四時相乘。』又：『神明接，陰陽和，萬物生矣。』『及』、『合』、『心』爲韻。」張金城曰：「春秋繁露王道通三：『陽爲德，陰爲刑。』是陰陽不接者，刑德不行也。」按：陰陽，化生萬物之道。接，交合。陰陽交合則萬物生，不交合，故其理無從相及。理，事理。及，趕上。此以陰陽喻上下，陰陽不接，與上「上紘下撫」相對。張引繁露，原文作「陰，刑氣也；陽，德氣也」。**筭不相當者，人不應上也。**○張之純曰：「筭，賦筭也。言下不出賦供上也。」吴世拱曰：「筭同算，選也，聲轉。一切經音義引三蒼：『筭，選也。』當，值也，任也。言所選之人不勝任其事，賢才不應上也。『當』、『上』爲韻。」按：算，此蓋指賦税之計算，張説近是。當，相當、合適。人，謂納賦之人。**符節亡此，曷曾可合也？**此，當作「齒」，以音誤。○吴世拱曰：「符節兩剖，以相合爲信也。符，古或用圭璋。説文：『符，信也。漢制，以竹長六寸，分而相合。』又：『卪，瑞信也。象相合之形。』『卪』、『節』聲轉。亡，無也。此，齒也，所以比次相合也。『次』、『齒』聲轉。列子説符：『宋人有遊於道得人遺契者，歸而藏之，密數其齒。』張湛注：『刻處似齒。』言符節無此（齒）則不可合，喻上無信道，則下不親附。曷、曾，皆何也。『曾，何也』，見方言。『此』、『害』、『敗』爲韻。」按：吴説是。節，符節。亡，失。符節之兩半各有齒，以相合；齒亡，自不得合。**爲而無害，成而不敗，一人唱而萬人和，如體之從心，此政之期也。**○張金城曰：「論語『爲政以德，譬如北辰，居其所而衆星共之』者是也。」按：爲，作、創。害，傷害、損害。成，成功。敗，壞。唱，猶倡。和，附和、響應。體，肢體。政，爲政、政事。期，望。張引論語，見爲政篇。**蓋毋錦杠悉動者，其要在一也。**陸佃曰：「（錦）一作『綿』。」按：作「綿」者形之誤。又俞樾曰：「此『毋』乃『毌』字之誤。説文：『毌，穿物持之也。』今經典通用『貫』字，而『毌』廢矣。錦杠悉動，言有錦杠以貫之，而撩幅俱動也。淺人習見『毋』字罕見『毌』字，改『毌』爲『毋』，而陸氏承其誤，乃注曰『蓋無錦杠而撩幅俱動者，其要在杠也』。既無杠矣，何云其要在杠乎？」按：俞謂「毋」爲「毌」之誤，是也，然「蓋」與錦杠無關，更不得貫錦杠。竊謂「杠」當作「而」，蓋涉注「錦杠」而誤。○陸佃曰：「蓋無錦杠而撩幅俱動者，其要在杠故也。是故明主好要以一倡萬。以錦韜杠，故謂之錦杠。爾雅曰：『素錦韜（今本作「綢」）杠。』」吴世拱曰：「蓋，車蓋也，式如今之傘。釋名釋車：『在上覆蓋人也。』毋，同『撫』，舉也，推也。杠，釋名釋車：『公也，衆叉所公共也。』錦杠者，以錦韜杠，故曰錦杠。爾雅釋天『素錦綢杠』，蓋柄下節也。所以承衆，又以張斂蓋也，故舉杠則悉從動之耳。」按：蓋，車蓋。貫，穿也。錦，彩帛。悉，俱、全。要，要害、關鍵，指車動。一，同一。言車蓋穿上錦帛而錦帛俱動的原因，是錦帛與車蓋之動因相同。諸説非。

未見不得其⿰言爾而能除其疾也。 王闓運本「⿰言爾」作「診」，云：「『⿰言爾』、『診』草書同作『尔』。今刻作『⿰言爾』，誤也。」張金城曰：「王説是。」○吴世拱曰：「⿰言爾，候脉也。説文作『診』，或又作『𧦝』。案右聲『爾』當作『㐱』。與『一』、『疾』爲韻。蓋由『㐱』變作『尒』，聲轉作『爾』耳。靈樞九鍼十二原：『凡將用鍼，必先診脉，視氣之劇易，乃可以治之。』」按：⿰言爾，「診」傳寫誤體。診，診斷。

文武交用而不得事實者，法令放而無以梟之謂也。 ○陸佃曰：「梟，斬刑也。此言法令不行，小人敢爲負謾，而無忌憚也。雖然，秦以苛察相高，其弊徒文具耳，而至於土崩，更甚乎無法者，無惻怛之實故也。由是觀之，内無至誠惻怛之實，欲以一切從事於法，則將以考真也，適足以起僞；將以稽治也，適足以招亂。」俞樾曰：「後漢書張衡傳『咸以得人爲梟』注曰：『梟，猶勝也，猶六博得梟則勝。』此文梟字亦當訓『勝』。無以梟之，即無以勝之也。言法令弛放，不足以勝小人之敢爲欺謾者，故雖文武交用而不得事實也。陸以斬刑説之，非是。」吴世拱曰：「管子霸言：『一而伐之，武也。服而舍之，文也。文武具備，德也。』放，蕩也，弛也。梟，勝也，猶克治也。言文武備用，仍不得建事功，法令放，無治勝之道也。管子君臣：『爲人君者，倍道棄法而好行私，謂之亂。』」按：事實，事功、實效。放，廢弛。梟，勝。俞、吴説是。**舍此而按之彼者，曷曾可得也？**○陸佃曰：「南適而北轅矣。」吴世拱曰：「言舍法令而求事功，必不能得。曷、曾，皆何也。」張金城曰：「史記衛將軍驃騎傳集解：『按，尋也。』言失其道，故求則不得也。」按：舍，同「捨」，放棄。此，謂法令。按，猶抓。彼，謂文武交用。得，得事功。曷，同「何」。**冥言易，而如言難。**如言，疑當作「實言」，以音誤。○陸佃曰：「言之不怍，爲之也難。」吴世拱曰：「冥言，猶瞑言，謂囈言也。言謾言易使行之，如言則難。説文：『寱，瞑言也。』」張金城曰：「冥，漢書揚雄傳『窮冥極遠』注：『幽深也。』冥言易者，謂言其幽深之言易也。如言，謂行如其言。注文見論語憲問篇。」按：冥言，同「瞑言」。説文「瞑言也」段注：「瞑言，寐中有言也。」是瞑言即夢話、虛語。實言，真話。實言難，故下文曰「父不能得之於子，而君弗能得之於臣」。此言「言」，非言「行」，諸説誤。**故父不能得之於子，而君弗能得之於臣。**○陸佃曰：「踐言之行，雖在君臣父子之間如此，況卑賤乎？」吴世拱曰：「言子、臣之冥言，雖有君威父嚴，亦難得其行如言也。」張金城曰：「此言執一不易，貴乎自得也。莊子天道：『臣不能以喻臣之子，臣之子亦不能受之於臣。』淮南道應：『臣不能以教臣之子，而臣之子亦不能得之於臣。』」按：得之，謂得實言，非謂得行，吴説非。**已見天之所以信於物矣，**「以」字當衍。○陸佃曰：「無妄天之道也。」吴世拱曰：「言天已有守度量而不可濫，生物而不忝，失物之見信矣，人則行不如言，未見有所信於物矣。」張金城曰：「此言道也。莊子天道『天道運而無所積，故萬物成』是也。注曰『無妄』云者，老子『道之爲物，其中有信』是也。」按：信，取信。天取信於物，天行有常也。張引老子，係縮約二十一章文。**未見人之所信於物也。**○陸佃曰：「不能似言。」張金城曰：「人之所信於物者，合德天地以輔相萬物是也。所信而未見者，不能抱一守要故也。」按：人未信於物，人無實言也。

捐物任勢者，天也。○陸佃曰：「萬物盡無，因任而已。」吴世拱曰：「不著物而任自然。」張金城曰：「捐物者，不爲物累也。任勢者，任其運轉而不能自止之勢也。捐物，故無爲；任勢，故爲之。莊子天地：『無爲爲之之謂天。』言因任而已。」按：捐，放棄、抛開。任，聽任。勢，自然之勢。**捐物任勢，故莫能宰而不天。**陸佃曰：「捐，或作『損』。一本作『得先之在古者，道之理也。損物任勢，故莫能宰而不天』。」按：作「損」者形之誤。一本所云未詳，或亦有誤字。天，疑當是「失」字之誤。○陸佃曰：「其道如上，故莫能宰之，而莫不天焉。」張之純曰：「言能捐物任勢，則人莫能自宰，咸奉之若天。」張金城曰：「此言人法天與道相契，故莫或能宰之而使離天。言其相化之固也。張氏説似嫌迂曲。」按：宰，主宰。言正因天捐物任勢，故莫能主宰之，而其亦永不消失。**夫物，故曲可改，人可使。**○陸佃曰：「言苟爲物矣，無以有己，如此以明天之不可轉徙也。」吴世拱曰：「不失物，故可改可使。」張金城曰：「獨立而不改者，唯道而已。既散爲器，故曲而可改，人而可使。人亦物屬也。」按：曲，謂形。説文：「曲（古文），象器曲受物之形。」改，改變。使，使用。

法章物而不自許者，天之道也。「法」字當衍。章，朱氏本作「音」，誤。○陸佃曰：「夫法種種差别，稽之天道，豈得已哉？姑以應世而已，甚不自是也。」吴世拱曰：「章，明也，治也。言法主公廢私，猶天道之捐物任勢而不偏私也。」張金城曰：「老子『衣養萬物而不爲主』者，此也。自許者，莊子徐無鬼曰：『夫神者不自許也。』釋文引司馬云：『許，與也。』」按：章，章程、程式。章物，以物爲程式。張引老子，見三十四章。**以爲奉教陳忠之臣，未足恃也。**○陸佃曰：「此其勢必至於有法也。」吴世拱曰：「人無見信於物，故雖奉教陳忠之臣，不如法之足恃也。」張金城曰：「言人天不一，雖奉教陳忠之臣，不無人心。人心起則危，故未足恃也。聖者不與天道同憂，其勢必立法制以輔相其過。」按：恃，依靠、信賴。此承上指「章物而不自許者」言，謂其雖合天之道，但若以之爲奉教陳忠之臣，則不值得信賴，因其「曲可改」、「無主見也。諸説似非。**故法者曲制，官備主用也。**孫人和曰：「備，當作『道』，字之誤也。『故法者曲制官道之用也』十字當作一句讀。孫子計篇云：『法者，曲制、官道、主用也。』魏武帝注：『曲制，部曲旗幟金鼓之制也。官者，百官之分也。道者，糧路也。主用者，主軍費用也。』」按：「備」字不誤，此不必與孫子同，孫説非。○陸佃曰：「（曲制）曲爲之制。官各守之，以備主用。」吴世拱曰：「曲，精密也。管子七法：『曲制時舉。』孫子計篇：『法者，曲制、官道、主用也。』官備，謂臣備法之法也。主用，謂君用法之術也。韓非子定法：『法者，憲令著於官府，刑罰必於民心，賞存乎慎法，而罰加乎姦令者也，此臣之所師也。君無術則弊於上，臣無法則亂於下，此不可一無，皆帝王之具也。』」按：曲制，曲爲之制，即隨物（事）而制。官，官府。備，準備、預備。主，君主。用，使用。

舉善不以窅窅，○陸佃曰：「不以潛晦舉人之善，必著見而後置之。」張之純曰：「窅，深遠也。深遠則有幽暗之義。」張金城曰：「淮南氾論曰『不計其大功總其略行，而求其小善，則失賢之數也』，謂此。窅者，朱駿聲曰：『字亦作「眑」。』漢書禮樂志『清思眑眑』注：『幽静也。』然則『窅窅』與下文『冥冥』誼同。」按：窅窅，隱晦不明貌。**拾過不以冥冥，**陸佃曰：「拾，或作『捨』。」按：作「捨」者形之誤。○陸佃曰：「不以隱匿拾人之過，必發露而後廢之。」吴世拱曰：「窅窅、冥冥，皆幽晦不明也。言依法之大公，不任人之私知也。」張金城曰：「淮南氾論『人有厚德，無問其小節；而有大譽，無疵起小故』，此之謂也。」按：拾，撿。過，過錯。冥冥，晦暗不明貌。**決此，法之所貴也。**此，當作「齒」，以音誤。下文「若礱磨不用賜（齒）」即就此言。○吴世拱曰：「『此』、『貴』、『詘』爲韻。」張金城曰：「言法貴寬且適中也。決，吕覽節喪篇『聖人之所獨決也』注曰：『決，知。』」按：決，猶扢、刻，此謂制訂。齒，指具體明確的法律條文，針對上「窅窅」、

「冥冥」而言。齒可以咬物，法律條文可以治事，故以相比，諸説似非。**若礱磨不用，賜物雖詘，有不効者矣。**王闓運曰：「『賜』字誤衍。」按：王説非。賜，亦當作「齒」，屬上讀，以音誤，舊讀非。○陸佃曰：「言慶賞者，磨鈍之器也。然而賞不能勸不勝，罰不能必不可，若砥礪不用之材，而責有於無，玉帛雖詘，有不效者矣。」張之純曰：「(礱)音龍，磨也。(詘)充詘也。舉賢而不能用，賞賜雖多，賢終不爲之效力也。」吴世拱曰：「礱、磨，一切穀器也，今吾鄉猶通用之。賜，厲也，鑿處遮列也。賜、厲聲轉。水經漻水注：『賜水，即厲水也。』詘，劣也，不堅也。效，獻功也。言礱磨不鑿高鋭之齒，物雖不堅，不能效功也。喻雖有聖知，不依於法，難勝理也。」按：吴説近是。詘，同「屈」，不直、不堅挺、不堅硬。此言法貴條文，猶如礱磨貴齒，無齒則治事無功效矣。

上下有間，於是設防知蔽並起。知，疑當作「制」，與「設」相對。又前文「下之所逜，上之所蔽」當在此句上。○陸佃曰：「爲之斗斛以量之，則並與斗斛而竊之；爲之權衡以稱之，則並與權衡而竊之。」吴世拱曰：「『起』、『止』爲韻。」張金城曰：「此上文『見間則以奇相御』者是也。蓋上下既離而法制生，法制既用而設防知蔽愈厲，此所以必本乎天則也。注『爲之斗斛』云云，見莊子胠篋篇。」按：上下，君臣。間，間隙。有間，不相合也。防，堤壩。制，制作。蔽，蒙蔽。**故政在私家而弗能取，**○陸佃曰：「政在大夫。」張之純曰：「齊之陳氏、晉之季氏是也。」吴世拱曰：「私家，卿大夫家也。」按：取，奪取。**重**

人掉權而弗能止，○張之純曰：「唐韻：『掉，女角切，音搦，持也。』莽、操、懿、裕是也。」吴世拱曰：「重人，貴重之臣。韓非子孤憤：『重人也者，無令而擅爲，虧法以利私，耗國以便家，力能得其君，此所爲重人也。』」按：重人，即吴引韓非子所謂之重人，亦即莽、操、懿、裕之流，二説是。掉，摇擺，任意使用。止，制止。**賞加無功而弗能奪，**○張之純曰：「『竄下養中郎、都尉爛羊頭』是也。」吴世拱曰：「『奪』、『絶』爲韻。」按：奪，剥奪。**法廢不奉而弗能立，**廢，廢弛。不奉，不被奉行遵守。立，樹立。**罰行於非其人而弗能絶者，**○張之純曰：「太甲顛覆湯之典型，商辛之囚箕子、戮比干是也。」張金城曰：「此總言刑賞不得、上下相間之弊也。」按：絶，杜絶。**不與其民之故也。**○陸佃曰：「與民共之而上下以道相維，豈容至此哉？屋漏知之在下，船漏知之在上。」吴世拱曰：「與，同也，親也。言不得其民。上文云：『下之所逭。』」張金城曰：「不與其民，謂好惡不與民共之也。」按：與，親附，吴説是。

夫使百姓釋己而以上爲心者，教之所期也。○吴世拱曰：「『期』、『塞』爲韻。」張金城曰：「言政教所期，在上下無間也。淮南主術『行不言之教』注：『教，令也。』」按：釋，放下。以上爲心，心里想着主上。期，望也。**八極之舉不能時贊，故可雍塞也。**○陸佃曰：「所謂無障者，四通六闢，豈疑八極之舉而不能贊明哉？湯之問棘是矣。」張之純曰：「時贊，猶中庸所謂贊天地之化育也。誠能時贊，八極雖遠，亦無障礙，否則雍塞矣。」張金城曰：「張説是也。此言修道法天，故斜不能奸、禍不能中也。」

注『湯之問棘』者，見莊子逍遥遊、列子湯問。棘，列子作「革」。張湛注：『夏革字子棘，爲湯大夫。』」按：八極之舉，承前「舉以八極」言。時，及時。贊，當訓告，謂告明。尚書咸乂序「伊陟贊於巫咸曰」孔氏傳：「贊，告也。」雍塞，堵塞，就主上之耳目言。**昔者有道之取政，非於耳目也。**孫人和曰：「『有道之』下脱『君』字。太平御覽十三、又八百四十一兩引有『君』字。」按：孫説是，當據御覽補。○陸佃曰：「神心恍惚，俯仰之間，再撫八極之外，而里之前耳不能聞，牆之外目不能見，故聖人之政恃道而不恃耳目。」吳世拱曰：「取，持取也。」張金城曰：「列子仲尼篇：『善若道者，亦不用耳，亦不用目，亦不用力，亦不用心。』欲若道而用視聽形智以求之，弗當矣。』」按：取，聽取。政，指政見。於，猶「以」。耳目可雍塞，故不以耳目。**夫耳之主聽，目之主明。一葉蔽目，不見太山；兩豆塞耳，不聞雷霆。**吳世拱曰：「一葉，太平御覽八百四十一百穀部引作『兩葉』。」孫人和曰：「一葉，本作『兩葉』，此後人妄改也。劉子新論專學篇云：『兩葉掩目，則冥然無睹。』李筌注陰符經云：『兩葉掩目，不見泰山；雙豆塞耳，不聞雷霆。』聶夷中詩云：『兩葉能蔽目，雙豆能塞聰。』作『兩』。藝文類聚八十五、太平御覽十三、又八百四十一、記纂淵海七十二引鶡冠子，亦作『兩葉』。」張金城曰：「太平御覽十三引兩『主』字作『生』。卷十三、卷三六三引『一葉』作『兩葉』。白孔六帖卷九同。」按：孫説是，「一葉」當係後人所改；「主」作「生」則字之誤。○陸佃曰：「膚寸之間，小物足以障之，何足恃哉？」張金城曰：「此析論耳目之不足恃也。劉子新論專學篇曰：『夫兩葉掩目，則冥默無睹；雙珠塡耳，必寂寞無聞。』是也。韓非子定法曰：『人主以一國目視，故視莫明焉；以一國耳聽，故聽莫聰焉。』（管子九守、六韜大禮篇同）然則以天下耳目視聽之，則近乎道矣。」按：太山，同「泰山」，喻大物。

道開而否，未之聞也。〇陸佃曰：「此明道之足恃也。夫道開者雲霧不能礙其視，雷霆不能亂其聽，雖栖在蚊睫，而視之若嵩華之阿；戰於蝸角，而聽之若齊魏之閧，夫孰能否之？」張金城曰：「開，通也；否，塞也。言道既行矣，而猶否塞不得其政者，未之聞也。注『雲霧』二句，用列子黄帝篇文；『栖在蚊睫』，事見列子湯問篇；『戰於蝸角』云云，事見莊子則陽篇。注引之者，明遊心於無窮，則無物可以壅塞也。」按：道，大道。開，開通。否，音「痞」，閉塞。**見遺不掇，非人情也。**〇陸佃曰：「言無是也。此申未之聞也之況。」張之純曰：「（掇）拾也。」張金城曰：「莊子達生：『見痀僂者承蜩，猶掇之也。』疏：『掇，拾也。』此言見遺則拾取之，人之情也。」按：遺，路遺之物。人情，人之常情。**信情脩生，非其天誅，逆夫人僇，不勝任也。**陸佃曰：「（脩）一作『循』。（逆夫人僇）一本作『逆天之人僇』。」張金城曰：「脩，宜從別本作『循』。『循』、『脩』之誤，古書間出，王念孫淮南雜志有説。若釋作『脩生』，則生既脩矣，何至於天殃人禍耶？」按：張説是，當作「循」，形之誤。〇陸佃曰：「不畏天禍人殃，死地隨之，而將以脩生，此如戴粒之蟻欲以冠山，何足以堪其任也？」張之純曰：「信情，猶任情也。」張金城曰：「信情，張氏訓爲『任情』是也。循，淮南原道『循天者與道遊者也』注：『隨也。』生，大戴禮記子張問入官『既知其以生有習』注：『生，謂性也。』呂覽本生『立官者以全生也』注：『生，性也。』是『循生』即順性，與上『信情』義正相當。孔子家語弟子行『其言循性』注：『循其性也，而言不誤其情。』是也。此蓋謂任其可蔽之情，因其自爲之性，則上不能應乎天，故有天誅；下不能順乎人，必遭人僇。究其故，不應天而任人不勝任之咎也。注曰『戴粒之蟻』云者，蓋變用莊子秋水之文。其文曰：『是猶使蚊負山、商蚷馳河也，必不勝任矣。』」按：信，「信步」之信，隨意。信情，隨其情、任其情，張之純説是。生，同「性」。循，順。循生（性），即順其性，張金誠説是。非，説文：「違也。」逆，猶「拒」。僇，同「戮」，殺。帛書黄帝書經法論約：「不循天常，不節民力。」「不有人僇，必有天刑。」**爲成求得者，事之所期也。**陸佃曰：「（期）一作『明』。」按：作「明」者形之誤。○陸佃曰：「以爲成功則天而得之，不得曰有命者無所期焉。是道也，非事也。」吴世拱曰：「爲期成，求期得也。作『明』者，聲轉也。『期』、『代』爲韻。」張金城曰：「此言盡人事所以知天命。程效計功以致成功者，事之所期也，不可舍人事而徒恃天命也。此管子勢篇『天因人』、書傳略説『天非人不因』之謂也。」按：爲，作。成，成功。事，做事。**爲之以民，道之要也。**○陸佃曰：「民之所未安，聖人不强行；民之所未厭，聖人不强去。」吴世拱曰：「以，因也。因民爲而不自爲，則爲可成矣。」張金城曰：「老子曰『聖人無常心，以百姓心爲心』是也。」按：以民，謂以民心，即根據百姓之意願。道，爲成之道。要，要害、關鍵。張引老子，見四十九章。**唯民知極，弗之代也。**陸佃曰：「（代）一作『伐』。」按：作「伐」者形之誤。○陸佃曰：「夫因人而不自任者，天也。民實知極，聖人豈侵越而代之？大司徒曰：『使民興賢，出使長之；使民興能，入使治之。』」張之純曰：「民實知極，聖人必不侵越而代之。」吳世拱曰：「唯，隨也，順也。知，得也。極，準的也。代，同『忒』，差也。事而順民，則能得所求之準的而不至於差失，承上『求得』而言。『代』作『伐』者，以『伐』爲『廢』，借字耳，謂事能成而不廢。」張金城曰：「極，與上文『要』同誼，謂治化之至也。」爾雅釋詁：『極，至也。』注曰『大司徒曰』者，文見周禮地官鄉大夫之職，陸氏蓋失檢也。引之者，以民爲政，以順民爲本之義也。」按：唯，同「爲」，因爲。極，中，事物的標準。代，代替。弗之代，言君不能代替民。**此聖王授業所以守制也。**陸佃曰：「（授）一作『受』。」按：作「受」者是。○吳世拱曰：「授，受也。制，法制也。」張金城曰：「言聖王授官立制而能守其法度者以此。制，荀子解蔽『王也者，盡制者也』注：『制，法度也。』」按：受業，猶承業，與「守制」相對。制，先王之制。

彼教苦，故民行薄。陸佃曰：「（彼）一作『被』。」按：作「被」者聲之誤。○陸佃曰：「未至乎孩而始誰。」張之純曰：「教苦，謂不善教也。教不善，故民倫薄。」吳世拱曰：「彼，説文：『往有所加也。』『彼』、『被』聲轉。『苦』、『薄』、『處』爲韻。」張金城曰：「注文『未』字，莊子作『不』。郭象注：『誰者，别人之意也。未孩已擇人，言其競教速成也。』注引之，以證竅鑿早故民行薄也。」按：彼，猶「其」。教，教化。苦，音「骨」，同「汩」，粗劣。陸注用莊子天運文，原文如張説。**失之本，故争於末。**○陸佃曰：「魚亡江湖，而争於濡沫。」張之純曰：「本，德也；末，財也。薄於德，故争財。」張金城曰：「末，猶曰末務，凡不本乎天而任智務巧者皆屬之，蓋泛稱也。注曰『魚亡江湖』云者，見莊子大宗師。」按：本，謂教；末，謂民行。失、争，皆就君言。争，猶求，要求。**人有分於處，處有分於地，**○陸佃曰：「各有分域。」張之純曰：「各有居處，各有地界。」張金城曰：「分，説文：『别也。』由所自以别異之，猶謂分承也。人有分於處，謂人分異，處有别也。處有分於地，地界不同，居處有異也。」按：分，去聲，猶「位」，説見國語楚語注。處，居處。地，大地。**地有分於天，**○陸佃曰：「郢有天下。」張之純曰：「上應列宿。」吴世拱曰：「古有某星屬於某地之説，謂之分野。」張金城曰：「張説較是，蓋即九州星土之説也。」按：地於天有分野，即其位，吴説是。**天有分於時，**○陸佃曰：「秦天早寒、楚天早熱之類。」張之純曰：「春、夏、秋、冬。」張金城曰：「張説較是，此言天文因乎四時而有異也。舊注謂『秦天』云云，則是天有分於地矣。」按：天有四時，是其有分於時。爾雅釋天：「春爲蒼天，夏爲昊天，秋爲旻天，冬爲上天。」**時有分於數，**○陸佃曰：「春乘木數、秋乘金數之類。」張之純曰：「十二月二十四節氣。」張金城曰：「言四時因節氣之數而有異也。」按：四居數之一，故曰時有分於數。**數有分於度，**○陸佃曰：「取數多者脩，取數寡者促。」張之純曰：「丈、尺、分、寸。」吴世拱曰：「度，三百六十度。」張金城曰：「度者，日景矩長之度。言節候因於日景矩長而異也。」按：數各有度，故曰數有分於度。**度有分於一。**○陸佃曰：「一者，度數之原，隨所分而赴之。譬之物焉，一月普見衆水。」吴世拱曰：「皆遞分於一，統屬於天也。」張金城曰：「以上所論，並以證本末之義。蓋人、地、天、時、數、度，極其原，無不由一出，而終入於一。前文云『前若離一，反還爲物』是也。注『一者度數之原』者，老子『昔之得一者』注：『一，數之始而物之極也。』」按：一，整體。度有其相對之整體，故曰度有分於一。以上言萬物皆是相對的。**天居高而耳卑者，此之謂也。**孫人和曰：「『耳』疑『聽』之壞字。陸注云云，是宋時所見已如此。」按：孫説是。吕覽制樂：「天之處高而聽卑。」○陸佃曰：「天體蓋高，而其耳更卑者，精神之運，普遍萬物故也。」張金城曰：「天道隨體顯現，故所聞萬籟，無非天籟也。猶之乎一水化爲漚，漚水不異原水也。」按：居，處。卑，低。在地，故曰卑。**故聖王天時人之地之，**孫人和曰：「時，亦當作『之』，此涉上『天有分於時』而誤。見管子九守篇、鬼谷子符言篇。」吴世拱曰：「時，當作『之』。『時』、『之』聲轉。兵政：『天之人之地之。』」按：二説是，此蓋後人所改。○吴世拱曰：「上言天地人相關至密，故貫此三者然後謂之聖王。」張金城曰：「管子九守言聖王主問之道曰：『一曰天之，二曰地之，三曰人之。』（鬼谷子符言篇大同）此言聖王通乎三才，以設制宜世也。」按：此用管子之典，言聖王法天、法地、法人。帛書黄帝書十大經前道：「王者不以幸治國，治國故有前道：上知天時，下知地利，中知人事。」**雅無牧能，因無功多。**陸佃曰：「（因）一作『用』。」紀昀曰：「功多，一作『多功』。」按：「牧」字疑誤，或當是「恃」。因，當作「用」，一本是。下「無」，疑當是「而」，涉前誤。○陸佃曰：「夫文貫三爲王，蓋取諸此。」王闓運曰：「雅，故也。不使親故牧治賢能者，多有功者也。因，姻也。姻亞之論功，不得居有功者上也。」張之純曰：「生物而不自以爲能，成物而不自居其功。」吴世拱曰：「雅，素也，虚也。廣雅釋詁三：『素，空也。』虚無則無有不牧。因，因循也，亦用也。因無則功多，上文所謂『不創不作，與天地合德』，又云『捐物任勢』也。」張金城曰：「注曰『文貫三爲王』者，説文『孔子曰：一貫三爲王』是也。」按：雅，素，向來。無，猶「不」。此承上，言聖王法天法地法人而不自恃其能，故功多。

尊君卑臣，非計親也；任賢使能，非與處也；○陸佃曰：「處，故舊也。言不以私恩廢天下之公義。」張金城曰：「管子明法解：『尊君卑臣，非計親也，以執勝也。』此言君尊以臨，臣卑以服，非臣意愛主也，乃明主有制勝之術也。『與處』，與上『計親』相對爲義，謂與共處者也。」按：計，謀，此取管子義，言君道。尊君卑臣非計親也，言君令人尊君卑臣，並非爲了讓人親君，而是爲了勝臣。任賢使能非與處也，言君尊賢使能，非是爲了與之相處，而是爲了治國。**水火不相入，天之制也。**○陸佃曰：「水火，以譬恩義。蓋古之治天下者，方其申至恩也，公義不得奪；方其申大義也，私恩不得干，猶之水火焉，相濟而不相入也。雖然，凡此，人道而已。若夫天道，則又不在此域也，故下文云。」吴世拱曰：「入，猶『同』也。水藏主静，君道；火明主動，臣道。言尊君卑臣，用能黜不肖，皆天之制也。」張金城曰：「天道生生，無賢不肖好惡之分而成之。人道則不然。聖人必範圍輔相之，使無矛盾之過，故曰天道人道異謀。」按：水火，比君道、臣道。相入，彼此交融。天，自然。制，制度。**明不能照者，道弗能得也。**○陸佃曰：「所謂離朱索之而不得。」張金城曰：「道，國語吳語『道將不行』注：『術也。』左定五年傳『吾未知吾道』注：『猶法術也。』注見莊子天地篇。」按：明，光。明不能照者，謂光照不見之物，喻過小的物體。道，法術，張說是。**規不能包者，力弗能挈也。**○陸佃曰：「夫天地雖密移而真體常住，非若舟壑，夜半負之而去，夫孰能挈之？」吳世拱曰：「挈，縣持也。『挈』、『玦』、『滑』爲韻。」張金城曰：「挈，荀子勸學『若挈裘領』注：『舉也。』不能照、不能包者，謂道體之真常也。此真常無常名，故法術能力難爲累。是天道之至尊至大如此。注『舟壑』、『夜半』云者，事見莊子大宗師篇。」按：規，圓規，木工畫圓的器具。規不能包者，指過大之物體，與明不能照者相對。挈，提起。**自知慧出，使玉化爲環玦者，是政反爲滑也。**陸佃曰：「慧出，一作『惠之』。」吳世拱曰：「『慧』作『惠』，聲轉也。荀子君道『其知惠足使規物』，宋本作『知慧』。『出』作『之』，卩大令桐陽云：『説文：「之，出也。」以「之」訓「出」故耳。』」按：作「惠之」者「惠」爲借字，「之」係聲誤。○陸佃曰：「璞玉不毀，孰爲環玦？玦，半環也。禮論曰：『絶人以玦，反絶以環。』」張之純曰：「政，正也。滑，亂也。政反爲滑，即太璞不完之義。」吳世拱曰：「自，從也。玉，璞玉也。環，圓周；玦，半圓。老子：『樸散則爲器。』莊子馬蹄：『百玉不毀，孰爲圭璋？』又：『夫殘樸以爲器，工匠之罪也。』滑，散亂也。反樸爲散亂也。」張金城曰：「言巧智既出，則知者可以能臣，勇者可以武使，璞化爲器，則政反爲亂矣。莊子馬蹄：『故純璞不殘，孰爲犧尊？百玉不毀，孰爲圭璋？』此之謂也。注言『禮論曰』者，文見荀子大略篇。」按：自，自從。出，産生。環、玦，二禮器。政，國政。滑，音「骨」，擾亂。**田不因地形，不能成穀。**○陸佃曰：「稻宜下地，黍宜上地。」吴世拱曰：「田，治田種穀也。『穀』、『俗』爲韻。」張金城曰：「言相地正壤，因地則成穀也。周禮大司徒曰：『辨十有二壤之物而知其種，以教稼穡樹藝。』此之謂也。」按：因，依，根據。成，生成。**爲化不因民，不能成俗。**○張金城曰：「學記曰：『君子如欲化民成俗。』又莊子在宥篇曰：『卑而不可不因者，民也。』義同。」按：化，教化。俗，習俗。

嚴、疾過也，喜、怒適也，○吴世拱曰：「適，病也。管子水地『瑕適皆見精也』，注：『玉病也。』吕覽舉難：『寸之玉必有瑕璫。』『適』、『璫』聲轉。」按：嚴，嚴厲、猛烈。疾，急躁。過，謂不過，語急而省「不」字。適，適度。**四者已仞，非師術也。**已，當作「己」；仞，當作「初」，皆形之誤。朱氏本作「凡初」，「初」不誤。○陸佃曰：「此言四者或過或適雖殊，而遠離大道一也，豈足以據師之席哉？列子曰：『仞而有之，皆惑也。』」張之純曰：「仞，與『認』通。列子：『萬物不相離，仞而有之，皆惑也。』古者君師一體，師術即君道也。」吴世拱曰：「凡，皆也。仞，同『牣』，滿也，過也。師，長也。言四者皆過，非良善之道也。」張金城曰：「師術，謂君術、主術也。注引列子者，天瑞篇曰：『天地萬物不相離也，仞而有之，皆惑也。』張湛注：『（萬物）雖復各私其身，理不相離。認而有之，心之惑也。』是『仞』、『認』通。」按：己初，與師術相對，言四者皆己當固有，不待師傅也。諸説似非。**形嗇而亂益者，勢不相牧也。**陸佃曰：

「（嗇）元作『薔』，一本作『蓋』。（牧）一作『收』。」按：原作「薔」，借字，陸改是。「牧」作「收」者，形之誤。○陸佃曰：「形無以牧乎勢，勢無以牧乎形，故其獘如此。」張之純曰：「嗇，省嗇也。如梁武帝終日一食蔬素，宗廟以麵爲犧牲，而其後江南終大亂也。」張金城曰：「形，謂君主之形貌，猶曰身也。嗇，老子『治人事天莫若嗇』注：『嗇，農夫。農人之治田，務去其殊類，歸於齊一也。』形嗇，謂省治其身。勢，韓非子八説：『勢者，勝衆之資也。』此言君省治於上，而下亂不止者，蓋其勢難勝也。牧，廣雅釋詁一：『使也。』」按：形，猶身，指君本人。嗇，省嗇、儉嗇，張之純説是。勢，權勢、威勢，張金城説是。牧，治。張金城引老子，見五十九章。**德與身存亡者，未可以取法也。**○陸佃曰：「堯舜殂落，其骨蓋已朽久矣，而至今咏嘆不息者，豈係其身之存亡哉？此萬世之法也。」張之純曰：「當時則榮，没則已焉，其人無足取也。」張金城曰：「此言輔以威勢，爲政以德，乃是常法。注『堯舜殂落』者，書堯典『二十有八載，帝乃殂落，百姓如喪考妣』是也。」按：德與身存亡，即「當世則榮，没則已焉」之人。此言君主應立德。

昔宥世者，未有離天人而能善與國者也。陸佃曰：「或無『天』字。『與』或作『爲』。」按：無「天」字者是；「與」作「爲」義勝，或本是。○陸佃曰：「善與國，所與之國。夫天不人不因，人不天不成。而畸於天人，則其身之不能治，況與國乎？」吴世拱曰：「宥，宰也。與，御也，治也。『與』作『爲』，同義。」張金城曰：「此言爲政者離天人之法而欲求國治，未之有也。舊注釋『與國』，失之。注曰『天不人不因』二句，見尚書大傳略説篇。」按：宥，同「囿」，域也，説見國語楚語注。宥世，謂有域（國）於世。離人，不因人。爲，治也。諸說非。**先王之盛名，未有非士之所立者也。**○陸佃曰：「引而高之者天也。」張之純曰：「謂皆得賢士之助。」張金城曰：「盛者，成也。荀子榮辱篇『其功盛遥遠矣』下王先謙有說。蓋王者用人因士，用士合天，所以天人合而有盛名也。」按：盛，盛大。士，即上文所謂「人」。**過生於上，罪死於下，濁世之所以爲俗也。**「以」字衍。○吴世拱曰：「俗，猶常也。言崇上抑下，不知天制，斥儒者言也。」張金城曰：「俗，淮南氾論『循俗未之多也』注：『常也。』言過上罪下者，乃凡世所以習常如斯之故也。」按：過生於上，謂君有過；罪死於下，謂臣獲罪而死。濁世，不清明之世，即昏君之世。俗，習也。**一人乎！一人乎！命之所極也。**○陸佃曰：「此嘆辭也，言命至君而極矣，今貽厲階如此，可不惜哉？蓋痛之彌深，其辭益緩，詩人之義也。」張之純曰：「痛之益深，其辭益緩，著希篇之所謂『苦乎哉』也。」張金城曰：「一人，謂君主，書呂刑『一人有慶』之一人是也。此痛言不能合天之蔽，所以爲君人者戒也。」按：一人，謂君。諸說是。命，指臣之性命。極，爾雅釋詁：「至也。」

環流第五

○環，環形。莊子寓言：「始卒如環。」郭象注：「於今爲始者，於昨已爲卒也。」此取篇末「物極則反，名曰環流」之「環流」二字名篇，義爲循環流轉，無有窮盡，指宇宙萬物言。此篇講陰陽化育、萬物成敗之規律，美惡相飾，物極則反的道理，以及聖人利用自然規律、掌握自己命運的重要與變害爲利之可能。

有一而有氣，○陸佃曰：「一者，元氣之始。」張金城曰：「列子天瑞曰：『一者，形變之始。』管子兵法篇『明一者』注：『一者，氣質未分，至一者也。』氣，謂陰、陽二氣。周易繫辭上：『易有太極，是生兩儀。』其義相近。」按：一，萬物之所始生也。後文曰：「空謂之一。」是「一」即老子之「無」。氣，下文曰：「立之謂氣。」立，生也、有也。是「氣」即始有，在人即爲元氣。無生有，故曰有一而有氣。**有氣而有意，**○陸佃曰：「意者，沖氣所生。」吳世拱曰：「意，生意也。素問寶命全形論『天地合氣』注：『氣者，生之母也。』」張金城曰：「意，謂意象也。易曰『兩儀生四象』者近是。注曰『沖氣』者，老子『沖氣以爲和』是也。」按：意，意念、思想。**有意而有圖，**○陸佃曰：「可以象矣。」吳世拱曰：「圖，象也。」張金城曰：「注曰『可以象矣』者，謂有圖象也。周易繫辭上：『四象生八卦。』卦亦圖象之意。」按：圖，象，未成形之圖象。**有圖而**

有名，○陸佃曰：「可以言矣。」吴世拱曰：「有圖象則加之名。」張金城曰：「説文：『名，自命也。』象起而名之，是可以言矣。」按：名，名稱。**有名而有形，**○吴世拱曰：「形，實質也。名實相因，故有名而形顯也。墨子經上：『舉，擬實也。』小取以名舉實。」按：形，形體、實質。吴説是。**有形而有事，**○吴世拱曰：「事感實質而起。」張金城曰：「列子周穆王篇：『形接爲事。』事，禮記郊特牲『信人事也』注：『事，猶立也。』」按：事，人所爲也。有形則人可事，故曰有形而有事。**有事而有約。**○陸佃曰：「八者具矣，而渾淪未離，所謂混沌者也。」吴世拱曰：「約，約章也。」張金城曰：「約，學記『大信不約』注：『約，謂期要也。』此言依準其事則有約也。天則篇曰：『爲成求得者，事之所期也。』與此同義。注曰『混沌』者，莊子應帝王曰：『中央之帝爲混沌。』釋文引李云『清濁未分也，此喻自然』是也。」按：約，公約，大家共同遵守的條例。事繁則有約，故曰有事而有約。**約決而時生，**陸佃曰：「時生，或作『時立』。」按：當作「時立」。下文亦作「時立」，即其證。○陸佃曰：「決之爲言判也。」吴世拱曰：「決，猶定也。有一定之約法，則不失時矣。」張金城曰：「決，謂決斷。要約之至析無誤者，則時節是也。」按：決，決斷、決定。時，時限。約法一旦決定，即有時限，故曰約決而時立。立，確立。**時立而物生。**○陸佃曰：「混沌開矣，於是四時行焉，百物生焉。」吴世拱曰：「時不失，則所事之事功成矣。」張金城曰：「注『四時行焉』二句，論語陽貨篇文。」按：物，萬物。萬物各以時生，故曰時立而物生。**故氣相加而爲時，**此句依下文例，當作「故時相加而爲約」。○吴世拱曰：「節氣相加成四時。」張金城曰：「加，如『我不欲人之加諸我也』之『加』。左傳襄公十三年：『君子稱其功以加小人。』注：『陵也。』相加，猶曰相陵、相乘。」按：加，「加身」之加，覆也。相，就對象言，非「互相」義。約決而時生，故曰時相加而爲約。**約相加而爲期，期相加而爲功，**○吴世拱曰：「約禁逾時，不逾期則有功。」按：期，期望、冀望。功，事。約法冀人遵守，故曰約相加而爲期。有期望則有行動（事、功），故曰期相加而爲功。**功相加而爲得失，得失相加而爲吉凶，**○吴世拱曰：「有功則有多寡美惡，有多寡美惡則有吉凶。」易繫辭上：『吉凶者，言乎其得失也。』按：功（事）有成敗，有得失，故曰功相加而爲得失。得失産生吉凶，故曰得失相加而爲吉凶。**萬物相加而爲勝敗。**萬物相加而不能爲勝敗，此句依例當作「吉凶相加而爲勝敗」，「萬物」二字當在下句。○吴世拱曰：「萬物既言之也，謂一切事物也。勝敗，盛衰也。」張金城曰：「此蓋謂天道既開，人事生焉，其功過、得失、吉凶、勝敗，無不由於事物之相加也。」按：吉凶主成敗，故曰吉凶相加而爲成敗。**莫不發於氣，**此句當作「萬物莫不發於氣」，以下皆就萬物言。○陸佃曰：「氣所以發之。」吴世拱曰：「有氣而有意。」按：發，發生。上文云有氣而有意、有圖、有名、有形，是萬物皆發於氣也。**通於道，**○陸佃曰：「道所以通之。」吴世拱曰：「有一而有氣。説文『一』下云：『道立於一。』」張金城曰：「法言問道曰：『道也者通也，無不通也。』」按：通，至、連。道，即「一」，萬物之元始。前文云：「有一而有氣。」故發於氣則必通於道。**約於事，**○陸佃曰：「知道而已則蕩。」吴世拱曰：「有事而有約。」張金城曰：「以事功期之也。注曰『蕩』者，如『知蔽也蕩』之蕩，謂遊離無歸也。左莊四年傳『余心蕩』注：『蕩，動散也。』」按：有事而有約，是約於事也。陸注未明。**正於時，**○陸佃曰：「知事而已則差。」吴世拱曰：「時立而物生。」張金城曰：「此言順時立事，則無失也。」按：正，定也。時至而物生，故曰正（定）於時。**離於名，**陸佃曰：「離，或作『雜』。」按：作「雜」者形之誤。○陸佃曰：「離，如附離之離。」張金城曰：「離，相偶合也。易否『疇離祉』注：『離，附也。』名之必可言，言之必可行，是離於名也。」按：離，同「麗」，附麗。有形而有名，是麗於名也。**成於法者也。**○王宇曰：「發於氣而成於法，一篇關脉也。」張之純曰：「法字爲前半篇主腦，故鄭重而出之。」按：成，成就。法，法則、規律。

法之在此者謂之近，其出化彼謂之遠。吴世拱曰：「『彼』下疑脱『者』字。」按：吴説近是。○吴世拱曰：「此，指我也。下同。」張金城曰：「成物之法其居乎此者，道至近也。其形化萬有，無不或承者，化至遠也。周易繫辭上曰『以言乎遠則不御，以言乎邇則静而正』者是也。」按：此，指萬物本身；彼，指外物。**近而至，故謂之神，**紀昀曰：「一本無『而』字。」按：無「而」者脱。○陸佃曰：「明之在道者爲神，神之在器者爲明。」吴世拱曰：「而，能也。下同。至，同『致』，遠通也。」按：至，到、達。近可以達遠，故謂之神。神，神奇、神妙。**遠而反，故謂之明。**○陸佃曰：「老子所謂『逝曰遠，遠曰反』。」吴世拱曰：「反，復也。言神明在躬也。」張金城曰：「其化不御，則可知其不窮而獨立。通變之極，故曰明。注引老子，見第二十五章。」按：反，同「返」，返回。**明者在此，其光照彼。**陸佃曰：「（照）或作『昭』。」按：作「昭」者誤。〇吳世拱曰：「書堯典：『光彼四表。』照作『昭』，同。」張金城曰：「在此者，獨立不改也。照彼者，周行而不怠者也。」按：明者，指「法」；此，指「近」；彼，指「遠」。**其事形此，其功成彼。**〇陸佃曰：「邶詩曰：『執轡如組。』蓋言此矣。夫爲組者，總紕於此，成文於彼。言其動於近行於遠也。孔子曰：『爲此詩者，其知政乎！執此法以御民，豈有不化哉？干旄之忠告至矣。』」張金城曰：「此言道化之遠也。注文用孔子家語好生篇文，唯文序稍異耳。」按：事，物、實體。形，體現。功，功效、作用。成，成就。**從此化彼者法也，**〇化，化育。法，法則、規律。**生法者我也，成法者彼也。**〇陸佃曰：「非我則無法，非彼則無所用法。」吳世拱曰：「行之在人。」張金城曰：「莊子齊物論：『非彼無我，非我無所取。』言非我有所足，法將不生，故曰生法者我也。非彼有所承，則法無所用，故曰成法者彼也。孟子曰：『堯舜之道，不以仁政，不能平治天下。』理趣雖具，不得其人，則其道不行。得其道而不得其位，終亦無功。其義近之。」按：我，指大自然本身。成，成就、成全。彼，指萬物。大自然生「法」，而萬物體現「法」，故曰生法者我也，成法者彼也。張引孟子，見離婁上。**生法者日在而不厭者也。**〇陸佃曰：「精神之運，隨日以新。」吳世拱曰：「厭，足也，休也。」張金城曰：「言我所以生法者，獨恃精神常運，隨日以新，自強不息。」按：大自然無日不在，而人不厭足。**生、成在己，謂之聖人。**○陸佃曰：「彼我玄同，盛德之至。」張金城曰：「生、成者，莊子人間世：『天下有道，聖人成焉；天下無道，聖人生焉。』謂無而能生、有而能成也。荀子解蔽：『聖也者，盡倫也者。王也者，盡制者也。』盡倫是生，盡制是成。」按：言生法、成法全在己者謂之聖人，超乎自然之上也。此「法」指道法。**惟聖人究道之情，唯道之法公政以明。**○陸佃曰：「非真混沌，孰能如此？」張之純曰：「（情）實也。（唯）同『惟』，思也，謀也。公則生明。」張金城曰：「究道之情，知天是也。唯道之法，合天是也。公政以明，庶政清明是也。政，論語爲政皇疏：『政，謂法制也。』」按：惟，祇有。究，探究。道，謂天道。情，實情、實際。政，同「正」。以，猶「而」。明，顯明。諸説非。

斗柄東指，天下皆春；斗柄南指，天下皆夏；斗柄西指，天下皆秋；斗柄北指，天下皆冬。○張之純曰：「（春）建寅之月；（夏）建巳之月；（秋）建申之月；（冬）建亥之月。」張金城曰：「此漢書律曆志『斗建下爲十二辰，視其建而知其次』之謂也。淮南時則『孟春之月，招摇指寅，其位東方』；『孟夏之月，招摇指巳，其位南方』；『孟秋之月，招摇指申，其位西方』；『孟冬之月，招摇指亥，其位北方』，其義同。」按：此斗柄東指、南指、西指、北指，皆就中原地區初昏時言。張引淮南子四「其位」上皆有省略，非原文。**斗柄運於上，事立於下。**○運，轉。立，定、成。斗柄所行指皆關天時，故曰斗柄運於上，事立於下。**斗柄指一方，四塞俱成。**陸佃曰：「(俱)或作『皆』。」按：「俱」、「皆」同。成，疑當作「承」，謂承受、接受。○吳世拱曰：「四塞，猶四方也。史記、漢書用昏建者杓。淮南：『招摇東指而天下皆春。』御覽二十一引孝經説：『斗指午爲夏。』是皆概言之，非確定語。」按：斗柄指一方，謂斗柄指一方所成之天時。四塞俱承，謂四方皆受，即皆以春爲春、以夏爲夏、以秋爲秋、以冬爲冬。**此道之用法也。**○陸佃曰：「古之聖人，不下席而天下治。顔如渥丹、肌膚若冰雪者，用此道也。而世之枯槁者昧此，以爲黄帝肌色皯黣，而堯、舜如腊。此墨子之道也。」張金城曰：「注曰『顔如渥丹』，詩秦風終南文；曰『肌膚若冰雪』者，見莊子逍遥遊。謂聖人無爲而治，不勞精神也。注又曰『黄帝皯黣』者，見列子天瑞篇，以言爲治之多患也。」按：用，猶「行」。此言道之行法，天下皆承。**故日月不足以言明，四時不足以言功。**○陸佃曰：「言其明與功更在四時日月之上。」按：「道」最明、「法」最上故也。**一爲之法，以成其業，故莫不道。**○陸佃曰：「民咸用之。」吳世拱曰：「道，猶行也。言既一爲之法，日月四時不足言明言功，孰有不遵行之？」張金城曰：「道，莊子漁父：『道者，萬物之所由也。』注曰『民咸用之』者，易繫辭上：『民咸用之謂之神。』」按：一，即「道」。業，事。道，以爲道，即遵行之。吳説近是。**一之法立，而萬物皆來屬。**○陸佃曰：「以出於一，故萬物不能二也。」張之純曰：「此即執簡御繁之義。」張金城曰：「來屬者，有所繫歸，咸由出入是也。屬，莊子駢拇『且夫屬其性乎』注：『以此繫彼爲屬。』」按：立，樹立、確定。屬，歸也。

法貴如言。○陸佃曰：「無信不立。」吳世拱曰：「如言，如法之言，信而不更也。管子法禁：『法制不議。』法法：『不法法，則事無常。』」張金城曰：「論語子路篇『言之必可行也』者是也。注曰『無信不立』者，論語顏淵『民無信不立』是也。」按：此「法」指君主治國之法。如，似、像。言，謂法所言，即法所規定者。此句言法貴在執行。**言者，萬物之宗也。**○吳世拱曰：「言，法之言也。管子法法：『政者，正也。正也者，所以正定萬物之命也。』又：『法者，民之父母也。』言爲政以法則爲民父母，定萬物之命，故法言爲萬物宗也。」張金城曰：「政言所及，萬物莫不相從也。」按：言，承上亦指法之言，吳說是。宗，「歸宗」之宗，主也。**是者，法之所與親也。**○張金城曰：「言是者，法法相親之故也。」按：親，親附、親近。此「法」泛指。下二句同。**非者，法之所與離也。**○吳世拱曰：「法所以定是非。」張金城曰：「言非者，失其法者也。」按：離，背離。**是與法親，故强；非與法離，故亡。**○吳世拱曰：「法除非衛是。」按：「是」合乎法，故强；「非」違背法，故亡。**法不如言，故亂其宗。**○張金城曰：「政言失法，所因既失，萬物莫不違亂矣。」按：法不如言，謂法不被信守。其，指制法者。宗，謂宗族。亂其族，即亡國。**故生法者命也，生於法者亦命也。**○陸佃曰：「莫非命也。」張金城曰：「法本自然是也。法言問明：『命者，天之命也，非人爲也。』列子立命注：『命者，必然之期，素定之分也。雖此事未驗，而此理已然。』生於法者皆命也，謂萬物亦本乎自然也。」按：生法者，謂制定法規者。命，性命，指人。

命者，自然者也。○陸佃曰：「莫能使之然，亦莫能使之不然，謂之自然。」按：此「命」，謂壽命。

自然，謂不可由自己選擇、決定。**命之所立，賢不必得，不肖不必失。**○陸佃曰：「命，曰彭祖之智不出堯、舜之上而壽八百，顏淵之才不出衆人之下而壽十八，仲尼之德不出諸侯之下而困於陳蔡，桀、紂之行不出三仁之上而居君位，蓋言此矣。」王闓運曰：「一以法齊之，傳子亦是也。」張之純曰：「夷齊餓死，顏淵短命，盜跖壽終。」吴世拱曰：「立，猶成也，在也。賢，才能也。言命之所立，才不才同也。」按：立，猶「定」，諸説是。**命者，挈己之文者也。**陸佃曰：「（文）一作『父』。」王闓運本作「父」，云：「陸作『文』。」按：當作「父」，「文」字誤。○陸佃曰：「夫身在草萊而挈之浮榮之上者，命也。然而俯仰百年恍然如夢，是文也，非實也。」張金城曰：「老子『吾將以爲教父』注：『父，始也。』挈己之父，謂己身浮沉，命爲其根始也。亦即『素定之分』之義。陸氏以文實爲説，似失其解。」按：挈，説文：「縣（懸）持也。」父，釋名釋親屬：「甫也，始生之也。」儀禮喪服傳：「父者，子之天也。」言「命」乃決定自己人生之物也。張引老子，見四十二章。**故有一日之命，有一年之命，有一時之命，有終身之命。終身之命，無時成者也。**○王闓運曰：「隨時爲法。」吴世拱曰：「命，謂乖命。下同。言受其挈，不得時成也。」張金城曰：「此言命之得失，或在一日，或在一年，或在一限期之内，或在終身之後。唯終身之命順時爲法，無定時以期成者也。」按：故，猶

「夫」。此「命」，指命運。無時，無定時。成，成就。**故命無所不在，無所不施，無所不及。**陸佃曰：「（施）或作『絶』。」按：作「絶」者非，形之誤。○陸佃曰：「言無適而無有命也。」吴世拱曰：「故，夫也。」按：此「故」承上，表因果關繫，吴説非。命，承上指終身之命。無所，就人終身言。**時或後而得之，命也。**或，疑當作「合」，以音誤。○吴世拱曰：「言命無所不在，而獨後得之者，命也。」張金城曰：「如終身之命者是也。」按：言時機吻合方能得到，此乃「命」也。

既有時有命，○陸佃曰：「時者，天之運；命者，天之令。」南華曰：『諱窮久矣，而不免命也。求通久矣，而不得時也。』」張金城曰：「廣雅釋詁：『既，盡也。』盡，猶皆也。此言窮通得失，皆有時有命也。」注引莊子，見秋水篇。」按：既，既然。言既然有時機而後有「命」，則有如下云。**引其聲，合之名，其得時者成，命曰調。**○吴世拱曰：「引，伸也，演出也。聲，文也。言援引其作爲。『聲』、『名』爲韻。名，聞名也。言視人之誹譽若何也。」張金城曰：「引聲合名，謂取言如法者也。精神强於中，而時得乎外，故事成而命和也。」按：引，延長。聲，聲音。合，會合、與之吻合。名，名稱。得，猶逢。引其聲合其名，言拖長聲音喊以求會合其名，喻盲目地辦事，以求僥幸成功。其得時者成，命曰調，言遇到時機則成功，而且「命」日益調。調，協調。**引其聲，合之名，其失時者精、神俱亡，命曰乖。**○陸佃曰：「夫嚬其里一也，而醜人獻之，更增其陋。」張金城曰：「注東施效顰，事見莊子天運。」按：失，失掉、不遇，與上「得」相對。精，精力；神，神情。精、神俱亡，徒勞無功也。乖，舛，與上「調」相反。**時、命者，唯聖人而後能決之。**○陸佃曰：「南華曰：『知通之有時，知窮之有命，臨大難而不懼者，聖人之勇也。』」張金城曰：「聖人豈必得時命，但能知而已。決，知也，見前天則篇注。又注引南華者，見秋水篇。」按：決，裁決、定奪。

夫先王之道備，然而世有困君，其失之謂者也。陸佃曰：「（君）或作『居』。」按：作「居」者形之誤。謂，王氏本作「調」，云：「本作『謂』，以意改。」按：王改近是。前文曰：「其得時者成，命日調。」○陸佃曰：「禮義法度，應時而變。時命不停，法亦隨故。而昧者膠柱刻舟，守先王之腐餘，其道雖備，而祇以困窮，此猶枕卧芻狗，而更以遭魔，豈易怛也哉？」張之純曰：「時命不停，法亦隨故。泥而不變，先王之道雖備，轉爲所困，則是有失而無得矣。」張金城曰：「此言無聖人之知以決時命，先王之道雖備，轉爲所困也。注曰『枕卧芻狗』者，見莊子天運篇。」按：失之，失於。調，承上指「得時」。上文曰：「其得時者成，命日調。」**故所謂道者，無己者也。**陸佃曰：「無己，元作『己無』。」按：己無，即無己，不必改。○陸佃曰：「隨之而已。」張之純曰：「不執己之成見。」張金城曰：「道體虛無，無我執，故曰無己。莊子逍遥遊曰：『至人無己。』」按：道，指時理、自然規律。無己，不由己。**所謂德者，能得人者也。**○陸佃曰：「亦不失己。」張金城曰：「莊子德充符：『德者，成和之脩也。』注：『事得以成，物得以和。』成、和之要在人，故能得人謂之德。」按：德，人之品德。得人，得於人，與上「無己」相對。**道、德之法，萬物取業。**○

陸佃曰：「所謂資而不匱者也。」吴世拱曰：「業，資也。」張金城曰：「道則無己，德則在人，無爲而無不爲，萬物資以爲業。注『所謂』云者，莊子知北遊『萬物皆往資焉而不匱』是也。」按：法，法則。業，事。取業，取以爲事。**無形有分，名曰大孰。**陸佃曰：「(孰)或作『敦』。」唐寫本殘卷及吴世拱本皆作「敦」，吴云：「今從(陸)校改。」按：作「敦」是，與「分」爲韻。○陸佃曰：「不知其誰之子也。」吴世拱曰：「分，理也，爲也。無形有分，言無形而功狀見於萬物也。敦，盛也，厚也，即老子『可名爲大』也。『分』、『敦』爲韻。」張金城曰：「分，即分數，謂所當之節也。蓋道、德資物，言其狀則無狀，及其成物則有當，是孰別之大者也。注曰『不知其誰之子』者，老子曰『吾不知誰之子，象帝之先』、莊子外物『不知其誰氏之子』、徐無鬼『澤及天下而不知其誰氏』是也。」按：分，去聲，位也。無形有分，承上指「道」、「德」言。敦，信也。無形而有分(位)，故曰大信。信，誠也、真也。**故東西南北之道踹，然其爲分等也。**陸佃曰：「(踹)一作『端』。」孫人和曰：「楹書隅録續編引黄蕘圃舊本鶡冠子跋云：『己巳仲冬十有四日，訪寓公張涵齋學士於葑溪。余與涵齋別已三四年矣，茶話移晷，極談古書各種源流。涵齋耄而好學，於子書尤所究心，因及鶡冠子：有近刻不全備，偶於通雅中所引環流章「譬若東西南北之道」，多「濫首不足益以累重嘒意爲模」，共十二字，接「踹然其爲分等也」。知余有舊本校道藏者，屬爲檢閱。余歸視之，此本未有，即道藏亦無之，通雅疑誤也。且「譬若」作「故」，亦互異。我輩墨守舊本，余俱非所知，故著之是册。』人和按：『濫首』以下十二字，並見近迭篇，通雅誤引，張、黄亦失考。」按：孫説是，此不誤。○陸佃曰：「南華曰：『知東西之相反，而不可以相無，則功分定矣。』」王闓運曰：「踹，舛也。」張金城曰：「王氏以『舛』説之，蓋原義之引申，義同莊子『相反』之反。言四方雖異位，而所秉定分無殊也。注引莊子，見秋水篇。」按：道，路。踹，借爲「舛」，王説是。舛，相違背，相反。分，去聲，謂方向、方位。等，同。言朝東、朝西或朝南、朝北之路雖相反，但其各有方位則同。**陰、陽不同氣，然其爲和同也。**○張金城曰：「陰陽之氣，在天有雨、暘、燠、寒之異。」按：和，謂和陰陽。荀子正論「性之和」注：「和陰陽沖氣也。」同，相同。**酸、鹹、甘、苦之味相反，然其爲善均也。**○陸佃曰：「南華曰：『相、梨、橘、柚，其味相反，而皆可於口。』」吴世拱曰：「善，美也，調治美膳也。管子宙合：『五味不同物而能和。』」張金城曰：「注引莊子，用天運篇文。」按：爲，作。下同。善，指善味、美味。**五色不同采，然其爲好齊也。**○張金城曰：「莊子駢拇『亂五色』疏云：『五色，青、黄、赤、白、黑也。』」按：采，同「彩」。好，指美彩、美色。齊，一、等。**五聲不同均，然其可喜一也。**○陸佃曰：「凡此五者，以譬先王之道不矜於同而矜於治。」洪頤煊曰：「文選嘯賦：『音均不恒，曲無定制。』李善注：『均，古「韻」字也。』引鶡冠子此句爲證。」張之純曰：「均，古假爲『韻』字。」張金城曰：「『均』、『韻』古今字，洪説是也。此上言是非、反正爲方雖異，其理則一，故皆可愛也。樂記曰：『五色成文而不亂，八風從律而不奸，百度得數而有常。小大相成，終始相生。』蓋依輔以成文，自有自無自足者也。』」按：五聲，音樂的五個音階：宫、商、角、徵、羽。均，同「韻」，謂和諧美好之音。喜，使人喜。

故物無非類者，動静無非氣者，○吴世拱曰：「盡同類也，盡氣也。」張金城曰：「大而觀之，萬物無非同類，動静皆是一氣。莊子德充符曰：『自其同者視之，萬物皆一也。』近是。氣，淮南時則『生氣乃理』注：『氣，類。』謂質性之類也。」按：故，猶「夫」，發語詞。物，萬物。類，類別。氣，謂由氣。言萬物無不以類而別，動静無不由氣所主。**是故有人將得一人氣吉，**陸佃曰：「（人將）一本作『一人將』。」按：依例當無「一」字。○陸佃曰：「（人將）一人之將（叢刊本、四庫本、朱氏本、學津本『一人之將』上有『蓋』字）。」吴世拱曰：「有人，有一人也。下同。將，帥也，領也。言一人能主帥一人之氣也。下同。」按：「有人將得」當句。人，謂一人。得，得失之得。言有一人將得之氣，則一人氣吉，所謂動静無非氣者也。氣，猶勢，形勢。吉，吉祥、不凶。舊説非。**有家將得一家氣吉，**○陸佃曰：「（家將）一家之將。」按：「有家將得」當句，言有一家將得之氣，則一家氣吉。陸非。**有國將得一國氣吉，**○陸佃曰：「（國將）將一國者。古人有言，戰猶博也，錢多則氣豪而勝，資少則心怯而輸，然則將之吉凶在氣。兵法曰：『朝氣鋭，晝氣惰，暮氣歸。善用兵者，避其鋭氣，擊其惰歸。』」張金城曰：「注謂『人將』爲一人之將云云，義殊難通。若從一本作『一人將』，則『人將』之不爲『一人之將』、『家將』之不爲『一家之將』、『國將』之不爲『一國之將』明矣。意以爲『將』平聲，當以『有人將得』、『有家將得』、『有國將得』句絶，則義明，殊不必牽合戰將之説也。」注引兵法，見孫子軍争篇。」按：張説是，「有國將得」當句，言有一國將得之氣，則一國氣吉。**其將凶者**

反此。陸佃曰：「一本『將』字下有『失』字。」張金城曰：「上文云『將得』，疑此本作『將失』，而『凶』字蓋誤衍。」按：張説是，當作「其將失者反此」。○吴世拱曰：「言主領而逆其氣則不吉。一曰數『將』字皆同，方如也。」按：將失，謂有將失之氣。反此，氣凶也。**故同之謂一，異之謂道；**二「謂」字，唐寫本殘卷皆作「爲」，借字。○吴世拱曰：「一無二，故曰同。下文云：『空之謂一。』道無不備，故曰異。下文云：『無不備之謂道。』」張金城曰：「一，亦道也。但就萬物玄同，發於氣則謂之一；具備衆理，萬物通達則謂之道。」按：故，猶「夫」。一，一致、統一。道，術。**相勝之謂埶，吉凶之謂成敗。**埶，叢刊本誤「執」；四庫本、張之純本作「勢」。○吴世拱曰：「埶，即『勢』，勢力也。」張金城曰：「萬物相加，則有成敗，所陵者勢而已。」按：埶，廣韻、集韻、韻會並「始制」切，音世，與「勢」同。**賢者萬舉而一失，不肖者萬舉而一得，**陸佃曰：「一本『賢』字上有『故』字。」按：據下文，則此不當有「故」字，一本非。○舉，舉事、行動。失，失手、失敗。得，得手、成功。**其冀善一也，然則其所以爲者不可一也。**陸佃曰：「（冀）或作『共』（備要本、學津本誤『其』）。」按：作「共」者當是「冀」字之壞。唐寫本殘卷作「共」，蓋據陸説。又「則」字當爲衍文。○吴世拱曰：「『冀』作『共』者，共持也，與『冀』同義。冀，同『翼』。尚書中侯『欽翼皇象』注：『奉也。』稽叔夜琴賦：『駢馳翼驅。』朱駿聲云：『夾也，並也。』是與『共』同義，故此冀望義亦用『共』。（不可一）不可同也。」張金城曰：「論語子張：『賢者識其大者，不肖者識其小者。』蓋人之冀善一也，而所以爲成敗吉凶異者，所持氣分不同故也。」按：此「其」，承上指賢、不肖二者。冀，望也。所以爲者，謂所成、結果。賢、不肖之舉皆望其善，而結果則不能皆善。**知一之不可一也，故貴道。**貴道，唐寫本殘卷作「道貴」，誤倒。○陸佃曰：「異之謂道。」吴世拱曰：「上文云：『異之謂道。』」張金城曰：「周易繫辭下：『文不當，故吉凶生焉。』疏云：『由文之不當，相與聚居，不當於理，故吉凶生焉。』所謂『相與聚居，不當於理』者，『一之不可一』之謂也。理文不當，則必爲之別異條通，是道之所以貴也。」按：前「一」，謂所冀之「一」；後「一」，謂所以爲之「一」。道，即前文「異之謂道」之道，術也。

空之謂一，謂，唐寫本殘卷作「爲」，借字。陸佃曰：「空，一作『同』。」按：前文云「故同之謂一」，與「異」相對。此「空」與「無不備」相對，作「同」者非。○陸佃曰：「萬物莫不無。」吴世拱曰：「空，無也。」按：空，虚。一之不可一，故空。**無不備之謂道，**○陸佃曰：「萬物無不有。」按：道（術）各有異，故曰無不備。**立之謂氣，通之謂類，**「氣」、「通」二字疑互誤。○吴世拱曰：「上文云：『莫不發於氣。』又：『動静無非氣者』，『物無非類者』。」張金城曰：「此言萬物質性所秉謂之氣，大體所通謂之類。」按：立，後漢書郎顗傳注：「定也。」通，説文：「達也。」即流通、旁達。類爲固定之物，氣爲流通旁達之物，故曰立之謂類，通之謂氣。**氣之害人者謂之不適，味之害人者謂之毒。**張金城曰：「依上文文例，『味』疑作『類』。」按：張説近是，此蓋後人所改，然「氣」、「味（類）」二字亦當互易。唐寫本殘卷脱「味之」下「害人」二字。○吴世拱曰：「適，和也。」按：「類」固定不移，故害人淺；「氣」流通旁達，故害人甚。

夫社不剢，則不成霧。 陸佃曰：「夫社，元作『天社』，或作『天杜』。（霧）或作『霧氣』。」王闓運曰：「社，當作『土』。」按：此句與上下文不協，當是别處錯簡，且有誤字。唐寫本殘卷闕「夫」字。○陸佃曰：「剢之爲言，猶曰達也。此言亡國之社屋之不受夫（當作『天』）陽，故無以成霧。蓋大社不屋而壇，以受霜霧之氣，然後霧生焉。正言社（叢刊本、朱氏本作『杜』）與霧者，社（叢刊本作『杜』）以申立之，謂氣之義；霧以申通之，謂類之義。」王闓運曰：「陸云『亡國之社不受天陽』，今謂霧即毒氣也。剢，即『剌』也。土有戾氣乃成霧，爲嵐瘴也。」張之純曰：「剢，與『剌』同。儀禮士相見禮：『庶人則曰剌草之臣。』注：『剌，猶剗除之也。』大社不屋，必剗除庶草而爲壇。亡國之社建屋於上，不受天陽，無事剗除，故曰不剢不成霧。」吴世拱曰：「言氣類之相成相敗相利相害也。此言亡國之社，社之陰上接天陽則成霧，屋之使絶其類，閉其氣，則不成霧。是氣類相成相利，亦相敗相害也。公羊傳：『亡國之社奄其上，柴其下。』」按：此句不必彊説。吴引公羊傳係約其文，見哀公四年。

氣，故相利相害也。 故，唐寫本殘卷作「有」，非。下同。○陸佃曰：「太公調曰：『陰陽相照相蓋相治，四時相代相生相殺。』」吴世拱曰：「不適則害，和則利。『害』、『敗』爲韻。」張金城曰：「氣者，立物之名也。莊子大宗師曰：『陰陽之氣有沴。』故相利相害也。注引太公調曰者，見莊子則陽篇。」按：氣有害人者，亦有利人者，故曰相利相害也。

類，故相成相敗也。 ○陸佃曰：「夏者春之類，冬者秋之類。他皆放此。」張金城曰：「類者，聚物之名。聚故相進相得，故曰相成相敗。莊子山木篇：『物固相類，二類相招也。』近是。」按：類有害人者，亦有利人者，故曰相成相敗也。**積往生跂，工以爲師。**陸佃曰：「（跂）或作『政』。（工）或作『王』。」孫詒讓曰：「跂，當作『跛』；工，當作『巫』，形近而誤。注『工或作王』，亦即『巫』之誤。巫以爲師，所謂巫尪也。荀子正論篇云『傴巫跛匡』，楊注云：『匡，讀爲尪。』」張金城曰：「孫説是也。『工』蓋涉下文而誤。陸注謂『巫步多跛』、『巫步多禹』，則文作『巫以爲師』是也。」按：孫、張説是。又「往」，當作「尩」，以音誤，參下俞樾説。○陸佃曰：「跂，跛倚也。師，如師巫之師。巫步多跛，故積往生跂，工以爲師。揚子曰：『昔者姒氏治水土，而巫步多禹；扁鵲，盧人也，而醫多盧。』」俞樾曰：「陸氏不釋『往』字，『往』當讀爲『尩』。説文『尣』部：『尣，曲脛也。』」張金城曰：「注引『揚子曰』者，見法言重黎篇，以明讎僞必假真也。」按：積尩，謂長期曲脛。**積毒成藥，工以爲醫。**○陸佃曰：「此言藥之迹起而醫生焉。蓋天下之獘，多緣故迹而生，故大盜貸仁義以竊國，小儒借詩禮而發家，故曰：『焉知曾、史不爲桀、跖之嚆矢也？』」吳世拱曰：「言物極則反也。『跂』、『師』、『醫』爲韻。」張金城曰：「二句義與上同，亦明一法立、一弊起之相因也。注『大盜』云云，事見莊子胠篋篇；曰『小儒』云云，見莊子外物篇。又曰『故曰』者，莊子在宥篇文，莊子無『之』字。」按：毒，指各種草藥。工，技巧之人。醫，治病。此二句以跛、毒藥爲例，言美惡相飾之理，謂惡可以爲美，害可以成利。**美惡相飾，命曰復周；物極則**

反，命曰環流。唐寫本殘卷「則」誤「相」，「命」作「名」。○陸佃曰：「言其周流如環。」張之純曰：「天之道一，聖人法天，其道亦一。一即法，法即道，循環不窮，故曰環流。」吴世拱曰：「飾，敕也。言相治敕也。『周』、『流』爲韻。」張金城曰：「飾，淮南本經『飾曲岸之際』注：『治也。』相飾，猶相治、相競也。此言惡因美成，弊隨道生，加勝之道，競飾無已。雖然，必入環中，故命曰環流。老子曰『夫物芸芸，各復歸其根』是也。」按：飾，修飾、裝飾。復，反、又。周，環繞、循環。環流，循環流轉。張引老子，見十六章。

道端第六

○陸深曰：「此篇説用人。」按：道，謂君道，君主治國之道。端，大端、根本。禮記禮器：「以居天下之大端。」注：「端，本也。」此篇論君道之大端在於知人善任與效屬先王。

天者，萬物所以得立也。○陸佃曰：「萬物待是而後存者，天也。」吴世拱曰：「易乾彖：『大哉乾元，萬物資始。』」按：立，成立、確定。後漢書郎顗傳注：「立，猶定也。」下文曰：「故天定之。」**地者，萬物所以得安也。**○陸佃曰：「天，父道也；地，母道也。」張金城曰：「莊子達生：『天地者，萬物之父母。』言天地發育萬物者也。易恒象下傳：『君子以立不易方。』虞注：『乾爲立。』繫辭下：『君子安而不忘危。』虞注：『坤爲安。』爾雅釋詁：『立，成也。』『安，定也。』」按：安，安身、居處。下文曰：「地處之。」**故天定之，地處之，時發之，物受之，聖人象之。**處，唐寫本殘卷作「居」，義同。○張之純曰：「杜詩所謂『好雨知時節，當春乃發生』是也。」吴世拱曰：「乾彖『乾道變化，各正性命。』坤彖：『坤厚載物。』（時發之）春生夏長。乾象：『天行健，君子以自强不息。』坤象：『地勢坤，君子以厚德載物。』」張金城曰：「周易繫辭上：『法象莫大乎天地，變通莫大乎四時。』『備物致用，立成器，以爲天下利，莫大乎聖人。』又曰：『天垂象，見吉凶，聖人象之。』言天地立位，四時流行，萬物承之以化生，聖人象之以成器也。」按：時，時令。發，發生，即春生夏長之類，諸説是。前三「之」，指物。受，接受、承受。物受之，「之」指天所定、地所處、時所發。象，取象、效法。後「之」，指物。聖人象之，言聖人法物，受天之定、地之處、時之發。

夫寒温之變，非一精之所化也。○陸佃曰：「五精化氣，然後寒暑成焉。」吴世拱曰：「精，謂五行。」張金城曰：「天則篇云『獨金而不運，絶道之紀』，與此同誼，謂精神互變，乃始成寒暑之時也。精，荀子賦篇『血氣之精』注：『靈也。』注曰『五精』者，蓋謂五帝之精氣也。禮記曲禮下疏引春秋緯文耀鉤曰『蒼帝曰靈威仰，赤帝曰赤熛怒，黄帝曰含樞紐，白帝曰白招拒，黑帝曰汁光紀』，蓋注文『五精』所指者也。」按：精，生身之物。素問調經論：「常先身生是謂精。」化，化育。言氣候變化，由多方因素造成，以比大事之變。

天下之事，非一人之所能獨知也。唐寫本殘卷「所」上無「之」字，「知」下無「也」字，文氣與上下不類，非。○言天下之事無限，而一人之知有限也。**海水廣大，非獨仰一川之流也。**○陸佃曰：「堯十年九潦而水不爲加益，湯八年七旱而水不爲加損，是豈獨仰一川之鍾哉？」張之純曰：「『河海不辭細流，故能就其深；王者不却衆庶，故能明其德』，李斯之言蓋本於此。」張金城曰：「莊子徐無鬼『海不辭東流，大之至也』，則陽『江河合水而爲大』，義並相近。注『堯』、『湯』云者，事見莊子秋水篇。」按：仰，猶賴。張之純引李斯言，見諫逐客書，「辭」本作「擇」。**是以明主之治世也，急於求人，弗獨爲也。**○陸佃曰：「與人共之。」張金城曰：「荀子君道：『明主急得其人。』言因人而不自爲治也。」按：明主知以上之理，故治天下急於求人而共爲之。**與天與地，**陸佃曰：「（天）一作『人』。」按：作「人」者蓋涉上文而誤。○陸佃曰：「亦與天地共之。」與，結交、親近。**建立四維，**○陸佃曰：「禮、義、廉、耻，謂之四維。」吴世拱曰：「四維，左、右、前、後之佐也。法天之四維以建立也，與管子『四維』別。淮南天文訓：『東北爲報德之維也，西南爲背陽之維，東南爲常羊之維，西北爲號通之維。』」張金城曰：「『四維』之稱，見管子牧民，此蓋取其言而已，其實則天也、地也、君也、賢人也。」按：張説是。四維，承上指「明主」、「人」、「天」、「地」。維，繫物之大繩。楚辭天問：「斡維焉繫？」注：「維，綱也。」綱即大繩。此四維即指繫世的四根大繩。**以輔國政，**○以，謂以之，以所求之人及所與之天、地也。**鉤繩相布，銜橛相制，參偶其備，立位乃固。**陸佃曰：「（布）一作『希』。」又「其」，叢刊本同，餘諸本並作「具」。孫人和曰：「別本『其』並作『具』，是也。」按：作「希」者「布」字之誤；作「具」者「其」字之誤，孫説非。○張之純曰：「馬銜曰橛。言御民如御馬也。」吴世拱曰：「制，謂法制。參，三；偶，二也。謂天、地、人。『布』、『固』爲韻。」張金城曰：「莊子駢拇『夫待鉤繩規矩而正者』疏：『鉤曲繩直，謂程度之器也。』布，廣雅釋詁：『施也。』銜橛者，漢書司馬相如傳下『銜橛之變』注：『張揖曰：「銜，馬勒銜也。橛，騑馬口長銜也。」』是銜橛者，制馬之具也。參偶者，謂參驗偶合也。參，荀子解蔽『參稽治亂』注：『驗也。』偶，史記越世家索隱：『相當對之名也。』立位，猶言君位，立亦位也。周禮小宗伯『掌建國之神位』注：『故書「立」作「位」。鄭司農云：「立」讀爲「位」。古者

「立」、「位」同字，古文春秋經「公即位」爲「公即立」。』是也。」按：鉤，木工畫曲的器具；繩，木工畫直的墨綫。布，猶設。鉤繩相布，就木工定位言。銜，馬勒。橛，杙，拴馬樁。制，制約。銜橛相制，就拴馬言。參，三；偶，二。參偶，猶言多方。其，語助。立，定。固，牢固、穩固。此以事比人，言欲求君位固，則當參偶備。

經氣有常理，以天地動。陸佃曰：「（經）元作『織』。」按：作「織」者誤，陸改是。○吴世拱曰：「經，運也。以，因也。莊子庚桑楚：『夫春與秋，豈無得而然哉？天道已行矣。』」張金城曰：「此言天地資以道，賢者輔以德，而明主修身，四維具，以繫國家於不墜，是經氣之常，天地之理。」按：經，常。常氣，蓋指温凉寒熱之氣，故下曰：「逆天時不祥。」常氣，故有常理。以，因，吴説是。**逆天時不祥，有祟。**祟，叢刊本、四庫本、聚珍本作「崇」。孫人和曰：「疑當作『祟』。」是也。○張金城曰：「若乃逆時背道反常，則維傾國絶，故不祥而有祟矣。」孫人和曰：「説文：『祟，神禍也。』」按：天時有常理，因天地而動，故逆之必有祟。祟，災禍。**事不任賢，無功必敗。**任，諸本或作「仕」，非。張金城曰：「下文云『任事之人』，與此相對，則作『任』較是。」○張之純曰：「（事不仕賢）言不用賢也。」吴世拱曰：「仕，猶任也。」按：事，行事、做事。任，任用。敗，失敗。行事任賢，亦是常理。事不任賢，即逆常理，故無功而敗。**出究其道，入窮其變。**○出、入，猶反、正，就其思想言。究，探究。其，指「事」。道，規律。窮，窮究。變，變化。**張軍衛外，禍反在内；**○陸佃曰：「所謂『季孫之憂不在顓臾，而在蕭牆之内』也。」張金城曰：「此言不任賢，則雖出入窮究其謀道變故之理，嚴其軍衛，亦不足以平其内起之禍也。注曰『所謂』者，見論語季氏篇。」按：張，設。衛，防。張軍衛外禍反在内，無良弼也。**所備甚遠，賊在所愛。**〇張金城曰：「秦始皇築長城防胡，而亡秦者乃愛子胡亥。」按：胡亥非秦賊，張説非。所愛，謂所寵愛之臣。賊在所愛，言置士不當也。**是以先王置士也，舉賢用能，無阿於世。**〇張金城曰：「阿，吕覽貴公『不阿一人』注：『私也。』言任人唯賢，了無私意也。」按：置，安置。阿，曲，不直。不直即偏私，張説是。世，指世人、社會。**仁人居左，忠臣居前，義臣居右，聖人居後。**〇陸佃曰：「春以生之象仁，南方著見象忠，秋以成之象義，北方秘密象聖。」吴世拱曰：「此之謂『四維』。大戴記明堂位所謂『周公在前，太公在左，召公在右，史佚居後』，與此義近。」按：前、後、左、右之臣稱四鄰，也稱四輔，非「四維」，吴説非。吴引明堂位文，係大戴禮記保傅篇所引，原文作「常立於前，是周公也」；「常立於左，是太公也」；「常立於右，是召公也」；「常立於後，是史佚也」。**左法仁則春生殖，前法忠則夏功立，右法義則秋成熟，後法聖則冬閉藏。**〇吴世拱曰：「則，法也。立，長也。此法之四唯也，以輔國政也。」張金城曰：「樂記：『春作、夏長、秋斂、冬藏。』蓋謂四時之德，自然之化也。今曰法者，體天地而爲道是也。繁露陽尊陰卑曰：『春氣暖者，天之所以愛而生之；秋氣清者，天之所以嚴而成之；夏氣温者，天之所以樂而養之；冬氣寒者，天之所以哀而藏之。』義同。」按：法，效法。公羊傳疏引五行傳曰：「東方謂之仁。」禮記鄉飲酒義疏云：「春爲仁。」故曰法仁則春生殖。法義、法忠、法聖同。此言法四鄰以順天時。張引繁露，見王道通三篇，張失檢。**先王用之，高而不墜，安而不亡。**○用，採用、實行。高，謂德高。墜，失。安，身安。**此萬物之本剽，天地之門户，道德之益也。**張之純曰：「剽，當作『蔈』。」按：張説近是，然本字當作「標」，説詳注。○陸佃曰：「本剽門户云者，以結左仁、右義、前忠、後聖，而春生、夏立、秋成熟、冬閉藏之義也。」張之純曰：「淮南子『秋分蔈定，蔈定而禾熟』注：『蔈，禾穗粟孚甲之芒。』集韻亦以爲『禾末』。本蔈，猶言本末也。」吴世拱曰：「剽，末也。莊子庚桑楚『有長而無乎本剽』釋文：『剽，本亦作「標」。』淮南天文訓：『本標相應。』『剽』、『剽』、『摽』、『標』皆聲轉異文。」按：此，兼指仁、忠、義、聖及春生、夏長、秋成、冬藏。剽，説文：「砭刺也。」借爲「標」。標，説文：「木杪也。」即樹梢。本剽，猶本末，此偏義指本，根本。蔈，禾穗芒尖，亦有「末」義，然與「本」對，則不當爲本字。門户，人、物所出入也。萬物之本剽、天地之門户，就春生、夏長、秋成、冬藏言；道德之益，就仁、忠、義、聖言。益，猶助。張之純引淮南子，亦見天文訓。**此四大夫者，君之所取於外也。**陸佃曰：「或無『夫』字。」按：無「夫」字者脱。○王闓運曰：「輔、弼、疑、丞，位皆大大。」張之純曰：「(四大夫)即上文之『仁人』、『忠臣』、『義臣』、『聖人』也。」張金城曰：「禮記文王世子：『有師、保，有疑、丞，設四輔及三公。』疏引書傳曰：『古者天子必有四鄰：前曰疑，後曰丞，左曰輔，右曰弼。』又書皋陶謨『欽四鄰』疏引鄭玄説同。然則『四大夫』者，即四輔或四鄰(孔叢子論書篇作『四近』)。四者君之所以自輔，故曰取於外。」按：諸説是。君之所法，故曰取之於外。

君者，天也。○陸佃曰：「左右前後共法四時，故君象天焉。」張金城曰：「國語魯語『夫君人者』注：『君，天也。』此言君爲萬民所尊，如仰尊於天也。」按：君法天，故猶天。**天不開門户，使下相害也。**開，唐寫本殘卷作「閉」，非。○陸佃曰：「東不法仁，西不法義，南不法忠，北不法聖，則天之門户塞矣。」吴世拱曰：「言君不博選，則下相壅蔽。」張金城曰：「輔臣在職，順時成法者，天之所開以利下也，豈有相害之義哉？」按：天，謂君。天不開門户，謂君不置四輔。相害，自相殘害。**進賢受上賞，則下不相蔽。**陸佃曰：「修文殿御覽引鶡冠子曰：『進賢者受上賞，則下不蔽善。爲政者賞之不多而民喜，罰之不多而民畏焉。』」吴世拱曰：「御覽六百三十三治道引無『相』字，多『善』下十八字。」孫人和曰：「今本太平御覽六百三十三引作『進賢者受上賞則不蔽善，爲政賞人不多而民喜，罰人不多而民畏』，與注引修文殿御覽微異。」按：今本御覽前二句與陸引修文殿御覽同，孫蓋脱「不」字；後二句「爲政」下無「者」字，二「之」並作「人」。○陸佃曰：「此謂進既仕之賢者也。」張金城曰：「王鈇篇曰：『善者不顯命曰蔽明。』義與此同。」按：上賞，猶重賞。蔽，掩也。**不待事人賢士顯不蔽之功，**「事人」二字疑衍。○陸佃曰：「信雖非事人賢士，而進之受賞，而任事之人勸矣，故下文云。」王闓運曰：「有賢必進，不待事權貴以求進。」吴世拱讀「不待事人」句，曰：「言無須事人干進也。顯，達也。功，利也。言賢士得不蔽之利。」張金城曰：

「此蓋申進賢受賞之義而反言之，王氏之説爲是。不蔽之功，猶『不蔽其功』之『其』也（見經傳釋詞），謂薦賢者能此則有賢必舉。」按：不待，猶不須。史記天官書「不待告」正義：「待，須也。」不蔽之功，即薦賢之功。下不相蔽，故不待顯。**則任事之人莫不盡忠。**○陸佃曰：「繁露曰：一之爲忠，二之則爲患。」吴世拱曰：「以賢者未任事，尚不蔽而進之。」張金城曰：「舉者受賞，故任事之人莫不盡忠以勸矣。」注引繁露，見天道無二篇。」按：此言進賢受上賞之用，張金城説是。**鄉曲慕義，**張之純本脱「慕義」二字，「鄉曲」連下爲句。○陸佃曰：「邦國欣慕，斯可知矣。」按：鄉曲，猶鄉間、鄉下。莊子胠篋：「闔四竟之内，所以立宗廟社稷，治邑屋州閭鄉曲者，曷嘗不法聖人哉？」慕，敬仰、羡慕。**化坐自端。**「化坐」不辭，「化」當是「訛」誤。○陸佃曰：「羊肉不慕蟻，蟻慕羶也。故彼雖慕義，而我之化坐自端。化坐自端，言恭己正南面而已。」張之純曰：「言彼雖慕義，而守己自正。」張金城曰：「此言以四唯治國之效也。注曰『慕膻』云者，見莊子徐無鬼。又曰『恭己正南面而已』者，見論語衛靈公篇。」按：爾雅釋詁：「訛，動也。」坐，廣雅釋詁三：「止也。」是「訛坐」，猶舉止也。端，正也、直也。慕義，故舉止自正。此指民言，諸説非。**此其道之所致、德之所成也。**○吴世拱曰：「其，乃也。致，至也。」張金城曰：「前文曰『道德之益也』，謂此。」按：其，指君。道，方法、措施。致，達、得。**本出一人，故謂之天。**○陸佃曰：「無二上也。」吴世拱曰：「下文云：『一國之刑，具在於身。』」張金城曰：「荀子儒效云『至高謂之天』是也。」按：本，根本。此言天下之治本出一人，故君謂之天。**莫不受命，不可爲名，故謂之神。**○陸佃曰：「妙萬物而爲言也。」吴世拱曰：「天則：『一人乎，一人乎，命之所極也。』論語：『巍巍乎，惟天爲大，惟堯則之。蕩蕩乎，民無能名焉。』」張金城曰：「莊子逍遥遊：『聖人無名。』言莫不受命，『率土之濱，莫非王臣』是也。不可爲名者，『蕩蕩乎，民無能名焉』是也。神者，孟子盡心下『聖而不可知之之謂神』是也。注曰『妙萬物而爲言』者，見易説卦。」按：莫不受命，就民言。不可爲名，即「民無能名焉」之義，張説是。吴引論語，見泰伯篇。張引「率土之濱，莫非王臣」，係詩小雅北山句。**至神之極，見之不忒，**陸佃曰：「（忒）一作『或』（聚珍本作『惑』）。」按：當作「或」。帛書黄帝書道法論：「至神之極，見知不或。」之，亦當如帛書作「知」。○陸佃曰：「契此道者，豈有差哉？」王闓運曰：「不忒，即可見至神也。」吴世拱曰：「見，顯也。言出無二德。」張金城曰：「則乎唯大，雖無能名焉，而妙化萬有，無稍差忒也。廣雅釋詁四：『忒，差也。』」按：極，極點，頂點。見知，所見所知。或，同「惑」，疑惑。**匈乖不惑，務正一國。**乖，王闓運本作「𠦒」，云：「𠦒，脊也。今作『乖』誤。」張金城曰：「王説是也。説文乖部：『𠦒，脊呂也，象脅肋形。讀若乖。』段注：『玉篇云：「俗作『乖』。」』是『乖』、『𠦒』二字形音相近而互通也。」按：二説是，「乖」本字當作「𠦒」。又「惑」字疑涉上誤，當是「倚」、「斜」之類。○陸佃曰：「災變之至，無所怛惑，姑以天下大理考正吾國之失而已，豈曰天之有某變也，以我爲有某事而致也哉？」張金城曰：「匈，説文勹部：『匈，膺也。』段注：『今字「匈」行而「胸」廢矣。』是『匈』即『胸』之初文也。匈，猶管子禁藏篇『禁藏於胸脅之内，而避惑於萬里之外』之『胸脅』，猶曰胸宇、胸懷也。此言持必平正，無稍怛惑，務以立正一國也。舊注以災變爲説，蓋不明通假之故也。」按：張説近是。匈，古「胸」字。匈乖，即胸脊，就君之身言，指其舉止。務，務求。君之舉止不斜，方能正一國也，言君當以身作則。**一國之刑，具在於身。**○陸佃曰：「刑于寡妻，至于兄弟，以御于家邦。」吴世拱曰：「刑，法也，常也。君正則孰敢不正？」按：刑，同「型」，典範。陸説是。**以身老世，正以錯國。**陸佃曰：「（老）一作『考』。」按：當作「考」，一本是。又「正以」二字當倒，唐寫本殘卷「正」上有「以」字，近是。○陸佃曰：「以救於世而老。」張之純曰：「錯，安也。楚辭『萬民之生，各有所錯』，即此義。」吴世拱曰：「老，考也，察也。正身以理國，老子曰：『以正治國。』」按：考，考校、比較、要求。國語晉語注：「考，校也。」以身考世，謂以自身道德標準考校世人。錯，同「措」，置也，施也。周易序卦傳：「禮義有所錯。」注：「錯，施也。」張之純引楚辭，見九章懷沙篇，原文「錯」下有「兮」字。**服義行仁，以一王業。**王，叢刊本、朱氏本、王氏本、四庫本、張金城本並作「正」，非是。○吴世拱曰：「業，勢位也。天則：『聖王授業。』」張金城曰：「服，亦行也。荀子宥坐『上先服之』注、管子牧民『上服度』注並云：『服，行也。』」按：服，本爲服用，佩帶，引申指執持。國語吴語注：「服，持也。」一，統一。王業，治天下之業。業，事。

夫仁者，君之操也。○吴世拱曰：「操，守也；仁，内也，故爲君守。」張金城曰：「謂操守於中。」

按：仁，仁德。操，操守。此言君之操守欲仁。**義者，君之行也。**○吴世拱曰：「義，外也，故爲君行。」張金城曰：「謂決行於外。」按：義，宜也，適宜之行爲。此言君之行爲當義。**忠者，君之政也。**○吴世拱曰：「忠，中也。政，正也。中則正，故爲君政。大戴記曾子大孝：『忠者，中此者也。』釋名釋言語：『政，正也，下所取正也。』」張金城曰：「謂以忠正其臣。」按：忠，荀子禮論「其忠至矣」注：「誠也。」政，謂政令。此言君之政令當出於誠，即誠心爲民。**信者，君之教也。**○吴世拱曰：「信，誠也，故爲君教。學問所謂『信者，無二嚮者』也。記中庸：『自明誠謂之教。』」張金城曰：「謂以信使其民也。」按：信，不欺也。教，教化。此言君之教化應守信不欺。**聖人者，君之師傅也。**○吴世拱曰：「聖，通明也，故爲君師傅。賈子保傅引明堂位：『博聞彊記捷給而善對者謂之承。承者，承天子之遺忘者也，常立於後。』」按：聖人，具有最高道德與智慧之人。**君道知人，臣術知事。**○張金城曰：「荀子大略：『主道知人，臣道知事。』楊注：『人，謂賢良；事，謂職守。』是術亦道也。」按：道、術，皆方法、途徑義。此「道」，謂道端，即君主治國之道的開端。知，認識、瞭解。臣術，臣下事君之術，此亦指其端言。事，職事。**故臨貨分財使仁，犯患應難使勇，受言結辭使辯，慮事定計使智，理民處平使謙，賓奏贊見使禮，**○陸佃曰：「賓奏，言擯。贊見，言詔。記曰：『禮有擯詔，樂有相步，温之至也。』」俞樾曰：「所使必各當其任，理民處平，何獨以謙爲宜？下文説其效曰『貞謙之功，廢私立公』，則亦非謙之謂也，此『謙』字乃『廉』之假字。

又下文云『貧者觀其所不取，足以知廉』，即復説此九者，而字正作『廉』。」吴世拱曰：「仁者愛人，勇者不懼。處平，治獄也。淮南時則：『平詞訟。』謙，敬也，廉也。言謙者致恭存位，廉察而不廢公也。賓，擯也，義與贊同。穆天子傳六『内史賓侯』注：『贊禮儀儐相。』奏，樂奏也。言贊王樂奏，以行享祭之禮也。周官大司樂：『乃分樂而序之，以祭、以享、以祀。』贊見，贊賓主相見之禮。司儀掌九儀之賓客擯相之禮，以詔儀容辭令揖讓之節。」張金城曰：「注引記曰者，見禮器篇，疏曰：『禮既不可卒迫，故賓主相見有擯相詔告也。』」按：臨，面臨。貨，錢財。使，用。仁，仁人。犯，干、冒。患，災禍。應，應對。勇，勇者。受言，接受言辭。結辭，締結盟約。辯，辯士。智，智士。理，理獄之理。理民處平，處理民事獄訟。謙，借爲「廉」，俞説是。賓奏贊見，接待賓客之事。禮，指知禮之人。**用民獲衆使賢，出封越境適絶國使信，制天地御諸侯使聖。**張金城曰：「『適絶國』與『出封越境』義重複。以上文例之，『適絶國』三字疑衍；以下文例之，『越』字疑衍，疑莫能明也。」按：適絶國，與出封越境義相足，似不誤。○陸佃曰：「因任之道，此其大略也。嘗試論之：古之明王無爲而用天下也，豈特使仁、使勇、使辯、使智、使謙、使禮、使賢、使信、使聖哉？雖天行人僇之餘，尚無棄者也，故戚施直鎛，蘧蒢蒙璆，侏儒扶盧，矇瞍修聲，聾者司火，眇者督繩，劓者抱關，刖者守囿，嚚瘖跛躃以實裔土。夫如是，故上無遺事，下無棄材。三代之所以安且久者，用此道也。雖然，知所使仁，而不知其仁有大小；知所使知，而不知其智有遠近，未可也。故曰『孟公綽以爲趙魏老則優，而不可以爲滕薛大夫』；『雍也，可使南面』；『赤也，可使與賓客言也』；『求也，百乘之家可使爲之宰也』；『由也，千乘之國可使治其賦也』。由是觀之，則此書所云，亦因任之大凡而已。莊子曰：『因任已明而原省次之。』因任如此，然後可以原省，故下文云。」張金城曰：「注『故戚施直』至『以實裔土』，多用國語晉語四文；『故曰』以下『孟公綽』云云，見論語憲問，而彼無上『以』字及『而』字。」又曰『雍也可使南面』云云，用論語雍也篇文。注引莊子曰者，則見天道篇。」按：用，使用。獲，得。賢，賢者。封，邊界。越，跨越。境，國境。適，往、去。絶國，極遠之國。信，謂守信用之人。制，控制。天地，指天下。御，駕馭。聖，聖人。以上皆就君言。

夫仁之功，善與不争，張金城曰：「『仁』下疑有『士』或『人』字，方與下文一例。葉本加一『人』字，蓋是也。」按：以下文例之，當有「人」字，張説是。○吴世拱曰：「與，予也，惠也。」張金城曰：「善與不争，謂善和人民，使不相争也。與，管子霸言『諸侯之所與也』注：『與，親也。』」按：功，功能、能力。下同。善，和善、友善地。與，同「予」，給，吴説是。不争，不與人争利。帛書黄帝書稱：「地[之]德安徐正静，柔節先定，善予不争。」**下不怨上。辯士之功，釋怨解難。**○釋、解，皆解除、排解之義。**智士之功，事至而治，難至而應。**○吴世拱曰：「而，能也。」張金城曰：「事，如『國之大事』之事，謂事變也，義與『難』同。」按：事，事情、事變。治，處理、解決。難，災難。應，應付。**忠臣之功，正言直行，矯拂王過。**○張金城曰：「荀子臣道：『逆命而利君謂之忠。』」按：拂，音畢，同「弼」。矯拂，矯正、糾正。**義臣之功，存亡繼絶，救弱誅暴。**○張金城曰：「『存亡繼絶』云者，中庸曰『繼絶世，舉廢國，治亂持危』是也。文子道德篇曰：『誅暴救弱謂之義。』」按：存，使之存續。亡，行將滅亡之國。繼，使之繼續、不斷。絶，中斷，已亡之國。誅，譴責、討伐。暴，强暴之國。**信臣之功，正不易言。**○張金城曰：「易，左昭十八年傳『土不可易』注：『輕也。』是不易言者，重其言諾也。」按：正，定也。易，變易。正不易言，謂出言確定而不變易，即所謂言而有信，一諾千金也。張説非。**貞謙之功，**俞樾曰：「貞謙之功，當作『謙臣之功』，方與上下文『忠臣之功』、『義臣之功』、『信臣之功』、『禮臣之功』文法一例也。」吴世拱校爲「謙臣之功」，曰：「舊『謙』上有『貞』字，下無『臣』字，今從上下文改。『貞』、『臣』聲誤，後又移列『謙』上耳。」按：二家所校是，此「謙」借爲「廉」，蓋後人不識借字而誤改。**廢私立公。**○陸佃曰：「韓非子曰：『自營爲私（舊誤『公』，今從四庫本），廢（叢刊本作『背』）私爲公。』」張金城曰：「注引韓非子，用五蠹篇文。」按：廢私立公，今所謂大公無私、廉潔奉公也。帛書黄帝書經法四度：「去而立公，人之稽也。」**禮臣之功，尊君卑臣。**○張金城曰：「天則篇：『尊君卑臣，非計親也。』」按：尊君卑臣，使君得尊而使臣顯卑也。**賢士之功，敵國憚之，四境不侵。**○敵國，相匹敵之國。憚，懼怕。不侵，不受侵犯。**聖人之功，定制於冥冥，求至欲得，言聽行從，近親遠附，明達四通。**○陸佃曰：「由是而上至于冥冥，聖人之任也。」吴世拱曰：「求則至，欲則得，言則聽，行則從。『從』、『通』爲韻。」按：冥冥，指聖人之思維。

內有挾度，俞樾曰：「愚竊疑『挾』字乃『揆』字之誤。」按：俞說是，陸注「所謂道揆者是也」即其證。○陸佃曰：「操以爲驗，所謂道揆者是也。」張之純曰：「度，丈尺也。」張金城曰：「道揆者，孟子離婁上：『上無道揆也。』謂度之水道也。」按：內，內心。度，音奪。揆度，揣度、估量。**然後有以量人。**陸佃曰：「一本無『然』、『以』二字。」按：無二字義順，一本是。唐寫本殘卷作「後有量人」，蓋據陸注。○陸佃曰：「無節於內，觀物弗之察矣。」按：此承上，言內心先有揆度估量，而後才能有實際量人之舉。**富者觀其所予，足以知仁；**○吳世拱曰：「天則：『臨財而後可以見仁。』」張金城曰：「詩外傳三：『富者視其所與。』淮南氾論：『富則觀其所施。』」按：予，猶施。逸周書官人解：「富貴者觀其有禮施。」**貴者觀其所舉，足以知忠。**○張金城曰：「詩外傳：『達則視其所舉。』淮南子：『貴則觀其所舉。』」按：貴，尊貴。舉，舉動、行動。**觀其大袢，**陸佃曰：「（袢）或作『伴』，亦作『祥』。」唐寫本殘卷作「伴」。按：袢，原作「袢」，誤，從諸本改。作「伴」、作「祥」，皆誤字；寫本據陸注。又俞樾曰：「『觀其大袢』字，當在『富者觀其所予』之上。此一句乃總挈之辭，爲下九者發端也。大袢，猶言大端也。儀禮士婚禮疏曰：『注云饌要方者，據大判而言耳。』即可說此『大袢』之義。淺人因『長不讓少』云云無『觀』字，與上下不合，故移『觀其大袢』句於此。不知『迫之不懼』等句亦無『觀』字，原不必每句有一『觀』字也。」○張之純曰：「袢，普半切，音泮。類篇：『袢迅，盛服貌。』大袢，言其盛服時也。」按：大袢，即士婚禮「據其大袢」之大袢，大端也。俞解是。**長不讓少，貴不讓賤，足以知禮達。**陸佃曰：「（達）或作『迭』。」按：作「迭」者形之誤。唐寫本殘卷作「迭」，據陸注。「達」字諸家或屬下句，非。○吴世拱曰：「達，謂出仕。孟子：『達則兼善天下。』」按：長不讓少，即長者之大祥；貴不讓賤，即貴者之大祥。禮達，禮之達。達，明達。吴引孟子，見盡心下。**觀其所不行，足以知義。**○吴世拱曰：「義爲制事之宜，故事有所不行則義可以見耳。」按：行，謂行不義之事。**受官任治，觀其去就，足以知智。迫之不懼，足以知勇。**○吴世拱曰：「天則：『臨難而後可以知勇。』」張金城曰：「大戴記文王官人：『挈之，以觀其知；示之難，以觀其勇。』六韜六守：『危之而不恐者，勇也。』」按：受，同「授」。任，委任。治，理事。迫，威逼。逸周書官人解：「設之以謀，以觀其智；示之以難，以觀其勇。」**口利辭巧，足以知辯。使之不隱，足以知信。**口利辭巧，唐寫本殘卷作「利辭巧口」，非。○張金城曰：「六韜：『使之而不隱者，信也。』」按：辯，雄辯。使，出使。隱，隱瞞。信，誠信。**貧者觀其所不取，足以知廉。**○張金城曰：「詩外傳三：『貧則視其所不取。』（淮南氾論同）」按：廉，不貪、廉潔。**賤者觀其所不爲，足以知賢。**○張金城曰：「呂覽論人：『賤則觀其所不爲。』」按：逸周書官人解：「貧賤者觀其有禮守。」**測深觀天，足以知聖。**○陸佃曰：「因任原省之要在於知人，而知人在於有以觀之。孔子曰：『視其所以，觀其所由，察其所安，人焉廋哉？』故此文具論之。」張之純曰：「以上言觀人之法。」吴世拱曰：「深，幽隱也。測深，猶深測也。觀，象也。言能窺測幽隱法象天地，則聖也。」張金城曰：「聖人巍巍，觀乎天之玄遠，則差可知之。注引孔子曰，見論語爲政篇。」按：測，探測、預測。天，謂遠，與「深」相對。

第不失次，理不相舛，陸佃曰：「（舛）一本作『奸』，一本作『拏』。」按：作「奸」者「舛」之誤，作「拏」者又「奸」之誤；唐寫本殘卷作「奸」，據陸注。○張之純曰：「舛，違背也。」吴世拱曰：「次第不失序，言量能授事。理，治也。舛，乖也。言守位不相干亂也。」按：第，次第，此指官員大臣之等第。次，次序、順序。理，定是非之理。呂覽離謂：「理也者，是非之宗也。」舛，乖互、矛盾。此就明君言。**近塞遠閉，備元變成，**○陸佃曰：「元者備之，所以不困；成者變之，所以不倦。」吴世拱曰：「塞，安静也。方言六：『安也。』詩燕燕：『其心塞淵。』閉，結也，歸也，言歸之固結不解。元，始也。成，終也。變，同『䜌』，治也。言慎始辯終也。」張金城曰：「此總結明主觀行知人之要也。第不失次、理不相舛者，品第之不可隱遁，理具則質知也。近塞遠閉，言不肖者無其質則難爲用也。備元變成，言賢良者有其實則可致成也。」按：近塞遠閉，言遠近皆被閉塞。備，防備。元，始，與「成」相對。變，改變。成，已成。此就昏君言，諸家似非。**明事知分，度數獨行。**○吴世拱曰：「事，猶理誼也。獨，專也，依度數行也。」張金城曰：「明其所事，則知所當之等，蓋以道揆内持故也。分，史記禮書『是儒墨之分』正義：『分，猶等也。』」按：分，去聲，職分。度數，心中的法度。此句蓋言祗有明事知分，方能度數獨行。**無道之君，任用幺麽，動即煩濁。**陸佃曰：「么麽，一作『幼歷』。」洪頤煊曰：「本作『幼歷』是也。幼歷，謂少歷事之人。」張金城曰：「洪説非是。文選王命論『又況么麽』下李善注引此正作『么麽』，並引通俗文：『不長曰么，細小曰麽，莫可切。』又引劉向曰：『么麽，小也。』么麽與下文『俊雄』對文，舊説是也。」按：張説是，此「么麽」與下「俊雄」相對，不當作「幼歷」，「幼歷」當是「么麽」之形誤。又「煩濁」與下「明白」相對，唐寫本殘卷作「濁亂」，非。○陸佃曰：「么（按黄丕烈本下有『麽』字，是），細人，俊雄之反。」按：么，同「幺」，小、細。麽，亦細小義。么麽，蓋指心胸狹小之人。即，猶「則」。煩濁，不明白、糊涂。

有道之君，任用俊雄，動則明白。○張之純曰：「俊，大也。俊雄，與『么麽』相反者。」張金城曰：「煩濁、明白云者，以喻政治之混亂與清明也。」按：俊雄，雄才大略、心胸開闊之人。煩濁、明白，皆就君心言。

二者先定素立，白蔘明起，陸佃曰：「立白蔘，一本作『七一曰藻』。『藻』，一作『慕』。」張金城曰：「意者『蔘』字費解，當是誤字。陸注『一曰藻』，又曰『一作慕』，原字蓋已難辨，闕之可也。又『素立』義與『先定』意義重複，疑是注文誤入。」按：「素立」不誤。蔘，疑借爲「生」，與下「起」相對。陸注「一本作」句當有誤字，唐寫本殘卷從作「七一曰慕」，謬甚。○陸佃曰：「白蔘於下，明起於上。蔘，垂貌也。」張之純曰：「蔘，蘇含切。廣韻：『蔘綏，垂貌，見揚子方言。』」吴世拱曰：「二者，謂無道、有道之君。承上『先定』而説其義。素，質也。蔘，同『篸』，錯雜也，與文藻之藻音義通。明，文也。」張金城曰：「方言二：『蔘綏，言既廣又大也。東甌之間謂之蔘綏。』即廣韻訓爲『垂貌』者，亦當二字連文。」按：二者，謂「有道之君任用俊雄動則明白」與「無道之君任用么麽動即煩濁」二者，諸家非。

先，事先。素，向來。立，成、有。先定素立，言其必然。白生，亦明；起，亦立。白生明起，言必然發生，明白出現。**氣榮相宰**，○陸佃曰：「君臣同體之況。言氣不言血，言榮不言衛，相備也。」吴世拱曰：「榮，色貌也。言繪事用白質則文藻起，而氣榮相盈矣。陸以素問榮衛解『榮』，誤。『起』、『宰』爲韻。」按：榮，榮衛之榮，猶血。陸説是。宰，主宰。言有道、無道之君之行爲，由其本質決定。**上合其符，下稽其實**。○吴世拱曰：「符，猶信也。言上信則下實，猶素立則藻文起，氣榮宰也。『實』、『曰』爲韻。」張金城曰：「謂上與天合其符，而下得臣之實也。」按：其，指君本人。符，同「付」，天所授。稽，廣雅釋詁：「合也。」實，實際。此亦就前「二者」言。

時君遇人有德，君子至門，不言而信，萬民附親；陸佃曰：「時君，元作『時日』。一作『貧意生期，待時而發』。德，一作『隱』。」按：下云「遇人有德」、「遇人暴驕」，則上不得作「時日」，陸改近是。所云一作義未明，疑有誤。「德」作「隱」亦誤。○陸佃曰：「夫賢士之居邑里也，合哉而難同，而殊知時日。」吴世拱曰：「時，是也，故也。日，謂君也。書湯誓『時日曷喪』孔安國注：『比桀於日。』遇，猶待也。至門，造君之門也。孟子滕文公：『許行自楚之滕，踵門而告文公。』『信』、『親』爲韻。」張金城曰：「遇人，猶待人也。管子任法『以遇其主』注：『待也。』此言合符於天，臣民親附之速且信也。淮南原道曰：『（聖人）不言而信。』」按：時君，時任之君、現時之君。**遇人暴驕，萬民流離，上下相疑**。流離，諸本作「離流」。○吳世拱曰：「流，猶散也。」按：暴驕，殘暴驕橫，無德之狀。流離，流失離散。疑，猜疑、不信。**復而如環，日夜相撓。**陸佃曰：「（如環）一作『不環』。」按：作「不環」者誤。撓，學津本誤「橈」。○吳世拱曰：「撓，繞也。言相疑反復如環無端，日夜相繞無間息。」按：復，回復、反復。環，環形之物。撓，借爲「繞」，環繞，吳說是。此言時君遇人有德則（良性）循環，遇人無德則亦（惡性）循環。**諫者弗受，言者危身，無從聞過，故大臣僞而不忠。**○吳世拱曰：「諫，諷諫也。言，直言也。」張金城曰：「著希篇曰：『上有隨君，下無直辭；君有驕行，民多諱言。故人乖其誠能，士隱其實情。』此之謂也。」按：弗受，不被接受。無從聞過，就君言。僞，虛僞。忠，誠心。**是以爲人君親其民如子者，弗召自來，**唐寫本殘卷無「爲」字「其」字，省。○陸佃曰：「靈臺之效是矣。」張金城曰：「詩大雅靈臺序曰：『靈臺，民始附也。文王受命，而民樂其有靈德。』是其效也。」按：弗召自來，君不召民而民自來親附也。**故曰「有光」，卒於美名，**○張金城曰：「光，美譽也。詩韓奕『丕顯有光』箋：『光，猶榮也。』淮南俶真『然莫能與之同光者』注：『光，譽。』卒，謂終止。釋名釋喪制：『卒，止也。』卒有美名，謂終享有盛名。」按：「有光」，即韓奕詩「丕顯有光」之有光，此蓋用其典。**不施而責，弗受而求親，**陸佃曰：「（受）或作『愛』。」張金城曰：「于先生曰：『「責」下似奪一字。』案：受字或作『愛』，於義較長。」按：「責」與「施」相對，無缺文，于說非。作「貴」者亦「責」字之誤。受，當作「愛」，形之誤，張說是。唐寫本殘卷「責」作「貴」，刪「親」字，非。○

吴世拱曰：「（不施而責）不教而誅。受，讀爲『周急』之周，與『愛』義近。」張金城曰：「詩外傳五『故有社稷者，不能愛其民，而求民親己愛己，不可得也』，誼同此。」按：施，施予。責，責求。求親，求其親附。**故曰「有殃」，卒於不祥。**○吴世拱曰：「『光』、『名』、『殃』、『祥』爲韻。」按：「有殃」與「有光」相對，亦作名號，出處未詳。卒，終。

夫長者之事其君也，調而和之，士於純厚，陸佃曰：「（和）一作『知』。（純）一作『屯』。」按：作「知」者「和」之形誤，作「屯」者「純」之音誤。唐寫本殘卷無「其」字，「純」作「屯」。○陸佃曰：「士，如『勿士行枚』之士。」吴世拱曰：「長者，大人也，善人也。士，事也，務也。純厚，敦厚也。敦厚則不乘威以灼熱人。『純』作『屯』，聲轉。」張金城曰：「注曰『勿士行枚』者，詩東山句。純，左傳隱公元年注：『猶篤也。』」按：長者，猶「君子」，與下「小人」相對。調而和之，謂調和成就之，「之」謂君，與下「務蔽其明塞其聽」相對。商君書更法：「務明主長，臣之行也。」此之謂也。士，同「仕」，做事。純厚，純正篤厚。**引而化之，天下好之，**陸佃曰：「（好）或作『如』。」按：「好之」與下文「惡之」相對，作「如」非。唐寫本殘卷作「化之」，涉上誤。○吴世拱曰：「引，誘也，進也。如，從也，與好義近。」按：引，延伸、擴展。化，感化。化之，化民。好之，愛長者。**其道日從，故卒必昌。**○吴世拱曰：「從，順也。」張金城曰：「從，樂記『率神而從天』注：『順也。』」按：其，指事君之「長者」。道，治道。從，被聽從。昌，昌盛、興隆。**夫小人之**

事其君也，務蔽其明，塞其聽，乘其威，以灼熱人，威，叢刊本誤作「咸」。唐寫本殘卷「事」下無「其」字，「蔽」作「閉」，非。○陸佃曰：「倚上之威，作人寒燠。」吴世拱曰：「聽，耳聰也。乘，憑依也。言以威畏人，如火炙熱之猛也。春秋元命苞：『火之爲言委隨也。』案『委隨』之合音爲威，是以威訓火也。此以火猶威耳。」按：乘威，謂憑借利用其權勢。灼熱，燒，烤炙，喻欺凌人。**天下惡之，其祟日凶，故卒必敗，禍及族人。**張金城曰：「祟，蕪本外並作『崇』，誤。與前『不祥有祟』同。」○吴世拱曰：「祟，禍也。族人，親屬也。大戴保傅『三族輔之』注：『父族、母族、妻族也。』書堯典『九族既睦』馬、鄭注：『上自高祖，下至玄孫，凡九族。』今文尚書歐陽説謂父族四、母族三、妻族二。」按：祟，禍。凶，猛。族，宗族。**此君臣之變，治亂之分，興壞之關梁，國家之閲也。**「閲」上疑脱「閥」字。唐寫本殘卷無「關」字，「閲」作「監」，蓋據陸注改而删。○陸佃曰：「閲，猶監也。」吴世拱曰：「變，異也。閲，猶門户也。正韻：『門在左曰閥，在右曰閲。』」張金城曰：「變，與『辯』通。莊子逍遥遊『御六氣之辯』釋文：『變也。』集釋：『易坤文言「由辯之不早辯也」，荀本作「變」。「變」、「辯」古通用。』是也。」按：變，同「辨」，別也。分，區分、區別。興壞，成敗。關梁，關口、關鍵。閥閲，門前旌表功績的柱子。國家之閥閲，蓋指國家治亂興衰的標誌。**逆順利害，由此出生。**○張金城曰：「總於用人之當否也。」按：「此」，謂君之有道無道、臣之優劣僞善。

凡可無學而能者，唯息與食也。王闓運曰：「此二句與上不屬，當別出。」按：此句提起下文，王說非。也，唐寫本殘卷作「而已」，以意改。〇無學而能，本能也。息，呼吸。食，吃飯。言息、食之外，皆當學習。**故先王傳道，以相効屬也。**陸佃曰：「（傳）或作『博』。先王，一作『先生』。」按：作「博」者「傳」字之誤，作「先生」者「先王」之誤。〇吴世拱曰：「効，習也。春秋元命苞：『上行之，下効之。』屬，繼也。」張金城曰：「『效』、『効』正俗字。說文：『效，象也。』墨子小取：『效者，爲之法也。』效屬，謂爲之法，使相從屬也。」按：傳道，傳治國之道。効，效法、學習。屬，連接、接續。**賢君循成法，後世久長；隋君不從，當世滅亡。**隋，王氏本作「隨」，學津本作「惰」。吴世拱曰：「隋，著希作『隨』。」按：作「隋」作「隨」，皆「惰」之借字。〇陸佃曰：「禹之法猶存而夏不世王者，由是故也。」吴世拱曰：「『長』、『亡』爲韻。」按：惰君，怠惰之君。不願學習，故謂之惰君。從，猶循。

近迭第七

○陳深曰：「此篇論法法之道，法非申、韓也。」按：近，接近，走向。迭，蓋借爲「捷」，勝利。篇中曰：「是故兵未發軔而師可迭（捷）。」此篇記龐子與鶡冠子對話，主旨爲近迭（捷）之法，故名。

龐子問鶡冠子曰：「聖人之道何先？」唐寫本殘卷無「鶡冠子」三字，省。○吴世拱曰：「龐子，龐煖也。爲趙悼襄王三年時將。漢書藝文志縱横家有『龐煖二篇』，權謀家有『龐煖三篇』，班自注謂『爲燕將』，誤。師事鶡冠子。御覽引劉向七略：『鶡冠子常居深山，以鶡爲冠，故號鶡冠子。』藝文志道家有『鶡冠子一篇』，班注：『楚人，居深山，以鶡爲冠。』師古曰：『以鶡鳥羽爲冠。』御覽五百十逸民引稽康高士傳：『鶡冠子，或曰楚人，隱居幽山，衣弊履穿，以鶡爲冠，莫測其名，因服成號，著書言道家事焉。煖嘗師事之。煖後顯趙，鶡冠子懼其薦己也，乃與煖絶。』風俗通云：『古賢者鶡冠子之後稱龐子者。』諸子書多非自作，弟子追記也。本書凡稱『龐子』者，當出於龐煖弟子之手。」張金城曰：「漢志縱横家有『龐煖二篇』，班固自注：『爲燕將。』又兵權謀有『龐煖三篇』，是豈有二龐煖者耶？龐煖爲趙悼襄王三年將，破燕將劇辛，事見史記趙世家、燕世家、李牧傳。班固以爲燕將，蓋誤讀燕世家『劇辛故居趙，與龐煖善，已而亡走燕，燕見趙數敗於秦而廉頗去，令龐煖將也，欲因趙弊攻之』一段文字所致。而又以爲縱横家者，史記廉藺列傳索隱曰：『煖，即馮煖也。』馮煖市義，見戰國策齊策。史記孟嘗君傳則作『馮驩』，其行事確屬縱橫家。『馮』、『龐』雙聲，自易混爲一人，清人張照史記考證已辨其誤。是則縱横家之龐煖二篇，疑是龐煖所爲，而班固亦誤注也。考證又引虞般佑高士傳曰：『鶡冠子，楚人，馮煖嘗師事之。後顯於趙，鶡冠子懼其薦己，乃與煖絕。』則龐煖蓋是兵權謀家嘗師事鶡冠子者也。」按：龐子，即藝文志縱横家與兵權謀之龐煖，係鶡冠子弟子。武靈王篇作「龐煥」，同。道，行事之道。先，首先、首要。

鶡冠子曰：「先人。」○張之純曰：「因天而推及。地與時之不足法，見得人之所以當先。」吳世拱曰：「人，人事。」按：吳説是。人，與天、地相對，謂人事。

龐子曰：「人道何先？」

鶡冠子曰：「先兵。」○張金城曰：「白虎通封公侯篇曰：『兵者，爲謀除害也，所以全其生、衛其養也。』」按：兵，軍事。

龐子曰：「何以舍天而先人乎？」唐寫本殘卷「先」作「言」，非。○吳世拱曰：「舍，棄也。天，天然之道。」張金城曰：「舍天先人，謂當恃人事，不當恃天然之福也。」

鶡冠子曰：「天高而難知，有福不可請，有禍不可避，法天則戾。○吳世拱曰：「請，求也。戾，暴也，潰也。言高上如天則下情不洽。」張金城曰：「荀子天論：『皆知其所以成，莫知其無形，夫是之謂天。』楊注：『言天道之難知也。』請，廣雅釋詁三：『求也。』此言天道高深難知，禍福之來不可以意，法囿於天，則與事相乖違也。」按：法，效法。戾，反，相反。有福不可求，有禍不可避，故法祇能與自己之願望相反。**地廣大深厚，多利而鮮威，法地則辱。**陸佃曰：「（利）一作『則』。」按：作「則」者形之誤。○陸佃曰：「天尊而不親，地親而不尊。」吴世拱曰：「無威則下凌上。」張金城曰：「管子水地曰：『地者，萬物之本原、諸生之根苑也。』蓋地德博厚而多材，故曰多利而鮮威。注曰『天尊』云者，禮郊特牲『取財於地，取法於天，是以尊天而親地』是也。『親而不尊，尊而不親』，又見禮記表記。卑弱，故見凌辱。」按：鮮，少。多利而少威，故法之祇能使自己受辱。**時舉錯代更無一，法時則貳。**張金城曰：「貳，當作『忒』，説見通訓定聲，謂差忒也，與上『戾』、『辱』義正相當。」按：「貳」不誤，張説非。唐寫本殘卷「舉」誤「衆」，脱「法時」二字。○吴世拱曰：「如時息息不同，則下携貳。」按：時，四時。舉，行動。錯，同「措」，置放。舉錯，猶變化。代更，更替。一，專一。四時更替變化而不專一，故法之則貳。貳，不專一之謂。**三者不可以立化樹俗，故聖人弗法。**○吴世拱曰：「三者，天、地、時。」張金城曰：「立化樹俗，即學記之『化民成俗』，謂立教化、成美俗也。」按：立，設立。化，教化。樹，建立。俗，風俗。

龐子曰：「陰陽何若？」陰陽，疑當作「法人」，涉下「陰陽寒暑」句誤。○吴世拱曰：「學問：『一曰陰陽。』上言天地時，指道德言也。陰陽測天然之道，以治利人也，故問。」張金城曰：「言法陰陽時日則如之何？」按：何若，何爲。不法天法地法時而先人，故問法人何爲。

鶡冠子曰：「神靈威明與天合，○陸佃曰：「神之精明曰靈。」吴世拱曰：「王鈇：『反與天地總。』又：『與天合德。』」張金城曰：「淮南天文：『北斗之神有雌雄，五月合午謀刑，十一月合子謀德。』謂法陰陽者推刑德，隨斗擊，其用神靈明畏，直與天合德也。注曰『靈』者，詩靈臺『經始靈臺』傳『神之精明者稱靈』是也。」按：此言人，謂人之神靈威明（思想意識）與天同。**勾萌動作與地俱，**○陸佃曰：「屈生曰勾。」吴世拱曰：「勾萌，出生萬物也。崔靈恩禮記義宗：『木正曰勾芒者，物始生皆勾曲而芒角。』『芒』、『萌』聲轉。易乾文言：『與天地合其德。』」張金城曰：「勾萌，即勾芒。禮記月令『孟春之月，其神勾芒』疏：『木初生之時，勾屈而有芒角，故云勾芒。』淮南本經：『草木之勾萌。』是勾萌取木之初生，猶曰發生也。此言法陰陽者順地宜，與地俱其發生動作也。」按：此亦言人。勾萌，發生，此指人之造物。動作，創造。俱，猶「同」。人可造物，猶地能生物，故與地俱。**陰陽寒暑與時至。**○吴世拱曰：「易乾文言：『與四時合其序。』」張金城曰：「陰陽，亦寒暑之比，謂日夜明晦也。此言法陰陽者順時推移，與時行其陰陽寒暑也。」按：此亦言人。陰陽，猶温涼。温涼寒暑，指人對氣温的感覺言。至，到、來。與時至，即暑天人就熱、冬天人就冷之類，一説非。**三者聖人存則治，亡則亂，是故先人。**「聖人」二字疑衍。○吴世拱曰：「言欲以陰陽合天地時自然之道，非聖人不能，故先人事。」張金城曰：「尉繚子天官篇梁惠王問尉繚子曰：『黃帝刑德可以百勝，有之乎？』尉繚子對曰：『刑以伐之，德以守之，非所謂天官時日陰陽向背也。黃帝者，人事而已矣。』言刑伐、德守者，兵之義是也。言人事而已者，陰陽不足法而人事足爲用之謂也。」按：三者，指以上人之三種品質。存，存在，具備；亡，消失，不備。治亂，就人類自身言，治謂有條理，亂謂無條理。人具備三種品質則治而不亂，故聖人之道先人。

富則驕，貴則嬴。○張之純曰：「（嬴）滿也。」吴世拱曰：「嬴，盈也，溢也。左宣四年傳楚蔿賈字伯嬴，呂覽作『盈』。『盈』、『嬴』聲轉。下文云：『其君不賢而行驕溢。』」張金城曰：「荀子富國篇『嬴則敖上』注：『稍嬴緩之則敖慢。』盧文弨曰：『放縱寬舒，氣盈而敖上。』是『貴則嬴』者，謂顯貴則放縱寬舒，多敖氣也。」按：驕，驕恣、放縱。嬴，同「盈」，吴説是。盈，滿，謂氣盈滿而逼人。史記樂書：「樂生其盈。」集解引王肅禮記注：「盈，充志氣也。」此言人之特徵。張引荀子，係彊國篇文，張誤。

兵者，百歲不一用，然不可一日忘也，是故人道先兵。○吴世拱曰：「忘，同『亡』，棄不備也。」張金城曰：「此言兵不可好，亦不可忘，義如儒家以禮坊間之禮，無禮則民無所措，忘兵則立見其災，故曰先兵。孫子計篇：『兵者，國之大事也，死生之地，存亡之道，不可不察也。』」按：兵，軍事，武器。忘，遺忘，吴説非。

龐子曰：「先兵奈何？」

鶡冠子曰：「兵者，禮義忠信也。」○張之純曰：「晉士蔿論戰，以禮、樂、慈、愛爲主；楚申叔論戰，以德、祥、義、禮、信爲主。鶡冠子之説，蓋本於此。」吴世拱曰：「左傳成十六年：『子反入見申叔時曰：「師其何如？」對曰：「德、刑、祥、義、禮、信，戰之器也。」』莊二十傳：『夫禮、樂、慈、愛，戰所畜也。』僖二十七年傳：『晉子犯倹民知義、知信、知禮而後用之戰。』」按：兵者禮義忠信，言兵含禮、義、忠、信之德。

龐子曰：「願聞兵義。」

鶡冠子曰：「失道，故敢以賤逆貴；不義，故敢以小侵大。」失，叢刊本誤作「夫」。○張金城曰：「此言兵事生於失德之世也。」按：失道，迷失正道。不義，不宜爲也。

龐子曰：「用之奈何？」

鶡冠子曰：「行枉則禁，反正則舍，是故不殺降人。○陸佃曰：「鷹不擊伏，況於人乎？」張之純曰：「所謂叛而伐之、服而舍之也。漢書李廣傳曰：『禍莫大於殺已降。』」吴世拱曰：「左隱十一年傳：『無刑而伐之，服而舍之。』」張金城曰：「賈子先醒：『古之伐者，亂則整之，服則舍之。』謂義兵之用，不以殺伐爲能也。」按：枉，歪斜、不正。禁，止。反正，反歸正道。舍，同「赦」。言行不正則用兵加以制止，反歸正道則赦免不咎。帛書黄帝書經法亡論：「大殺服民，僇降人，刑無罪，禍皆反自及也。」**主道所高，莫貴約束。得地失信，聖王弗據。**主道所高，唐寫本殘卷作「王道所尚」，非。據，原作「摢」，改從諸本，用正體。○張之純曰：「（莫貴約束）言約束最貴耳。得原失信，晉文公尚且不爲，況聖王乎？」

吴世拱曰：「墨子經上：『君、臣盟，通約也。』據，取也。」張金城曰：「張説是也。得原失信，事見左傳僖公二十五年。」按：主，謂軍中主帥。高，尚。約束，號令。莫貴約束，言兵之禮。據，同「居」，處。弗處，猶不爲。**倍言負約，各將有故。」**張金城曰：「倍言，即上『失信』，疑『言』本作『信』，承上文而言。」按：「倍言」不誤，張説非。唐寫本殘卷脱「將」字。○張之純曰：「李廣殺降，非特不得侯其後，並不得其死。」吴世拱曰：「倍，反也。言，令也。將，帥也。各將如倍言負約，聖王則必加罪之。『據』、『故』爲韻。」張金城曰：「有故，猶曰有禍。周禮大宗伯『國有大故』注：『故，謂凶災。』」按：倍，同「背」，違背。言，謂號令。倍言，謂不聽約束。負，亦違背義。約，盟約。負約，即失信。史記高祖本紀：「項羽負約。」將，軍中將領。故，謂災禍，張説是。禮記曲禮下「君無故玉不去身」注：「故，謂災患喪病。」

龐子曰：「弟子聞之曰：地大者國實，民衆者兵强，兵强者先得意於天下。今以所見合所不見，蓋殆不然。」陸佃曰：「(合)一本作『舍』。(殆)一本作『係』，一本作『治』。」按：作「舍」者「合」之誤；作「係」、作「治」者皆「殆」之誤。唐寫本殘卷「民衆」誤作「兵衆」，脱「兵强者」三字。○吴世拱曰：「國實，國富也。不見，謂所聞也。蓋，盍也。蓋殆，猶云何以。」張金城曰：「所聞者，蓋商鞅輩之説。商子農戰篇有相似之論。合，史記樂書『合生氣之和』注：『應也。』言以所見驗應乎所聞，則或不然也。」按：得意，遂其意願。合，相對照。爾雅釋詁：「合，對也。」所見，謂當時實際。所不見，即前

「所聞」也。蓋、殆，皆推度副詞，大概、恐怕。**今大國之兵反詘而辭窮，禁不止，令不行，之故何也？」**○陸佃曰：「令，使爲之；禁，使勿爲也。」張之純曰：「之故，猶言其故也。」張金城曰：「辭，謂申伐之辭，如桓公南伐，管仲責以『包茅不入』之辭是也。商子禁使篇：『人主之所以禁使者，賞罰也。』故注曰：『令，使爲之；禁，使勿爲。』」按：詘，同「屈」，不得意。辭，申伐之辭，張説是。之，同「此」。

鶡冠子曰：「欲知來者察往，欲知古者察今。○張金城曰：「老子曰：『執古之道，以御今之有。』呂覽察今篇：『察今則可以知古，古今一也。』素問氣交變大論：『善言古者，必驗於今。』誼並相同。」按：來，未來；往，以往。張引老子，見十四章。**擇人而用之者王，用人而擇之者亡。**○吳世拱曰：「以用爲主而擇人則公，以人爲主而擇用則蔽私。鄧析子轉辭：『不以人用人，故謂之神。』『王』、『亡』爲韻。」張金城曰：「呂覽情欲篇『與死無擇』注：『擇，別也。』擇人而用，謂區別其人才，適能而任。用人而擇之，謂用人標準不一，或同能而殊官，或親戚以異位，心中私見早具，故必亡。」按：擇人而用之，先擇而後用；用人而擇之，先用而後擇也。先用而後擇，不能保其無失，故亡。**逆節之所生，不肖侵賢命曰凌，**○陸佃曰：「下凌上也。」張之純曰：「凌，與『陵』通，犯也，侵也，下陵上也。」吳世拱曰：「逆節，謂醜行也。」按：逆節，反常。侵，侵犯、欺凌。命，性命。**百姓不敢言命曰勝。**○陸佃曰：「上勝下也。」張之純曰：「周厲王使衛巫監謗，謗言遂止，是上勝下也。」吳世拱曰：「力强盛也。此節言察往。」張金城曰：「管子小問篇『我欲勝民』注：『言欲勝服於民。』呂覽貴因篇：『百姓不敢誹怨，命曰刑勝。』誼與此同。」按：命，亦性命。不敢言命，於性命不能自主也。勝，管子君臣：「下及上之事謂之勝。」**今者所問，子慎勿言。**○吴世拱曰：「（今）謂所問今者之事也。（慎勿言）恐觸時忌也。」按：今者所問，即前問「以今所見合所不見，蓋殆不然」等語。慎，告誡之詞，猶曰「千萬」。

「夫地大、國富、民衆、兵强曰足。○吴世拱曰：「曰足者，總結上文之語，所謂大、富、衆、强是。」張金城曰：「蓋國富民衆兵强，必可得意於天下。其不然者，蓋有他故耳。」按：足，謂足以先得意於天下。**士有餘力，而不能以先得志於天下者，其君不賢而行驕溢也。**○陸佃曰：「已亢爲驕，已滿爲溢。」張金城曰：「詩小雅采芑『薄言采芑』箋：『士，軍士也。』不能得意於天下者，其故在此。君不賢，故凌勝生，此上文所以曰『子慎勿言』也。淮南繆稱『驕溢之君無忠臣』是也。驕，左傳隱公三年『驕奢淫逸』疏：『驕爲恃己凌物。』溢，荀子不苟『以驕溢人』注：『滿也。』」按：士，軍士，張説是。士有餘力，承上言在「足」之基礎上而士有餘力。驕溢，自滿。**不賢則不能無爲，而不可與致爲。**張金城曰：「下『爲』字，覆宋本、朱本、聚珍本、學津本並誤作『焉』。」按：張説是，作「焉」者形似而誤；唐寫本殘卷作「興」，無義，亦誤。又「致」，疑當作「知」，以音誤。下文曰：「謀其所不知爲。」○陸佃曰：「孟子曰：『人有不爲也，然後可以有爲。』」吴世拱曰：「愚而好自用，孟子所謂『既不能令，又不受命』，不可與有爲也。」張金城曰：「致爲，猶達成。言不能無爲則無所不爲，故不可與致成也。注見孟子離婁下，惟『然後』彼作『而後』。」按：不能無爲，必有妄爲也。與，猶「以」，説見經傳釋詞。知，内識、心解。爲，所爲。**驕則輕敵，輕敵則與所私。** ○吴世拱曰：「與，用也。言既輕敵國，則不以事難而擇賢才矣。」張金城曰：「老子曰：『禍莫大於輕敵。』」按：與，結交、親附。私，偏愛。張引老子，見六十九章。**謀其所不知爲，使非其任，力欲取勝於非其敵；** ○吴世拱曰：「爲，事也。與不知事者謀，使不能勝任者，己不若人也。」按：所不知爲，所不解之爲。任，勝任。力，謂在軍事上。**不計終身之患，樂須臾之説。** ○吴世拱曰：「與所私謀，惑於其口也。説，讀如游説之説。」張金城曰：「説，通『悦』，與上『患』對文，此猶言逞一時之快也。」按：説，同「悦」，快也，張説是。**是故國君被過聽之謗醜於天下，而謀臣負濫首之責於敵國。** 張金城曰：「濫首，或是『濫言』之訛。」按：張説是，「首」當作「言」，「濫言」與「過聽」相對。唐寫本殘卷「濫」作「監」，據陸注改，非。○陸佃曰：「濫，監。」吴世拱曰：「濫，過也，禍也。濫首，禍首也，今謂之罪魁。」張金城曰：「被，文選東京賦薛注：『覆也。』引申有蒙受之義。醜，詩小雅十月之交『亦孔之醜』傳：『惡也。』」按：被，蒙受，張説是。過，錯。謗，毀謗、指責。負，欠。責，讀爲「債」。**敵國乃責則却，** 陸佃曰：「(却)或作『劫』。」按：作「劫」者「却」之誤。唐寫本殘卷作「劫」，下同，當據陸校。○陸佃曰：「以辭却之。」吴世拱曰：「乃，詞也。又同『訒』，厚也。却，説文：『屈也。』」張金城曰：「後漢爰盎傳『盎引却慎夫人坐』注：『却，謂退而卑之也。』此言卑辭以避之也。」按：乃，猶「若」。責，求也、索也，索所欠之債。却，退却。張引後漢，當是前漢。**却則説者羞其弱。**○陸佃曰：「以辭却之，則説而責之者羞其弱矣，其勢必至於用兵。」吴世拱曰：「説者，謂謀臣。羞，耻也。耻其弱則必陰謀以行其所是。」按：説者，評説者，輿論。

「萬賤之直，不能橈一貴之曲。」橈，諸本作「撓」，借字。唐寫本殘卷「直」誤「責」，脱「橈」字。○陸佃曰：「其在下者，又無以回之。」張之純曰：「言在下者不能回在上者之意。」吴世拱曰：「主於謀，臣仍貴之而用其言。」張金城曰：「國語晉語『抑撓志以從君』注：『撓，屈也。』屈之使阻，故注訓爲回。曲直，猶曰是非也。」按：橈，彎曲，使動用法。言一萬個下賤之直，也不能使一個高貴之曲屈從。**國被伸創，**陸佃曰：「（伸）或作『神』。」王氏本「伸」作「申」。按：伸，疑是「深」字音誤。○陸佃曰：「浸大曰伸。」吴世拱曰：「伸，猶大也，重也。創，刺也，辱也。」張金城曰：「創，廣雅釋詁四：『傷也。』此言國君之意無可回挽，以爲事況如此，國家已受重害矣。」按：被，受。創，創傷、傷害。深創，猶重創。**其發則戰，**○陸佃曰：「其創之發則戰。」張金城曰：「廣雅釋詁一：『發，舉也。』」按：其，指君。發，發覺、發現。禮記禮器「君子樂其發也」注：「發，猶見也。」**戰則是使元元之民往死，**唐寫本殘卷連下「邪」字爲句而改作「耶」，作「戰則元元之民使之往死耶」。○吴世拱曰：「元元，猶喁喁，無知貌。言邪臣不知禮義忠信，是驅民於死也。」按：吳説是。史記孝文帝紀：「以全天下元元之民。」索隱引顧野王曰：「元元，猶喁喁，可憐愛貌。」**邪臣之失莿也。**張之純曰：「莿，當作『莢』，與『策』通。史記龜策列傳『諸靈數莢，莫知汝信』，其字正作『莢』。」張金城曰：「『莿』無誤，今史記亦作『莿』。『莿』與『策』通。韓非子飾邪『鑿龜數筴』，『筴』即『策』。」按：莿，「策」異體，唐寫本殘卷作「策」。○陸佃曰：「（莿）音策。」王闓運曰：「莿，策。」按：言戰、死之根源爲邪臣失策。**過生於上，罪死於下，讎既外結，諸侯畜其罪，則危覆社稷，**陸佃曰：「（則）或作『責』。」按：作「責」者「則」之音誤。○吳世拱曰：「（罪死於下）民戰死也。畜，存也。（畜其罪）謂心怒其惡也。」張金城曰：「畜，通作『蓄』，蘊蓄也。易小畜、大畜釋文並云：『畜，本又作蓄。』」按：邪臣失策之過，而使元元之民往死，是過生於上而罪死於下也。畜，同「蓄」，積也。罪，猶「怨」。覆，滅也。**世主懾懼，寒心孤立，**○張金城曰：「爾雅釋詁：『懾，懼也。』」按：世主，繼世之君。懾懼，恐懼。**不伐此人，二國之難不解，**陸佃曰：「伐，或作『代』，下有『威』字。」按：作「代」者「伐」之誤。唐寫本殘卷作「代」，據陸注。有「威」字衍。○張之純曰：「伐，殺也。不殺首謀之人，則不能解二國之難。」吳世拱曰：「『解』、『易』爲韻。」按：伐，説文：「擊也。」廣雅釋詁一：「殺也。」此人，指邪臣，即爲「濫言」之謀者。**君立不復。**○吳世拱曰：「立，行也。言君行反前。」張金城曰：「立，位也，説見道端篇『立位乃固』下。復，公羊傳『不可復生』注：『復者，如故時。』」按：立，同「位」。周禮小宗伯注：「古者『立』、『位』同字。古文春秋經『公即位』爲『公即立』。」復，恢復。張説是。**悔曩郵過，謀徙計易，**陸佃曰：「（曩）或作『晨』。」按：作「晨」者「曩」字之誤。唐寫本殘卷作「晨」，據陸校。○吴世拱曰：「郵，尤也。爾雅釋言：『過也。』」張金城曰：「漢書成帝紀『以顯朕郵』注：『郵，與「尤」同，謂過也。』」按：曩，以往、過去。郵，同「尤」，過。郵過，即過錯。徙，遷移、轉移。易，改。言君主悔其前過，改易計謀。**濫首不足，蓋以累重。**陸佃曰：「（濫）一作『監』。」張金城曰：「濫首，亦疑是『濫言』之訛。」按：「監」當是「濫」字之壞。唐寫本殘卷作「監」，據陸校。又濫首，疑當作「難首」，或後人涉前文「濫首」而改。蓋，疑是「益」字形誤；重，疑是「臣」字音誤。「累臣」，與「難首」相對。○陸佃曰：「濫爲謀首，其過重矣。而一人之手，豈足以障天下之目哉？」張之純曰：「言殺一濫首之人尚爲不足，並重累其家族。」吴世拱曰：「重累者，謂其害大，故少之也。『足』、『族』爲韻。」按：難首，製造國難之首惡。益，增。累，災禍。**滅門殘疾族，**俞樾曰：「『疾』字，衍文也，蓋即『族』字之誤而衍者。王鈇篇『其誅柱國滅門殘疾』，亦『族』字之誤。」張之純曰：「滅門殘族，本係對文，『疾』字以形近『族』字而增。」張金城本删「疾」字，曰：「諸本並有『疾』字，唯道藏本無，今據正。」孫人和曰：「『疾』字即『族』字之僞。」按：俞説是，「疾」字衍。○陸佃曰：「滅門，周官所謂屋誅。」王闓運曰：「滅門，蓋杜門也。下言誅柱國滅門殘疾，誅令尹斬以徇，則殘疾刖之。」吴世拱曰：「滅門，滅濫首之家也。殘疾族，殘濫首之族也。王鈇：『貳其家，又滅門殘疾。』」張金城曰：「注曰『周官』者，秋官司烜氏曰『邦若屋誅，則明竄焉』是也。」按：滅門，殺其全家。殘族，毀其宗族。**公謝天下，以讓敵國。**○吴世拱曰：「公，布也。」張金城曰：「讓，亦謝也，如漢主殺晁錯以謝天下者是。」按：公，公開。謝，謝罪。讓，讓步。**不然，則戰道不絶，國創不息。**○陸佃曰：「謂之伸創，以此故也。」張金城曰：「此乃真正國創。前所謂『伸創』，乃國君之意而已。」按：戰道，走向戰争之路。創，創傷。息，停止。**大乎哉！夫弗知之害。**陸佃曰：「（大）或作『天』。」按：作「天」者字之誤。○陸佃曰：「以言弗知之害大矣。」按：上文曰「不賢則不能無爲，而不可與致爲」，「謀其所不知爲」云云，故曰弗知之害大。**悲乎哉！其禍之所極。**○陸佃曰：「以言其禍可悲也言已。」按：極，終也，止也。元元戰死，難首滅門殘族，故悲。**此倚貴離道，少人自有之咎也。**○陸佃曰：「多己少人。」張之純曰：「少人之智，多己之能。」按：倚，漢書鄒陽傳注：「恃也。」貴，謂尊貴之地位。孟子萬章下「不倚貴」注：「貴，貴勢也。」道，先聖之道。少人，以他人之智爲少。有，猶「多」。自有，以己之智爲多。咎，災禍。**是故師未發軔而兵可迭也。**○陸佃曰：「『近迭』名篇，蓋取諸此。」張之純曰：「止輪之轉，其物名軔。去軔則輪動而車行，故凡事始啓行曰發軔。」吴世拱曰：「發，去也。軔，車下礙木，礙其車使不得轉也。迭，敗也。言軍車未發軔，已有可敗道也。」張金城曰：「張説是也。『前却』，謂退後。淮南兵略：『故得道之兵車不發軔，而爲之去殘除賊也。』誼與此同。」按：發軔，出發。迭，借爲「捷」，勝，諸説非。

「今大國之君不聞先聖之道而易事，羣臣無明佐之大數，而有滑正之碎智，陸佃曰：「（聞）一作『間』。或無『碎』字。」按：作「間」者誤。唐寫本殘卷「明」誤「朋」，脱「碎」字。○張之純曰：「（易事）言看事甚易也。滑正，亂正也。碎，細碎，言非大智也。」吴世拱曰：「易，輕也。碎，細小也。天則：『是正反爲滑也。』」張金城曰：「『道』字句絶，『而易事羣臣』云云别爲句。易者，治也，謂治事之臣。舊説非。廣雅釋言：『數，術也。』」按：此句當讀「今大國之君不聞先聖之道而易事，羣臣無明佐之大數，而有滑正之碎智」，「羣臣」連下讀，舊讀非。易事，容易事奉，即容易被重用。明，英明。數，方術。滑，音「骨」，同「汩」，亂。碎，小。反義而行之，逆德以將之，○吴世拱曰：「將，用也。『行』、『將』爲韻。」張金城曰：「將之，亦行之也。詩邶風燕燕『遠于將之』傳：『將，行也。』」按：將，行也，爲也。張説是。兵詘而辭窮，令不行，禁不止，又奚足怪哉？」陸佃曰：「（怪）或作『恃』。」按：作「恃」無義，當是「怪」訛。唐寫本殘卷「怪」作「恃」，據陸校；又「禁」下「令」下各有「之」字，亦非。○吴世拱曰：「『怪』作『恃』者，恃，疑也。與『止』爲韻。」按：龐子怪而問之，故言不足怪。

龐子曰：「何若滑正之智？」

鶡冠子曰：「法度無以，噫意爲摸，陸佃曰：「（噫）一本作『遂』。」洪頤煊曰：「摸，當作『謨』。」按：一本作「遂」，是。摸，當作「謨」，洪説是。唐寫本殘卷作「法無是以，遂意爲魔」，誤。○陸佃曰：「譓，讀爲『嘒彼小星』之『嘒』。」吴世拱曰：「以，因也。言不循法度。譓，同『惠』，順也，與『遂』聲近。摸，謨也，法也。」張金城曰：「以，説文：『用也。』言其人不用法度也。摸，朱駿聲曰：假借爲『模』。廣雅釋詁四：『模，刑也。』東京賦『規萬世而不摹』注：『法也。』譓，説文云：『小聲也。』意，猶曰私意。言以己意爲法度也。下文曰『以意爲法』者，正與此同。注曰『嘒彼小星』者，詩召南小星篇文。」按：以，用也、循也。下文曰：「聖人按數循法。」遂，順也，吴説是。遂意爲謨，遂順己意以爲謀也。**聖人按數循法尚有不全，**○按，按照。數，規律。循，遵循。法，法度。全，完全、齊全。**是故人不百其法者，不能爲天下主。**○吴世拱曰：「言君非聖人，當廣習成法。」張金城曰：「百有其法，『百』字與韓非子定法『十使昭侯用術』、『十飾其法』之『十』字同義，謂多之也。」按：百，漢書班彪傳注：「重言多也。」張説是。**今無數而自因，無法而自備循，無上聖之檢而斷於己明，**陸佃曰：「（聖之）或作『聖人』。」王闓運曰：「『備』字衍。」俞樾曰：「『備』字亦即『循』字之誤而衍。」張金城曰：「俞説是也。上曰自因，下曰自循，文義相成。因，依從也；循，亦從也。」按：作「聖人」者誤。「備」字衍，王、俞説是。○陸佃曰：「斷以獨見之明。」吴世拱曰：「因，重也，不按數。備，用也，不循法。上聖，先聖也。循，遵循法數也。檢，察也，括也。」張金城曰：「文選演連珠注引蒼頡篇曰：『檢，法度也。』」按：因，依照、按照。自因，因自己。自循，循自己。檢，法度、法則，張説是。典論論文：「節奏以檢。」明，謂智。**人事雖備，將尚何以復百己之身**

乎？復，當作「服」，以音誤。○陸佃曰：「夫百己者，豈獨彼有之？蓋人受天地之中以生形體，保神而衆妙悉備。據今言之，其身蓋有千百於己者，然而所知纔止一二，而卒於泯没無聞者，不能復之而已。」吴世拱曰：「即成史李官之事。復，蓋也，盡也。百己之身，謂上世作百法之人也。言一人之明，不能如百人之慮周也。何以，何能也。復，服也。百己之身，斥民而言，所謂百姓。『尚』、『明』、『上』爲韻。」張金城曰：「百己之身者，謂精神之要妙，千百於身軀也。復，莊子繕性：『以求復其初。』不能復百己之身，猶曰不能復其精神之本。」按：人事雖備，謂雖有因有循有斷。服，使之服。百己之身，謂百姓，吴説是。

「主知不明，以貴爲道，以意爲法，陸佃曰：「（貴）或作『責』。」按：作「責」者形之誤。唐寫本殘卷誤據作「責」，謬。○吴世拱曰：「（主知不明）不明習百法之道也。上文云：『嘒意爲摸。』」張金城曰：「以貴爲道，上文『倚貴離道』是也。」按：知，同「智」。張説是。**牽時誑世，逜下蔽上，使事兩乖，**陸佃曰：「（牽）或作『牢』，或作『罕』。（誑）一作『拒』，或作『詎』。」按：作「牢」、作「罕」、作「詎」，皆字之誤。唐寫本殘卷「牽」據陸校作「牢」，脱「使」字。○陸佃曰：「兩失之矣。」吴世拱曰：「牽，眩亂也。誑，欺也。逜，同『牾』。使與成事相異也。『乖』、『危』爲韻。」張金城曰：「牽，吕覽離俗『不牽於世』注：『拘也。』牽時，謂拘繫於時俗。誑，國語周語『以誑劉子』注：『惑也。』誑世，謂爲世論所惑也。逜下者，民也。蔽上者，天也。」按：牽，猶「拘」，張説是。誑，欺。逜，同「捂」，吴説是。乖，乖違、不合。言主不知時變，欺世盜名，下捂上遮，結果事與願違。**養非長失，以靜爲擾，以安爲危，百姓家困人怨，禍孰大焉？**〇吴世拱曰：「養，蓄也。長，讀如『長惡不悛』之長。困，苦之也。」張金城曰：「此（前三句）言兵不以德義爲基，而過聽求快也。」按：非，是非之非。長，音漲，長養，吴説非。失，失策之失。擾，紛亂、不靜。**若此者，北走之日后知命亡。**」后，宜作「後」。〇陸佃曰：「軍敗曰北。投死之地久矣，乃今知之。」張金城曰：「莊子則陽『逐北旬有五日』釋文、史記天官書『戰敗爲北軍』正義並曰：『軍敗爲北。』」按：北走，敗亡。北走之日然後知命亡，不見棺材不落淚也。張引莊子釋文原文作「軍走曰北」。

龐子曰：「以人事百法奈何？」陸佃曰：「一本『法』字在『書』字下。」吴世拱曰：「此句校文當在『蒼頡作法』下。」按：吴説是。又「以人」，疑當作「一人」。上文曰「人不百其法者不能爲天下主」，即謂一人。〇吴世拱曰：「事，服習也。」張金城曰：「百法，即上文『人不百其法』。又下文曰：『知百法者，桀雄也。』皆以百法爲美。」按：事，役使、使用。

鶡冠子曰：「蒼頡作法，書從甲子，張金城曰：「于先生曰：『陸本蓋作「蒼頡作書」，故注云「始造書契」。上注「一本法字在書字下」，亦當在此「書」字下，而「從甲子」句，注不言「書」字也。』」按：于説是，「法」、「書」二字當倒，陸所見「一本」是。〇陸佃曰：「蒼頡，黄帝之史，初見鳥獸蹏迒之迹，始造書契。日始於甲，辰始於子。」張金城曰：「注用説文叙文。高注吕覽尊師篇：『大撓作甲子。』」按：作書，造字。

甲子，謂以天干地支交相組合。**成史李官，**成，當作「乘」，以音誤。官，叢刊本誤作「宫」。○陸佃曰：「成史，蓋以獄成告於正者。李官，士師也。」王闓運：「成，今作『宬』。李，大理也。」吴世拱曰：「李，同『理』。」張金城曰：「李者，管子大匡『國子爲李』注：『李，獄官也。』李、理同。注曰『士師』者，亦理官也。」按：乘，讀「剩」音，春秋時晉國史書名，此以代史書。孟子離婁下：「晉之乘，楚之檮杌，魯之春秋。」乘史，即史官，諸説謬。李，同「理」，法官，諸説是。**蒼頡不道，然非蒼頡，文墨不起。**○陸佃曰：「蒼頡造書，不道士師，然而文墨之萌由是起矣。此百法之端也。」吴世拱曰：「道，言及也。言按數作法，不道理官之人事。蒼頡作書，百法因之得載，以貽後世。『頡』、『一』爲韻。」張金城曰：「路史禪通紀：『紀文字以昭異世，而文辭日昌矣。』此之謂也。」按：道，言。文墨，文書、寫作。言史官、法官之事蒼頡當初造字並未言及，但若非蒼頡，則史書、刑律不能産生。此言法之貫通。**縱法之載於圖者，其於以喻心達意，揚道之所謂，乃纔居曼之十分一耳。**陸佃曰：「（纔）或作『⿰女毚』。（曼）或作『受』。」俞樾曰：「荀子正論篇『曼而饋』楊倞注：『曼，當爲「萬」。』蓋古音『萬』讀如『曼』，故得通用。此文『曼』字，亦當爲『萬』，言居萬分中之十一也。注曰『曼』作『受』，蓋不得其解，故並其字而誤之。」按：作「⿰女毚」者「纔」之誤，作「受」者「曼」之誤。「居萬之十分一」不辭，俞説非。「曼」借爲「滿」，詳下注。○陸佃曰：「此言使無文墨而欲以其法畫之於圖，豈能盡其意之詳哉？蓋自後世觀之，書以趣便，篆不如隸，隸不如草，則圖之鈍於應務可知矣。故曰彌綸天下之事，記久明遠著，湣湣傳忞忞者，莫如書。湣湣，目所不見；忞忞，心所不了。」王闓運曰：「『縱』、『綜』、『總』通用字。曼，萬。」吴世拱曰：「纔，僅也。居，同『據』，得也。曼，演也，引也。之，出也。」張金城曰：「圖，廣雅釋詁四：『畫也。』此以言圖籍也。所謂，禮記祭義：『不知其所謂。』荀子哀公篇：『言不務多，務審其所謂。』」郝懿行曰：『謂，猶言也。謂所言主旨之所在也。』呂覽淫辭篇：『凡言者，以喻心也。』此言所載之法，以喻心達意標示要道者，乃纔萬分十一而已，言極小也。蓋多用於文墨也。注曰『故曰』云者，法言問神篇文。」按：縱，同「綜」，聚總、集合，王説是。載，記載。圖，謂圖書。於，用。喻，明白。揚，宣揚。道，謂治道。謂，言。纔，僅。曼，同「滿」。左傳成公十六年晉厲公名「州滿」，史記作「壽曼」，是「曼」與「滿」同音通用。滿，全部。居曼之十分一，占全部之十分之一也，諸説非。此言學法不能衹靠書本。

故知百法者，桀雄也。○王闓運曰：「已知圖之十一。」吴世拱曰：「桀，同『傑』。以習成法多也。」張金城曰：「法不易知，而知百法者，人中傑俊也。」按：桀，同「傑」，吴説是。傑雄，傑出人物。**若隔無形，將然未有者，知萬人也。**陸佃曰：「（若）或作『叒』。」張金城曰：「于先生曰：『依注，似正文當作將然無形爲有。』」按：作「叒」者「若」之誤。于説非，詳下注。○陸佃曰：「此俊德也，非特桀雄而已，故其知與人隔此三境而超萬人之上也。將然不如無形，無形不如未有。取譬言之，若太易者未有也，而太初無形，渾淪則將然矣。」吴世拱曰：「隔，止也。然，明也。言禍而塞止於無形，事則章明於未有。蓋通於數，神於法矣。𠫓，即『吝』，止塞義。與『隔』連文亦通。」張金城曰：「無形、將然、未有，猶向時、目下、未來也。法之生成如此，能折別之者，其智爲萬人上也。」按：若，如果。隔，隔開、隔離。無形，無形之物。將然，猶預測。未有，尚未出現之物。知，同「智」，下文作「智」。

無萬人之智者，智不能棲世學之上。

〇張金城曰：「詩召旻『如彼棲苴。』釋文：『棲，音西，謂棲息也。』世學，凡世之學，猶俗學，言其泛也。」按：棲，猶居。世學，世俗之學。張說是。

龐子曰：「得奉嚴教，受業有間矣！退師謀言，弟子愈恐。」

陸佃曰：「（間）或作『聞』。」按：作「聞」者字之誤。〇王闓運曰：「恐驕溢之君多。」吴世拱曰：「有，得也。師，習也。」張金城曰：「有間，猶曰有日。謀，說文：『慮難曰謀。』謀言，猶曰察其言也。」按：得，得以。奉，接受。受業，學習。間，時間、時日。退，退下、離開。謀，思、想。論衡超奇：「心思爲謀。」言，師所言。愈恐，心中更沒有底。

卷中

度萬第八

〇王宇曰：「此篇言立法以神，度神所以度萬也。」陳深曰：「法天法地，以一度萬。」按：度，音「奪」，量。萬，數之萬。「度萬」二字，取自篇中「以一度萬」句。此篇論「度神慮成」之要。

龐子問鶡冠子曰：「聖與神謀，〇陸佃曰：「子曰：『道不同，不相爲謀。』」張金城曰：「孟子盡心下：『大而化之之謂聖，聖而不可知之之謂神。』注引『子曰』，見論語衛靈公篇。」按：與，以、用。呂覽貴直：「王胡不能與野士乎？」注：「與，猶用也。」神，「形神」之神，精氣。謀，慮。言聖人以精氣謀事。**道與人成，**〇陸佃曰：「子曰：『苟非其人，道不虛行。』」張金城曰：「論語衛靈公：『人能弘道，非道弘人。』」言道待人而後行也。注引子曰，見易繫辭下。」按：道，道法、主張。與，亦同「以」，因。成，成就、成功。言道法因人而成。**願聞度神慮成之要奈何！」**〇吴世拱曰：「聖可與神謀，道可與人成，則是神可度，道可慮也，故問。」按：願，希望。度，音「奪」，揣度。慮，思考。成，成功。要，關鍵。奈何，如何。

鶡冠子曰：「天者神也，地者形也，〇吴世拱曰：「形，成也。成則有形。言神出形成者，天地也。」張金城曰：「泰鴻篇曰：『天也者，神明之所根也。』天權篇曰：『神之所形謂之天。』是鶡冠子言天，皆神之所主也。春秋繁露郊祭篇：『天者，百神之君也。』義近之。地者，夜行篇曰：『地者，理也。』天權篇曰：『理之所居謂之地。』是鶡冠子言地皆謂形見之理也。周易象上傳『柔上利貞』注：『地也者，形之名也。』近之。」按：此鶡冠子舉例而言，言天好比是神，地好比是形。諸說非。張引繁露，係郊義篇文，張失檢。

地濕而火生焉，○陸佃曰：「至陽赫赫，赫赫出乎地。」吳世拱曰：「地爲陰。地濕，謂陰最盛，建亥之月也。以五月一陰升，月升一陰，至十月六陰盡升，而陽盡伏矣。火，陽也。子月則一陽升。陰極陽生，故云地濕火生。」按：地上有水，故曰濕；地上又有火，故曰地濕而火生焉。**天燥而水生焉。**○陸佃曰：「至陰肅肅，肅肅出乎天。」吳世拱曰：「天爲陽。天燥，謂陽最盛，建巳之月也。以十一月陽升，月升一陽，至四月六陽盡升，而陰盡伏矣，故云天燥水生。」張金城曰：「地氣陰濕，反而應之，則火生焉。天氣陽燥，凝而聚之，則水生焉。慎子外篇曰：『天一，陽數也，而水生焉，故凝於天一，無非水也。地二，陰數也，而火生焉，故應於地二，無非火也。』注曰『赫赫』、『肅肅』者，見莊子田子方。」按：天上本無水，故曰燥。天上降雨，故曰天燥而水生焉。**法猛刑頗則神濕，神濕則天不生水，**○陸佃曰：「刑與法，陰也。」吳世拱曰：「頗，烈也。法刑主義，陰之象也。當陽用事而猛烈行之，則神濕而傷矣。陽神傷則時反爲陰，反爲陰則當生火，故曰天不生水。記月令『孟春行秋令，則其民大疫，飆風暴雨總至』；『仲春行秋令，則其國大水，寒氣總至』;『季春行秋令，則天多沈陰，淫雨蚤降，兵革並起』;『孟夏行秋令，則苦雨數來，五穀不滋，四鄙入保』云云，皆行反時而神濕之謂也。」按：此回到人。法，法律。猛，凶、嚴厲。刑，刑罰。頗，偏、不正。神，謂人之精氣。刑法屬陰，陰氣重，故濕。

音□聲倒則形燥，形燥則地不生火，「聲」上闕處叢刊本、道藏本、學津本、王氏本作「故」，吳世拱本、張金城本從之。張金城曰：「考其文例，與上『法猛刑頗』相對，則此作『音故聲倒』蓋已足，而『故』字義不明，疑是『放』之形誤。廣雅釋言：『放，妄也。』漢書藝文志注：『放，蕩也。』與下『倒』字義相成。」按：闕處疑本作「斯（嘶）」。諸本「故」字，或即「斯」字之誤。張説殆非。○陸佃曰：「聲與音，陽也。」吳世拱曰：「故，舊也，敝也。倒，亂也，敗也。言宮君商臣易位，音聲怗懘也。記樂記：『五者不亂，則無怗懘之音矣。』鄭注：『五者，君、臣、民、事、物也。』凡聲濁者尊，清者卑。怗懘敝敗，不和貌。夫音聲主和，陽之象也。當陰用事而敝亂用之，則形燥而裂矣。陰形裂則時反爲陽，反爲陽則當生水，故曰地不生火。」按：音，説文：「聲也。」斯，同「嘶」，嘶啞。聲，謂氣。儀禮士虞禮：「聲，噫歆也。」歆即氣。倒，呂覽明理「氣相交倒」注：「逆也。」形，人身。音、聲皆陽，陽氣盛，故燥。地濕而火生，燥，故不生火。

水火不生，則陰陽無以成氣，○吳世拱曰：「水助陰，火助陽，水火相濟，然後四時之氣生。氣，候也。」按：成，成就、形成。氣，氣候，吳説是。素問天元紀大論：「故在天爲氣。」注：「氣，謂風、熱、濕、燥、寒。」無以，不能、無法。

度量無以成制，○吳世拱曰：「度量，所以制器物也。五材不生，無所施而成制矣。」按：制，制度，吴說近是。**五勝無以成埶，**陸佃曰：「（埶）一作『執』。」道藏本、學津本、朱氏本並作「執」；王氏本、張之純本作「勢」。按：埶，古「勢」字，作「執」者形之誤。○陸佃曰：「五勝，五行之勝。」吴世拱曰：「五行互爲生克，故曰五勝。漢書藝文志：『推刑德，隨斗擊，因五勝。』執，即『勢』。言缺二則不能成勢矣。」張金城曰：「漢書藝文志『因五勝』注：『五勝，五行相勝也。』」按：五勝，五行之相勝，張說是。勢，相勝之勢。**萬物無以成類。**○吴世拱曰：「類，形象也。」按：類，種類、族類。無以成類，不能廣生也。**百業俱絶，萬生皆困，濟濟混混，孰知其故？**○張之純曰：「濟濟，衆多貌。混混，渾合貌。」吴世拱曰：「濟濟，稠密貌。混混，玄冥也。言冥密無緒，不可知也。」張金城曰：「萬生，猶曰『萬物』。易象上傳：『萬物資生。』疏云：『成形謂之生。』其故者，謂道也。淮南詮言：『故神制則形從，形勝則神窮。聰明雖用，必反諸神。』蓋亦謂主道反神，則萬形皆成，否則傷本無功之義也。」按：此另起一層，言世間如此。業，事。萬生，萬民。濟濟，衆多貌。混混，混亂貌。故，緣故。

「天人同文，地人同理，賢、不肖殊能，○陸佃曰：「天文地理與人同焉。」吴世拱曰：「言人與天地參也。上法其文，下則其理。夜行：『天，文也；地，理也。』能，德也。」張金城曰：「言同文同理者，謂人之心，天地之心。孟子謂『萬物皆備於我』是也。」按：文，「文理」之文，圖形。理，「文理」之理，脉理。殊，異。能，能力、才能。言人雖與天地同理，但賢愚則有區别。張引孟子，見盡心上。**故上聖不可亂**

也，○陸佃曰：「譬如堯、舜，共工、驩兜欲爲惡則誅之類。」張金城曰：「亂，漢書終軍傳『上亂飛鳥』注：『亂，變也。』」按：亂，謂變亂。張説是。**下愚不可辯也。**辯，聚珍本作「辨」。○陸佃曰：「譬如桀、紂，龍逢、比干欲與爲善則誅之類。」吴世拱曰：「辯，明也。孔子曰：『惟上智與下愚不移。』」張金城曰：「此言人有賢、不肖之殊，上聖者形從於神，故不可亂移之；下愚形勝於神，亦不可變易之。蓋度神謀道與否，有以分之也。辯，廣雅釋言：『變也。』莊子逍遥遊『御六氣之辯』釋文：『變也。』」按：辯，借爲「變」，改變，張説是。此即「唯上智與下愚不移」之謂。

「陰陽者，氣之正也；天地者，形神之正也；陸佃曰：「一無『神』字。」按：無者當脱。上文曰：「天者神也，地者形也。」○張金城曰：「莊子則陽：『是故天地者，形之大者也；陰陽者，氣之大者也。』疏曰：『天覆地載，陰陽生育，故形氣之中最大者也。』」按：正，尚書説命下「昔者先正保衡」傳：「長也。」廣雅釋詁一：「君也。」陰陽，氣之大者，故爲氣之長。天，神之大者；地，形之大者，故爲形神之長。**聖人者，德之正也；法令者，四時之正也。**「法令」、「四時」疑互誤。○陸佃曰：「季春行冬令則寒，季秋行夏令則暖。」吴世拱曰：「即環流道之用法，斗柄所指以定四時也。」張金城曰：「荀子禮論：『聖人者，道之極也。』管子正篇：『如四時之不貸，如星辰之不變，如宵如晝，如陰如陽，如日月之明曰法。』注曰『季春行冬令』云云，用禮記月令文。」按：聖人具有最高道德，故爲德之正長；四時更替永不錯亂，故爲法令之正長。**故一義失此，萬或亂彼，所失甚少，所敗甚衆。**○吴世拱曰：「（此）指上所云云，謂有一失主也。或，即域，界也，事類也。」張金城曰：「一義者，度神謀道是也。」按：義，宜也。一義，指「正」。失此，失於此。或，同「惑」，迷惑。亂彼，亂於彼。

「所謂天者，非是蒼蒼之氣之謂天也；○吴世拱曰：「蒼蒼，青貌。」張金城曰：「爾雅釋天：『春爲蒼天。』陽氣始發，色蒼蒼也。韓詩外傳四管仲曰：『所謂天，非蒼莽之天也。』」按：蒼蒼，深藍色。莊子逍遥遊：「天之蒼蒼，其正色邪？」**所謂地者，非是膊膊之土之謂地也。**○陸佃曰：「膊，形埒也。」吴世拱曰：「膊，釋名：『團也。』言地廣厚而形圓也。」**所謂天者，言其然物而無勝者也；**○陸佃曰：「言天者君道也，可天下之物而莫之勝也。」吴世拱曰：「然，立也。廣雅釋詁三：『成也。』道端：『天者，萬物所以得立也。』又：『故天定之。』勝，同『賸』，餘也，今字作『剩』。言天引生萬物，無有餘遺者，故上文云『天者，神也』。」張金城曰：「然物，猶曰成物也。老子曰：『生之畜之，生而不有，爲而不恃，長而不宰。』近是。注曰『天者君道也』者，爾雅釋詁『天，君也』是。」按：然，謂成就。勝，漢書賈山傳師古注曰：「盡也。」無勝，無窮盡也。諸説非。張引老子，見十章。**所謂地者，言其均物而不可亂者也。**○陸佃曰：「言地者臣道也，平天下之物而莫之亂也。」吴世拱曰：「均，平也，成也。亂，亂其生理也。言地平成萬物，無有亂理者。道端：『地者，萬物所以得安也。』又：『地處之。』故上文云：『地者，形也。』」張金城曰：「周禮內宰『均其稍食』注：『均，猶養也。』均物，猶養物也。老子曰『衣養萬物而不爲主』是也。」按：均，説文：「平遍也。」即均匀布散之義。萬物均匀布散於大地，故曰均物。地有理，故曰不可亂。張引老子，見三十四章。

「音者，其謀也；○陸佃曰：「雜比爲謀。」吴世拱曰：「謀，媒也。音主和，爲天之三光，故以音與天神謀，告度神之道也。」按：音，謂氣、神。禮記樂記：「凡音者，生人心者也。」生於心，故曰謀。謀，與「事」相對，謂心中所思。爾雅釋言：「謀，心也。」論衡超奇：「心思爲謀。」**聲者，其事也。**○陸佃曰：「布散爲事。」吴世拱曰：「聲者，地之五官也，故以聲事地形，告慮成之道也。」按：聲，謂質、形。左傳昭公二十年疏：「聲，是質之響。」事，實也，與「謀」相對。**音者，天之三光也；**○陸佃曰：「三光雜比於上。」吴世拱曰：「三光，日、月、星，天之文也。記樂記：『聲成文謂之音。』故云天之三光。」按：音，亦謂氣。三光，日、月、星之光。言音（氣）猶天之三光。**聲者，地之五官也。**○陸佃曰：「五官布散於下。」吴世拱曰：「五聲配五方，故云五官。」張金城曰：「周禮大司樂『人鬼可得而禮矣』下疏：『凡音之起，由人心生。單出曰聲，雜比曰音。』蓋神形之交，神生則形從，謀得乎上，則事成於下。方之於聲音，雜比之音猶謀也，單出之聲猶事也。是音者謀也、神也，聲者事也、形也。若比於天，則如三光之運行；散乎地，則如五官之成事也。地之五官者，謂形理於地，各有司主，猶人之耳、目、口、鼻、心五者，各長而不相能也。」按：聲，亦謂形質。言形猶如地之五官。五官，蓋即「五地」。周禮大司徒：「以土會之法辨五地之物生。」後世稱「五土」，即山林、川澤、丘陵、水邊平地、低濕之地。又：以上「音」、「聲」，或本作「神」、「形」，故下曰「形神調則生理脩」，且與前文「度神慮要」相應，今本或傳寫之誤。**形神調則生理脩。**脩，諸本或作「修」，本字。○陸佃曰：「形不病燥，神不病濕，則生理脩矣。」吴世拱曰：「調，和；修，長也。形平調，神不濕，則生理遂育矣。」張金城曰：「形神，上文云『天地』是也。調，謂附和也。周易繫辭下：『天地絪蘊，萬物化醇。』」按：調，協調、調和。在天地則三光五官調而萬物生，在人則形神調而生理修。修，治、不紊亂。

夫生生而倍其本則德專己，陸佃曰：「（德）或作『隱』。」按：作「隱」者非，或「德」之誤。○陸佃曰：「夫偏養其本至於過理，而不及會通之適，則自爲太多其德，失乎物矣，豈足語衛生之經哉？故曰善養生者，若牧羊然，視其後者而鞭之。」吴世拱曰：「上『生』字猶『養』也。倍，同『培』，益也。左僖三十年傳：『焉用亡鄭以倍鄰？』注：『益也。』專己，專一也。」按：生，養也，吴説是。周禮大宰：「以生萬民。」注：「生，養也。」生生，養生也，承上「生理修」言。倍，同「背」，吴説非。本，謂形神調。德，思想、行爲。專己，獨斷也。**知無道，上亂天文，下滅地理，中絶人和，**陸佃曰：「一本（『知』上）元缺；一本字或作『薐知』，或作『薐如』。」按：一本有「薐」是，然「薐」非字，當是「陵」字之誤。作「如」，亦當是「知」字之誤。○陸佃曰：「天、人同文，地、人同理，於此見矣。」吴世拱曰：「陵，蔑也，無也。言知昧而無道也。夜行：

『天，文也。地，理也。』言不以音度神，不以聲慮成也。」按：陵，同「凌」，凌駕、欺凌。知，同「智」，智者。絶，滅絶。此即所謂德專己。**治漸終始，**○陸佃曰：「言其治纔漸首末而已，失中道也。」張之純曰：「漸者，不遠之名。言其治漸自始而至終也。」吴世拱曰：「漸，浸滅也。」按：治，淮南子原道「治在道而不在聖」注：「爲也。」淮南主術「能多者無不治也」注：「治，猶作也。」此指其所作所爲。漸，浸漬、滲透。終始，謂整個過程。**故聽而無聞，視而無見，**○陸佃曰：「天下之事，壞於冥冥。」吴世拱曰：「聞，聽也。見，明也。著希：『人主不聞要，故耑與運撓而無以見也。』」按：專己故也。**白晝而闇。**○陸佃曰：「日中見斗之義。」吴世拱曰：「謂昏甚也。」張金城曰：「言雖處清世，而行事甚暗也。注曰『日中見斗』，見易豐卦六二爻辭，疏云：『處光大之世而爲極暗之行，譬如日中而斗星見，故曰日中見斗也。』」按：此亦專己之弊。

有義而失謚，失謚而惑。此句與上下文不屬，當是錯簡衍文。○陸佃曰：「人之所有，不能謚之。」張之純曰：「謚，行之迹也。言其行背於義也。」張金城曰：「管子心術：『義者，謂名處其宜也。』有其德乃得其謚，是義也。若有謚之名義，而無德以稱之，是有義而失謚也。謚，逸周書謚法解：『謚者，行之迹也。行出於己，名生於人。』」按：謚，「行之迹」之謚。**責人所無，必人所不及。**○陸佃曰：「遠其途而誅不至也。」吴世拱曰：「必，廣雅釋詁四：『敕也。』言誡敕人所不逮。」張金城曰：「春秋繁露仁義法曰：『自責以備謂之明，責人以備謂之惑。』蓋失謚由己，創謚在人，豈可責人所難？故曰惑。」按：責，説文：「求也。」

必，謂苟求、一定要人做到。法言君子「必進易儷」注：「必，苟也。」**相史於既，而不盡其愛。**○陸佃曰：「史，使也，從省。言不盡己之愛，而責人之盡。」張之純曰：「史，『使』之假借字。既，盡也。」按：史，借爲「使」，張説是。相使，役使之。既，盡，張説是。愛，關愛。**相區於成，而不索其實。**陸佃曰：「(索)或作『營』。」按：作「營」者非。○陸佃曰：「區，驅也，從省。言不竭己之忠，而望人之成。」吴世拱曰：「區，驅也，聲轉。陸云從『驅』省，非。」張金城曰：「此二句承『責人』、『必人』句而來，『史』、『區』皆有譴令相責之義。『既』、『成』，則謂行之終成，如美謚佳號是也。張氏通『成』爲『誠』，義亦通。」按：區，借爲「驅」，驅使。成，成功、成事。索，求索、尋找。實，實際、實迹。**虚名相高，精白爲黑。**陸佃曰：「黑，或爲『墨』，『墨』亦黑也。」○陸佃曰：「沽於虚名，而變亂事實。黑或爲墨，墨亦黑也。詩曰：『狐狸而蒼，墨以爲明。』」吴世拱曰：「精白，白之至也。言尚虚名忘實質也。」張金城曰：「注引詩曰，見荀子解蔽篇，原文『墨以爲明』在上。楊注：『逸詩。』」按：精白爲黑，顛倒黑白也。**動静紐轉，**紐，道藏本、朱氏本、弘治本同，餘皆作「組」。注同。王闓運曰：「組，當爲『紐』。」王説是，作「組」者字之誤。○陸佃曰：「與物轉旋，如組使之。」張之純曰：「詩『執轡如組』注：『組，織組也。』蓋言轉旋之疾也，故曰組轉。」張金城曰：「此言其人於物，舉動云爲，無不相與轉旋也。」按：動静，猶舉止、行爲。紐，結。紐轉，謂反常。張之純引詩曰，見邶風簡兮。**神絶復逆。**張金城曰：「『神絶』與上『動静』文例不對，當是『神色』之誤，蓋涉上『紐』从

『糸』而誤也。陸注『言其神色』云云可證。」按：張説是，當作「神色」。○陸佃曰：「復，有報乎上也。逆，有言乎上也。言其神色距人於千里之外。」張之純曰：「復，白也，謂有報乎上者。逆，謂不順己意者。」吴世拱曰：「復，行故道也。又：伏也。逆，宅舍也。左僖二年傳『保於逆旅』注：『客舍也。』言動静滑亂，神遠絶，不歸伏其靈府，失天之正也。」按：復，又。逆，不和順。諸説非。**經氣不類，形離正名。**○陸佃曰：「書曰：『有形有名。』形也者，物此者也。名也者，命此者也。經氣失常，故形不麗名。」吴世拱曰：「經，血脉也。説文作『巠』。素問離合真邪論『人有經脉』注：『謂手足三陰三陽之脉。』周禮疾醫『五氣』注：『肺氣、心氣、肝氣、脾氣、腎氣。』孟子：『氣者，體之充也。』類，相和合也。」張金城曰：「環流曰：『通之謂類。』此言内持之經與外發之氣互不相通，故形名相乖也。注云『書曰』者，莊子天道『故書曰有形有名』疏：『書，道家之書。』」按：經氣，經脉之氣，此指其賦性。類，似、像。不類，謂不似人君。離，背離。正名，人君之名。吴引孟子，見公孫丑上，本無「者」字。**五氣失端，四時不成。**○陸佃曰：「陰陽並毗，四時不至，寒暑之和不成。」吴世拱曰：「端，正也、位也。五氣，水、火、木、金、土之候也。言失陰陽之正也。上文云：『陰陽者，氣之正也。』（四時不成）失法令之正也。上文云：『法令者，四時之正也。』」張金城曰：「五氣者，子華子北宮意問：『寒、熱、風、燥、濕，五氣之聚也。』」按：五氣，謂寒、熱、風、燥、濕，張引子華子説是。端，正也。四時不成，謂春不成生、夏不成長、秋不成熟、冬不閉藏，此亦比人君言。**過生於上，罪死**

於下。○吴世拱曰：「上無聖德也。上文云：『聖人者，德之正也。』」張金城曰：「二句又見近迭篇。」按：此言君有過而民獲罪，與近迭篇稍異。**有世將極，驅馳索禍，開門逃福。**○陸佃曰：「其於禍也，若驅車就之。其於福也，若開門避之。」吴世拱曰：「有世，撫世也。謂人主極危困也。『極』、『福』、『國』爲韻。逃，去也。（開門逃福）言不閉守，使福去也。」按：有，撫有，吴説近是。極，終也。言亡國之君，必驅馳索禍，開門逃福。索，尋找。逃，逃避。**賢良爲笑，愚者爲國。天咎先見，菑害並雜。**陸佃曰：「（菑）或作『畗』，亦或作『葍』。」按：「國」字疑有誤。○吴世拱曰：「（賢良爲笑）輕之也。（愚者爲國）執國政也。並，肩隨也。雜，遝來也。」按：笑，笑其索禍逃福也。天咎，天災。菑害，人禍。並雜，交錯、交雜。**人執兆生，孰知其極？**張金城曰：「學津本『執』作『孰』，蓋涉下文而誤。」按：張説是。○陸佃曰：「見形而已，昧於在理。」張之純曰：「但見其形，不知其理。」吴世拱曰：「兆，形埒也。生，同『醒』，知覺也。言人倚其能見而後知，則其知晚矣。（孰知其極）不知至極。至極者，陰陽爲氣之正、天地爲形神之正、聖人爲德之正、法令爲四時之正也。」按：人，謂一人，指君。執，操持、統治。兆生，萬民。孰，誰，亦就君言。極，終、至。

「見日月者不爲明，聞雷霆者不爲聰，事至而議者，不能使變無生，陸佃曰：「（議）或作『義』。」按：作「義」者誤。○陸佃曰：「不能消之於未萌。」吴世拱曰：「議，謀也。」張金城曰：「孫子軍形篇曰：『故舉秋毫不爲多力，見日月不爲明目，聞雷霆不爲聰耳。』蓋衆人所能，實不足多，而議事於已成，則無濟矣。」按：日月、雷霆，皆事之已至者，故見之不爲明，聞之不爲聰。議，廣雅釋詁四：「謀也。」事至而謀，必生變故，言事當預謀。**故善度變者觀本，**○吴世拱曰：「（觀本）觀其至極之道。」按：度，音「奪」，揆度、推測。本，易彖上傳：「君也。」此指君主之天賦。**本足則盡，不足則德必薄、兵必老。**○吴世拱曰：「明知其本，則萬類盡治矣。德，文德。記月令『命相布德』鄭注：『德，謂善教也。』薄，微弱也。言文不足以教化。老，朽敗也。言武不足以威服。」張金城曰：「禮記祭統：『誠信之謂盡。』左僖二十八年傳：『師直爲壯，曲爲老。』」按：足，足够、充分。盡，借爲「進」，上進、增進。德，禮記哀公問「百姓之德也」注：「猶福也。」薄，輕、少。老，謂士氣衰減。**其執能以褊材爲褒德博義者哉？**執，四庫本、聚珍本、學津本俱作「孰」，是，此「執」當是「孰」字之誤。又陸佃曰：「（褒德）或作『襄隱』。」按：作「襄隱」者當是「褒德」之誤。○張之純曰：「褊，畢緬切，音扁，衣小也。褊材，蓋謂小材也。褒，博毛切，音包，大裾也。漢書儁不疑傳：『褒衣博帶。』此言褒德博義，蓋取大字義耳。」吴世拱曰：「褊材，狹小之材，不足於本也。賈子道術：『包衆容易謂之裕，反裕爲褊。』史記禮書：『化隆者閎博，治淺者褊狹。』褒德，文盛也。博義，武大也。」張金城曰：「淮南主術：『一人被之而不褒，萬人蒙之而不褊。』注：『褒，大也。褊，小也。』」此言主之以神，神乃有所材；今本失材小，則不足與言褒德博義也。」按：褊，小，諸説是。材，同「才」，才能。徧才，即本不足。爲，做。褒、博，皆大義。**其文巧武果而姦不止者，生於本不足也。**○陸佃曰：「言非少文不武之罪。」王宇曰：「自『倍其本』至此，俱是反説。本者，神也。」吴世拱曰：「天則：『文武交用而不得事實者，法令放而無以梟之謂也。』」張金城曰：「商子修權篇：『賞者，文也。刑者，武也。文武者，法之約也。』司馬法天子之義：『文與武，左右也。』蓋文以附衆，武以威敵，使其法已盡施而姦不止者，神不備故也。」按：文巧，文事機巧，有智慧。武果，武事果敢，有謀略。姦，内亂。楚辭惜賢：「亂在内爲姦。」

「**故主有二政，臣有二制。**○張金城曰：「二者不一。主政不一，則臣制於二命矣。韓非子定法曰『不擅其法，不一其憲令，則多奸』是也。制，曲禮下『士死制』注：『制，謂君教令所使爲之。』」按：故，猶「夫」。主，君。二，兩種。政，政策。制，裁制，此指裁制之方法、對策。**臣弗用，主不能使，臣必死，主弗能止，是以聖王獨見。**○吴世拱曰：「止，救其不殺也。此之謂二政、二制。（獨見）謂觀本也。」張金城曰：「聖王獨見者，篇首云『聖與神謀，道與人成』是也。」按：弗用，不爲用。止，制止。獨見，不二政也。**故立官以授，長者在内，和者在外。**○吴世拱曰：「主，因也。因官之事，授人之能。近迭：『擇人而用之者王。』長者，仁厚也，老成人也。（和者在外）接交於外以和。」按：長者，仁厚君子。和，平和、不争。論語子路注：「和，謂心不争也。」内、外，指朝、野。**夫長者之爲官也，在内則正義，在**

外則固守，用法則平治，人本無害，張金城曰：「『在外則固守』上疑有脫文。此蓋承上『和者在外』而言，句例與上當分行。今同承於『夫長者之爲官也』下，則不倫矣。」按：此句專言長者，似無誤，張說非。○吳世拱曰：「長者，賢良概稱。（正義）正君臣之分也。（固守）忠信不失命。平，不偏也。法不偏則人不害，中不絶，人和矣。上文云：『生生而倍其本。』」按：正義，正其義，即主持正義。固守，謂固守其義。平，正、不偏。本，本來。**以端天地，令出一原。**陸佃曰：「或無『一』字。」張金城曰：「下文『法』、『令』平行分說，此祇提『令』，則下或有脫文。」按：無「一」字非，當脫。「法」已見上，張說非。又天地不可端，「天地」疑當作「天下」。○陸佃曰：「多門杜矣。」吳世拱曰：「端，定也。言人與天同文，地與天同理，人和不絶，則是天文不亂、地理不滅也。下文云『定天地』。原，本也。」張金城讀「人本無害，以端天地」爲句，曰：「人本之於法則無害，而形神亦以正矣。」按：端，正也。正義，故以正天下。令，政令。令出一原，言政令不二。

「散無方化萬物者，令也。陸佃曰：「萬物，（或）作『無物』。」按：作「無」者涉前誤。○吳世拱曰：「無界域遍施也。下文云『出制』。」張金城曰：「無方，易益彖『其益無方』疏：『其施化之益，無方所。』」按：散，布散、分散。無方，無常。化，化生、變化。**守一道制萬物者，法也。**○吳世拱曰：「環流：『一之爲法。』又：『一之法立，而萬物皆來屬。』下文云『内守』。」按：道，方法。制，裁制。**法也者，**

守内者也；令也者，出制者也。○陸佃曰：「法者守於分域之内，令者所以行法。」吳世拱曰：「如法之是，不可逾越，守一之道也。散無方以理天下，使衆奉也。」張金城曰：「法本於神，守一則制萬，故曰内。令成於人，人出則化行，故曰外。」按：守一道而制萬物，故曰守内。散無方而化萬物，故曰出制。制，制度。

夫法不敗是，○陸佃曰：「是出於義，變而不可常法者，所以趣變。」吳世拱曰：「環流：『是者，法之所與親也。非者，法之所與離也。』」張金城曰：「是，國語楚語『王弗是』注：『理也。』法本於神，而以理爲歸，故不敗是。」按：敗，壞。是，是非之是，吳説是。令不傷理，○陸佃曰：「主出於理，一而不可變。令者，所以守法。」張之純曰：「法出乎理，一而不可變。令者，所以守法。」吳世拱曰：「不離人情失天節也。春耕冬藏，嫁娶以時，不責人所無、必人所不及之類。」按：理，情理。令不傷理，言出令當合於情理。吳説近是，陸注未明。張之純「主」作「法」，無據，義亦不可通。故君子得而尊，小人得而謹，胥靡得以全。陸佃曰：「（胥）或作『冐』（道藏本、聚珍本、四庫本並作『冐』）。」按：作「冐」者「胥」之誤，作「冐」者又「冐」之誤。○張之純曰：「史記殷本紀『傅説爲胥靡』注：『靡，隨也。古者相隨坐，輕刑之名。』此蓋言輕刑得以全也。」吳世拱曰：「胥靡，刑餘之人也。莊子庚桑楚：『胥靡登高不懼。』呂覽求人：『傅説，殷之胥靡也。』高注：『刑罪之名也。』」張金城曰：「荀子儒效『鄉也胥靡之人』注：『刑罪之名也。』此言法令之用得中，故君子、小人及刑輕之人皆得其所也。」按：尊，尊貴、被尊重。謹，謹慎、小心。全，保全身體。神備於心，

道備於形，此句疑與下句倒。○陸佃曰：「備天地之美，稱神明之容。」吳世拱曰：「素問本命論：『心爲君主之官，神明出焉。』道，理也。」張金城曰：「此篇端『聖與神謀，道與人成』之謂也。注文見莊子天下篇。」按：神，形神之神，精神。備，具備、存在。廣雅釋詁：「備，具也。」道，做事的方法。形，形體。**人以成則，士以爲繩，**陸佃曰：「（士）或作『上』。」按：作「上」者「士」之壞。○陸佃曰：「以成法則，以爲繩墨。」吳世拱曰：「人，衆庶也。成，爲也。廣雅釋詁三：『爲，成也。則，法也。』」按：此緊承「君子」、「小人」句，亦就法令言。人，謂普通人。以，謂以法令。成，猶「爲」，做。則，法則。繩，準繩、法則。**列時第氣，以授當名，**陸佃曰：「（列）或作『削』。」按：作「削」者字之誤。○張之純曰：「列時者，依時之行列也。第氣者，循氣之次第也。」吳世拱曰：「時，四時；氣，節氣；列，分；次，第也。授民時節，使播斂不失時令也。一曰：設官分職，因時異事也。」按：列時第氣，張說近是。授，授予。當，應當。名，名稱。言依法令行事，猶如按時令節氣之序而授當授之名，所授必無錯亂。**故法錯而陰陽調。**○吳世拱曰：「錯，施行也。調，和也。」張金城曰：「度萬之要，在備本而已，故法本乎神則內充，令得其道則外足。人因之而爲法則，士循此以爲繩墨，順時而行，隨氣以發，事其所當。故法散無方，而陰陽調矣。」按：錯，同「措」，置。調，協調、調和。

「鳳凰者，鶉火之禽，陽之精也。陸佃曰：「或無『鶉火之禽』。」吳世拱曰：「御覽九百十五羽族引有『鶉火之禽』四字，無『凰』字。」張金城曰：「類聚鳥部引作『鳳，鶉火禽，陽鳥精也』。御覽九一五引作『鳳，火鳥』。」按：此句與下句相對，當以今本爲是。○陸佃曰：「雄曰鳳。凰者，其雌也。鶉火，南星之次也。」吴世拱曰：「鳳凰，羽族。記月令：『夏，其蟲羽。』南方，火陽也。説文：『鳳，神鳥也。』神，陽也，故此云陽之精。凰，鳳之雌。爾雅釋鳥：『鳳，其雌皇。』皇，與『凰』同。」張金城曰：「爾雅釋天：『咮謂之柳。柳，鶉火也。』曰『陽之精』者，初學記引演孔圖曰『鳳，火精』是也。」按：鶉火，星次名，南方七星（俗稱朱雀）之首、尾分别稱鶉首、鶉尾，中部（柳、星、張）稱鶉火，在正南方，此以代南方。南方屬陽火，故曰陽之精。

騏麟者，玄枵之獸，陰之精也。陸佃曰：「或無『玄枵之獸』字。」吴世拱曰：「公羊哀十四年傳疏引無『騏』字，有『玄枵之獸』四字。」按：今本不誤，無者脱。○陸佃曰：「牝曰騏。麟者，其牡也。玄枵，北星之次也。騏似麟而無角。」吴世拱曰：「玄枵，北方宿。爾雅釋天：『玄枵，虚也。』騏麟方屬之説，至爲紛歧：公羊襄十四年傳：『麟，仁獸也。』五行傳：『東方謂之仁。』春秋演孔圖：『麟，木之精也。』以騏麟屬東方木。左氏説：『麟生於火，遊於中央土，軒轅大角之獸。』孝經援神契：『麟，中央也，軒轅大角之獸也。』以騏麟屬中央土。騏麟，毛蟲也。記月令：『秋，其蟲毛。』五經異義引陳欽説：『麟，西方毛蟲。』以騏麟屬西方金矣。公羊哀十四年傳疏云：『鶡冠子云「麟者，北方玄枵之獸，陰之精」者，正以五行相配。言之土爲水妃，水土媾精而生麟。得土氣者性似父，得水氣者性似母。故云玄枵之獸，陰之精也。』據疏，則此説與數家相通而得中矣。」張金城曰：「爾雅釋天：『玄枵，虚也。』注：『虚在正北方，色黑。枵之言耗，耗亦虚意。』疏：『玄枵，虚之次名也。』言『陰之精也』者，初學記獸部引演孔圖曰：『麟，木精也。』宋均注云：『木精生水，故曰陰。』是也。」按：玄枵，十二星次之一，此以代北方。北方屬水，故曰陰之精也。**萬民者，德之精也。德能致之，其精畢至。**」陸佃曰：「（之）或作『駿』；或無『其』字。」孫人和曰：「藝文類聚九十、九十八，太平御覽九百十五引並有『其』字。」按：「德之精」與上「陽之精」、「陰之精」相對，作「駿」者非；無「其」者脱。○張之純曰：「民爲德精，故可以德感。德盛民聚，德衰民散，古今一理。」吴世拱曰：「言上有聖帝明王，天下太平，萬民和親，則羣精畢至。尚書益稷曰：『簫韶九成，鳳凰來儀。擊石拊石，百獸率舞。』宋均注樂説云：『簫之言肅也。舜時民樂其肅敬而紀堯道，故謂之簫韶。』」張金城曰：「此言神至則形從，修本所以來末也。韓非子解老曰：『鄉國天下，皆以民爲德。』」按：德，道德。致，招致、引來。其精，德之精，指萬民。

龐子曰：「致之奈何？」

鶡冠子曰：「天地陰陽，取稽於身，○吴世拱曰：「靈樞陰陽繫日月：『岐伯曰：「腰以上爲天，腰以下爲地，故天爲陽，地爲陰。」』記禮運：『故人者，其天地之德，陰陽之交。』」按：取稽，參考、取法。**故布五正以司五明。**布，朱氏本誤作「有」。道藏本缺「司」字。○陸佃曰：「五正，見下。五明，宜謂名尸氣皇、名尸神明、名尸賢聖、名尸后王、名尸公伯。」張之純曰：「五正，神化、官治、教治、因治、事治也。」

吴世拱曰：「正，政也。司，尸也。名，明也。」按：布，廣雅釋詁三：「施也。」此謂實施。正，同「政」。五正（政），即下文「神化」、「官治」、「教治」、「因治」、「事治」，張説是。司，主。明，同「名」。五名，即下文「氣皇」、「神明」、「賢聖」、「后王」、「公伯」，陸説是。帛書黄帝書十大經有五正篇，文曰：「黄帝問閹冉曰：『吾欲布施五正，焉止焉始？』」又曰：「五正既布，以司五明。」當爲此篇所本。又帛書要篇云：「五正之事，不足以至之。」

十變九道，○陸佃曰：「未詳聞也。」張之純曰：「十變，疑即伊訓之『十愆』；九道，疑即皋陶謨之『九德』。」吴世拱曰：「變，反常也。道，常也。楚辭九變序：『九者，陽之類，道之綱紀也。』靈樞九鍼：『臣請推而次之，令有綱紀，始於一，終於九。』易屯『十年乃字』疏：『十者，數之極。』極則復。言一至九是道之常，由九至十則變常反初，故云十變九道。」按：道，常也、不變也，與「變」相反，吴釋近是。十、九，皆數之大者。十變九道，蓋指所有之變與不變。

稽從身始；○吴世拱曰：「靈樞陰陽繫日月：『甲主左手之少陽，己主右手之少陽；乙主左手之太陽，戊主右手之太陽；丙主左手之陽明，丁主右手之陽明。』又：『庚主右手之少陰，癸主左手之少陰；辛主右手之太陰，壬主左手之太陰。』是數具於身矣，故稽考從身始也。」按：稽，考，參考。帛書黄帝書十大經五正：「始在於身。」

五音六律，稽從身出。○陸佃曰：「大禹以聲爲律，以身爲度，所謂取稽於身者耶？」吴世拱曰：「五音，宫、商、角、徵、羽。六律，孟子『不以六律』注：『黄鐘、大簇、姑洗、蕤賓、夷則、無射。』靈樞經：『内有五臟以應五音，外有六府以應六律。』記樂記：『樂者，音之所由生也。其本在人心之感於物也。』『律』、『出』爲韻。」按：五音六律，指所有之音律。稽從身出，以身爲律是也。**五五二十五，以理天下。**○陸佃曰：「五五，五其音之五也。」吴世拱曰：「大戴記易本命：『五主音。』記樂記：『聲音之道，與政通矣。』又：『宫亂則荒，其君驕；商亂則陂，其官壞；角亂則憂，其民怨；徵亂則哀，其事勤；羽亂則危，其財匱。五者亂，迭相陵，謂之慢。如此，則國之滅亡無日矣。』與此意同而實别，此借音數以定制也。上『五』，如禹貢甸、侯、綏、要、荒，五服也；下『五』，謂每服分爲五，五五二十五節也。」按：五五二十五，指人身之數。逸周書武順解：「左右手各握五，左右足各履五，曰四肢；元首曰末。五五二十五，曰元卒。」是人身有五五之數。理天下取稽人身，故有五爵五服之制。**六六三十六，以爲歲式。**○陸佃曰：「六六，六其律之六也。一歲之式，積旬三十有六。」吴世拱曰：「賈子六術：『聲音之道，以六爲首，以陰陽之節爲度。是故一歲十二月，分而爲陰、陽各六月。是以聲音之器十二鐘，鐘當一月。其六鐘陰聲，六鐘陽聲。聲之數律是而出，故謂之六律。』是皆以重六爲説，與此略别。六六三十六者，陰聲六月，陽聲六月，六六三百六十日也。推數之義也。靈樞陰陽繫日月：『且夫陰陽者，有名而無形，故數之可十，離之可百，散之可千，推之可萬。』與此例同。『始』、『式』爲韻。」張金城曰：「淮南天文訓：『一律而生五音，十二律而爲六十音。因而六之，六六三十六，故三百六十音以當一歲之日。故律曆之數，天地之道也。』此蓋謂政教之施，皆中律曆陰陽之數也。」按：六六，當從五五而進，與六律無關。三十六，三百六十天也。歲，年。式，法。**氣由神生，道由神成。**○陸佃曰：「蜕氣之謂虚，蜕虚之謂道。而神也者，有而非氣也，無而非道也。非氣而氣以之生，非道而道以之成。」吴世拱曰：「大戴記：『陽之精氣曰神。』」張金城曰：「『陰陽者，氣之正也』，氣生因乎水火，水火之成因乎形神之燥濕，故曰氣由神生。道者，蜕虚成形之謂。形必反諸神，故曰道由神成。」按：此亦就人身言。氣，精氣。神，精神。道，思想。**唯聖人能正其音，調其聲，**○吴世拱曰：「言唯聖人能正音調聲，成至樂，以與神謀道成也。記樂記：『知聲而不知音者，禽獸是也。知音而不知樂者，衆庶是也。唯君子爲能知樂，是故審聲以知音，審音以知樂，審樂以知政，而治道備矣。』」張金城曰：「正音調聲，要音律之歸，必因謀神之聖乃能之。」按：調，調和、調整。正其身調其聲，以修其神與德也。**故其德上及太清，下及泰寧，中及萬靈。**及，四庫本、聚珍本同，餘均作「反」。吴世拱曰：「今本作『反』，文選成公子安嘯賦注引作『及』；『太』作『泰』。太平御覽八百七十二引作『及』。」孫人和曰：「各本『反』作『及』是也。開元占經草木占引亦作『及』。」張金城曰：「文選東京賦注、吴都賦注、七啓注、太平御覽十二、八十二、八十三、藝文類聚九十八引此並作『及』，是也。」按：「上及」與「下及」、「中及」相對，作「及」是也，作「反」者形之誤，孫説是。○陸佃曰：「太清，天也。泰寧，地也。」張之純曰：「天得一以清，地得一以寧，神得一以靈。泰清、泰寧爲天地，則萬靈即神矣。」吴世拱曰：「言知聲音至極之道，故德能上及太清、下及泰寧云云。太清，文選嘯賦注：『天也。』『清』、『寧』、『靈』爲韻。」按：及，至。太清，謂天；泰寧，謂地，陸説是。泰，同「太」。萬靈，謂人。**膏露降，白丹發，醴泉出，**張金城曰：「文選、御覽、類聚『膏』字上並有『則』字，於義爲是，當據補。」孫人和曰：「『膏』字上本有『則』字，今本脱之，故文意不貫。藝文類聚九十八、太平御覽十二、又八百七十二、又八百七十三、廣博物志三引並有『則』字。」按：二説是，當據補。○陸佃曰：「醴泉，其味如醴，可以養老。」張之純曰：「山海經：『西有王母之山，爰有白木、琅玕、白丹、青丹。』」吴世拱曰：「御覽引孝經援神契：『王者德至，則天降甘露。』晉中興徵祥説曰：『甘露，仁澤也，凝如脂。』蓋名膏，以其如脂也。大荒西經『白丹』、『青丹』郭注引孝經援神契：『王者德至山陵而黑丹出。』尸子仁意：『飲醴泉。』爾雅釋天：『甘雨時降，萬物以嘉，謂之醴泉。』白虎通符瑞之應：『醴泉者，美泉也。狀如醴酒，可以養老也。』孝經援神契：『德至深泉，醴泉涌。』」按：發，猶「現」，出。**朱草生，**○陸佃曰：「朱草，可以染絳，以別尊卑。」吴世拱曰：「尚書大傳：『王者德下究地之厚，則朱草生。』子華子神氣：『霜露宵零而朱草立藁。』北宫意問：『流黄出，朱草生。』大戴記明堂：『朱草日生一葉，至十五日生十五葉，十六日一葉落，終而復始也。』白虎通符瑞之應：『朱草，赤草也，可以染絳，則成黼黻之服，列爲尊卑之差。』（按今本無後二句，御覽引有）」**衆祥具，**○陸佃曰：「傳曰：『王者統和陰陽，休氣充塞，符瑞並臻，應德而至。德至天則斗極明，日月光，甘露降。德至地則嘉禾生，蓂莢起，秬鬯出。德至文表則景星見，五緯順軌。德至草木則朱草生，木連理。德至鳥獸則鳳凰翔，鸞鳥舞，騏麟臻，白虎到，白雉降，白鹿見，白鳥下。德至山陵則景雲出，芝實茂，陵出異丹，阜出蓮莆，山出器車，澤出神鼎。德至淵泉則黄龍見，醴泉涌，河出龍圖，洛出龜書，江出大貝，海出明珠。德至八方則祥風至，嘉氣時，鐘律調，音度施，四夷化，越裳貢。』」吴世拱曰：「尸子仁意：『堯爲善而衆美至焉。』」按：祥，祥瑞、吉兆。具，備。陸引傳曰，係白虎通卷六封禪符瑞之應文。**故萬口云**，陸佃曰：「（云）或作『去』。」吴世拱本據改爲「去」。張金城曰：「疑作『去』者是也，而『口』字疑是『凶』之誤。則『萬凶去』正與上『衆祥具』義相對，而『具』、『去』叶韻。蓋鶡冠子文每多偶行故也。」按：張説近是，然「故」字亦當衍，或在下句。○張之純曰：「萬口，猶言衆口也。」吴世拱曰：「萬，説文：『萬蟲也，蠆屬。』去，同『厺』，閉也，聲轉。」按：凶，不祥之兆。萬，言其衆，吴説非。**帝制神化**，○陸佃曰：「衆祥畢至，則外帝内神之道具矣。」吴世拱曰：「帝，諦也。風俗通云：『帝者任德設刑，以德象之。』言其能行天道，舉措審諦。孟子：『聖而不可知之謂神。』言制同天地，化於未有也。」按：帝制，如帝之制，聖制也。神化，如神所化。此承上亦言聖人之治世。吴引孟子，見盡心下。**景星光潤**。張金城曰：「景星光潤，亦屬衆祥之一，文不當獨在此。據文選七啓注引『聖人其德上及太清，下及泰寧，景星光潤』，則四字宜與上衆祥之事並列。或本當在『朱草生』三字下也。如是，『帝制神化』與下文『則寢天下之兵』義乃貫暢。」按：文選注乃約引此文，張説非。○陸佃曰：「景星者，德星也。其狀無常，常出於有道之國，而月死則見，所以助月，照民夜績也。」吴世拱曰：「言帝制神化則景星出，助月照臨矣。禮疏引援神契云：『德至八表則景星見。』白虎通符瑞之應：『德至八表則景星見。』又：『景星者，大星也。月或不見，景星見可以夜作，有益於人也。』御覽引孫柔之瑞圖云：『景星者，天腥也。狀如半月，生於晦朔，助月爲明，王者不私人即見。』案：天腥，即大星。説文：『天，至高無上，从一、大。』段玉裁云：『至高無上，是其大無有二也。故从一、大。』景星狀如半月，是星之頂大也，故言天，與大義同。廣雅釋詁一：『天，大也。』『星』、『腥』聲轉，通用字。周官内饔『豕盲眡而交睫腥』注：『腥，當爲「星」。』記内則注同。事類賦引瑞圖『腥』作『精』、『即』作『則』。『星』、『精』亦聲轉，『即』、『則』同也。」按：景星，大星。光潤，明亮。大星光亮，可以照人夜作。言聖王治世，星亦助人。**文則寢天下之兵，武則天下之兵莫能當。**陸佃曰：「一本云『武則天下莫能當』，無『之兵』字。」按：「武」對「文」言，「天下之兵」亦當同，「之兵」二字理當有。○吴世拱曰：「當，禦敵也。」張金城曰：「『文能附衆，武能威敵』者，此之謂也。」按：寢，息。當，對、敵。**遠之近，**張金城本「之」作「乎」，曰：「『乎』字藏本外並作『之』。以下文例之，則作『乎』是。」按：張説是，「之」蓋涉上誤。○張之純曰：「道（遠）由近至。」按：乎，同「於」。遠乎近，謂遠始於近。**顯乎隱，大乎小，衆乎少，莫不從微始。**○張之純曰：「顯由隱至，大由小成，衆由少積。」張金城曰：「言始乎其微，終能成其大，以言得其要者足有遠效也。」按：乎，猶「於」。顯乎隱，言顯始於隱；大乎小，言大始於小；衆乎少，言多始於少，故曰莫不從微始。**故得之所成，不可勝形；失之所敗，不**

可勝名。陸佃曰：「或作『勝爲名』。」按：有「爲」者衍。○吴世拱曰：「得，得本也。形，形容也。失，失本也。名，舉也。『成』、『形』、『名』爲韻。」張金城曰：「所得、所敗，謂神也。」按：莫不從微始，故得則所成不可勝形，失則所敗不可勝名。形，説文：「象形也。」敗，壞。名，命名、稱名。形、名，皆猶「言」、「説」。**從是往者，子弗能勝問，吾亦弗勝言。**陸佃曰：「（往）或作『生』。」吴世拱曰：「作『生』義與『往』同，又與『成』、『形』、『名』爲韻。」按：作「生」者當是「王」字之訛，吴説非。唐寫本殘卷作「生」，據陸注。○吴世拱曰：「往，同『㞷』，生也，出也。言從此二道出者。子，指龐煖。勝，猶盡也。下同。吾，鶡冠子自謂。」按：往，猶「外」。周易咸卦注：「之外爲往。」從是往者，謂除此之外。言，答。**凡問之要，欲近知而遠見，以一度萬也。**張金城曰：「此數句極似注疏之體，疑注文混入。」按：此句乃全篇精華，張説非。○張金城曰：「此言『一』乃所言之要，舍是營他，皆非也。」吴世拱曰：「凡，冣括也，結束前問之要也。度神慮成之要在此。」按：要，要害、關鍵。度，音奪，量。以一度萬，用一個量一萬個，猶言用一把尺子量上萬個物品，即掌握標尺之義。此句言凡提問的關鍵，應當是欲達到知近而見遠、掌握衡量事物標準（即法度）之目的。蓋以龐子之問未得要領，故有此言。**無欲之君，不可與舉，**○陸佃曰：「此言何謂也？若予所學，則人君之患，正在多欲。此孟子三見齊王而不言，曰：『我先攻其邪心也。』故曰内實多欲，而外施仁義奈何？欲效唐、虞之治乎！南華曰：『欲順則平氣，欲神則静心，欲當則緣於不得已。』亦與鶡冠異矣。昔有鬼谷，著書以爲馳。說諸侯，陽開陰閉，必因其好惡憂樂而捭闔之。然至於無好者，蓋不得而說也。若然，多欲之君乃從横之家欲以售術，而鶡冠言道，末流乃至於此，不已卑乎？」張之純曰：「無欲之君，謂不欲近知遠見之君。蓋承上而言，非私欲之欲。陸注駁之非。」張金城曰：「張說是。陸注以爲多欲之君乃縱横家欲以售術，是猶孟子盡心下『多欲雖有存焉者寡矣』之說，謂貪得之欲也。今此所言，乃守約之欲，故不可並觀。舉，中庸『則其政舉』疏：『舉，猶行也。』不可與舉，言不可與有爲也。注引南華，見庚桑楚篇，彼作『欲靜則平氣，欲神則順心有爲也，欲當則緣於不得已』。」按：欲，承上謂欲近知而遠見、掌握法度。與，同「以」。舉，左傳文公元年「楚國之舉」注：「立也。」不可與舉，不可以立也。諸說非。**賢人不用，弗能使國利，此其要也。**」○吴世拱曰：「言其徧材非褒德博義，則偏私，不用賢人，使國利矣。」張金城曰：「前文曰『道與人成』，此之謂也。孟子離婁上：『徒善不足以爲政，徒法不能以自行。』蓋唯能爲天下得人者，乃足以利國。」按：賢人，猶「一」，可以度萬。不用，故不能使國利。此亦申「以一度萬」之義。

龐子曰：「敢問五正？」○吴世拱曰：「上文云：『故布五正。』」按：正，均借爲「政」。

鶡冠子曰：「有神化，○吴世拱曰：「皇道也。風俗通引運斗樞云：『皇者天。天不言，四時行焉，百物生焉。三皇垂拱，無爲設言，而民不遠道德。』白虎通號篇『號之爲皇者，煌煌人莫遠也。煩一夫擾一士以勞天下，不爲皇也。不擾匹夫匹婦，故爲皇』云云，皆言皇不煩言，不勞人，有神化也，故謂皇政曰神化。

下言神化之形、神化之事，與此大同。」按：神化，謂以精神感化，與皇無涉，吴説非。**有官治，**○吴世拱曰：「帝道也。風俗通引書大傳曰：『帝任德設刑，以則象之。言其能天道舉措審諦。』白虎通號篇：『德合天地者稱帝。』又引鉤命決曰：『五帝趨。』皆言帝象天地，以定制，以趨治世矣。下言官治之形、官治之事，與此大同。」按：官治，設官而治，吴説非。**有教治，**○吴世拱曰：「王道也。白虎通號篇：『仁義所生（按今本作『仁義合者』）稱王。』又引鉤命決曰：『三王馳。』宋均注：『勤思不已。』皆言王用仁義敕教下民也。下言教治之形、教治之事，與此大同。」按：教治，教化之治，吴説非。**有因治，**○吴世拱曰：「因，循也。言繼業之君不改舊章，因仍之也。」按：因治，因循舊章而治，吴説是。**有事治。**」陸佃曰：「（事）或作『争』。」按：作「争」者「事」之誤。○吴世拱曰：「離天道，務人事也。」按：事，謂政令。左傳昭九年「禮以行事」注：「事，政令。」事治，靠政令而治。

龐子曰：「願聞其形。」○吴世拱曰：「形，分界也。」按：形，體也，謂大體，吴説非。

鶡冠子曰：「神化者於未有，張金城曰：「以下文例之，『於』字上當别有一動詞，今缺。」按：以下文「道於本」、「修諸己」、「不變俗」例，此「於未有」不誤，省動詞，張説非。○吴世拱曰：「風俗通引運斗樞：『神化潛通。』」按：於，謂化於，承上省「化」字。未有，事先。**官治者道於本，**○吴世拱曰：「法天地四時以定官制。風俗通引尚書大傳：『言其能天道舉措審諦。』」按：道，同「導」，引導。本，根本。**教**

治者修諸己，○吳世拱曰：「記中庸：『修道之謂教。』」按：修，行。修諸己，以身爲教也。**因治者不變俗，**○吳世拱曰：「俗，故習也。」按：因，故不變。**事治者矯之於末。」**陸佃曰：「（矯）或作『橋』。」按：作「橋」者以音誤。○吳世拱曰：「末，後也。言離道務刑法也。『矯』、『橋』聲轉。」按：矯，矯正。末，後，事後。

龐子曰：「願聞其事。」○吳世拱曰：「事，務。」張之純曰：「説文：『事，職也。』言五正司職各如何耶？」按：事，爲、行，指具體事務。

鶡冠子曰：「神化者定天地，豫四時，陸佃曰：「（豫）或作『象』。」孫人和曰：「天權篇云：『四時求象。』則作『象』是也。」按：作「象」者「豫」字之壞，孫説非。○陸佃曰：「其體常如此。」吳世拱曰：「定，正也。言定正天地爲化之本。風俗通引運斗樞云：『指天畫地。』道端：『制天地。』記中庸：『致中和，天地位焉。』又禮運：『以天地爲本。』豫，叙也。言第次四時，爲化之柄。記禮運：『以四時爲本。』」按：定，正定。豫，同「預」，預測，吳説近是。**拔陰陽，移寒暑，**陸佃曰：「（拔）或作『教』。」按：作「教」非。○陸佃曰：「其體變如此。傳曰：『古之真人，提挈天地，把握陰陽。』」吳世拱曰：「拔、移，皆擢也。言引出陰陽爲化之端。記禮運：『以陰陽爲化之端。』風俗通引運斗樞云：『開陰陽，布紀綱，上含皇極，其施光明。』」按：拔，一切經音義三引蒼頡篇：「引也。」移，轉移、改變。神化，故有如此之功。**正流並生，萬物無**

害，○吳世拱曰：「正，本也。流，緒末也。並生，同出也。言定天地豫四時，拔陰陽移寒暑，是本末並用也。」按：正，干；流，支。萬物，謂一切無生命之物。**萬類成全，**陸佃曰：「（成）或作『咸』。」按：作「咸」者「成」之誤。○吳世拱曰：「成，多也，咸也。言用天不用人，用道不用物，故萬物全而無害。」按：萬類，指一切有生命之物。**名尸氣皇。**○陸佃曰：「伏羲氏得之以襲氣，毋蓋近是乎？」王闓運曰：「說文云：『羲，氣也。』」吳世拱曰：「白虎通號篇：『不擾匹夫匹婦，故爲皇。故黃金棄於山，珠玉捐於淵。』氣皇，天號也。其氣蒼蒼，其體輝煌，故名。」張金城曰：「諸說蓋欲因其事以合其人，實不可必。蓋定豫拔移之化，利用厚生之功，勢非一人所獨任。鉅靈羲皇之事，亦但爲大化運行之表徵，以爲道化之至際則可也，若必應合其人，則泥矣。不然，後文『尸神明』、『尸聖賢』云云，又豈有相偶者哉？注曰『伏羲氏』云云，見莊子大宗師。」按：名，名號。尸，主、占。氣皇，即羲皇伏羲氏，此以代三皇。**官治者師陰陽，應將然，**○陸佃曰：「陰陽，王事之本。神化者於未有，故升此一等。」吳世拱曰：「師，效法也。效陰陽之變，以趨應其將然，此之謂。鈎命決：『五帝趨。』尚書大傳：『設刑以則象之。』」張金城曰：「師陰陽，所謂『因陰陽之大順』者是也。視神化則已有，雖有而不離樸，故有一等之別。」按：師，以爲師，即效法、學習。應，應和。將然，未有。**地寧天澄，衆美歸焉，**○吳世拱曰：「澄，清明也。言上不亂天文，下不滅地理也。上文云：『衆祥具。』環流：『一之法立，萬物皆來屬。』賈子禮篇：『德渥澤洽，調和大暢，則天清澈，地富熅。』」張金城曰：「老子：『天得一以清，地得一以寧。』得一以應物，爲衆善所歸。」按：寧，安。澄，清。衆美，一切美善之物。張引老子，見三十九章。**名尸神明。**○吴世拱曰：「神明，天神也。説文『神』下云：『神，引出萬物者也。』言帝能歸衆美如神明，能出萬物也，故尊名之。」按：神明，指五帝，吴説近是。**教治者置四時，**陸佃曰：「（置）或作『署』。」按：當作「署」。○陸佃曰：「春誦、夏弦、秋學禮、冬讀書之類。因時順氣，於功易也。」吴世拱曰：「置，布也。作『署』亦通。布四時之政於下民也。春耕、夏植、秋收、冬藏之類。」張金城曰：「注曰『春誦夏弦』云云，見禮記文王世子。」按：署，部署、安排。署四時，謂部署四時之教。**事功順道，**○陸佃曰：「俯而事功，仰以順道。」吴世拱曰：「事無不通之謂聖。言王能因時以利人，順道以利功，故名。」張金城曰：「事功，如學是也。順道，如宜時是也。」按：事，從事。功，工作。道，自然規律。**名尸賢聖。**○吴世拱曰：「莊子徐無鬼：『以財分人之謂賢。』賈子道術：『行道者謂之賢。』聖，通也，順也。管子四時：『聽信之爲聖。』書洪範：『睿作聖。』」按：賢聖，指三王：夏禹、商湯、周文武。**因治者招賢聖而道心術，**陸佃曰：「（招）或作『拓』。」按：作「拓」者「招」之誤。○吴世拱曰：「招，舉用之也，成王用周公之類。道，行也。敬心不任知巧。」張金城曰：「招，廣雅釋言：『來也。』心術，管子心術篇『因應處虛之術』是也。」按：招，疑借爲「紹」，繼也。下同。道，通也。下同。道心術，通賢聖之心術。**敬**

事生和，名尸后王。○吴世拱曰：「詩文王：『無念爾祖，聿修厥德。』孝經孝治：『不敢遺小國之臣，而況於公、侯、伯、子、男乎？故得萬國之懽心，以事其先王。』此之謂也。」張金城曰：「人爲心術已隆，猶以因任爲主，蓋端拱正南之術也。」按：事，業。和，和睦、協調。后王，君王、君主。**事治者招仁聖而道知焉。**張金城曰：「于先生曰：『據注，似陸本正文不當有「聖」字。』」按：張引于説是，「聖」字衍。○陸佃曰：「不能招賢聖而招仁，不能道心術而道知。聖也者，天道也。賢也者，地道也。仁也者，人道也。」吴世拱曰：「任知巧而不敬心術。」張金城曰：「此言無爲之世失，更以仁聖知道進萬物也。老子：『大道廢，有仁義；慧智出，有大僞。』所謂彌卑矣。」按：仁，指仁者，周公之類。知，同「智」。張引老子，見十八章。**苟精牧神，**○陸佃曰：「苟，急敕也。牧，驅制也。」張金城曰：「説文：『苟，自急敕也，从羊省、从包省、从口。』是『苟』與从『艸』之『苟』異。牧，廣雅釋詁一：『使也。』使，故有驅制義。」按：張説是，字當作「苟」，音「殛」，此當借爲「極」，竭盡也。牧，使役。言神化者竭盡精氣而牧使其神。**分官成章。**○陸佃曰：「精神勞矣，而不能普遍，於是又備官焉。」吴世拱曰：「分，析也。言廣官以補不及。成，盛也，繁多也。章，憲章也。成章，言繁章以戒其閒。」張金城曰：「所謂『曲制官備主用』者是也。」按：分官，分設衆官。成，猶立。章，典章。此言官治者。

「教苦利遠，○陸佃曰：「教雖苦而利遠。」吴世拱曰：「遠，薄少也。天則：『彼教苦，故民行薄。』」按：苦，民不樂也。遠，不至也。此言教治者。法制生焉。○陸佃曰：「萬法擾擾，自此起矣。」吳世拱曰：「尹文子曰：『道不足以治則用法。』」按：紹仁而道智，故法制生。此言事治者。法者，使去私就公，○陸佃曰：「法者，將以有所去也，非以有所取也。」吳世拱曰：「管子：『法者，上之所以一民使下也；私術者，下之所以侵法亂主也。』」按：管子明法云：「法者，天下之程式也。」天下之程式，人所當共同遵守者，故曰使去私就公。同知壹譤，有同由者也，○吳世拱曰：「壹，一也。譤，警戒也。有，又也，而也。由，遵行也。」張金城曰：「譤，即『警』。周禮宰夫：『以法警戒羣吏。』注：『警，教戒之言。』壹譤，猶同戒，謂法禁也。法以興功懼暴，而萬民之所以共行者也，故曰同由。」按：同，共同。壹，同一個。譤，「警」之異體，戒也。由，廣雅釋詁一：「行也。」謂行動。非行私而使人合同者也，○吳世拱曰：「行私，各適其適也。言非使各適其適，自合於同，如大同之道也。」按：行私，各行其是。吳説是。故至治者弗由，而名尸公伯。」至治，當作「事治」。○陸佃曰：「公，如公侯之公。伯，如霸王之伯。」吳世拱曰：「言公侯以法把持民私，迫而從公，故名。白虎通爵篇：『公者，通也，公正無私之意也。』又：『霸，猶迫也，把也。』」張金城曰：「其用在人爲之已然，則五王之最下者也。」按：由，行，親自行動。吳引白虎通文見號篇，非爵篇。

王鈇第九

○陳深曰：『王鈇，國法也。天道、君道，同一法耳。』按：王鈇，王者之斧鉞，比法制。二字取自篇中。此篇借講成鳩氏之制以言治國之道，指出得其道即可以長有天下。

龐子問鶡冠子曰：「泰上成鳩之道，一族用之萬八千歲，陸佃曰：「鳩，一作『鴡』（或誤『鴡』）。」張金城曰：「路史前紀卷七注引此，『成鳩』下有『聖』字，『族』作『揆』。」按：作「鴡」者誤，路史注所引亦誤。○陸佃曰：「傳曰：『天地初立，天皇一曰天靈，其治萬八千歲。』然則成鳩蓋天皇之別號也。」吴世拱曰：「泰上，太古也。成鳩，君號，蓋天皇也。一族，謂一姓也。」張金城曰：「藝文類聚十一引項峻始學篇曰：『天地立，有天皇，十三頭，號曰天靈，治萬八千歲。』是其説也。」按：泰上，即太古，吴説是。成鳩，當是氏族名。道，謂治世之道。用，行用。**有天下，兵强，世不可奪，**張金城曰：「路史注引作『兵彊而世不奪』，無『可』字。」按：有「可」字義順。路史注乃約引，未可據。○陸佃曰：「天地初立，豈容已有兵哉？此言亦筌蹄也。南華曰：『寓言十九，重言十七。』」吴世拱曰：「『歲』、『奪』、『齊』爲韻。」張金城曰：「陸注引南華，見寓言篇。」按：此傳説而已，不必拘泥。奪，謂奪其天下。**與天地存，久絶無倫，**○陸佃曰：「無倫，細之至也。中庸曰：『毛猶有倫。』」吴世拱曰：「絶，高遠也。」張金城曰：「絶，淮南脩務『絶國殊俗』注曰：『絶，遠。』久絶無倫者，謂其立世之久遠，莫得其匹也。中庸注曰：『倫，猶比也。』」按：存，共存。久絶，久遠。無倫，無與倫比。**齊殊異之物，**○陸佃曰：「齊鵬、鷃之大小，等鳬、鶴之長短。」吴世拱曰：「齊，同『儕』。言無可比擬也。」張金城曰：「鵬飛高，鷃舉近，事見莊子逍遥遊。鳬頸短而鶴頸長，事見莊子駢拇篇。」按：齊，比較、辨别。殊，亦異。**不足以命其相去之不同也。**○陸佃曰：「言其縣絶如此。」吴世拱曰：「命，名也。言萬物大同，不足名其同異也。記禮運『聖人耐以天下爲一家，以中國爲一人』，義同此。」按：命，猶言、稱。其，指成鳩氏之世與後世一般朝代。**世莫不言樹俗立化，彼獨何道之行以至於此？」**○張金城曰：「莫不言樹俗立化者，謂莫不稱其樹立也。」按：彼，謂成鳩氏。

鶡冠子曰：「彼成鳩氏天，故莫能增其高，尊其靈。」○吴世拱曰：「君者，大也。言成鳩之德有似皇天也。尊，高也，加也。一曰同『𠟃』，減也。」張金城曰：「荀子儒效：『至高謂之天。』」按：天，謂得天。下文曰：「成鳩得一（天）。」尊，借爲「𠟃」，説文：「減也。」吴引一説是。靈，威靈。

龐子曰：「何謂天？何若而莫能增其高尊其靈？」朱氏本、王氏本脱此句。王宇曰：「『尊其靈』下有『龐子問天何若而莫能增其高尊其靈』，古本失去。」孫人和曰：「崇文局本脱此十七字。」吴世拱本從補。○陸佃曰：「凡此，叩其所以。」按：叩，問也。

鶡冠子曰：「天者，誠其日德也。「其日」二字當倒，方與下文「星其」、「時其」、「法其」一例。

「其」猶「之」。下「其月」同。〇吳世拱讀「天者誠」句，「其日」句，曰：「者，之也。下同。誠，敬也，實也。記中庸：『誠者，天之道也。』其日，猶『日其』也。下『其月』亦同。夜行：『日，德也。』言天之誠在日。」按：吳説非。誠，忠誠、守信。誠其日德，使日德忠誠守信。日爲陽物，日出而萬物長，故曰德。**日誠出誠入，南北有極，**陸佃曰：「或無『日』字。」按：無者脱。〇陸佃曰：「冬日至而北，夏日至而南。」吳世拱曰：「出入不越限也。夏至行至赤道極北，秋分復還赤道上，冬至日行至赤道極南，春分復還赤道上。」按：極，至。諸説是。帛書經法論：「日信出信入，南北有極。」**故莫弗以爲政。**〇陸佃曰：「取中於日德。」吳世拱曰：「仰其誠。」張金城曰：「中庸曰：『誠者，天之道也。』其法見於二間者，日月星辰是也。故此取以爲説。」按：莫，就成鳩氏之世言。**天者，信其月刑也。**〇吳世拱曰：「信，果義也。刑，殺滅也。亦果信義。夜行：『月，刑也。』」按：信，守信、不二。月屬陰，主刑殺，故曰刑。**月信死信生，終則有始，**〇陸佃曰：「朔而後魄生，望而後魄死。」吳世拱曰：「月生於西而没於東，盈虧相循。」按：月每月按時生按時死，從不失信，故曰信。死，謂消失，陸説非。終，謂死。有，同「又」。帛書經法論：「月信生信死，進退有常。」**故莫弗以爲政。**〇陸佃曰：「取正於月刑。」吳世拱曰：「政，正也。仰果信，究正其失也。」張金城曰：「夜行：『月，刑也。』」按：政，謂政令，取其有信。**天者，明星其稽也。**〇陸佃曰：「明星，大星也，二十八舍之類。」吳世拱曰：「明，文明也。稽，比也。言星雜比麗天而不亂。事類賦引鈎命決：『星累累若貫珠，輝煥若連璧。』張金城曰：「陸氏以『明星』連文，似失其義。蓋『明』者，如詩皇矣『其德克明』之明，謂光耀照臨四方也。而『星』，乃是泛稱。今陸氏釋『明星』爲大星，或因上文『日』『月』皆爲特稱而誤。下文云『天誠信明因一也』，乃是總結，可證。」按：張讀是，然「明」乃動詞，謂明確、確定。其，之。稽，說文：「留止也。」即停留、稽止。明衆星之稽止，故有序而不亂。**列星不亂，各以序行，故小大莫弗以章。**陸佃曰：「列，或作『削』。」按：作「削」者字之誤。○陸佃曰：「小星不見陵（四庫本、備要本下有『掩』字）。」吴世拱曰：「序，次也。管子宙合：『星辰序各有其司。』言小大皆以之文明。」張金城曰：「此即『並行不悖，各得其所』之義也。」按：序，次序。小大，指成鳩氏之大小事務。章，章程、規章。帛書經法論：「列星有數而不失其行。」**天者，因時其則也。**○吴世拱曰：「因，循也。則，式也。」按：因，說文：「就也。」其，之。時，時令。則，法式。因時之則，使時令各就其位也。**四時當名，代而不干，**陸佃曰：「（代）或作『伐』。（干）或作『于』。」按：作「伐」、作「于」，皆字之誤。○陸佃曰：「彼謝此代，而無侵越。」吴世拱曰：「當，值不踰也。名，分位也。春東、秋西、夏南、冬北，各當名位也。代，更也。春承冬，夏承春，秋承夏，冬承秋，各行其令而不相干亂。」按：四時，四季。當，值。當名，各值其名。即春值春名，夏值夏名，不亂越也。代，更替。干，犯。**故莫弗以爲必然。**○吴世拱曰：「必然，分明也。」按：必然，必當如此也。莫弗以爲必然，皆各安其位守其分也。吴說非。**天者，一法其同也。**陸佃曰：「或無『其』字。」張金城曰：「無『其』字則與上文不一例。」按：張說是，無者脫。○吴世拱曰：「環流：『同之謂一。』天則：

『天之不違，以不離一。』法，道之法也。天則：『天之所柄，以臨斗者也。』環流：『斗柄指一方，四塞俱成。』此道之用法也。又：『一爲之法。』度萬：『守一道制萬物者，法也。』管子正篇：『如四時之不貸，如星辰之不變，如宵如晝，如陰如陽，如日月之明，曰法。』」按：一，統一。法，法則、規律。其，之。同，相同。**前、後、左、右，古今自如，**○陸佃曰：「奈何杞人之憂其崩墜也？」吴世拱曰：「自，初也。自如，如初無異也。」張金城曰：「前、後、左、右者，管子版法解『法者，法天地之位，象四時之行。天地之位有前有後，有左有右，聖人法之，以建經紀』是也。注曰『杞人憂崩墜』者，事見列子天瑞篇。」按：前、後、左、右，指天地之位言。古今，指時言。自，自然。如，如一、相同。**故莫弗以爲常。**○吴世拱曰：「常，法不變也。」**天誠、信、明、因、一。**○陸佃曰：「誠，誠其日德；信，信其月刑；明，明星其稽；因，因時其則；一，一法其同。」張金城曰：「此五德者，天之所恃，以既高且靈者也。」按：此總説天有此五德。**不爲衆父易一，**陸佃曰：「父，或作『文』。」按：作「文」者「父」字之訛。○陸佃曰：「爲衆父父。」張之純曰：「衆父，猶言衆理，衆人也。」吴世拱曰：「父，甫也。言天不爲衆始而易其一道也。」張金城曰：「莊子天地篇：『有族有祖，可以爲衆父，而不可以爲衆父父。』郭注：『衆父父者，所以迹也。』疏：『父，君也。』」按：衆父，謂人。易，變。一，其中之一。**故莫能與争先。**陸佃曰：「先，或爲『光』。」按：作「光」者「先」字之訛。○陸佃曰：「南華曰：『一而不可不易者，道也。』」張金城曰：「注引南華，見莊子在宥篇。」按：其道用之萬八千歲，故莫能與争先。**易一非一，故不可尊增。**俞樾曰：「兩『易』字均無義，乃『㝵』字之誤。㝵，古文『得』字。一切經音義引衛宏古文官書曰『㝵、得二字同體』是也。『㝵』與『易』字形相似，故誤爲『易』耳。下云『成鳩得一，故莫不仰制焉』，即承此而言。」按：上文「不爲易一」不誤，若作「得」，則兩處皆不可通，俞説非。然「易一非一」確不可通，「非一」當是「非天」之誤。○陸佃曰：「一不足以囿之。」張之純曰：「如其易一，便不成一，所以莫能尊其靈增其高也。」吴世拱曰：「尊，同『剸』，減也。言增減則非一。」張金城曰：「管子白心篇曰：『天不爲一物枉其時。』蓋行其所以而萬物被其利。其行自然無争，故萬物莫能與之争。若乃枉其所貴，則其所以迹擇亡，而不成其天矣，故曰不可尊争。」張説是也，陸注失之。按：天有五德，易其一則非天，故其數不可增減。諸説非。**成鳩得一，故莫不仰制焉。」**得一，亦當是「得天」之誤。○陸佃曰：「所謂侯王得一爲天下貞者也。」張之純曰：「成鳩，天皇之别號。」吴世拱曰：「得一之法也，記中庸所謂『達天德』。言仰受也。」張金城曰：「注『所謂』云云，語本老子第三十九章『侯王得一以爲天下貞』，蓋即易繫辭(下)『天下之動，貞夫一者也』之義。」按：得天，謂得天之數。不可增減，故莫不仰制焉。諸説非。

龐子曰：「願聞其制。」○制，制度。

鶡冠子曰：「成鳩之制，與神明體正。○吴世拱曰：「體，同也，合也。正，政也。言其制與神明之政同也。」張金城曰：「此即度萬篇『聖與神謀，道與人成』之義。」按：體，謂體察、審視。禮記玉藻「君定體」注：「體，視兆所得也。」正，同「政」。**神明者，下究而上際，**○陸佃曰：「沉以窮乎下，浮以際乎上。」吴世拱曰：「神明者，神明人也，謂成鳩。一曰：者，則也。際，察也，又接也。記中庸：『上下察也。』又：『察乎天地。』言上下遍周，無所不至也。」按：究，探究。際，讀爲「察」，吴説是。**克嗇萬物，而不可猒者也。**張金城曰：「猒，朱氏本、葉本、聚珍本並作『厭』。朱駿聲曰：『猒，經傳多以「厭」爲之。』是二字可通也。」按：四庫本亦作「厭」。猒，「厭」本字，張引朱説是。○吴世拱曰：「克，説文：『肩任也。』嗇，養愛也。厭，足也。言神明引生萬物，無窮盡也。記中庸：『其爲物不貳，則其生物不測。』」按：克，能。猒，滿足。**周泊遍照，**陸佃曰：「（泊）或作『汨』，或作『流』。」按：作「汨」者字之誤，作「流」者以義改。○陸佃曰：「周泊，無外也；遍照，無裹也。」吴世拱曰：「泊，與『洎』同。管子水地『越之水濁重而洎』注：『浸也。』」按：周，向四周。泊，當借爲「播」，傳播。遍，普遍。神明，故如此。**反與天地總，故能爲天下計。**○陸佃曰：「往而不反，豈能與民同吉凶之患哉？」吴世拱曰：「反，歸本也。記樂記『反情以和其志』注：『反，猶本也。』白虎通號篇：『皇，天、人之總。』計，籌計。」張金城曰：「反者，反而入之之謂。荀子成相『精神相反』注：『謂反覆不離散也。』此謂成鳩之制參天侔地，能爲天下慮也。」按：反，同「返」。總，合也、聚也。計，謀也、慮也。**明於蚤識逄臼，**逄，朱氏本、四庫本、聚珍本、吴本作「逢」；臼，朱氏本、吴本作「曰」。注同。陸佃曰：「（逄臼）或作『遠白』。」吴世拱曰：「曰，當從舊校作『白』。」張金城曰：「疑作『遠白』者是。遠白，即蚤識也，二詞相對爲文，猶下文存亡、安危之相對者。」按：作「逢」者「逄」字之誤；「逄臼」又「遠白」之誤，陸所見一本是，王氏本不誤。○吴世拱讀「明於蚤識」句，「逢曰（白）」連下「不惑」

句，曰：「蚤，先也。記中庸：『至誠之道，可以前知。』白，同『伯』，迫也。逢迫，遇非常也。言先制不惑非常也。」按：蚤，同「早」。白，明、見，張説是。**不惑存亡之祥、安危之稽。**」○吴世拱曰：「之，是也，又得也。祥，同『詳』，審也。」按：祥，兆。稽，考，此謂所考、所取稽。

龐子曰：「願聞其稽。」

鶡冠子曰：「置下不安上，不可以載累其足也。陸佃曰：「或作『可以載』。（足）或作『是』。」按：無「不」字者脱；作「是」者「足」字之訛。○吴世拱讀「置下不安上」句，曰：「載累，謂以田中土塊爲牆之基，即所謂『置下不安上』者。尹大令桐陽云：『累，厽也。』」張金城曰：「此著希篇所謂『置之雖安，非定也』之義。載，荀子榮辱『使人載其時』注：『行也，任之也。』」按：置，安置。載，詩絲衣箋：「猶戴也。」累，同「縲」，大繩。載累其足，用繩子拴住其足。不可以載累其足，言不能免其流失也，諸説非。**其最高而不植局者，未之有也。**陸佃曰：「或作『不可植局』。」張金城曰：「『植』字疑當在『最』字上。」按：張説是，陸見或本亦非。○陸佃曰：「此譬安危之稽，言其置下苟危難，欲累於上難矣，又況又在其上者乎？則其所立，豈有不局哉？累足躋也。植，立也。局，曲也。」吴世拱曰：「植，同『殖』，久敗也。局，曲也，牆壁將傾之狀。」按：植，立；局，曲，陸説是。局，彎曲。**辯於人情，究物之理，**陸佃曰：「（究物）或作『萬物』。」按：作「萬物」者誤。○吴世拱曰：「明人情而後推物理。記中庸：『能盡人之性，則能盡物之性。』」按：辯，同「辨」，辨别。究，探究。**稱於天地，廢置不殆，**陸佃曰：「（殆）或作『佁』，或作『治』。」按：作「佁」、作「治」，皆字之誤。○陸佃曰：「稱之爲言量也。」吴世拱曰：「稱，平也，等也。置，立也。殆，危也。言等同天地之大公，廢置自無殆失矣。」張金城曰：「殆，説文：『危也。』淮南説山『母德不報而身見殆』注：『危害也。』廢置不殆，謂廢置不失其宜也。」按：稱，猶舉也，説也。廢置，所廢除所置立。殆，危。**審於山川，而運動舉錯有檢，**○陸佃曰：「蠢迪檢柙。」吴世拱曰：「運動，行爲也。舉，施也，行也。錯，停止也。檢，度也。山静川動，審而法之，則其行爲舉止有度矣。論語：『仁者樂山，知者樂水。仁者静，知者動。』」張金城曰：「法言君子篇：『君子純終領聞，蠢迪檢柙。』注：『蠢，動也。迪，道也。檢柙，猶隱括也。』此言審乎山之静、川之動，則知舉措之絜榘矣。」按：審，審視。運動，行動。舉，行。錯，同「措」，止。運動舉錯，行爲舉止也。檢，法度。吴引論語，見雍也篇。張引法言，見孝至篇，張誤。**生物無害，爲之父母，無所躪躒，**○吴世拱曰：「如父母之愛其子。爲之，猶云如其。躪，同『閵』，蹸也。躒，同『轢』。上林賦『躪玄鶴』注：『踐也。』漢書司馬相如傳：『徒車之藺轢。』酷吏傳序『刻轢宗室』注：『陵踐也。』上林賦：『徒車之所轥轢。』躪躒，即今所謂蹂躪也。『閵』、『躪』、『轥』及『躒』、『轢』，皆聲轉通用字。」張金城曰：「躪，漢書王商傳注：『轢也。』躪躒，猶躪轢，謂陵踐也。『躒』、『轢』同聲通假。」按：生物，謂一切有生命之物，動物、植物。無，同「毋」，不。害，傷害。爲之父母，意即如其父母，吴説是。躪躒，蹂躪、踐踏。無所躪躒，言不傷害一切生物。**仁於取予，備於教道，**○陸佃曰：「教以爲人，道以爲己。」吴世拱曰：「韓子解老：『仁者，謂其中心欣然愛人也。』『予』、『語』、『武』爲韻。備，周也。道，導也。今吾鄉人俗謂訓誨人爲教導。」按：仁，對人親善仁愛。取，拿；予，給。仁於取予，謂取予皆有仁德，不貪不吝。備，兼備、具備。教，教誨。道，同「導」，引導。吴説是。**要於言語，信於約束，**○陸佃曰：「直言曰言，問難曰語。」吴世拱曰：「要，約也。於，之也。下同。言命告下民也。（信於約束）指法言。信，中也。近迭：『主道所高，莫貴約束。』夜行：『賞罰，約也。』『束』、『俗』爲韻。」張金城曰：「注語本説文，析論則有别，合言則不分也。」按：要，簡要。言語，指號令、政令。信，誠，不欺。約束，謂法令。言政令不繁，約法有信。**已諾不專，**○陸佃曰：「反諾爲已。禮曰：『與其有諾責也，寧有已怨。』」吴世拱曰：「鄧析子轉辭：『諾之與已，相去千里也。』專，擅也。言行止咨於臣民，不自專也。」張金城曰：「已諾不專者，言與實相當，無有偏失。專，謂專制其行也。」按：已，禁止、不許；諾，答應、許諾。二詞反義，諸説是。專，獨斷、專制。言許與不許、應與不應不獨斷。**喜怒不增，**○陸佃曰：「喜不過予，怒不過奪。」張金城曰：「此謂用情之誠而得中也。」按：增，説文：「益也。」廣雅釋詁一：「加也。」喜怒不增，謂執情中正而不偏激。二説是。**其兵不武，**○吴世拱曰：「不武，止戈也。」張金城曰：「不武，不黷武也。」老子六十八章：『古之善爲士者不武。』王注：『武，尚先陵人也。』」按：武，威武，凌人之貌。淮南子説林：「武，威之也。」言用兵而不凌人。**樹以爲俗，其化出此。**」張金城本脱此句。○樹，立也。俗，習也。化，謂化民之道。華嚴經音義上引珠叢曰：「教成於上而易俗於下，謂之化。」言將以上諸事立爲習俗，養成習慣，其化民之道即從中出也。

龐子曰：「願聞其人情物理所以嗇萬物、與天地總、與神明體正之道。」

鶡冠子曰：「成鳩氏之道，未有離天曲日術者。」○張金城曰：「曲，猶鄉曲之曲。下文云『伍』、『里』、『扁』、『鄉』是也。其制理之法，蓋因於自然，故曰天曲。術者，謂上通下達，施德布刑之數。蓋因乎甲乙陰陽而爲用，故曰日術。」按：曲，彎曲，此指環行。楚辭大招「曲屋」注：「曲，屋周合也。」天曲，謂天體之環曲、周合。日，太陽。太陽行天，有君天下之義，故引申謂君。廣雅釋詁一曰：「日，君也。」詩柏舟「日居月諸」傳：「日，君象也。」術，方術、方法。日術，即爲君之術。天曲日術，蓋謂環環相因，各設君長之術。諸説殆非。天曲者，明而易循也；日術者，要而易行也。」陸佃曰：「（循）或作『脩』。」按：作「脩」者「循」字之誤，古書常見。○陸佃曰：「天曲，若五家爲伍、五鄉爲縣之類。日術，若家、里用提，甸長用旬之類。此法起周之末造，而曰成鳩用之，是今日適越而昔至也，則此書寓言多矣。」張金城曰：「縣鄙鄉遂之制，明載周官，名稱雖異，其揆一也。今陸氏乃謂此法起於周之末造，莫非以管子小匡之制多與本篇表裏者歟？又案莊子齊物論『今日適越而昔來』，蓋言其事之絶無也。」按：明，明顯。循，遵循。要，簡要。行，實行。天曲人人可見，故曰明。環而不斷，故易循。爲君之術簡要，故易行。

龐子曰：「願聞天曲日術。」○此問其具體。

鶡冠子曰：「其制邑理都，使矔習者五家爲伍，伍爲之長；陸佃曰：「（邑）或作『巳』。」按：作「巳」者「邑」字之壞。○張金城曰：「郭注方言卷六：『矔，慣習。』是『矔』、『貫』義同。制邑理都者，國語齊語（管子大匡篇大同）曰：『昔者聖王之治天下也，參其國而伍其鄙。』韋昭注：『參，三也。國，郊以内也。伍，五也。鄙，郊以外也。謂三分其國以爲三軍，五分其鄙以爲五屬。』國與鄙，即都與邑也。左氏莊八年傳曰：『凡邑有先王之主曰都，無曰鄙。』禮記祭法曰：『天下有王，分地建國，置都立邑。』是也。」按：矔，借爲「慣」，習慣。矔習者，謂生活習慣相同者。伍，基層組織名，五家組成，故曰伍。伍猶一曲（環）。爲之長，爲之設伍長，以象日也，所謂日術。**十伍爲里，里置有司；**○吴世拱曰：「十伍，五十家。管子小匡：『十軌爲里，里有司。』漢書晁錯傳：『五家爲伍，伍有長。十長一里，里有假士。』案『士』同『司』，司其事也。義蓋出此。」按：十伍爲里，又猶一曲（環）。有司，里之日（君）也。**四里爲扁，扁爲之長；**陸佃曰：「扁，當爲『甸』。後皆放此。」按：陸云未知何據。唐寫本殘卷作「甸」，據陸説。○王闓運曰：「扁，酇編。」吴世拱曰：「四里，二百家。扁，編也，與『連』同義。管子小匡：『四里爲連，連爲之長。』漢書晁錯傳：『四里一連，連有假。』王説蓋據周官遂人『四里爲酇』，不知此二百家，周官百家，實不相符，不可稽證，亦云疏矣。」張金城曰：「洪邁曰：『扁，薄典切。唐韻二義，其一曰扁署門户，一曰姓也（案二義今並見於廣韻上聲二十七）。此外無它説。案鶡冠子云：「五家爲伍，十伍爲里，四里爲扁，扁爲之長，十扁爲鄉。」其上爲縣與郡。其不奉上令者以告扁長，蓋如遂、黨、都、保之稱。諸書皆不載。長、有司、師、嗇夫、大夫，皆其所當之主司也。』又陸注『扁』當爲『甸』者，或因音近而生義。容齋謂諸書皆不載，實已難得其解。又王壬秋所論雖近理，蓋以酇，周禮遂人：『四里爲酇。』編，説文：『次簡也。』猶編者，謂五里之衆，有如簡策之相聯也。然當初立説，或是楚制，實不必與周官大法相偶也。」按：張説是。此鶡冠子以楚制言，不必與管子、周禮同。四里爲扁，又猶一曲（環）。扁長，扁之日（君）也。**十扁爲鄉，鄉置師；**○吴世拱曰：「十扁，二千家。師，長也。周官地官有鄉師之職。管子君臣下：『鄉樹之師。』立政：『鄉爲之師。』小匡：『十連爲鄉，鄉有良人。』案管子言政爲師，言軍爲良人。此合言之，以軍、政皆須教，故言師。」按：十扁爲鄉，又猶一曲（環）。鄉師，鄉之日（君）也。**五鄉爲縣，縣有嗇夫治焉；**○吴世拱曰：「五鄉，一萬家。國策智過言於智伯曰：『破趙，則封二子者各萬家之縣一。』視此，則趙縣制爲萬家矣。南山經『見則其縣多放士』，『見則郡縣大水』，『見則縣有大繇』。左昭二十九年傳蔡墨言劉累遷於魯縣，則夏后氏已有縣制，非自周始。」按：五鄉爲縣，又猶一曲（環）。縣嗇夫，縣之日（君）也。**十縣爲郡，有大夫守焉，**○王闓運曰：「此以郡領縣，依秦制爲説。」吴世拱曰：「十縣，十萬家。楚世家：『秦因留楚王，要以割巫、黔中之郡。』又：『四國爭事秦，則楚爲郡縣矣。』是郡之名與其大而統縣，固不始於秦矣。」按：十縣爲郡，又猶一曲（環）。郡大夫，郡之日（君）也。**命曰官屬。**○吴世拱曰：「屬，統屬也。」按：命，任命。曰，同「以」。官屬，屬官。此承上就郡大夫言。**郡大夫退脩其屬，**陸佃曰：「（脩）或皆作『循』。」張金城曰：「屬，蓋涉上文『命曰官屬』而誤，字當作『縣』，方與下文『脩其鄉』、『脩其扁』、『脩其里』、『脩其伍』、『脩其家』一例。」按：作「循」者「脩」字之誤。屬，以例當作「縣」，張説是。○退，降也，下也。脩，同「修」，治也。其，謂其所領。下同。**縣嗇夫退脩其鄉，鄉師退脩其扁，**張金城曰：「齊語作『鄉帥』，又有『卒帥』、

『縣帥』。又管子作『連師』。王念孫雜志亦以爲是『帥』字之誤，本文亦當作『帥』字爲是。」按：如張說，則前「鄉置師」亦當作「帥」。然周禮有「鄉師」，管子小匡、立政亦有「鄉師」，則此似作「師」爲是。師，長也。**扁長退脩其里，里有司退脩其伍，伍長退脩其家。**○吴世拱曰：「管子小匡『高子、國子自退而修鄉，鄉退而修連，連退而修里』節，與此同義。案高子、國子，其時爲五鄉之長，故云退而修鄉。」按：各領一環，各君其事，猶天曲日術也。**事相斥正，居處相察，出入相司。**○陸佃曰：「司，猶『伺』也。」張之純曰：「不正者斥之使正。」吴世拱曰：「斥，指也。（察）監察。司，今字作『伺』。」張金城曰：「荀子王霸篇『日欲司間』注：『伺其間隙。』又議兵篇『琦契司詐』注：『司，讀爲伺。』是『司』、『伺』同，察也，本字作『覗』。」按：斥，指斥、排斥。事相斥正，謂做事互相指斥而使正，即互相指正。察，細看。司，同「伺」，亦察義，諸說是。五家爲伍而同居一地，故可相察相伺。**父與父言義，子與子言孝，**陸佃曰：「與，或爲（四庫本、聚珍本作『作』）『爲』。」吴世拱曰：「『與』、『爲』雙聲。」按：作「爲」者或「與」字之聲誤，吴說近是。○義，宜也。同伍之父與父言其所當宜，子與子言其所孝。此因民而教民之法也。**長者言善，少者言敬，**○吴世拱曰：「管子小匡『善』作『愛』，『敬』作『弟』。」按：善，慈幼。敬，敬長。管子作「愛」、「弟」義同，然字不必同。**旦夕相薰薌以此慈孝之務。**陸佃曰：「（孝）或作『力』。」按：作「力」者非，當是誤字。○張之純曰：「薰，香草也。古人祓除，以此草薰之，故謂之薰。薌，通『香』。荀子：『芬薌以送之。』是其證。」吴世拱曰：「薰薌，習染也，雙聲連語。之，是也，爲也。務，業也。管子小匡：『旦夕從事於此，以教其子弟。』」張金城曰：「此段文字，亦與管子、齊語相出入。二書言此，乃管仲勸桓公所以處士，就閒燕之道，其後尚有處農、處工、處商之法，本文僅取其一如此。」按：薰薌，猶熏陶。務，事。言鄉里早晚以此慈幼孝弟之事相熏陶。**若有所移徙去就，家與家相受，人與人相付，**吳世拱曰：「管子小匡『受』作『愛』，『付』作『保』。」按：當從管子作「愛」、作「保」，「受」、「付」皆誤字。○吳世拱曰：「（移徙去就）謂家遷徙、人他去也。」按：移徙去就，遷居他地也。愛，關愛。保，保護。言旅途之中家相關愛，人相保護。**亡人姦物，無所穿竄，此其人情物理也。**○吳世拱曰：「亡人，謂無德行不編入伍也，周官謂之『罷民』。管子小匡：『罷士無伍。』物，事也。穿，隱入。竄，逃竄。」張金城曰：「穿竄，猶通容也。說文：『穿，通也。』呂覽審分『無所竄其姦矣』注：『猶容也。』」按：亡人，逃亡之人。姦物，姦詐之徒。所，地方。穿，通過。竄，逃竄。

「伍人有勿故不奉上令，陸佃曰：「（勿）或作『物』。一本無『伍人有勿』四字。」王闓運本「勿」作「物」。按：作「物」、作「勿」，皆借字，説詳注。無「伍人有勿」四字者脱。○張之純曰：「勿故，猶無故也。」吳世拱曰：「勿，同『物』。勿故，事故也。」按：勿，同「無」，張説是。奉，受。上，伍長以上。**有餘、不足、居處之狀而不輒以告里有司，謂之亂家，**○陸佃曰：「此言有餘不足居處之狀無故輒違上令，當告有司。」（按：此注原在「之狀」下。）吳世拱曰：「餘，多也，大也。狀，行爲也。言與同伍居處，有大不相得之狀也。一曰：『餘』同『余』，猶其也。（有司）指伍長言。輒，分析也。」張金城曰：「有餘不足居處，謂其人之材質也，與上句『不奉上令』者是二事。舊注於此文義殊未晰。」按：有餘、不足，指生活所需言。居處，居住。狀，狀況、情狀。輒，立即。不明其狀，故曰亂。**其罪伍長以同。**○陸佃曰：「同，謂同坐伍人之罪。」吴世拱曰：「伍長與伍人同罪。管子立政『其在長家，及於什伍之長』義同此。」張金城曰：「同者，連坐之謂也，即商君之『不告姦者與降敵同罰』之『同』。」按：罪，治罪。同，同罪。**里中有不敬長慈少、出等異衆、不聽父兄之教，有所受聞不悉以告扁長，謂之亂里，**○張之純曰：「受，謂受人之訴詞；聞，謂聞人之劣迹。」吴世拱曰：「出，越也。異，倍也。受聞，得民下之聞也。下同。」按：慈，慈愛。等，等列。出等異衆，謂搞特殊。所受聞不悉以告扁長，指里有司言。悉，全部。**其罪有司而貳其家。**○陸佃曰：「其人爲首，其家爲貳。貳，猶副也，若今從坐。」吴世拱曰：「貳，佴也，次也，所謂從坐。」張金城曰：「説文：『貳，副貳也。』周禮太史『以貳六官』注：『貳，猶副也。』」按：貳，同「二」，做動詞，謂一分爲二。貳其家，蓋謂分其家財。下同，諸説非。**扁不以時循行教誨，受聞不悉以告鄉師，謂之亂扁，其罪扁長而貳其家。**陸佃曰：「（循）或作『脩』。」張金城曰：「鄉師，亦當作『鄉帥』。下皆同。」按：作「脩」者亦「循」字之誤。「鄉師」參前校。○吴世拱曰：「以，因也。循，善順也。」張金城曰：「循行，即上文『明而易循』、『要而易行』之義，謂遵行上令也。」按：以時，按時。循，遵循。行，實行。教誨，對百姓的教化。受聞不悉以告鄉師，指扁長言。**鄉不以時循行教誨，受聞不悉以告縣**

嗇夫，謂之亂鄉，其罪鄉師而貳其家。○陸佃曰：「一二教之曰誨。」張金城曰：「説文：『誨，曉教也。』是其義。此言教誨者，荀子大略『教出舉行』注：『謂戒令。』」按：受聞不悉以告縣嗇夫，指鄉師言。**縣嗇夫不以時循行教誨，受聞不悉以告郡，善者不顯，命曰蔽明，**○吴世拱曰：「命，名也。下同。明，賢才也。管子小匡：『有居處爲義。好學聰明質仁，慈孝於父母，長弟聞於鄉里者，有則以告。有而不以告，謂之蔽賢。』又：『有拳勇股肱之力，筋骨秀出於衆者，有則以告。有而不以告，謂之蔽才。』」張金城曰：「蔽明者，管子小匡篇之『蔽賢』、『蔽才』，齊語之『蔽明』、『蔽賢』是也。善者，謂『居處好學，慈孝於父母，聰慧質仁』、『有拳勇之力，秀出於衆者』是也。」按：顯，謂舉薦，使之顯。**見惡而隱，命曰下比，謂之亂縣，其誅嗇夫無赦。**○陸佃曰：「不言貳其家者，罪之尚貳其家，則誅可知矣。」吴世拱曰：「隱，匿也。比，朋比也。管子小匡：『有不慈孝於父母，不長弟於鄉里，驕躁淫暴，不用上令者，有則以告。有而不以告，謂之下比。』」按：隱，隱瞞、庇護。比，朋比。與下相朋比，故曰下比。誅，殺。**郡大夫不以時循行教誨，受聞雖實，有所遺脱，不悉以教柱國，謂之亂郡，其誅郡大夫無赦。**陸佃曰：「（實）或作『賓』。」按：作「賓」者「實」字之誤。教柱國，「教」字以例當作「告」，此蓋以音誤。不以時，王氏本同，餘諸本皆脱「時」字。○張之純曰：「柱國，楚達官名。逸周書作雒篇：『千里百縣，縣有四郡。』左氏哀二年傳：『上大夫受縣，下大夫受郡。』皆是縣大郡小。此則縣小郡大，蓋楚國先更其制也。」吴世拱曰：「教，具告也。言不具端委，使柱國得董理也。柱國，楚寵官號也。」張金城曰：「呂覽貴公『教寡人』

注：『教，猶告也。』」按：遺脱，遺漏脱失。柱國，戰國時官名，楚有上柱國，趙亦有柱國，屬武官。**柱國不政，使下情不上聞，上情不下究，謂之絿政，**陸佃曰：「（絿）或作『絯』，或作『繆』。」張金城曰：「絿，作『絯』爲是。廣雅釋詁三：『絯，束也。』莊子天地篇：『方且萬物絯。』疏：『絯，礙也。』又外物篇：『陰陽錯行，則天地大絯。』疏：『不順五行。』皆言其鬱窒不暢也。本文言二情之不達，正指政情不相通，故謂之絯政。礙，亦作『硋』。『硋』、『絯』聲同。若言『絿政』，則是苛暴之義，與政情之疏通不相涉矣。」按：張説是，「絿」當作「絯」，以形誤，作「繆」者亦字之誤。○陸佃曰：「柱國，楚之寵官。絿，急也。」張之純曰：「不政，不知爲政之道也。」吴世拱曰：「（不下究）不下交也。」張金城曰：「淮南主術篇曰：『是故號令能下究，而臣情能上聞。』高注：『聞，猶達也。』此即管子明法篇『下情求而不上通謂之塞，下情上而道止謂之侵』之義。」按：不政，蓋如張説。上聞，向上報告。究，説文：「窮也。」引申謂竟、止、終。下究，謂終、竟於下，即達於下。絯，借爲「礙」，妨礙。**其誅柱國，滅門殘疾。**張之純曰：「（疾）當作『族』。」近迭篇『滅門殘疾族』，『疾』字因形近『族』字而增。此則因形近而誤。」按：張説是，「疾」當是「族」字之訛。○吴世拱曰：「疾，族也，聲轉。」按：滅，滅絶。滅門，殺其全家。殘，殘毀，毀傷。族，宗族。吴説非。**令尹不宜時合地害百姓者，謂之亂天下，**陸佃曰：「（宜）或作『宣』；（合）或作『令』。」按：作「宣」、作「令」，皆字之誤。○陸佃曰：「令尹，若相國矣。」吴世拱曰：「楚官有令尹，若周之冢宰，統率百官，後世謂之相，協理天地，坐而論道也。」史記楚世家：『昭陽曰：「其官爲上柱國，封土執圭。」陳軫曰：「其有貴於此

者乎？」昭陽曰：「令尹。」陳軫曰：「令君已爲令尹矣，此國冠之上。」』宜時，順時令也。合地，相地德也。周官大司徒：『以土宜之法辨十有二土之名物，以相民宅而知其利害，以阜人民，以蕃鳥獸，以毓草木，以任土事。』職方氏、管子地員備具此道，言以時令宜之地德，以地德合之天時也。」張金城曰：「此即使民以時之謂。前文屢云『以時循行教誨』者義同。陸注引證，見史記楚世家，唯字稍異耳。」按：令尹，楚國最高官職名。宜，適宜。合，合宜。宜時，適時令。合地，合地宜。**其軫令尹以狗。**陸佃曰：「軫，或作『斬』。」按：軫，説文：「車後横木也。」引申指車。漢書天文志：「軫爲車。」終爲名詞，故當從一本作「斬」（説詳注），以音誤。狗，道藏本、聚珍本及諸注本皆作「徇」。字彙：「狗，俗『徇』字。」是正體當從諸本作「徇」。○陸佃曰：「軫，車裂也，周官曰『轘』。」張之純曰：「左傳曰：『轘觀起於四竟。』蓋楚舊有此刑。」張金城曰：「周禮秋官條狼氏『誓馭曰車轘』注：『車轘，謂車裂也。』是陸氏『周官曰車轘』之謂也。然『軫』無車裂之義，或是『殄』之借字。爾雅釋詁：『殄，絶也。』説文：『殄，盡也。』論衡論死篇：『殄者，死之比也。』注曰『車裂』者，蓋因此引伸之。又張氏引左傳，見襄公二十二年。蓋言楚王殺子南，轘觀起以徇之事，故注謂舊有此刑。」按：説文：「斬，截也。从車、从斤。斬法，車裂也。」蓋陸氏「車裂也」説所本。注文「斬」、「軫」二字，或後人所易。**此其所以嗇物也。**此句疑係錯簡衍文。○張之純曰：「答龐子嗇萬物之問。」按：嗇，惜。前文云：「克嗇萬物而不可厭者也。」

「天用四時，地用五行，天子執一以居中央，陸佃曰：「（居）一作『守』。」按：作「守」者非。○陸佃曰：「參於兩間。」張之純曰：「執一是全書本旨，故篇中往往及之。」吳世拱曰：「管子內業：『天主正。』又：『春、秋、冬、夏，天之時也。』書洪範『一五行』正義：『謂之行者，若在天則五氣流行，在地世所行用也。』管子五行：『五行以正天時。』言地行五行之事，長老萬物，以明正天時也。」張金城曰：「四時行，五行運，而萬物咸得覆載，所得者一而已。王侯得一以爲天下貞，是其爲人道之盡而與天地同者也，故曰參於兩間。老子曰：『道大，天大，地大，人亦大。』謂其同乎道也。」按：用，方言六：「行也。」四時，春、夏、秋、冬四季。五行，金、木、水、火、土五物。執，持。一，單一之法，指天曲日術。中央，天地之間。張引老子，見二十五章，「人」本作「王」。

調以五音，正以六律，紀以度數，宰以刑德。○吳世拱曰：「尚書大傳『天子左五鐘右五鐘』注：『六律爲陽，六呂爲陰，凡律呂十二，各一鐘。天子宮縣，黃鐘、蕤賓在南北，其餘則在東西。』按此言六律不言六呂，陽統陰之義也。紀，綱紀也。夜行：『度數，節也。』天則：『時有分於數，數有分於度，度有分於一。』宰，寓也。言德行相參，如春秋生殺也。管子四時：『刑德者，四時之合也。』刑德合於時則生福。」張金城曰：「此言聖人之法天立制也。禮記樂記曰：『正六律，合五聲，弦歌詩頌，此之謂德音。』又曰：『先王本之情性，稽之度數，制之禮義。』蓋謂能得其本也。」按：調，調和。五音，宮、商、角、徵、羽五個音階。正，修正。六律，黃鐘、太簇、姑洗、蕤賓、夷則、五射等六個正音之器。紀，綱紀。度數，法度。宰，小爾雅廣詁：「治也。」刑德，刑罰與恩德。

從本至末，第以甲乙。○吳世拱曰：「從本至末，謂從春至冬也。第，次也，推算也。一歲春日甲、乙，夏日丙、丁，中央戊、己，秋日庚、辛，冬日壬、癸。

言推算從甲、乙始也。」張金城曰：「本末、甲乙也者，史記樂書云『德成而上，藝成而下；行成而先，事成而後。是故先王有上有下，有先有後，然後可以有制於天下』是也。」按：本末，猶首尾、始末。第，次第、排列。言以甲、乙、丙、丁排列從本至末之次第，使之有序而不亂。

天始於元，地始於朔，○陸佃曰：「元以氣言之，朔以方言之。天運始於玄元，地處始於玄朔。」吴世拱曰：「公羊隱元年何注：『變一爲元。元者，氣也。無形以起，有形以分，造起天地，天地之始也。』又：『天不深正其元，則不能成其化。』故新王即位之年曰元年，蓋王者當繼天奉元。公羊莊二十五年何注：『月者，土地之精也。』朔，爲月之始生時。月既爲土地之精，朔又爲月之生時，故云地始於朔，故古曆起算於朔旦。定朔望爲一月以授民時，使得盡地力。」張金城曰：「禮記禮運『以天地爲本』疏云：『元者，氣之始。』又左傳隱公元年注『欲其體元以居正』疏云：『元者，氣之本也。』是『元以氣言之』之謂也。朔者，爾雅釋訓：『北方也。』又尚書堯典『宅朔方』傳曰：『北稱朔。』是『朔以方言之』之謂也。」按：説文：「元，始也。」天爲陽，屬氣。氣之始爲元，故曰天始於元。朔，廣雅釋詁二：「始也。」地爲陰，北亦爲陰；朔謂北，又有「始」義，故曰地始於朔。

四時始於歷。○陸佃曰：「王者敬授人時，實始於歷。」吴世拱曰：「洪範五行傳：『曆者，聖人所以揆天行而紀萬國也。』易革：『君子以治曆明時。』」張金城曰：「尚書堯典：『乃命羲、和，欽若昊天，曆象日月星辰，敬授人時。』疏云『其總爲一歲之曆，其分爲四時之異』是也。上三句蓋言天地之分曲如此也。」按：吴引易革，其象傳文。歷，借爲「曆」。曆，曆法，此蓋取曆法「春正月」之義。

故家、里用提，四庫本、聚珍本「提」作「楏」。紀昀曰：

「一本作『提』，今本公羊傳亦無『提月』之文。」張金城曰：「家里，疑是『里有司』之誤。蓋下文云『扁長』、『師長』、『嗇夫』、『柱國』，皆其職司之長，於此言『家里用提』，文不一例矣。」按：作「楻」者當是「提」字之誤。「家里」不誤，張說非，說詳注。○陸佃曰：「提，零日也。公羊傳曰：『提月者僅逮。』此月晦日也。」張之純曰：「陸引公羊傳僖十六年『提月』爲證，按傳文『提』作『是』。陸德明經典釋文云：『「是月」如字。或一音徒兮反。』蓋亦有讀作『提』者。徐堅初學記『晦日』條所引正作『提月』。何休解詁以爲『是月，邊也』，與下文『五日報扁』之義小異。」張金城曰：「張說是也。陸注『零日也』者，即何休所謂『邊』也。蓋零者，落也。一月之末落，即是零日，即邊也、晦也。下文五日報扁者，或是晦日前後若干日，約爲五日一候，不必限於晦日也。」按：家，謂伍。五家爲伍，故亦可謂之家。提，謂提鼓，有柄可提持之鼓。周禮夏官大司馬：「師帥執提。」鄭司農曰：「提，謂馬上鼓，有曲木提持。」此蓋用於鄉間號令，有事即擊之，不定時，猶後世鄉間有事則鳴鑼然，諸說非。**扁長用旬，鄉師用節，縣嗇夫用月，**○陸佃曰：「（節）驚蟄、芒種之類。」吳世拱曰：「旬，十日。節，十五日。月，三十日。」張金城曰：「二者皆二十四氣之一，驚蟄二月節，芒種五月節。淮南天文篇：『十五日爲一節。』」按：此分言扁長、鄉師、縣嗇夫行政的時間，下言郡大夫與柱國。**郡大夫用氣、分所至，**分，當作「風」，以音誤，或後人所改。○陸佃曰：「二分二至之類。」張之純曰：「氣，中氣也。春分、秋分、夏至、冬至，皆氣也。」吳世拱曰：「一歲八氣，各四十五日。」河圖括地象云：『天有八氣，地有八風。』淮南天文訓：『距冬至四十五日條風至，條風至四十五日明庶風至，明庶風至四十五日清明風至，清明風至四十五日景風至，景風至四十五日涼風至，涼風至四十五日閶闔風至，閶闔風至四十五日不周風至，不周風至四十五日廣莫風至。』高誘呂覽有始覽『八風』注：『炎風，艮氣所生；滔風，震氣所生；熏風，巽氣所生；巨風，離氣所生；淒風，坤氣所生；飂風，兑氣所生；厲風，乾氣所生；寒風，坎氣所生。』淮南注亦以卦氣解之，是八風即八氣也。」張金城曰：「左傳僖公五年：『凡分、至、啓、閉，必書雲物。』注：『分，春、秋分也；至，冬、夏至也；啓，立春、立夏；閉，立秋、立冬。』即八氣。」按：氣、風，蓋即八氣、八風之氣與風。一歲八氣、八風，則氣、風所至爲四十五日，吳説是。**柱國用六律。**○吳世拱曰：「以甲子計也。甲子六十日一周，六周爲一歲。」張金城曰：「史記律書『壹秉於六律』索隱：『按律有十二，陽六爲律：黄鍾、太簇、姑洗、蕤賓、夷則、無射；陰六爲呂：大呂、夾鍾、中呂、林鍾、南呂、應鍾是也。』名曰律者，釋名云：『律，述也，所以述陽氣也。』此言六律，蓋統合陰陽言之。律書又以律、呂配合十二月，六律當一年，是律得二月而爲六十日矣。」按：張説是。下文亦云：「柱國六十日以聞天子。」**里五日報扁，扁十日報鄉，鄉十五日報縣，縣三十日報郡，郡四十五日報柱國，柱國六十日以聞天子，**○陸佃曰：「（里）用提，（扁）用旬，（鄉）用節，（縣）用月，（郡）用氣，（柱國）用律。」張金城曰：「報，廣雅釋言：『復也。』即上文下情上聞之謂。氣，中氣也，即八節。」按：報，上報，與「用」異，陸説非。**天子七十二日遺使，勉有功，罰不如，**陸佃曰：「一本作『遺使於郡』。」按：有「於郡」二字義勝。○陸佃曰：「此用五行分王之數，蓋一歲之運，五行各王七十二日。」吳世拱曰：「七十二日，五行分王之數也，故天子用之。春秋繁露治水五行：

『日冬至七十二日木用事，其氣燥濁而青；七十二日火用事，其氣慘陽而赤；七十二日土用事，其氣涇濁而黄；七十二日金用事，其氣慘淡而白；七十二日水用事，其氣青寒而黑；七十二日復得木。』淮南天文訓亦有此説。管子五行『七十二日而畢』，與此義同。如，順也，善也。」張金城曰：「管子五行篇曰：『作立五行以正天時，五官以正人位。人與天調，然後天地之美生。』並叙作立五行之道，略謂『日至睹甲子，木行御，天子出令，七十二日而畢；睹丙子，火行御，天子出令，七十二日而畢；睹戊子，土行御，天子出令，七十二日而畢；睹庚子，金行御，天子出令，七十二日而畢；睹壬子，水行御，天子出令，七十二日而畢』，此即用五行分王之數之説也。又淮南子天文篇亦云：『壬子冬至，甲子受制，木用事，火烟青；七十二日丙子受制，火用事，火烟赤；七十二日戊子受制，土用事，火烟黄；七十二日庚子受制，金用事，火烟白；七十二日壬子受制，水用事，火烟黑；七十二日而歲終。』是皆五行分王之説也。」按：勉，勸勵。功，成績。不如，不及。**此所以與天地總。**○張金城曰：「管子五行：『以天爲父，以地爲母，以開乎萬物，以總一統。』統乎九制、六府、三充，而爲明天子。』尹注：『總持其本，以統萬物也。』蓋言其能參天地也。」按：總，合。前文曰：「反與天地總。」**下情六十日一上聞，上惠七十二日一下究，此天曲日術也。**○吳世拱曰：「上，謂天子。下同。究，接也。本天曲日術，有準時也。」按：究，止、終。言以上即所謂天曲日術之法，蓋取環環相因、各有君長之義。**故不肖者不失其賤，而賢者不失其明；上享其福禄，而百事理。**陸佃曰：「（享）或作『序』。」按：作「序」者「享」字之誤。○吳世拱曰：「不肖，不才也。失，縱也。賤，踐也。

言守分服事也。」張金城曰：「此荀子儒效篇『量能而授官，使賢不肖皆得其位，能不能皆得其官，萬物得其宜，事變得其應』之謂也。」按：不肖，不賢者。失，失掉，吴說非。賢與不肖各守分位，故曰不失。理，治理、得以理。有序而不亂，故上不煩勞而百事理。**行畔者不利，故莫能撓其强，**○陸佃曰：「天下晏然，雖陰有欲畔者，無所乘其隙也。」吴世拱曰：「處理精密，畔者不便也。」按：行，行爲。畔，同「叛」，違背、反。不利，謂對自身不利。撓，廣雅釋詁三：「亂也。」强，一切經音義卷六引蒼頡篇：「健也。」謂健全、强有力。撓其强，謂亂其健全之制。**是以能治滿而不溢，綰大而不芒。**陸佃曰：「（大）或作『天』。」按：作「天」者「大」字之誤。○陸佃曰：「不增之使溢，不損之使芒。芒之爲言小也。」吴世拱讀於「綰」字絶句，曰：「芒，出亡也。『明』、『强』、『芒』爲韻。」張金城曰：「荀子宥坐篇：『虚則正，滿則覆。』又孝經曰：『制節謹度，滿而不溢。』蓋言其政能得中也。治滿，猶持滿。墨子經上：『治，求得也。』史記貨殖列傳『東綰穢貉、朝鮮、真番之利』索隱：『綰者，綰統其要津。』又廣雅釋詁三：『綰，縮也。』是綰者，縮束統要之謂。言綰大者，謂統綰其首，猶上言治滿也。芒，説文：『艸耑也。』又文選答賓戲『鋭思於豪芒之内』注引項岱説：『芒，毛之顛杪也。』故陸氏云然。」按：治，治理。滿，完滿、完善。溢，超滿而外泄。綰，同「管」，管轄、統領。芒，末端。綰大而不芒，蓋言管轄之地面大而不生芒眇，不脱節，與治滿而不溢相成。張引孝經，見諸侯章。

「天子中正。使者敢易言尊益區域，使利逭下蔽上，其刑斬笞無赦，陸佃曰：「（中）

或作『甲』；或無『域』字。」按：中，當作「申」，道藏本不誤。作「甲」者亦「申」字之誤。無「域」字者脱。斬、笞不可同時行施，「斬」字當衍。○陸佃曰：「使變言貸褒（道藏本同，餘均作『襃』）借譽尊益區宇，則其弊至於逜下蔽上。」吴世拱曰：「使，天子七十二日遣使之使也。」張金城曰：「賢者處尊，不肖者居卑，此人臣之尊卑區域也。今使者變亂言之，是使刑賞失中，而逜下蔽上興矣。逜下蔽上，語又見天則篇及近迭篇。使者，謂居職以供任使者。逜，即『迕』也。斬笞無赦，蓋即罪死不赦之謂。笞，説文：『擊也。』」按：申，同「審」。審正，謂審查覈實使者所報聞。易，改變、改换。尊益，所當尊所當益，即上文勉有功。區域，地區。易言尊益區域，即變换所當奬勵的地區。利，所得之利。逜，同「捂」，遮蔽。逜下蔽上，即今所謂欺上瞞下。此句言天子要對使者所報進行審查，使者敢有徇私舞弊、欺上瞞下者，笞其背而不赦免。**諸吏教苦德薄，侵暴百姓，輒罷毋使，**○吴世拱曰：「諸吏，謂伍長、里有司等也。使，用也。輒罷毋使者，若後世所謂革職而永不叙用然。」按：教，教化。苦，民以爲苦，不樂。侵暴，欺凌。輒，立即。罷，罷免。毋，猶「不」。使，用，吴説是。**汙官亂治，不奉令犯法，其罪加民，**王闓運曰：「自『使者』下至此，當在『伐不如』之下，錯在此。」按：王説或是。○陸佃曰：「播惡於衆。」吴世拱曰：「不受治而侮官，不遵令而犯法，其罪在民，上文所謂『伍人有勿故不奉上令』之類。『令』、『民』爲韻。」張金城曰：「爾雅釋詁：『加，重也。』罪加於民者，謂其罪責倍重於平民也。此句乃是斷語，與下文不相連。商子刑賞篇『有不從王令、犯國禁、亂上制者，罪死不赦』，語法相同。陸氏謂『播惡於民』，失之。」按：此亦就諸吏言。汙，「污」之異體，玷污。官，官府。奉令，奉上命。加，重於。**利而不取利，運而不取次，**陸佃曰：「疑『取次』或作『敢次』。」張金城曰：「疑二『取』字皆作『敢』。」王闓運曰：「此（『利而不取利』）上承『天子中正』下。」按：「取」字不誤（説詳下注），陸、張説非，王説亦非。○吴世拱曰：「運，轉徙物貨也。次，資也。言利民而不取其利，關市譏而不征也。『利』、『次』、『至』爲韻。」張金城曰：「利而不敢利者，不敢犯禁亂制以取非分之利，蓋法令施於前也。運而不敢次者，習慣成自然，所當行不敢稍輟是也。」按：此指官府言，謂官府利民而不取利，運次（資）而不取次（資），吴説近是。**故四方從之，唯恐後至。**○張金城曰：「此管子小匡篇『遠國之民望如父母，近國之民從如流水』之謂也。」按：有利故也。**是以運天而維張，**陸佃曰：「運天，或作『運大』。」張金城曰：「作『大』者是。又疑『運』當作『天』，蓋涉上文『運』字而誤。下文『地廣』，正與此『天大』相對，是其證。」按：張説是，「運天」當作「天大」，與下「地廣」相對。○陸佃曰：「管子曰：『四維不張，國乃滅亡。』」張金城曰：「老子曰：『天大，地大，王亦大。』蓋以王者人道之盛，而與天地同者也。其所以同乎天地者，法天之覆以張維，法地之載以章德也。」陸氏引管子，見牧民篇。」按：維，廣雅釋言：「隅也。」此指天之四隅。張引老子，見二十五章。**地廣而德章，**○吴世拱曰：「德，五行生載之德也。言不滅地理，五行生載之德明也。上文云：『地用五行。』」按：德，指化育萬物之功。管子心術：「化育萬物謂之德。」章，顯。**天下安樂，設年**

予昌。張金城曰：「此句義不可解，疑有誤字。」按：設，當爲「捨」，或借字。○吴世拱曰：「設年，豐年也，大有年也。易繫辭『益長裕而不設』鄭注：『設，大也。』詩豐年『豐年多黍多稌』傳：『豐，大。』箋：『豐年，大有年也。』予，同『余』，稌也。言年豐穀多也。一曰：予，餘也，充滿也，讀如『余聚以待頒賜』之『余』。昌，倉也，藏穀處。言年豐穀滿倉也。詩豐年：『亦有高廩，萬億及秭。』良耜：『百室盈止。』『張』、『章』、『昌』爲韻。」按：設，同「捨」，施捨、給予。儀禮士冠禮注：「設，施也。」亦借爲「捨」。成，年成。予，給，與「捨」義同。昌，盛。言天下安樂，則天地捨豐年而予昌盛。

「屬各以一時典最上賢。王氏本「屬」上闕一字，曰：「此亦脱錯在此。」張金城曰：「王氏謂脱錯在此者或然。愚謂以下文字，又與管子、齊語相出入，或本與上考功褎實一段相銜接，而誤脱在此。」按：王説近是。此句至「三則不赦」，或當在前「柱國用六律」下。○王闓運曰：「典最，主其治最也。」上賢，舉賢也。」吴世拱曰：「屬，謂伍長至郡大夫也。一時，謂用提、用句之類。典，大册也。最，會也。言會書各屬賢者之名於册，時上報之而定其論。」按：屬，謂令尹屬官。一時，統一的時間。典最，考覈會最。上，舉薦。**不如令尹，令尹以聞，**吴世拱曰：「一曰『令尹』二字當涉下衍。『不如』爲句，言不如此也。緊接上下讀之，文義完備。」按：吴説是，「令尹」二字不當重，上「令尹」當删。○吴世拱曰：「不如，不順以時上賢之令也。令尹掌天子之治令，故言。（以聞）上聞天子。『不』、『職』爲韻。」按：如，説文：「從隨也。」左傳宣公十二年「有律以如己也」注：「如，從也。」不如，謂不從以上「以一時典最」之令。聞，聞知天子。**壹、再**

削職，三則不赦。陸佃曰：「（削職）一本作『則織』。（三則）或作『典』。」按：「削」作「則」者字之誤；「三則」作「典」者涉前「典最」誤。○吴世拱曰：「削職，減職也。王制：『論定然後官之，任官然後爵之，位定然後祿之。』是進有序，退亦當，非遽除，以昭慎重。」張金城曰：「管子小匡：『教訓不善，政事其不治，一再則宥，三則不赦。』齊語：『教不善則政不治，一、再則宥，三則不赦。』與此義相因。」按：壹，一；再，二。削，謂革除。荀子臣道：「事暴君者有補削。」注：「削，謂除去其惡。」是「削」有除義。不赦，斬也。**治不踰官，使史李不誤，公市爲平。**王氏本「治」上闕一字，似非。○吴世拱曰：「管子小匡：『政既成，鄉不越長，朝不越爵。』『官』、『怨』爲韻。史李，獄官也。官制不踰，越軌者不敢飾其非，曠職者無從辭其咎，則史李得行其法而不誤矣。公，平分也。説文『市』下云：『或曰枝葉分布也。』言理官分辨平正也。」張金城曰：「韓非子定法曰：『申子言：「治不踰官，雖知弗言。」謂各守其職也。』（按：本作『申子言不踰官。雖知，言不踰官，謂之守職也』）史李，理官也，説見下文。市，周禮司市『國君過市』注：『市者，人之所交利而行刑之處。』公市，猶市朝也。」按：治，治事。踰，同「逾」，越。治不踰官，言各守其職，不越級治事。李，同「理」。史李，即理官，司法官。二説是。誤，説文：「謬也。」不誤，謂不出偏差。**生者不喜，死者不怨。**○陸佃曰：「非故生之，非故殺之。」吴世拱曰：「直者當生，故不喜；曲者當死，故不怨。」張金城曰：「孟子盡心上：『以生道殺民，雖死，不怨殺者。』」按：生，活命。史李（理）不誤，故生者不喜，死者不怨，本當如此也。**人得所欲，國無變故。**○吴世拱曰：「善者爲之植，惡者爲之除。（國無變故）惡除善植也。」按：公市爲平，故人人得所欲。得所欲，則安分守己，故國無變故。**著賞有功，德及三世。**○吳世拱曰：「賞之厚也。『世』、『二』、『勃』爲韻。」張金城曰：「左傳襄公二十一年：『社稷之固也，猶將十世宥之，以勸能者。』此之謂也。」按：著，顯著、明顯。德，恩德。言對有功者行明賞，使恩德及達數代，即張氏所引左傳意。**父伏其辜，不得創謚。**陸佃曰：「（父）或作『名』；（伏）或作『狀』；創或爲『制』。」按：「父伏」不誤，作「名」、作「狀」，皆字之誤。創，當作「制」，一本是。○陸佃曰：「名之曰幽、厲，雖孝子賢孫不能改也。」吳世拱曰：「父伏罪，子不得爲之創謚。」張金城曰：「周書謚法解：『終葬，乃制謚叙法。謚者，行之迹也。』又曰：『壅遏不通曰幽』，『致戮無辜曰厲』。蓋言上游之不可不争也。」按：父伏其辜，謂父因罪被殺。制，制定。謚，謚號。此蓋古制也。

「事從一二，終古不勃。○吳世拱曰：「一二，簡易不變也。勃，反戾也。管子小匡：『内教成令，不得遷徙。』」張金城曰：「勃，通『悖』。莊子外物『婦姑勃谿』司馬注：『反戾也。』不勃者，不厲也。蓋言其事之不爽，終古如一也。」按：一二，言簡易。終古，猶永遠。勃，廣雅釋訓三：「盛也。」淮南子天文訓：「大也。」言做事簡易，投機取巧，永遠成不了大事。引起下文。二説非。**彼計爲善於鄉，不如爲善於里；爲善於里，不如爲善於家。**○吳世拱曰：「彼，謂衆庶。管子小匡『是故民皆勉爲善。士與其爲善於鄉，不如爲善於里；與其爲善於里，不如爲善於家』，與此同。」張金城曰：「此與管子、齊語大同。管子尹注曰：『家善則鄉善矣。所謂居家治理，可移於官。』國語韋注云：『求其事行也。』此二説皆是。蓋謂刑賞公平，則民皆勉爲善矣。」按：彼，指普通人言，吴説是。計，考慮、想着。爲善於鄉於里，即所謂事從一二。爲善於家，謂脚踏實地，從頭做起。**是以爲善者可得舉，爲惡者可得誅。**陸佃曰：「（誅）或作『論』。」按：作「論」者非。○吴世拱曰：「是以，乃因也。言所以不如爲善於家者，以其善、惡皆得舉、誅，無可隱遺也。」張金城曰：「管子作『是故匹夫有善，可得而舉也；匹夫有不善，可得而誅也』。」按：爲善於家者自可通過鄉里舉薦，爲惡者亦同。**莫敢道一旦之善，皆以終身爲期，**○吴世拱曰：「管子小匡：『士莫敢言一朝之便，皆有終歲之計；莫敢以終歲爲議，皆有終身之功。』（齊語『爲議』作『之議』）尹注云『修政則人無苟且』是也。」按：道，言。一旦，一日。期，期限。言人人終身爲善而不苟且。**素無失次，故化立而世無邪。**○吴世拱曰：「素，平日也。次，却不前也。言終身向善，無時佚止也。」按：素，平素，吴説是。次，國語晉語「失次犯令」注：「行列也。」失次，猶言掉隊。化，教化。立，樹立。邪，姦邪。人人不失次，故教化立而世無邪。**化立俗成，少則同儕，長則同友，**陸佃曰：「（儕）或作『齊』。」按：作「齊」者「儕」之借。○吴世拱曰：「儕，侶伴也。或作『齊』，聲轉也。友，親善相助也。管子小匡：『少相居，長相遊。』漢書晁錯傳：『幼則同遊，長則共事。』」按：儕，説文：「等輩也。」亦即伙伴。言教化立，習俗成，則鄉里之人小時爲伙伴，長大後爲朋友，人人相親，不反目爲仇也。**遊敖同品，祭祀同福，死生同愛，**孫詒讓曰：「『品』，疑當作『區』，形聲之誤。」按：孫説是，「品」當是「區」字之誤。○吴世拱曰：「説文：『敖，出遊也。』品，率也。又：臨也。言遊敖同聚也。」按：區，區域、地方。遊敖同區，言出遊去同一地方。祭祀同福，言爲祈禱同一福事而祭祀。愛，愛好。詩烝民箋「謂喜怒哀樂好惡也」疏：「愛，即好也。」死生同愛，謂爲同好之物而生、死。**禍災同憂，居處同樂，**○陸佃曰：「安居曰處。」張金城曰：「居、處連字，其義爲一，不必析分。其例見王念孫廣雅疏證説。」按：言有災禍則同憂慮，有居處則同歡樂。**行作同和，吊賀同雜，哭泣同哀，**雜，孫氏本作「襍」，云：「襍，疑當作『集』，並形聲之誤。」按：襍，「雜」之異體。雜自有集義，孫説非。○王闓運曰：「雜，集。」吴世拱曰：「和，讀爲唱和之和。雜，同『集』，會也。」管子小匡：「祭祀相福，死喪相恤，禍福相憂，居處相樂，行作相和，哭泣相哀。』」按：行作，行事、做事。和，唱和。吊，慰問。賀，慶賀。雜，説文：「五采相合也。」引申有合義，此即謂合、會。**驩欣足以相助，俚諜足以相止，**陸佃曰：「（諜）或作『謀』。」按：作「謀」者「諜」字之誤。○陸佃曰：「俚，探遉也。諜，間諜也。」王闓運曰：「俚，偵。」吴世拱曰：「管子小匡：『驩欣足以相死。』漢書晁錯傳：『驩愛之心足以相死。』諜，互爲監伺也。」按：驩，同「歡」。俚，「偵」之異體，偵探、監伺。諜，亦偵伺義。止，勸止。**安平相馴，軍旅相保，**○吴世拱曰：「馴，同『訓』，言以技藝相教也。」按：安平，即平安、和平。馴，順，效法、學習。軍旅，謂戰爭。言和平時期互相學習，戰爭期間互相保護。**夜戰則足以相信，晝戰則足以相配，**陸佃曰：「（配）或作『醜』。」孫詒讓曰：「此文（自『少則同儕』至此）與管子小匡相出入，晝戰則足以相配，小匡作『晝戰其目相見，足以相識』。此『配』疑當作『記』。記、識同義。廣雅釋詁云：『記，識也。』」按：作「醜」者

「配」字之誤；作「記」亦非，此不必與管子同，孫説非。○吴世拱曰：「相信，言音聲相知，不致疑也。配，合守也。」張金城曰：「此段所言，即管子作内政以寓軍令之效。管子先有制以爲軍令之制，而後言此，則文有所本，今本文無其制而有其應，蓋事刪節以掩其依託之迹，致血脉多不貫。」按：信，不疑也，吴説是。配，匹也，即配合義。**入以禁暴，出正無道，是以其兵能横行誅伐而莫之敢禦。**○吴世拱曰：「正，征伐也。」張金城曰：「韋昭曰：『禦，當也。』」按：出入，就其兵言。禁，止也。正，糾正、匡正，吴説非。禦，抵擋。**故其刑設而不用，不争而權重；車甲不陳，而天下無敵矣。**陸佃曰：「一本作『天下無道適矣』。」按：作「無道適」者，「無道」涉上衍，「適」即「敵」。○吴世拱曰：「管子小匡：『以守則固，以戰則勝。君有此教士三萬，以横行於天下。』『用』、『重』爲韻。」按：不争而權重，謂不争而爲霸主。陳，陳列。

「失道則賤敢逆貴，不義則小敢侵大。○張金城曰：「韓非子二柄篇：『刑重則不敢以貴易賤，法審則上尊而不侵。』」按：失道，偏離正道，走斜路。逆，違逆。義，宜也。不義，行不宜行之事也。侵，侵犯、欺負。**成鳩既見上世之嗣失道亡功倍本滅德之則，**陸佃曰：「（倍）或作『信』。」按：作「信」者「倍」字之誤。○吴世拱曰：「『嗣』、『則』、『國』爲韻。倍，反也。則，式也。」按：既，已。嗣，後繼者。亡，丢失。倍，同「背」。則，法式。**故爲之不朽之國定位牢祭，**陸佃曰：「（朽）或作『株』，又或作『採』；（牢）或作『罕』；（祭）或作『然』。」按：「朽」不誤，作「株」、作「採」皆非。「牢」作「罕」、「祭」作

「然」，皆字之誤。○陸佃曰：「不能保其家邦，則位不定矣；不能保其宗廟，則祭不牢矣。」王闓運曰：「『牢』、『犖』一字耳。犖然，猶卓然。」吳世拱曰：「『株』同『殊』，絶也，與『朽』義近。木而不採，則可常存。説文：『犾，犬肉也，从肉、从犬，讀若「然」。』」按：之，猶「其」。定位牢祭，如陸説。**使鬼神亶曰，增規不圓，益矩不方。**陸佃曰：「曰，或作『日』。」按：作「日」者「曰」字之誤，而「曰」又「悦」之音誤。○陸佃曰：「此言法度至足，無欠無餘，規不可增，矩不可益，非特使人信之，雖質諸鬼神，而無疑也。蓋聖人之法，譬諸身乎：增之則贅，割之則虧。」吳世拱曰：「曰，同『兑』，悦服也。『曰』、『祭』爲韻。」張金城曰：「亶，爾雅釋詁、詩常棣『亶其然乎』傳並曰：『信也。』此言國之不滅，有不假於規矩之法度存也。」按：亶，誠也。悦，喜也。祭牢，故鬼神誠悦。規，畫圓的器具。矩，畫方的器具。增規不圓、益矩不方，言其法度自圓自正，益以規、矩反不圓不正。**夫以効末傳之子孫，唯此可持，唯此可將。**陸佃曰：「或無『唯此可持』字。」按：「持」、「將」同義，又下文獨云「將者」，是此處不當有「唯此可持」四字，一本是。○陸佃曰：「効，猶示也。讀如効犬効羊之効。言以示子孫之末裔，立而可持，行而可將，唯此而已。」吳世拱曰：「夫以，用以也。効，授也。末，後也。持，守也。荀子成相：『吏謹將之。』」按：効，「效」之異體，驗也，謂效驗。末，謂小者。將，持、用。下同。**將者養吉，釋者不祥。**陸佃曰：「（釋）或作『澤』。」按：作「澤」者字之誤。○吳世拱曰：「養，長也。夏小正：『時有養日。』釋，舍也。作『澤』同，聲轉。夏小正：『農及雪澤。』史記孝武紀：『先振兵澤旅。』」張金城曰：「養吉，吉祥也。廣雅釋詁一：『養，樂也。』又管子國蓄篇『塞民之養』注：『利也。』是也。」按：將者，承上謂行成鳩氏之效末者。養，左傳昭公二十年「私欲養求」注：「長也。」此謂長養、培養。釋，放棄。吴説近是。**埤以全犧，**○陸佃曰：「純謂之犧，完謂之牷。」吴世拱曰：「埤，同『捭』，敬具也。全犧，完牲也。全，讀爲説文『牛完全也』之全。」張金城曰：「『全』、『牷』字通。禮記月令『視全具』疏引王肅曰：『體完曰全。』」按：埤，借爲「禪」。説文：「禪，祭天也。」全牲，整體牲肉。**正以齋明，**陸佃曰：「齋，或作『天』，或作『文』。」按：作「天」當是「齊」之音誤。齋，本當作「齊」，古書常誤。作「文」者，又「天」字之誤。○陸佃曰：「不莫謂之齋，不昧謂之明。齋明者，蓋祭祀之正也。犧牷則以爲副而已。禮曰：『去廟爲祧，去祧爲壇，去禶爲墠。』今此獨言墠者，於墠如此，則由壇而上可知也。」吴世拱曰：「祭祀必於質明之時，故齋明或作『天明』耳。」張金城曰：「中庸曰：『齊明盛服，以承祭祀。』又曰：『齊明盛服，非禮不動。』經典『齊』、『齋』多通用。齊明，謂齊戒明絜，所謂『齊不齊以致齊者』，敬肅之至也。」按：正，指正時。齋明，即齊明、平明。言以平明爲祭天之正時。**四時享之，祀以家王，以爲神享。**○陸佃曰：「子孫祭祀不輟，所謂祀以家王。」吴世拱曰：「家王，先祖也，如夏郊禹、殷郊契之類。神，靈也，即家王精魂在上之神靈。言臨主位祭之，所以招神來享也。記禮運：『以降上神，與其先祖。』疏：『謂以降上神與其先祖者，上神，謂在上精魂之神，即先祖也。指其精氣謂之上神，指其亡親謂之先祖。』『方』、『將』、『詳』、『明』、『王』、『享』爲韻。」張金城曰：「四時享之者，謂以時祭享，不少爽誤也。陸氏謂『祭祀不輟』云者，蓋謂尊以爲家君而祀之也。王，曲禮下疏云：『美稱。』家王，猶謂家君、家長也。」按：享，祭享。家王，即先祖，諸説是。**禮靈之符，藏之宗廟，以璽正諸。**陸佃曰：「（諸）或作『諸侯』。」按：作「諸侯」者衍「侯」字。○陸佃曰：「爲之信符，藏之宗廟，而又以其璽正之，以明後世所當守也。」吴世拱曰：「符，符信也，以玉爲之，所以事神也，即説文『靈』下所謂『以玉事神』者。正，正定也，若今之護封物加印也。諸，之也。」按：禮，禮敬、祭祀。靈，神靈。符，信物。璽，印章。正，定也、封也。諸，同「之」，吴説是。**故其後世之保教也全。**○吴世拱曰：「『全』、『遷』爲韻。」按：保，保守、保持。教，説文：「上所施下所效也。」廣雅釋詁三：「效也。」全，完全、全面。

「耳目不營，用心不分，不見異物而遷，○吴世拱曰：「物，事也。」張金城曰：「營，惑也。管子小匡及齊語言管子處四民以成民事之道曰：『其子弟少而習焉，其心安焉，不見異物而遷焉。是故其父兄之教不肅而成，其子弟之學不勞而能。』蓋即此之所本。尹注曰：『異物，謂異事，非其所當習者。』」按：營，同「熒」，熒惑。不分，專致也。遷，轉移。**捐私去毒，**陸佃曰：「（捐）或作『指』；（毒）或作『也』。」按：「捐」作「指」者以形誤，「毒」作「也」者因語誤。○陸佃曰：「捐己之私，去人之毒。」按：捐，一切經音義六引蒼頡篇：「棄也。」私，私心。去，去掉、除去。毒，謂狠毒之心。**鉤於内哲，**陸佃曰：「此（鉤）字上有『每』字。一本『鉤』作『鈎』。（哲）或作『埑』。」王氏本「哲」作「均」，曰：「一作『埑』，是。」張金城曰：「注言有『每』字，蓋即『毒』之誤字。」按：「鉤」上有「每」字者，蓋如張所云。「鉤」作「鈎」者，形之誤。「哲」作「埑」者，字彙補：「埑，同『哲』。」○陸佃曰：「智足以及之。」吴世拱曰：「鉤，留也，結也。『哲』、『惠』爲韻。」按：鉤，小爾雅廣詁：「取也。」謂遠取、探取。哲，智也。鉤於内哲，謂發掘自己的智慧。**固於所守，**○陸佃曰：「仁足以守之。」張金城曰：「論語衛靈公：『子曰：「知及之，仁不能守之，雖得之，必失之。知及之，仁能守之，不莊以涖之，則民不敬。」』」按：固，堅。所守，自己之操守。**更始逾新，**○陸佃曰：「周而更始，久而愈新。」吴世拱曰：「逾，進也。言周而復始也。」張金城曰：「此蓋言其德澤遠，所以國祚昌也。」按：更始，重新開始。逾，同「愈」，更加。**上元爲紀，共承嘉惠，相高不改，**○吴世拱曰：「元，君也。上元，先君也。紀，綱紀也，法也。言以先君之法爲法。高，崇敬也。言共承先法之嘉惠，崇敬不敢改也。『改』、『士』爲韻。」按：上，淮南子覽冥注：「猶初也。」元，説文：「始也。」上元，謂初始、本始。紀，借爲「繼」，繼承。高，崇敬，吴説是。**亶昭穆，具招士。**陸佃曰：「（具）或作『其』。」張金城曰：「『具』字疑當從或本作『其』爲是，且宜在『亶』字下。」按：作「其」者字之誤。又「亶」疑當作「建」，以音誤。○陸佃曰：「湯不先契，文、武不先不窋。魯躋僖公，失是矣。」吴世拱曰：「亶，猶建也。周官小宗伯『辨廟祧之昭穆』注：『自始祖之後，父曰昭，子曰穆。』招，招摇也。招士，即舞士，所以禮鬼神。一曰招，祧也。禮記祭法注：『祧之言超也。』説文作『朓』。『招』、『祧』、『超』、『朓』，皆聲轉。士，同『尸』，主也。招主，遷主也。具招主，言遷藏之主不廢也。三代皆有祧廟。」按：昭穆，如吴説。建昭穆，蓋謂於廟中立先王之昭穆牌位。具，備、設。招，同「召」。招士，蓋謂負責召來先王神靈之士。**此先結之，後入弗解。**此先結之，道藏本同，餘均脱「此」字。○陸佃曰：「先入者定矣，故後入之事弗能解也。」吴世拱曰：「結，定也。入，進也。

『結』、『至』爲韻。」張金城曰：「言『後入不解』者，蓋如桓公使曹孫宿往遊楚，以結交焉，則後入者難間之義。謂先加之以恩德，則社稷長保，不虞異端之變也。」按：此，指先王之昭穆。結，左傳襄公十二年「王使陰里結之」注：「成也。」入，謂入廟。解，説文：「判也。」謂分解、脱離。漢書律曆志上集解引孟康曰：「脱也。」言於廟中先排定先王之昭穆，後入廟者依法續排，而不脱節。**此知極之至也。」**○陸佃曰：「極，如『紀極』之極。」張金城曰：「呂覽孟春『無亂如之極』注：『道也。』」按：知，知道、瞭解。極，終也、盡也。言此爲瞭解終極的最好方法。

龐子曰：「願聞所以不改更始逾新之道。」

鶡冠子曰：「成鳩所謂得王鈇之傳者也。」○前文鶡冠子曰「更新逾始，上元爲紀」，故此龐子問之。王鈇，謂法制、刑法。賈誼新書制不定：「權勢、法制，人主之斤斧。」

龐子曰：「何謂王鈇？」

鶡冠子曰：「王鈇者，非一世之器也，以死遂生，從中制外之教也。陸佃曰：「教，或爲『數』。」按：作「數」者「教」字之誤。○陸佃曰：「以死遂生，以殺止殺。」吴世拱曰：「（非一世之器也）也，者也。教，猶術也、道也。」張金城曰：「博選篇『王鈇非一世之器也』陸注：『王鈇，法制也。』以死遂生者殺非不教，孟子盡心上所謂『以生道殺民，雖死不怨殺者』是也。以其善教則得民易，故内成而外服，此即一從中制外之謂。」按：法制自上古已有，故曰非一世之器也。遂，成也。以死遂生，謂刑殺罪人以成就衆人。

中，謂朝廷。外，謂民間。教，教化。**後世成至孫一靈羽，理符日循，**陸佃曰：「（後世）或作『世後』；（靈，或作『虛』；（理）或作『埋』；（靈羽理）或作『虛村理』；（循）或作『脩』。」按：陸見或本「循」作「脩」，當是，餘皆非，然此本亦有譌誤，疑前句本作「後世子孫承一靈羽（宇）」，「成」爲「承」之誤而錯於前，「至」又爲「子」之誤。○吳世拱曰：「成，盛也。至孫，即胵膭，謂盛胵膭之物以享神也。日，猶是也。循，遵用也。胵膭靈羽，有時敗弊，須更易也。符所以信神，故藏之宗廟，以璽正諸，示不改也，故云日循。」按：羽，借爲「宇」。爾雅釋詁：「宇，大也。」靈宇，蓋即所謂王鈇。符，吕氏春秋精論「天符同也」注：「道也。」理符，蓋謂治道。言後世子孫承用王鈇，治道日修。**功弗敢敗，**陸佃曰：「或無『敢』字。」張金城曰：「陸氏注曰『智者雖工』，疑『功弗敢敗』本作『工弗敢敗』，與下文『拙』字正相對。或『功』字借爲『工』。」按：「功」當作「工」，張説是。無「敢」字者脱。○陸佃曰：「智者雖工，弗敢敗也。」吳世拱曰：「功，巧也，謂後世之賢主也。」按：吳説非。敗，壞也。言雖工巧者亦不敢敗壞先王之道。**奉業究制，執正守内，拙弗敢廢，**○陸佃曰：「愚者雖拙，弗敢廢也。」吳世拱讀「拙弗敢廢」連下爲句，曰：「奉，崇高也。奉業，奉其舊業也。究制，究其舊制也。『敗』、『制』、『内』、『廢』爲韻。拙，謂後世之庸主。」張金城曰：「此謂後世繼始者守成敬業，不敢貽羞先烈也。」按：奉，尊奉。業，先王之業。究，終也、竟也。制，謂舊制。正，謂正道。内，周易繫辭下傳「爻象動乎内」釋文：「初也。」守内者，守初也。**樓⿰青刂與旱，以新續故，**陸佃曰：「蘇本作『樓⿰青刂與卑』。疑『旱』或爲『早』。」王氏本作「樓静與卑」，云：「本作『樓⿰青刂與卑』。」按：「⿰青刂」字字書所無，當是「剒」字之訛；「旱」，亦當是「卑」字之訛，蘇本是也，陸、王均非。○吴世拱讀連上「拙弗敢廢」句，曰：「樓，同『鏤』，刻也。剒，讀如『青』，竹簡也。後漢書吴祐傳：『殺青簡以寫經書。』旱，簡也，以木爲者。言雖非賢主，不能奉業究制，猶以新續故，不敢廢舊典也。旱作『卑』者，『卑』即碑也，所謂刻石。」按：樓，借爲「鏤」，吴説是。剒，爾雅釋器「犀謂之剒」注：「治樸之名。」鏤剒，蓋謂刻鑄銘文。與，及。卑，借爲「碑」，碑石，吴説是。文選文賦「碑披文以相質」注：「碑以敘德。」故言碑。以新續故，所謂不敢廢也。**四時執効，應錮不駿，后得入廟。**陸佃曰：「（錮）或作『銅』；（不駿）疑。」按：「錮」作「銅」者字之誤。王氏本「駿」作「駭」，亦非。○吴世拱曰：「四時，謂四時之祭，祠、礿、烝是也。執，持守；効，後法前也。應，順也。錮，同『固』。駿，遷改也。言順守故典，不丢失也。説文：『后，繼體君也。』得，得時也。入廟，謂爲祭主。『効』、『廟』爲韻。廟，讀『苗』也。」按：四時，四季。執，執行。應，順應。錮，借爲「故」，舊。駿，借爲「峻」。廣雅釋詁三：「峻，止也。」后，同「後」。後得入廟，言如此之君方得入廟受祀。

「惑爽不嗣謂之焚。」陸佃曰：「『惑』或作『或』；（爽）或作『剒』；（嗣）或作『副』；（焚）或作『婪』。」孫詒讓曰：「『焚』、『婪』義並未協，疑當爲『棼』之誤。爾雅釋天：『焚輪謂之頹。』釋文云：『焚，本或作「棼」。』左傳隱公四年杜注云：『棼，亂也。』」按：「惑」作「或」、「嗣」作「副」、「焚」作「婪」，皆字之誤。「爽」作「剒」者涉前誤，「焚」又「棼」之誤，孫説是。○陸佃曰：「生火甚多，其和焚矣。」列子曰：「『焦然肌色，皯黯昏然，五情爽惑。』」王闓運曰：「焚，棼也。」吴世拱曰：「惑爽，差忒也。嗣，祠也，祭也。」張金城曰：「論語顏淵『崇德、修慝、辨惑』釋文：『惑，本作「或」。』二字通。注引列子，見黃帝篇。此言惑爽不嗣者，謂不能奉業究制而危其家國，是不能嗣。」按：惑，昏惑。爽，差忒。嗣，繼也。棼，亂也。陸說非。**祖命冒世，**○陸佃曰：「冒，忝也。世，如世德之世。」吳世拱曰：「祖命，謂舊典。冒，覆也，敗也。世，繼也。言舊典絶繼也。」按：冒，上覆、覆蓋。世，謂後代。國語晉語一：「非德不及世。」**禮嗣弗引，奉常弗内，**○陸佃曰：「弗引，弗引於朝。弗内，弗内於廟。奉常，禮官也，典宗廟之儀，有丞，景帝更曰太常。」孫詒讓曰：「『嗣』疑『司』之借字。『禮司』、『奉常』，皆謂禮官也。漢書百官公卿表云：『奉常，秦官，掌宗廟禮儀。』」吳世拱曰：「弗引弗内，言不使之奉禮事也。『世』、『内』、『祭』爲韻。」張金城曰：「此謂忝其世德者，則不能保其禄位、守其祭祀也。朝者，序爵之所；廟者，祭祀在焉。」按：嗣，借爲「司」。禮嗣，蓋如孫說，謂禮官。引，延引、迎接。内，同「納」，接納。此承上「祖命」，就先祖之神靈言，故下云。此言祭祀之時，負責延引之禮官不延引，負責接納之禮官不接納，則有如下云。**靈不食祀，**○陸佃曰：「其鬼不得食祀。」張金城曰：「此不能保宗廟者是也。」按：靈，謂先祖之神靈。食，享用。祀，祭祀。**家王不舉祭，天將降咎，皇神不享，**○陸佃曰：「家王越而祭之，則將獲罪於天，皇神雖郊不享。皇神，昊天上帝。」吳世拱曰：「皇神，天帝也。言天帝不授享以福矣。」張金城曰：「論語八佾篇：『獲罪於天，無所禱焉。』是天將降咎也。郊，謂祭天。不以禮郊，則鬼弗享。」按：家王，謂先祖。上文云：「祀以家王，以爲神享。」舉，全。

咎，災禍。皇神，謂上帝，諸説是。享，猶「佑」，授福也。**此所以不改更始逾新之道也。**○吴世拱曰：「『咎』、『道』爲韻。」張金城曰：「此言國祚之不斷以此。又案：管子小匡言桓公『恐宗廟之不掃除，社稷之不血食』，故有管氏立制以期成。今此文言法制，以必求更始逾新之不改，蓋與管子所載之義同。」**故主無異意，**○陸佃曰：「人君爽惑不嗣，其罪如上所云。則繼其後者據舊鑒新，豈敢輒異哉？」吴世拱曰：「意徙則德已。」張金城曰：「異意，即上文所云『見異物而遷』之意。蓋不能有執正守内之思，與戰戰不敢廢之誠也。」按：主，君。不改，故無異意。**民心不徙，與天合則，**○吴世拱曰：「近迭：『神靈威明與天合。』」按：徙，遷移、轉變。則，法式。**萬年一范，**○陸佃曰：「范，如荀子『范形』之范。」吴世拱曰：「范，法也。『范』、『厭』爲韻。」張金城曰：「此言萬年一范者，孔子所謂『其或繼周者，雖百世可知也』之類也。」按：范，法範、模式。**則近者親其善，遠者慕其德而無已，是以其教不厭，其用不獘。**○張金城曰：「厭，論語雍也『天厭之』皇疏、又荀子修身篇注並云：『塞也。』不厭、不獘義同。言其通行而無傷也。又管子小匡篇云：『遠國之民望如父母，近國之民從如流水，故行地滋遠，得人彌衆。』與此文義同。」按：親，愛。慕，仰慕。已，休止。厭，被厭棄。用，材用。獘，缺乏。**故能疇合四海以爲一家，**○吴世拱曰：「疇合，周合也。即下文『周闔』。『周』、『疇』、『合』、『闔』，皆聲轉。」按：疇，借爲「周」，周遍、全部，吴説是。後文作「周」，同。**而夷貉萬國皆以時朝服致績，**陸佃曰：「（績）或作『續』。」

按：作「續」者字之誤。○吳世拱曰：「朝服，朝事也。致，獻也。績，功也。説文：『貢，獻功也。』魯語：『烝而獻功。』」張金城曰：「爾雅釋詁、又尚書堯典『庶績咸熙』傳並云：『績，功也。』致績，猶致貢。荀子王制『理道之遠近皆致貢』注：『任土所貢也。』謂四海賓服，皆來朝貢也。」按：夷貉，泛指周邊各少數民族。朝，朝見。服，事奉。致績，進獻實物，即進貢，張説是。**而莫敢効增免，**陸佃曰：「（增）或作『蹭』。」按：作「蹭」者字之誤。○陸佃曰：「此言夷貉萬國皆以時朝服致貢，而不敢輒增，亦不敢輒免。法言曰：『被我純績，帶我金犀。』此之謂也。」吳世拱曰：「効，猶希冀也。增免，增減其法也。」張金城曰：「不敢効增免者，如禹貢別九州，而所貢皆有定物之類，言誠服不苟也。注文引法言，見至孝篇。」按：効，同「效」，效法。增免，猶增減，就其貢品言。**聞者傳譯來歸其義，**○陸佃曰：「又其遠者。」張金城曰：「傳譯者，禮記王制云：『五方之民言語不通，嗜欲不同，達其志，通其欲，東方曰寄，南方曰象，西方曰狄鞮，北方曰譯。』廣雅釋詁四：『譯，傳也。』説文：『譯，傳譯四夷之言者。』呂覽功名篇：『善爲君者，蠻夷反舌、殊俗異習皆服之，德厚也。』蓋此之謂。」按：聞者，如陸説，謂更遠者。傳譯，通過翻譯。**莫能易其俗，移其教。**○陸佃曰：「孟子所謂『用夏變夷，未聞變於夷者』也。」吳世拱曰：「禮記王制：『修其教，不易其俗；齊其政，不易其宜。』」張金城曰：「注引孟子，見滕文公上，謂夷夏道之不同，禮義高者足以化其卑者也。」按：易、移，皆變義。此即陸引孟子之所謂。**故其威立而不犯，流遠而不廢。**其，叢刊本、朱氏本、學津本誤作「共」。○吳世拱曰：「廢，止也。『廢』、『奪』爲韻。」按：犯，被凌犯。廢，禮記中庸「半途而廢」

注：「猶罷止。」**此素皇内帝之法，**陸佃曰：「（帝）或作『耑』。」孫人和曰：「作『耑』是也。泰鴻篇曰：『内端者所以希天。』『耑』即『端』字。『帝』以形近而訛。」按：作「耑」者「帝」字之誤，孫説非。泰鴻之「端」訓「直」，與此異。○陸佃曰：「帝者，天號。王者，人稱。皇者，天、人之總，美大之名。謂之素皇内帝，則又其至者也，蓋至人神矣。由是而在下，則玄聖外王之道也；由是而在上，則素皇内帝之法也。」吴世拱曰：「素皇，如天之無爲，四時行，百物生也。内帝，謂神明在躬也，即莊子所謂『内聖』。」張金城曰：「白虎通號篇云：『帝者，天號；王者，五行之稱也。皇者何謂也？亦號也。皇，君也，美也，大也，天、人之總，美大稱也。』」按：素，素王之素。皇，白虎通號篇：「天人之總，美大之名。」素皇，蓋謂人君。内，内在、不顯於外。帝，本天號，此謂人君，故曰内帝，以其德象天地也。素皇内帝之法，即聖明君王之法。**成鳩之所枋以超等，世世不可奪者也。**○陸佃曰：「枋，柄也。」吴世拱曰：「等，衆也。枋，柄也，持也。『等』、『久』爲韻。」張金城曰：「儀禮特牲饋食禮釋文：『枋，音柄，本亦作「柄」。』所柄，猶所執也。」按：枋，音義同「柄」，猶持，諸説是。世莫能及，故曰超等。奪，奪取。**功日益月長，故能與天地存久，此所以與神明體正之術也。**陸佃曰：「（體）或作『禮』。」按：作「禮」者「體」字之誤。○益，增加。所以，猶所謂。前文龐子曰「願聞（成鳩氏）與神明體正之道」，故此答之。**不待士史蒼頡作書，故後世莫能云其咎。**陸佃曰：「（史）或作『女』。」按：作「女」者「史」字之誤。○陸佃曰：「士，李官也。太古無法而治，不

立士史，不造書契，而至德玄同，使由之者不能知，知之者不能名，尚何議其咎也？傳曰：『蒼頡作書，鬼夜哭，天雨粟，方是之時，至德衰矣。』」孫詒讓曰：「士，與『史』通。上文云：『使史李不誤。』史李，即『士史』也。尚書舜典孔傳云：『士，理官也。』管子大匡篇尹注：『李，獄官也。』『李』、『理』音近字通。」吳世拱曰：「故，詁也。言成鳩不待理官，世世以守其法，不待蒼頡，書詁以紀其法。同天之道，用一之法，功自日益月長，與天地存久，後世莫能名咎焉。」張金城曰：「孫説是也。士史，典獄者也。書作，文墨之所生也。其世至樸，無所用其機巧，大化之至也。特未有史書，故其善不傳耳。咎，猶云休咎，總其善惡而言。鬼哭雨粟者，淮南子本經篇云『昔者蒼頡作書而天雨粟，鬼夜哭』是也。」按：士史，蓋謂上古史官。文字因記史（事）而生，故史官與蒼頡連言。若謂理官，則不關作書（造字）事矣，諸説殆非。不待作書，則在文字産生以前；無文字記載，故莫能云其咎。咎，過失。**未聞不與道德究而能以爲善者也。」**陸佃曰：「『究』下或有『謂』字。」按：有「謂」字者衍。○吳世拱曰：「以，語助也。此概語，指古今言。」張金城曰：「究，爾雅釋詁：『謀也。』與道德究，謂與之相謀合也。」

龐子曰：「如是，古今之道同邪？」

鶡冠子曰：「古者亦我而使之久，衆者亦我而使之衆耳，何比異哉？○吳世拱曰：「一切皆由我如我。比，至也。」張金城曰：「此猶云其道久而常者，必合於我者也；衆而行者，亦同於我者也，何比類而有異哉？」按：我而使之久、我而使之衆者，言所謂久與衆，皆由自己主觀認定，自己認爲久則久，自己認爲衆則衆。何，如何。比，比較。比異，比較其異同也。**彼類善，則萬世不忘；道惡，則禍及其身，尚奚怪焉！**」陸佃曰：「（尚）或作『有』。」按：作「有」者義勝，「尚」字當誤。○陸佃曰：「類，猶聚也。」吴世拱曰：「類，猶事也。尚，有也，又也。」張金城曰：「類，合也。聚，亦合也。類善，猶曰合乎善道。道，由也。此老子所謂『天道無親，常與善人』之類也。」按：類，廣雅釋詁四：「爲也。」道，猶行。説文：「道，所行道也。」奚，何也。張引老子，見七十九章。

龐子曰：「以今之事觀古之道，舟車相通，衣服同采，言語相知，○吴世拱曰：「采，治也，文也。『事』、『采』、『之』、『使』、『耳』、『李』、『子』爲韻。」按：相通，猶相同。采，色彩。知，理解。言古今一道。**畫地守之不能相犯，殊君異長不能相使，逆言過耳，兵甲相李，**陸佃曰：「（李）或作『履』。」按：李，當從或本作「履」，以音誤。○陸佃曰：「李，如李官之李。李者，治也。」吴世拱曰：「犯，猶越也。不能相使，不往來親善也。李，同『理』，治也，謂對敵也。作『履』者，履，踵接也。言一有逆言，則兵戎相見。『李』、『履』聲轉通用。」按：畫地，劃分界域。犯，侵犯。殊，不同。使，使役、指使。逆言過耳，謂聽到不順己之言。兵甲，兵戎、軍隊。履，踐、至，諸説非。**百父母子，且未易領，**陸佃曰：「（且）或作『其』；（領）或作『頃』。」按：作「其」、作「頃」，皆字之誤。叢刊本、學津本「且」誤作「旦」，吴注本從。○陸佃曰：「言父母暨子至百，不易領矣。」吴世拱曰：「父母子，謂一家。百父母子，謂百家也。」張金城曰：「且，覆。高誘注淮南本經篇云：『理也。』百父母子，猶曰百户人家，言其區域之小也。此蓋曰其小國寡民如此，且有相犯相李之事，是其不易治者明矣。」按：百父母子，即百户人家，吴、張説是。且，尚且。領，統領。言人多則不易統領。**方若所言，未有離中國之正也。**○陸佃曰：「離，附也。言以上所云，方若疇合四海以爲一家之言，似違中國之政遠矣。」張之純曰：「方，比方也。離，附也。言以上所云，比諸疇合四海以爲一家之言，於中國之正未能相附也。」吴世拱曰：「方若，依此也，依龐子上述也。離，去也。中國，謂華夏禮儀之邦。正，君也。」按：方，比方、比類，陸釋「以上」非。若，猶「其」。離，附麗，諸説是。言其言語與中國不同。**丘第之業，**丘，學津本作「邱」，同，然非本體。後注同。○陸佃曰：「第，里第也。」吴世拱曰：「丘，田地也。業，事也。」按：丘第，即宅第、甲第。業，産業。**域不出著，居不連垝，**陸佃曰：「（域）或作『或』。」按：作「或」者「域」字之誤。○陸佃曰：「著，土著也。毁牆曰垝。」吴世拱曰：「或，『域』之本字也。著，處也，圖畫也。言丘有界域，不能出其畫處也。垝，土壘垣以外隔也，同『坫』。淮南俶真訓『設於無垓坫之字』注：『垓坫，垠堮也。言居第之垝，不肯連他家也。』」按：域，謂活動區域。著，附着，此謂所附着之地。居，居住。垝，荀子霸形「水深滅垝」注：「敗牆也。」此謂牆。域不出著，言各有固定的活動範圍。居不連垝，言各自分居。**而曰成鳩氏周闔四海爲一家，夷貉萬國莫不來朝，其果情乎？**」陸佃曰：「夷貉，或作『第却』。一本『情』下有『可』字，一本『情』作『成』。」按：「夷貉」作「第却」者涉前「丘第」誤，「情」下有「可」字者衍，「情」作「成」亦非。○陸佃曰：「此言丘里之間，其業之異如此，又況四海夷貉之遠乎？」吴世拱曰：「情，實也。成，同『誠』，亦實也。」張金城曰：「周闔，猶統合，即上文『疇合』是也。」按：周閫，即前文「疇合」，張説是。果，果真。情，實情。

鶡冠子曰：「虎狼殺人，烏蒼從上，螾蛾從下聚之。陸佃曰：「（虎）或作『唐』；（殺）或作『救』；（人）或作『下』；（螾蛾）一作『螁蟻』。」按：「虎」作「唐」、「殺」作「救」，皆字之誤。「人」作「下」，涉下誤。「蛾」作「蟻」，用本字。又「螾」，疑當作「蠅」，以音誤。○陸佃曰：「烏，烏鳥也。蒼，蒼蠅也。」張之純曰：「螾，同『蚓』。蛾，通『蟻』。」吳世拱曰：「蒼，蒼鳥，鷹也。楚辭天問：『蒼鳥羣飛。』陸以蒼爲蒼蠅，誤。螾，説文：『側行蟲也。』即蚯蚓，吾鄉俗謂之曲蟮。蛾，蛾羅之蛾，與蠶蛾之蛾別，蚍蜉，經傳多作『蟻』。聚，共啄食也，與『嘬』同。」按：烏，烏鴉。蒼，蒼鳥，老鷹。蠅，蒼蠅。蛾，同「蟻」。禮記學記注：「蛾，蚍蜉也。」**六者異類，然同時俱至者，何也？所欲同也。**○吳世拱曰：「六者，虎、狼、烏、蒼、螾、蛾也。」張金城曰：「莊子徐無鬼云：『羊肉不慕蟻，蟻慕羊肉，羊肉羶也。』蓋此之謂也。」按：所欲者，食也。言若有同欲，則雖異類亦有同趨，而況人乎？**由是觀之，有人之名，則同人之情耳，何故不可乎？**○陸佃曰：「此言四海之情，同以爲一家，無不可者。」張之純曰：「人同此名，即人同此情，王道所以不外人情也。」吳世拱曰：「言何不可四海爲一家，萬國莫不來朝也。」按：有人之名，即人也。情，性也。同人之情，有相同之人性也。

「天度數之而行，在一不少，在萬不衆；同如林木，積如倉粟，斗石以陳，升委無失也。升委，王闓運本作「升黍」，是，「委」蓋「黍」字之誤。○陸佃曰：「委，亦米之數也。傳曰：『少曰委，多曰積。』其數未詳聞也。禮云：『出入三積。』」吳世拱曰：「行度數之自然，無多寡也。陳，舍也。詩云：『握粟出卜。』言規矩成則無差失也。委，王湘綺據明刻作『黍』。案『黍』，酒器，受三升。」張金城曰：「廣雅釋詁一：『委，積也。』此言天道誠一，度數以行之，不假外襲也。故雖一而不欠，雖萬而不盈。譬於林木、倉粟，見一株之具理所在，則衆木同焉；睹斗石之秉質如何，亦升委而不失，得乎要之謂也。陸注『出入之積』，見禮記聘義。」按：天度，自然法度。數，動詞，計數。在，猶「於」。斗、石，量米之單位。黍，米。言自然法度有數可數，一不算少，萬不算多，猶同樹林、穀倉，而一旦有了法度，則絲毫不差，説明法度之重要。帛書黃帝書經法論云：「事如直木，多如倉粟，斗石已具，尺寸已陳，則無所逃其神。」與此同。**列地分民，亦尚一也耳。**陸佃曰：「（列）或作『削』；或無『耳』字。」按：「列」作「削」者字之誤，無「耳」字者脱。○吳世拱曰：「列，同『裂』。（亦尚一）如天度數之而行。」張金城曰：「一，謂誠一也。」按：列，同「裂」，吳説是。列地分民，猶曰分邦建國。尚，崇尚。一，謂統一的法度。**百父母子，何能增減？**陸佃曰：「（父）或作『交』。」按：作「交」者「父」字之誤。○張金城曰：「言地雖小，民雖寡，必能統理就緒，不足有於治也。」按：百父母子，百户人家。增減，就整體言。不能增減，所謂在一不少、在萬不衆也。**殊君異長，又何出入？**○吳世拱曰：「言衆寡同也。」按：出入，謂不同、不齊。上文云：「殊君異長，不能相使。」**若能正一，萬國同極，德至四海，又奚足闔也？**」陸佃曰：「『至』下或有『制』字。」按：有「制」字者衍。○正，定，制定。一，統一的法度。極，中正、標準。奚，何。闔，合。言四海不足合也。

龐子曰：「果必信然。張金城曰：「『果必信然』下疑脱簡。觀下文『陰陽』以下，當是鶡冠子之語故也。」按：張説近是。下文陸注「此廣成子之所以千二百年，而成鳩氏之所以萬八千歲也。故曰『廣成子之謂天矣』。又曰：『成鳩氏天，故莫能』」云云。今本不見廣成子事，或在此處脱文。○吴世拱曰：「連連稱是也。」按：果，果真。必，一定。信，誠。果必信然，猶言果真如此。**陰陽消散，三百六十日各反其故，**陸佃曰：「反，或作『及』。」按：作「及」者字之誤。○吴世拱曰：「散，散布而出也。」消散，即消長也。史記曆書：『起消息。』反，仍也，歸也。言陰陽消長之勢不過三百六十日，過之則仍其舊。」按：消散，消息分散。三百六十日陰陽輪回一次，故曰各反其故。言陰陽之不大，故下云。**天地⿰足冋⿰足冋，奚足以疑？**陸佃曰：「（⿰足冋）或作『⿰足鳥』。」王闓運曰：「⿰足冋，當作『⿰足向』。」按：字彙補云：「『⿰足鳥』，同『⿰足冋』。」王説非。○陸佃曰：「⿰足冋⿰足冋，狹貌。孟子所謂『天之高也，星辰之遠也，苟求其故，千歲之日至，可坐而致也』。」吴世拱曰：「⿰足冋⿰足冋，挾行貌，言天地運行也。」張金城曰：「所以言⿰足冋⿰足冋者，自備自足，不求於外故也。」陸氏引孟子，見離婁下。」按：⿰足冋⿰足冋，狹小貌。陰陽三百六十日各反其故，故天地之狹不足疑也。**聖人高大，内揣深淺遠近之理，使鬼神一失，不復息矣，**陸佃曰：「（理）或作『異』。」按：作「異」者或音之誤。○陸佃曰：「一失，失其奥也。此言聖人獨理，有以窺之。」吴世拱曰：「『理』、『息』、『在』爲韻。息，猶生也，出入也。言鬼神受制也。（不復息）運而不停。」張金城曰：「陸氏讀『一失』爲『失一』，故曰『失其奥』是也。乾文言曰：『大人者，與鬼神合其吉凶。』蓋『聖與神謀』之謂也。」按：聖人，謂成鳩氏。高大，與「蹁蹁」相對。內，心。揣，揣度、思量。失，謂失深淺遠近之理。息，禮記檀弓注：「安也。」**與天地相蔽，至今尚在，**陸佃曰：「（與）或作『爲』。」按：作「爲」者非。○陸佃曰：「蔽天地而不耻。」吴世拱曰：「相蔽，同杇也。上文云：『與天地存久。』」張金城曰：「此易『裁成相輔』之謂也。蔽，廣雅釋詁二：『障也。』相蔽，謂覆障之也。至今尚在，言其化之遠也。」按：蔽，覆。與天地存久，故曰相蔽。**以鉦面達行。**陸佃曰：「疑。」按：「鉦」字疑借爲「征」。○吴世拱曰：「鉦，正也。鉦面，正王面也。周官『使萬民和悦而正王面』注：『面，猶鄉也。使民之心曉而正鄉王。』」按：征，説文：「正行也。」引申爲行。面，向也。達，通也。征面達行，謂成鳩氏之道所向無阻，通行天下也。世兵篇之「鉦面備矣」亦當同此義。**宜乎哉！成鳩之萬八千歲也。**○陸佃曰：「夫道者，萬民之母，縮而修身，伸以治國，皆可以長久。此廣成子之所以千二百年，而成鳩氏之所以萬八千歲也，故曰：『廣成子之謂天矣。』又曰：『成鳩氏天，故莫能增其高，尊其靈。』」張金城曰：「廣成子云者，莊子在宥篇云：『我守其一而處其和，故我修身千二百歲矣。』又曰：『黄帝再拜稽首曰：「廣成子之謂天矣。」』是陸氏所謂者。」按：與天地存久而征面達行，故曰宜乎哉。**得此道者，何辯誰氏所用之國，而天下利耳。**」辯，道藏本、四庫本、聚珍本作「辨」，用本字。○陸佃曰：「用之則是，安辯誰何。」吳世拱曰：「何辯，不論也。」張金城曰：「誰氏者，老子曰：『吾不知誰之子，象帝之先。』又莊子外物：『不知其誰氏之子。』猶曰何人也。」按：辯，同「辨」，別也。用，荀子富國「仁人之用國」注：「爲也。」利，便也。張引老子，見四章。

泰鴻第十

○泰，同「太」。鴻，洪大。泰鴻，謂廣大無邊之天。此篇泛論天、地、人事之道。

泰一者，執大同之制，陸佃曰：「制，或作『利』。」按：作「利」者「制」字之誤。○陸佃曰：「泰一，天皇大帝也。泰一無所不同，故曰執大同之制。楚人忘弓，未能忘楚。孔子曰：『惜哉，其未大也。』」吳世拱曰：「泰，同『大』。一，道也。大一，天皇道君也。記禮運『大同』，蓋有法於泰一者。子華子大道：『一者，衆有之宗也。道得之謂之大一，天得之謂之天一，帝得之謂之帝一。』『制』、『氣』、『位』爲韻。」張金城曰：「莊子天下篇：『主之以太一。』疏：『太者，廣大之名。一，以不二爲稱。言大道曠蕩，無不制圍，括囊萬有，通而爲一，故謂之太一也。』又呂覽大樂云：『道也者，至精也。不可爲形，不可爲名。强爲之，謂之太一。』子華子大道篇：『一者，衆有之宗也。道得之，謂之太一。』此皆謂『太一』乃道之稱也。淮南子天文篇：『太微者，太一之庭也。』注云：『太一，天神也。』又精神篇『登太皇，馮太一』注、本經篇『帝者體太一』注並曰：『太一，天之形神也。』史記天官書正義：『泰一，天帝之別名也。』陸注『楚弓』事，見呂覽貴公篇、公孫龍子跡府篇及家語好生篇。」按：泰一，天神，至高無上之神。天下皆同之，故曰大同。制，制度。**調泰鴻之氣，**○陸佃曰：「泰一含元氣者，故曰調泰鴻之氣。鴻蒙，元氣也。泰鴻，元氣之始也。」吳世拱曰：「淮南天文訓：『天道圓，地道方。方者主幽，圓者主明。明者，吐氣者也。』泰鴻，蒙鴻也。言調天之元氣。」張金城曰：「莊子在宥：『雲將東過扶搖之枝，而適遭鴻蒙。』疏：『鴻蒙，元氣也。』釋文引司馬云：『自然元氣也。』是鴻蒙元氣之説也。」按：調，調節。泰鴻，謂天。**正神明之位者也。**○陸佃曰：「南華所謂『天尊地卑，神明之位』。」吴世拱曰：「正各方之神位也。淮南天文訓：『東方木也，其帝太皞，其佐勾芒』；『南方火也，其帝炎帝，其佐朱明』；『中央土也，其帝黄帝，其佐后土』；『西方金也，其帝少昊，其佐蓐收』；『北方水也，其帝顓頊，其佐玄冥。執權而治冬，其神爲辰星』云云之類。下文云：『中央者，太一之位，百神仰制焉。』」按：正，定也。神明，五方神靈。吴説是。**故九皇受傳，以索其然之所生。**張金城曰：「路史前紀三引此作『是故九皇傳授』，『然』上有『自』字。」按：路史誤，未可據。○陸佃曰：「（受傳）受教於傳。」王闓運曰：「以太一爲傳。」張之純曰：「索，音『色』，求也。謂求其自然之生也。」吴世拱曰：「九皇，人皇九頭，分長九州也。受傳，受符也。謂受泰一之符，所謂剖符行封是。（以索其然之所生）求生之所以然。」按：九皇，蓋即人皇兄弟九人、分長九州者，吴説或是。傳，輔相。索，探索。**傳謂之得天之解，**陸佃曰：「或作『天然之解』。」張金城曰：「路史引作『自然之解』，與或作略同。」按：作「天然」者或是，作「自然」同。○陸佃曰：「不與法縛，不求法脱。」張金城曰：「不與法縛、不求法脱者，言其自然環中，不入法界也，莊子養生『帝之玄解』、知北遊『解其天弢，墮其天袠』，是之謂歟。」按：解，解説。得天之解，得自然之解説也。陸注「不與」，猶不爲、不被。**傳謂之得天地之所始，**○陸佃曰：「生天生地。」吴世拱曰：「得天解，是爲得天地始。」張金城曰：「老子曰：『地法天，天法道，道法自然。』是生天生地者，天地之所以始也，即自然也。」按：天地之所始，氣也。泰録篇曰：「故天地成於元氣。」張引老子，見二十五章。**傳謂之道得道之常，**吴世拱曰：「上『道』字衍。陸解下文『所謂四則』，引此作『傳謂之得道之常』，是其證。」張金城曰：「葉本無上一『道』字，是也。」按：上「道」字衍，二説是。○陸佃曰：「不妄曰常。」吴世拱曰：「得天地始，是爲得道常。」按：道，自然規律。**傳謂之聖人。**○吴世拱曰：「得道常是爲聖人。」按：聖人，成鳩之類。**聖人之道與神明相得，故曰道德。**○陸佃曰：「德者，得此者也。」吴世拱曰：「太史談論六家要指不言道家而言道德，蓋本此也。」張金城曰：「以上言『謂之』者，猶曰『告之』，下文曰『吾將告汝』是也。此猶莊子天地篇堯師許由，由示以治道之例耳。」按：神明，即前文「正神明之位」之神明。相得，謂相互補充。相得而曰道德者，淮南子齊俗曰：「得其天性謂之德。」**郄始窮初，**郄，王氏本作「卻」，非，當作「郤」。集韻：「郄，音隙，與『郤』同。」○陸佃曰：「郄者，開也。有初然後有始。列子曰：『太易者，未見氣也。太初者，氣之始也。太始者，形之始也。太素者，質之始也。』太一至矣，其地蓋處太易、太素之間，故曰郄始窮初。」吴世拱曰：「郄，同『郤』，逆也，要也，與『窮』同義。」張金城曰：「呂覽任地篇：『使其民而郄之。』注：『郄，逆之也。』是郄始猶曰溯始也，義與『窮初』相類。陸氏解作『開』，蓋亦此義。注引列子，見天瑞篇。張湛注曰『此物之自微至著，變化之相因襲』是也。」按：郄，郤、逆，吴説是。郄、窮，皆窮究義，所謂「索」也。**得齊之所出。**○陸佃曰：「帝出乎震，齊乎巽。而太一者郄始窮初，得齊之所出，故能北辨而南與萬物相見。」吴世拱曰：「郄始窮初，故得絜齊萬物。」張金城曰：「易益（震下巽上）六二爻辭：『王用享於帝，吉。』注：『帝者，興物之主，興益之宗，出震而齊巽者也。』蓋震者，東方陽；巽者，西方陰。東方主物之生，西方主物之成，帝德興成，故云。言所出者，蓋始初之所自也。齊，猶適也。淮南詮言『捉得其齊』注：『得其適也。』得齊之所出，猶謂得其適中之所自，得其道厚是也。」按：齊，同樣、一致。左傳襄公二十二年「受其齊盟」注：「齊，同也。」此謂萬物之所同。**九皇殊制，而政莫不効焉，故曰泰一。**○陸佃曰：「泰一者，無適而非一也，故九皇殊制，而不能二也。」張金城曰：「此言咸以爲法也。」按：殊，異。九皇所共效，故曰泰一。一，亦「同」義。

泰皇問泰一曰：「天、地、人事，三者孰急？」○陸佃曰：「泰皇，蓋九皇之長也。」吳世拱曰：「事，謂天事、地事、人事。」按：人，謂君。人事，人君之事。**泰一曰：「愛精養神，內端者所以希天。**○陸佃曰：「內直者與天爲徒。」張金城曰：「莊子刻意曰：『精用而不已則勞，勞則竭。』又曰：『動而以天行，此養神之道也。』蓋謂能內守勿失，則可合於天倫也。莊子人間世『內直者與天爲徒』，亦即此義。」按：愛，惜。端，直。內端者，心地正直者。希，周髀算經下「希望北極中大星」注：「仰也。」謂仰望、希冀。此就「人」言。**天也者，神明之所根也。**○根，生根、扎根。下文云：「天受藻華，以爲神明之根者也。」**醇化四時，**○吳世拱曰：「醇，精醇也。言四時醇化萬物也。周易繫辭下：『天地絪緼，萬物化醇。』張平子東京賦：『淳化通於自然。』淳、醇聲轉。」按：醇，純厚。化，化生。**陶埏無形，**○陸佃曰：

「埏，和土也。」張之純曰：「陶，作瓦器也。」張金城曰：「荀子性惡：『夫聖人之於禮義也，辟則陶埏而生之也。』陶埏，猶曰調和。」按：埏，老子「埏埴以爲器」注：「和土。」陶埏，和土做陶器。此言如同和土做陶器一般製作。陶埏無形，謂把無形變爲有形。**刻鏤未萌，**○陸佃曰：「木曰刻，金曰鏤。凡此亦皆自然也，夫豈物刻而雕之？」吳世拱曰：「刻鏤，治也，與『陶埏』同。」張金城曰：「『木曰刻，金曰鏤』，爾雅釋器文。」按：刻鏤，猶言雕刻。萌，萌生。言天能雕刻尚未萌生之物。**離文將然者也。**陸佃曰：「（文）或作『父』；（將）或作『特』。」按：作「父」、作「特」，皆字之誤。○陸佃曰：「離，華離也。天道造始，而地事終之，故其言如此。」張之純曰：「『離』當讀如『麗』，謂刻鏤雖未形，而美麗之文已將呈露。凡此，亦皆自然也。」吳世拱曰：「離，同『𠢕』，微畫也。離文，文明也。將然，方然也。」張金城曰：「周禮『華離』乃『乖離』之誤，説見阮元校勘記。陸言『華離』者，蓋不必因於周禮。離文，與上『陶埏』、『刻鏤』並屬同義連語，猶曰華文麗藻，即下文『藻華』者是，言其文華之粲然也。張氏言『華麗之文』，近之。」按：離，附麗。文，紋飾。將然，未然之物。以上言天。**地者，承天之演，備載以寧者也。**○吳世拱曰：「載，載物也。寧，安也。道端：『地者，萬物所以得安也。』文子上德：『地承天，故定寧。地定寧，萬物形。地廣厚，萬物聚。定寧無不載，廣厚無不容。』」張金城曰：「演，文選西都賦注引蒼頡篇曰：『引也。』又釋名釋言語曰：『演，延也，言蔓延而廣也。』春秋繁露王道通三篇云：『地，天之合也。』蓋言其媲承於天，以合行其義也。」按：承，承載。演，蔓延。備，全。寧，静。此言地。**吾將告汝神明之極。**○吳世拱曰：「吾，泰一自謂。」按：汝，謂泰皇。極，極致。**天、地、人事，三者復一也。**○張金城曰：「此蓋同法於自然故也。老子『人法地，地法天』云云，是之謂也。」按：復，又。一，相同、統一。張引老子，見二十五章。**立置臣義，**張金城曰：「此下疑有脱文。」按：臣，與上天、地、人相對，所謂四則，張説殆非。○陸佃曰：「此將從體起用，和同天人之際，使之無間，故先建立君臣之義。」吴世拱曰：「君臣以義合，故云義。」按：立置，設置、設立。義，宜。臣義，臣所宜也。**所謂四則。**張金城曰：「謂，古本作『陳』。」按：張云古本未知何本，殆未可據。○陸佃曰：「四則，即上文所云『傅謂之得天之解』、『傅謂之得天地之所始』、『傅謂之得道之常』、『傅謂之聖人』。」吴世拱曰：「天、地、人、君臣四項也。」按：則，爾雅釋詁：「常也。」四則，天、地、人（君）、臣義四者也。**散以八風，**○陸佃曰：「東方曰明庶風，西方曰閶闔風，西南曰涼風，東北曰融風之類。散，謂散上四則。他皆放此。」吴世拱曰：「八風：條風、明庶風、清明風、景風、涼風、閶闔風、不周風、廣莫風。高誘謂：『八風，八卦之風也。』易緯云：『八節之風謂之八風。』」按：散，布散。八風，八方之風。**揆以六合，**○陸佃曰：「揆，言總之六合之内也。」按：揆，度，量。六合，上、下、四方。**事以四時，**○吴世拱曰：「四時生長實斂，故言事。」按：事，從事、工作。以上三句就天言。**寫以八極，**○陸佃曰：「寫，言放之八極之外也。」張金城曰：「淮南厚道篇：『廓四方，拆八極。』高誘注：『八極，八方之極也。』廣雅釋詁一：『寫，盡也。』」按：寫，當借爲「瀉」，傾瀉。**照以三光，**○三光，謂日、月、星。以上言地。**牧以刑德，**陸佃曰：

「(牧)或作『收』。」按：作「收」者「牧」字之誤。○吴世拱曰：「牧，御也。」張金城曰：「刑德者，韓非子所謂『二柄』是也。」按：牧，治。刑德，刑法與賞賜。此句就人君言。**調以五音，正以六律，分以度數，表以五色，改以二氣，**○陸佃曰：「亭之以温凉，毒之以寒暑。」吴世拱曰：「(二氣)陰陽寒暑。」張金城曰：「老子五十一章：『亭之毒之。』此言陰陽二氣之和養汩蕩也。」按：表，謂表明身份。五色，蓋指服色。此就臣義言，謂以五音調其階，以六律正其聲，以度數分其等，以五色之服明其貴賤尊卑，以陰陽(刑賞)二氣改其善惡。改，變。**致以南北，齊以晦望，**○陸佃曰：「南北，謂日；晦望，謂月。」張金城曰：「漢書天文志：『日冬則南，夏則北。冬至於牽牛，夏至於東井。』是『南北謂日』之説也。」按：致，達，表達。南北，蓋謂日之南回北回，張説近是。齊，整齊。晦，月盡；望，月圓，皆月相，此猶言晦朔。言天以日之南回北回表達一年之始末，以月之晦朔整齊一月之始末。**受以明曆。**○陸佃曰：「曆，謂日月星辰。蓋四則至矣，而其道無乎不在。在此爲此，在彼爲彼，故八風得以散，六合得以揆，四時得以事，八極得以寫，三光得以照，五音得以調，六律得以正，刑德得以牧，度數得以分，五色得以表，二氣得以改，南北得以致，晦望得以齊，明曆得以受。然則道之所在，於彼乎？於此乎？其亦無所不在乎？故曰天、地、人事，三者復一也。」按：受，同「授」，敬授民時之授。曆，曆法。

「日信出信入，南北有極，度之稽也。○陸佃曰：「此申『致以南北』之義。冬至日在牽牛，夏至日在東井，其長短有度。」吴世拱曰：「王鈇曰：『日誠出誠入，南北有極。』」按：信，誠。極，極點、盡頭。度，度數。稽，考，所稽考。此句亦見帛書黃帝書經法論。**月信死信生，進退有常，數之稽也。**○陸佃曰：「此申『齊以晦望』之義。三五而盈，三五而缺，其損益有數。」吳世拱曰：「王鈇曰：『月信死信生，終則有始。』」按：信，誠實、有信。死，盡、無。生，有。進退，猶盈虧。常，一定。數，數字。此句亦見帛書黃帝書經法論。**列星不亂其行，代而不干，位之稽也。**陸佃曰：「（而）或作『以』。」按：作「以」者非。○陸佃曰：「此申『受以明曆』之義。五位二十八舍，各有常次。」張金城曰：「五位，本是四方、中央之稱，此則指天文五宮也。」按：列星，衆星。行，運行。代，交替、輪流。干，犯。位，地位、位置。**天明三以定一，則萬物莫不至矣。**陸佃曰：「（矣）或作『以』。」按：作「以」者以音誤。道藏本無「至」字，闕二字，亦非。○陸佃曰：「（天明三以定一）義見下文。」張金城曰：「陸云蓋未當也。天明三者，文承上日、月、列星而言。至『莫不至矣』，文氣已足，蓋謂垂照無過也，即天文志『五星循度，亡有逆行，日不食朔，月不食望』是也。定一者，謂定於自然之道。」按：三，蓋指上日、月、星三事。一，蓋指人事。**三時生長，一時煞刑，四時而定，天地盡矣。**○陸佃曰：「此言方其生長，則三不後於一；方其殺刑，則一不後於三，以明三極之道莫知其孰急也。」吳世拱曰：「煞，廣韻：『俗殺字。』此之謂明三以定一。」張金城曰：「生長殺刑云者，莊子則陽曰『陰陽相照相蓋相治，四時相代相生相長』是也。蓋化不時不生，陶陽迭治，四時有定，則天地之道盡至矣。」按：三時，謂春、夏、秋三季。一時，謂冬季。四時而定，天地之位定矣。帛書黃帝書經法論約云：「三時成功，一時刑殺，天地之道也。四時而定，不爽不代（忒），常有法式。」

「夫物之始也傾傾，陸佃曰：「（傾傾）或作『鴻鴻』。」洪頤煊曰：「傾，當爲『鴻』字之訛。淮南精神訓『澒濛鴻洞』高誘注：『澒，讀項羽之項。』楚辭遠遊篇『貫澒濛以東竭兮』王逸注：『澒濛，氣也。』『澒濛』通作『鴻濛』，故字亦作『鴻』。」俞樾曰：「注云『傾傾，未正之貌』，此望文生訓也。傾傾，當爲『澒澒』。淮南子精神篇『澒濛鴻洞，莫知其門』高誘注：『皆未成之氣。』澒澒，猶鴻濛，『澒』、『濛』疊韻；『澒澒』疊字，皆形況之辭。學者多見『傾』少見『澒』，因誤作『傾』耳。注言或作『鴻鴻』，此可見古本之作『澒澒』也。」吳世拱曰：「傾，當作『澒』，氣也。『鴻』與『澒』，聲轉也。」**按：**諸説是，「傾」當是「澒」字之誤。○陸佃曰：「傾傾，未正之貌。」吳世拱曰：「言物之始具氣渾然也。子華子執中：『恢瀚濛澒而不容。』莊子在宥『適遭鴻濛』司馬注：『自然元氣也。』」**按：**澒澒，渾沌無形之貌。**至其有也録録，**○陸佃曰：「未能拔於常流之中，故曰録録。」張之純曰：「録録，不自異也，史記平原君傳『公等録録』是其證。」吳世拱曰：「録録，衆多參差貌。」張金城曰：「老子三十九章：『不欲琭琭如玉。』洪頤煊叢録曰：『琭琭，猶「録録」。』廣雅釋訓：『逯逯，衆也。』説文：『娽，隨從。』並通用字。又淮南子精神篇：『渾然而往，逯然而來。』蓋皆言其自成不彰之義。」**按：**録録，即「逯然」，有輪廓之貌。**至其成形，端端王王。**王氏本「王王」作「玉玉」，云：「『端玉』、『顓頊』，通用字。」孫人和曰：「王王，乃『正正』之訛。端端、正正，文誼並同。路史前紀三引作『正正』，王校謬甚。」張金城曰：「『王王』於義未協，當作『正正』。路史卷三正作『正正』，且後文云：『按圖正端。』亦與此相應，是其證也。」**按：**孫、張説是，「王」當是「正」字之誤，王氏本亦非。○陸佃曰：「端端，『傾傾』之反；王王，『録録』之反。」張金城曰：「『端』、『正』義同。謂其始末已分，不復鴻濛渾沌，琭琭珞珞也。」按：端端正正，定形之貌，諸説非。**勿損勿益，幼少隨足。**陸佃曰：「（勿）或作『物』。」按：作「物」者誤。○陸佃曰：「各隨其性而足，無事於老。」張金城曰：「此言皆得性分之全也，孟子所謂『萬物皆備於我』者是也。注言無事於老者，老子曰：『物壯則老。』事於老，則有欠矣。」按：勿，不。損，減；益，增，就其形言。幼少，小時候。隨足，與之俱來。張引孟子，見盡心上；引老子，見三十章。**以從師俗，**○陸佃曰：「仰以從於師，俯以從於俗。」張金城曰：「從者，順隨之義。此即無不自得之謂。」按：從，隨。師，師長。俗，習。

毋易天生，毋散天樸；自若則清，動之則濁。孫人和曰：「路史引『天樸』作『太樸』。」按：作「太樸」非，當是「天樸」之誤。○陸佃曰：「人心譬如槃水，莫動則平，不撓則清。微風過之，則不可以得水形之正矣。」張之純曰：「天樸，猶大樸也。心如止水，止則清，撓則濁。」吴世拱曰：「自若，自適也。」張金城曰：「天生，猶天性也，與天樸義同。呂覽本生篇『立官者以全生』注：『生，性也。』蓋天性純然，散易之則爲器，而有所局矣。樂記云：『人生而静，天之性也；感於物而動，性之欲也。』又曰：『人，化物也者，滅天理而窮人欲者也。』蓋即清静動濁之説也。」按：毋，不要。易，改變。天生，自然所生。安，分。樸，質樸、本色。自若，自然。清，純；濁，亂。**神聖踐承翼之位，**○陸佃曰：「承翼之位，蓋天位也。前後曰承，左右曰翼也。」吴世拱曰：「承翼，謂鼎也。鼎，古王傳國之寶，故言與神皇合德。言踐寶位與天合德也。承，指足言；翼，指耳言。」張金城曰：「陸云左右前後者，尚書皋陶謨『天子必有四鄰：前儀、後丞、左輔、右弼』，蓋近之。」按：神聖，謂聖人、天子。踐，履。承，載；翼，覆。承翼，謂天地之間，諸説殆非。**以與神皇合德。**○陸佃曰：「五精之帝謂之神后，則神皇蓋昊天也。」張金城曰：「五精之帝者，蓋即禮記月令所述『東方帝太昊，神勾芒；南方帝炎帝，神祝融；西方帝少皞，神蓐收；北方帝顓頊，神玄冥；中央帝黄帝，神后土』之謂也。」按：神皇，天帝，即泰一。**按圖正端，以至無極。**陸佃曰：「（無）或作『天』。」按：作「天」者誤。○吴世拱曰：「圖，圖録也。端，坐位也。一曰：圖，席也。」張金城曰：「按圖正端，蓋即道端篇『化坐自端』之義。」按：圖，地圖。正，吕覽順民「湯克夏而正天下」注：「治也。」端，直也、正也。正端，蓋猶治理。無極，就地言。**兩治四致，**陸佃曰：「治，或作『祭』。」俞樾曰：「作『祭』者是也。『祭』者，『際』之假字也。兩際四致，即淮南原道篇所謂『施四海際天地』也。上際天，下際地，是謂兩際。東南西北各至其極，是謂四致。」張金城曰：「俞説是。路史循蜚紀注引正作『際』。」按：俞説是。作「祭」者「際」之借，作「治」者以音誤。○陸佃曰：「兩治，上下察也。四致，普遍四方也。」張金城曰：「蓋云神聖體天立制，依象盡意，故其化玄遠無極，直參於兩治四致之間。致，中庸『其次致曲』注：『至也。』四致，猶四至、四極，即四方普遍之謂。」按：兩，謂天地。祭，借爲「際」，接也、止也。四，謂四方。致，達也、至也。承上就「神聖」言。**間以止息，**陸佃曰：「（止）或作『上』。」張金城曰：「路史引作『閒以不息』。」按：作「上」者「止」字之誤。「間」不誤，路史非。○陸佃曰：「隨緣越感，無所不周。如上所謂，可謂至矣。然而動息則静，語息則嘿，豈常離此寂然之地哉？」張金城曰：「此蓋『三時生長，一時煞刑』之義也。蓋張而不弛，文、武弗能；弛而不張，文、武弗爲；陰陽時，弛張中，其道斯行矣。」按：間，夾雜。止息，停止、休息。**歸時離氣，以成萬業。**○陸佃曰：「離，附也。取譬言之，借如五精之指，其道各遍五方，而太昊司春、少昊司秋者，所以歸時離氣，以成萬業也。」吴世拱曰：「歸，揆也。離，理也，治也。淮南精神訓：『剛柔相承，萬物乃形。』」張金城曰：「歸、離，皆附離偶合之義。『時』、『氣』，上所云『四時』、『二氣』是也。」按：歸，歸附。時，四時。離，附麗。氣，陰陽二氣。成，成就。萬業，百業、各業。**一來一往，視衡低仰。**○陸佃曰：「彼來此往，而低仰視車之衡，所以同乎人也。禮曰：『國君綏視，大夫衡視。』又曰：『執天子之器則上衡，國君則平衡，大夫綏之。』或曰：衡如權衡之衡。衡之低仰，應物而已，何所容其心哉？」張之純曰：「曲禮曰：『大夫衡視。』蓋彼來此往，而低仰視車之衡，所以同乎人也。」吴世拱曰：「視，相也。言如衡，隨物之輕重而低仰也。」張金城曰：「曲禮下曰：『執天子之器則上衡，國君則平衡，大夫則綏之。』又：『國君綏視，大夫衡視。』鄭注並釋『衡』爲平。上衡，謂高於心；平衡，謂與心平；衡視，謂平視於面，皆無車衡之義。」按：一來一往，謂天子巡視天下。衡，平視。低，下視。仰，上視。視衡低仰，言其視察之細致，諸説似皆非。**五官六府，分之有道。**○吴世拱曰：「道，理也。謂分得其理也。五官，五行之官也。六府，加以穀。管子五行：『具五官於六府也。』左文七年傳：『水、火、金、木、土、穀，謂之六府。』」張金城曰：「曲禮下：『天子之五官曰司徒、司馬、司空、司士、司寇，典司五衆。天子之六府曰司土、司木、司水、司草、司器、司貨，典司六職。』分之有道者，謂官職之守自然有理。而所以如此者，則鉤考之具不備，而樸素全真也。」按：五官六府，蓋即張引曲禮之五官六府，謂天子所設之官署。分，區分。有道，有條理，不紊亂。

無鉤無繩，渾沌不分；○陸佃曰：「曲者不以鉤，直者不以繩，而渾沌全矣。故曰『擢六律塞師曠之耳，散五彩膠離朱之目，毁絶鉤繩，儷工倕之指，而天下之人始含其樸矣』。」張之純曰：「渾沌，元氣未判也，莊子應帝王所謂『日鑿一竅，七日而渾沌死矣』。」張金城曰：「陸注『故曰』云云者，莊子胠篋文，注以爲『用其自能，則規可棄，而妙匠之指可攦也』是也。攦，疏云：『折也。』陸注作『儷』，蓋形誤。鉤，鉤考之具；繩，畫直之物。鉤繩，蓋指刑法、法律。渾沌，未開化之狀。分，化。」

大象不成，事無經法；精神相薄，乃傷百族。○陸佃曰：「此明渾沌之不可判也。蓋僞生真死，而渾沌判矣，則精神相戰，百族爲之不寧。南華曰：『上倍日月之明，下爍山川之神。』蓋謂是乎。」張之純曰：「（薄）音博，迫也。精神相戰，百族爲之不寧，蓋言真死由於僞生也。」吴世拱曰：「言不法天地之大象，則無經法。薄，迫也。族，類屬也。」按：大象，大法。精神，主觀意志、思想。薄，同「迫」，脅迫。精神相薄，謂不以法而以意志脅迫人。傷，傷害。百族，衆族、衆人。

偷氣相時，後功可立。陸佃曰：「（相）或爲『祖』。」張之純曰：「禮祭法：『相近於坎壇，祭寒暑也。』陳澔注以『相近』爲『祖迎』之誤，釋『祖』爲祖送寒暑。據此，可作『相』字爲『祖』之證。然『相近』二字見於左傳，所謂相時而動，有自然之象。」按：作「祖」者「相」字之誤，張説是。○陸佃曰：「盜陰陽之和以載其形，而還以相時。」張之純曰：「偷，薄也。氣薄則精神不薄，百族不傷，故功可成也。」張金城曰：「陸注釋『偷』爲盜者云云，於義不協。老子四十一章：『建德若偷。』王弼注：『偷，匹也。』此『偷』字亦當是此義。偷氣，謂與二氣相匹偶也。

偷氣相時，即上文『歸時離氣』之謂。上言『以成萬業』，此言『後功可立』，義亦相偶。注『盜陰陽之和』云者，見列子天瑞篇。」按：張金城説是。偷氣，謂與二氣相匹。相，察也。相時，謂察其時令。**先定其利，待物自至；素次以法，物至輒合。**○陸佃曰：「（自至）不迎。」張之純曰：「素次，猶言豫次也。」吳世拱曰：「素，先也，預也。次，布列也。」按：定，猶設。物，謂人、民。所謂設其利而民自至。素，預先。次，列、陳。合，適應。

「法者，天地之正器也，○吳世拱曰：「器，物也，道也。」張金城曰：「周易繫辭上傳曰：『制而用之謂之法。』言裁制其物而施用之，可以垂爲典範也。以其爲用之無忒，故謂之正器。器，淮南原道『故天下神器』注：『物用也。』」按：正天下之器，故曰正器。**用法不正，玄德不成。**○陸佃曰：「所謂亂天之經，逆物之情，玄天弗成。」吳世拱曰：「『正』、『成』、『政』爲韻。」張金城曰：「陸注『所謂』云者，見莊子在宥篇，疏云：『亂天然常道，逆物真性，即譎詐方起，自然之化不成。』」按：正，平、公正。玄德，即老子十章之「玄德」，幽冥之德。**上聖者與天地接，結六連而不解者也。**陸佃曰：「（六）或作『交』。」張金城曰：「作『六合』者是也。全句一氣貫下，即上文『神聖踐承翼之位，以與神皇合德』之謂。」按：作「交」者「六」字之誤。諸本無作「六合」者，張説亦非。○陸佃曰：「六連，六合也。老子曰：『善結者無繩約而不可解。』」吳世拱曰：「接，合也。」張金城曰：「陸注解『六連』爲六合，不知何據。引老子，見二十七章。王注云：『因物自然，不設不施，故不用關鍵繩約而不可開解也。』」按：接，結合。六，泛指多數。連，連環、結。

解，開解。接六連而不解，喻結合之緊密牢固。**是故有道南面執政，以衛神明，左、右、前、後，静侍中央。**陸佃曰：「或無『侍』字。」按：無「侍」字者脱。○陸佃曰：「此言君無爲也，而臣亦無爲也。」張金城曰：「有道者，合德於神皇者是也。方其爲政，非敢以身輕天下，乃以衛天地神明也。左輔、右弼、前疑、後丞之鄰，皆静正以維之，而君主中央，上文云『按圖正端』是也。」按：南面執政，謂爲君在上。衛，護、守。左、右、前、後，謂臣。侍，侍奉。中央，謂君。**開原流洋。**○陸佃曰：「洋，若今海之有洋也。」張之純曰：「原，古源字。洋，猶今言海也。孟子曰：『原泉混混，不舍晝夜，放乎四海。』」吴世拱曰：「洋，溢揚也。言開道德之原，而流溢洋也。」張金城曰：「此本立道生、自得逢原之論也。君道體天，故化如流洋也。」按：原，同「源」，源頭。開其源而流如洋，言開源之重要。**精微往來，傾傾繩繩。**陸佃曰：「或作『鴻繩繩』。」吴世拱曰：「傾，亦當作『澒』，與『鴻』通用，渾沌浩大貌。」張金城曰：「此『傾傾』，亦當作『澒澒』，謂未成形之氣。」按：陸見或本是。○陸佃曰：「傾傾，側貌。繩繩，正貌。」張之純曰：「繩繩，直貌。」吴世拱曰：「老子：『繩繩不可名。』注：『動行無窮極也。』簡文注：『無涯際之貌。』」張金城曰：「繩繩，即正正，已成形之貌也。此言南面執政者立制天成，張弛之迹玄妙幽微，其始也如氣之鴻濛，其成也如物之有形，妙物全真。」按：精微，承上謂有道之君之意志。澒澒，浩大貌。繩繩，無涯際貌。言君之思想浩大無涯際。**内持以維，外紐以綱。**陸佃曰：「（綱）或作『經』。」按：作「經」者非。○内，内心、思想上。維，大繩、大綱。外，行動上。紐，猶持、秉。綱，大綱、綱紀。此言君主治國之術。**行以理執，紀以終始。**

陸佃曰：「（埶）或作『執』。」按：叢刊本、朱氏本作「執」，注同。吴世拱本從叢刊，注文「埶」、「執」二字互易，曰：「或作『埶』，是也。」按：作「執」者字之誤。○埶，同「勢」。理勢，自然之勢。行以理勢，猶言順其自然。紀，綱紀。終始，整個過程，猶言終身。紀以終始，謂終身以爲綱紀。此亦言君。**同一殊職，立爲明官。**○陸佃曰：「聯之使同，統之使一。」吴世拱曰：「本同事殊也。明官，五行之官也。」按：殊，異。明，明顯。此言臣，謂同爲臣而職各異，各立一官也。**五范四時，各以類相從。**「四時」疑有誤。道藏本闕「時各」二字。○陸佃曰：「五范，五音也。義見下文。」張金城曰：「此所言者，皆是南面立政之要。若詰其所以，則合天是也。」按：范，爾雅釋詁：「法也。」五范，蓋即五刑。**昧玄生色，**陸佃曰：「（昧）或作『味』。」吴世拱曰：「昧，或作『味』，聲轉。白虎通禮樂：『味之爲言昧也。』」按：作「味」者「昧」字之誤。○陸佃曰：「春夏之華，發於玄冬。」張金城曰：「此老子所謂『明道若昧』是也。」按：昧玄，色彩不明之貌。色，色彩。陸說近是。**音、聲相衡。**○陸佃曰：「衡，平也。」張金城曰：「此言音聲之和，應四時而調也。」按：周禮鼓人疏曰：「單出曰聲，雜比曰音。」是音、聲之别。衡，平衡。

「東方者，萬物立止焉，故調以徵；陸佃曰：「或作『東方生物，圖揭立止焉』。」按：或本以例當非。○陸佃曰：「止，猶植也。徵屬南方，而今此言於東方者，蓋言以調東方而已，非謂分配東方也。下皆放此。」俞樾曰：「止，乃基址之址。陸注曰『止，猶植也』，未得其義。」張之純曰：「（徵）音旨，祉也，物盛大而繁祉也。」吴世拱曰：「止，阯也。言萬物立阯於春也。說文『止』下云：『下基也，象草木出有阯。』此本義僅存於舊籍者。朱駿聲謂當以足止爲本義，其説疏甚。記月令、白虎通等皆謂木角、火徵、金商、水羽、土宮，與此別，蓋各述所聞也。『止』、『徵』聲轉也。白虎通禮樂：『徵者，止也。』漢書律曆志：『徵，祉也。』下『羽羽』、『商章』、『録角』等皆依聲立訓，與此同例。」按：止，猶「足」，基址。調，調和。徵，五音之一。「徵」、「止」聲轉，此以聲訓，吴説是。**南方者，萬物華羽焉，故調以羽；**○張之純曰：「羽，宇也，物聚藏宇覆之也。」吴世拱曰：「羽，舒舞也。言萬物華舞也。」張金城曰：「風俗通義聲音卷：『羽者，宇也，物聚藏宇覆之也。』於五行爲北方水。此言南方，又言華羽，蓋與事實相違。」按：羽，舒也。華羽，謂榮華舒發。素問五常政大論「其蟲羽」注：「羽，火象也。」「調以羽」之羽，五音之一，故以相調。**西方者，萬物成章焉，故調以商；**○吴世拱曰：「漢書律曆志：『商之爲言章也，物成孰可商度也。』『商』、『章』爲韻。」按：章，花紋。物成而有章。西方萬物成，故曰成章。商，五音之一。「商」、「章」亦以聲訓。**北方者，萬物録臧焉，故調以角；**○吴世拱曰：「録，登録也，檢束也。臧，藏也。經傳以角屬木，故訓爲觸。此以角屬北方水，故依聲訓爲録。」按：録，廣雅釋詁三：「具也。」臧，同「藏」，收藏。角，五音之一。又爾雅釋地：「北方之美者，有幽都之筋角焉。」**中央者，太一之位，**○陸佃曰：「北極天地之中，而其一明者，太一之座。」張金城曰：「史記天官書云：『中宮，天極星。其一明者，太一常居也。』」按：中央，謂天之中央。太一，即前文「泰一」，天神。太一居中宮，故以宮調。**百神仰制焉，故調以宮。**○陸佃曰：「夫道至矣，而更推以爲先。記曰：『夫禮，必本於太一，分而爲天地，轉而爲陰陽。』」張之純曰：「宫，中也。居中央，暢四方，唱始施生，爲四聲綱也。」吴世拱曰：「此亦以聲訓『宫』爲中也。律曆志云：『宫，中也。居中央，暢四方，唱始施生，爲四時綱也。』白虎通禮樂：『宫者，容也、含也，含容四時者也。』亦以聲爲訓。」按：天神所居，故百神仰制焉。**道以爲先，舉載神明。**○吴世拱曰：「以聲音爲先。舉，用也。載，安也，事也。言樂通幽遠，所以安事神明者也。」張金城曰：「荀子榮辱『使人載其事』注：『載，行也，任之也。』又王注老子『載營魄』云：『猶處也。』居載神明，猶曰皆合乎神明也。」按：道，同「導」，引導。爲先，爲百神之先。舉，全，盡。載，猶「戴」。**華天上揚，本出黄鐘。**陸佃曰：「或作『華物天上』。」吴世拱曰：「一曰：『華』下有『物』字，『天』字衍文。舊校作『華物天上』，『天』亦衍文，又脱『揚』字。」按：作「華物」者或涉下「以木華物」而誤，吴説似非。○陸佃曰：「疑此樂章之名，蓋若皇華折揚也。」張之純曰：「五聲之本，生於黄鐘之律，九寸爲宫，或損或益，以定商、角、徵、羽。」吴世拱曰：「華，開也。記曲禮：『爲國君者華之。』注：『中裂之。』揚，陽也。本，始也。記月令仲冬『黄鐘』注：『黄鐘者，律之始也，九寸。』華天，天開也。上揚，使陽氣上也。言天開於子，黄鐘出下陽以應天也。」張金城曰：「注言『皇華折揚』者，莊子天地篇云『折揚皇荂，則嗑然而笑』是也。皇荂，釋文云：『又作「華」，音花。』疏云：『皇華折揚，蓋古之俗中小曲也。』陸氏疑『華天上揚』爲樂章之名，或是。然下文云『本出黄鐘』，律吕十二，僅提及此，且與上下文義脱節，疑此或有脱文。本出黄鐘，淮南天文篇：『黄者，土德之色。鐘者，氣之所鐘也。日冬至，德氣爲土，土色黄，故曰黄鐘。』又曰：『黃鐘爲宫，宫者，音之君也。』蓋諸律之數，皆本自黃鐘，故曰本出黃鐘。」按：華，光華，引申有黃義。詩葛覃疏：「華，黃也。」上揚，動也。又白虎通禮樂：「鐘之爲言動也。」故曰本出黃鐘。**所始爲東方，萬物唯隆。**道藏本、弘治本闕「東方」二字。○吴世拱曰：「隆，興起也。言十一月黃鐘上揚，孳養萬物，至此始隆然出之可見也。所始，其始也。『隆』、『鐘』爲韻。」張金城曰：「月令『其日甲乙』注云：『日之行，春東從青道發生萬物。』此所始東方萬物唯隆之説。」按：萬物始動於東方，故曰所始爲東方。隆，興。

「以木華物，天下盡木也，使居東方主春。○張之純曰：「東，動也。陽氣動物，於時爲春。春，蠢也，物蠢生乃動運。」張金城曰：「春秋繁露五行逆順云：『木者春生，氣之始。』此蓋言行木德之仁，則萬物光華榮茂也。盡木者，月令所謂『盛德在木』是也。」按：華，榮華。華物，使物榮華。木主春，居東方。**以火照物，天下盡火也，使居南方主夏。**○張之純曰：「南，任也。陽氣任養物，於時爲夏。夏，假也。物假大乃宣平。」張金城曰：「尚書洪範：『火曰炎上。』」按：照，照耀。火主夏，居南方。**以金割物，天下盡金也，使居西方主秋。**○張之純曰：「西，遷也。陰氣遷落物，於時爲秋。秋，揫也，物揫斂乃成熟。」張金城曰：「書曰：『金曰從革。』」按：割，廣雅釋詁一：「斷也。」金主秋，居西方。**以水沉物，天下盡水也，使居北方主冬。**○張之純曰：「北，伏也。陽氣伏於下，於時爲冬。冬，終也，物終藏乃可稱。」張金城曰：「書曰：『水曰潤下。』」按：沉，淹沉。水主冬，居北方。**土爲大都，天下盡土**

也，使居中央守地。土，叢刊本、朱氏本誤「上」。孫人和曰：「緜眇閣本『上』作『土』，是也。以上下文例之，此行當有『以』字。」按：孫説是，當作「以土爲大都」。○張之純曰：「中央者，陰陽之内，四方之中。經緯通達，乃能端直，於時爲四季。」張金城曰：「月令：『中央土。』疏曰：『以木配春，以火配夏，以金配秋，以水配冬。以土，則每時輒寄王十八日也。』此即大都盡土之事。」按：都，都邑。大都，天子之都，京城。守地，守四方。土屬地，居中央。**天下盡人也，以天子爲正。**○陸佃曰：「此言太一司天，而分任五方，又以天子治之。」吴世拱曰：「正，長也。」張金城曰：「老子云：『故道大，天大，地大，王亦大。域中有四大，而王居其一焉。』王注：『天地之性，人爲貴。而王是人之主也，雖不職大，亦復爲大，與三匹，故曰王亦大也。』是天子人正之謂也。」按：人，民。正，長，吴説是。張引老子，見二十五章。

「調其氣，○陸佃曰：「調其五行之氣，木蘊、金清之類。」吴世拱曰：「『氣』、『味』爲韻。」張金城曰：「五行之氣者，子華子北宫意問篇『水之列也，火之炎也，土之蒸也，木之温也，金之清也，此以其氣言也』是。」按：其氣，五行之氣：列、炎、蒸、温、清。陸説不誤。**和其味，**○陸佃曰：「和其五行之味，水鹹火苦之類。」張金城曰：「月令言『春德木，其味酸；夏德火，其味苦；秋德金，其味辛；冬德水，其味鹹；中央土，其味甘』是也。」按：其味，五行之味：酸、苦、辛、鹹、甘。二説是。**聽其聲，**○陸佃曰：「火焦、金殺之類。」吴世拱曰：「『聲』、『形』、『經』爲韻。」張金城曰：「此言聲者，即月令所謂宫、商、角、徵、羽是也。左傳昭公二十五年『章爲五聲』鄭注：『宫、商、角、徵、羽。』是『五音』、『五聲』，所名一也。又素問陰陽應象大論云：『木音角，在聲爲呼；火音徵，在聲爲笑；土音宮，在聲爲歌；金音商，在聲爲哭；水音羽，在聲爲呻。』蓋另爲一説。」按：聲，蓋即張引素問之呼、笑、歌、哭、呻是也。**正其形，**○陸佃曰：「木圓土方之類。」張金城曰：「子華子曰：『水之平也，火之鋭也，土之圓也，木之曲直也，金之方也，此以其形言也。』」按：正，正定。二説是。**迭往觀今，故業可循也。**陸佃曰：「（今）或作『令』；（循）或作『脩』。」按：作「令」、作「脩」者皆形之誤。○陸佃曰：「天下一致，來不異古，往不異今。却而觀之，則其業可循。近迭篇曰：『師未發軔，而兵可迭也。』蓋前却曰迭。」吴世拱曰：「迭，同『眣』，視也，審也。言察往觀今也。（故業可循）言大業得理也。『循』、『文』爲韻。」張金城曰：「此言隨四時之化，合五行之運以立政者，古今如一，業皆可得而循也。」按：「迭」當借爲「眣」，吴説近是。公羊傳文公七年注：「以目通指曰眣。」有視義。迭往觀今者，視往觀今也。故，舊。業，事。循，遵循、沿循。**首尾易面，**陸佃曰：「（面）或作『向』。」按：依注，本當作「向」，作「面」者即「向」字之誤。○陸佃曰：「春夏先，秋冬後，其方各有向焉，何可易也？」吴世拱曰：「『面』、『亂』爲韻。」張金城曰：「趙注孟子梁惠王下『東面而征西夷怨』云：『面者，向也。』」按：首尾，猶言古今。易，改。向，方向。首尾易向，蓋謂不循故業。**地理離經，**○陸佃曰：「天之首尾易向，則地理亦失其經。」按：離，背離。經，常道。**奪愛令亂，**○陸佃曰：「奪其所欲而亂。蓋天序易於上，地理離於下，則人其有不亂者乎？」張之純曰：「天序易於上，地理離於下，則人事亦亂於中。」吴世拱曰：「愛，好也。言奪天好生之德，使地之理亂也。」按：奪，剥奪、改變。愛，所好。令，使。亂，悖逆。奪愛令亂，猶令亂奪愛，言使悖逆之事剥奪所愛也。**上滅天文，理不可知，**○陸佃曰：「天文滅矣，地理安可知也？故曰文理相明者也。」吴世拱曰：「理，地理也。」按：滅，荀子臣道「滅其功」注：「掩没也。」國語晉語「滅其前惡」注：「除也。」理，謂地理。**神明失從。**張金城曰：「失，覆宋本、朱本作『矣』，蓋形近之誤。」孫人和曰：「緜眇閣本、聚珍本『矣』並作『失』，是也。作『矣』作『夫』，並形近之訛。」按：孫説是，作「矣」者形誤。叢刊本、吴注本亦作「矣」，非。王氏本作「奚」，亦誤。又陸佃曰：「（失）或作『夫』；（從）或作『徒』。」按：「失」作「夫」、「從」作「徒」，皆形之誤。○張之純曰：「天文既滅，地理又不可知，則神明失所從。」吴世拱曰：「天爲神明之根，文理既失，神明則無從出矣。」按：神明，謂精神。從，所隨。

「文、理者，相明者也。陸佃曰：「（文）或作『父』。」按：作「父」者「文」字之訛。○文，天文。理，地理。明，彰。**色、味者，相度者也。**○吴世拱曰：「度，調度也，成就也。」張金城曰：「度，爾雅釋詁：『謀也。』東方色青其味酸、南方色赤其味苦之類，並有常度。觀此謀彼，故曰色味相度。」按：度，量，衡量。**藻、華者，相成者也。**○陸佃曰：「對質曰藻，對實曰華。藻，文也。藻如草之藻，華如木之華。」吴世拱曰：「『成』、『請』爲韻。」張金城曰：「論語公冶長『山節藻棁』釋文：『藻，水草之有文者。』華，爾雅釋草：『木謂之華。』是細别藻、華之説也。」按：文選七啓「華藻繁縟」注：「藻，文采也。」與質相對，陸説是。

衆者，我而衆之，故可以一范請也。○陸佃曰：「請，如請益之請。蓋衆者自我而千萬，則其一之亦在我矣。請以一范，無不可者。」張之純曰：「我，一也。衆者，我之所積。推而至於千萬，則我亦在其中，故可以一范衆。范，與『範』通，法也。」吴世拱曰：「范，範圍也。請，治理也，又論也，讀如漢書賈誼傳『造請室而請罪耳』之請。王鈇：『衆者亦我而使之衆耳，何比異哉？』一曰：范，猶法也，例也。太玄：『文鴻無范。』注：『法也。』」按：我，謂個人。衆者我而衆之，言衆是由個人合成。一，同一。范，法規。請，問也、治也。衆由個人合成，故可用同一法規治理之。**順愛之政，殊類相通，**陸佃曰：「（相）或作『未』。」按：作「未」者非。○陸佃曰：「列子曰：『虎之與人異類，而媚養己者，順也。』」張金城曰：「注引列子，文見黄帝篇。」按：順愛，順其所愛。政，政令。殊，異。通，溝通。**逆愛之政，同類相亡，**○陸佃曰：「傳曰：『焉知父子不爲豺狼？』」吴世拱曰：「史記韓長儒傳引語曰：『雖有親父，安知其不爲虎？雖有親兒，安知其不爲狼？』」張金城曰：「孟子離婁下：『君之視臣如土芥，則臣視君如寇讎。』蓋此之謂。」按：逆愛，逆其所愛。亡，去、逃離。**故聖人立天爲父，建地爲母。**○張之純讀「母」連下「范者」爲句，曰：「父范、母范，猶今言師範也。人人有父母，即人人如此範，所謂大同之師也。」吴世拱曰：「此其大范也。易説卦：『乾，天也，故稱乎父。坤，地也，故稱乎母。』管子五行：『以天爲父，以地爲母。』淮南精神訓與管子同。」按：張讀非。帛書黄帝書十大經果童曰：「夫民仰天而生，待地而食，以天爲父，以地爲母。」亦無「范」字。建，亦立。

「范者，非務使云必同知一，期以使一人也。陸佃曰：「（范）或作『危』；（期）或作『明』。」按：作「危」、作「明」，皆字之誤。知，疑是「如」字之誤。○王闓運曰：「但知其本可一，不必强同。」

吴世拱曰：「范，即前『范請』之范。云，同『䝼』，衆也。必，猶盡也。知，通也。期，語詞，猶則也。言非即使盡同，能和通一人，則使一人同之也。」按：范，同「範」，法規。務，求。云，語助。必，必須。同，相同。如一，如一人。期，期望、要求。使，使令。一人，個人。**氾錯之天地之間，而人人被其和。**陸佃曰：「或作『人被其和』。」按：或本脱一「人」字。○陸佃曰：「此言聖人。蓋知一期以使一人，而惟是心焉。氾錯之天地之間，而人人被其和也。非務使之必同，故曰一人之情，千萬人之情是也。」張之純曰：「（氾）與『汎』同。」吴世拱曰：「氾，推廣也。錯，猶置用也。而，則也。和，和同也。又適也。『和』、『義』爲韻。」按：氾，玉篇：「普博也。」儀禮少儀疏：「廣也。」即廣泛義。錯，同「措」，置也。之，指範，法規。被，受。和，諧和。

和也者，無形而有味者也。○陸佃曰：「和者，道也。蓋道無形而有味。」吴世拱曰：「味，道甘也。」張金城曰：「無形有味，蓋言其可體覺而不可目見，如味之可嘗而無形指也。」按：張説近是，言「和」可體覺而不可目見。**同和者，仁也。**○陸佃曰：「與道同和。」吴世拱曰：「與天下和者爲仁。」按：同，共同。和，諧和。同和，和睦相處。**相容者，義也。**陸佃曰：「（容）或作『密』。」按：作「密」者「容」字之誤。○陸佃曰：「與道相密者義也。蓋不道則義不能容，不義則道不能容。」吴世拱曰：「容天下之異者爲義。」張金城曰：「文選答賓戲：『遇時不容。』項岱曰：『容，宜也。』蓋義者事之宜，與事相宜，是相容也。」按：相容，不相傷也。**仁義者，所樂同名也。**陸佃曰：「（同）或作『自』；（名）或作『召』。」按：「同」作「自」、「名」作「召」，皆字之誤，陸見或本非。○吴世拱曰：「同爲可樂之名。」按：言仁與義，是衆人可同用之名。名，稱呼。**能同所樂，無形内政。**陸佃曰：「（同）或作『因』。」按：作「因」者字之誤。○陸佃曰：「此言能同仁義之樂，則政法雖有而真空内之，蓋所謂真空者，無不礙有故也。」張之純曰：「此言能同仁義之樂，即無形之内政也。」張金城曰：「張説較是。同名者，上云和容是也。遊息於和容之境，故謂之仁義。無形，與下『調於無形』之『無形』，皆謂道也。内政，猶曰内主也。言所以能同所樂者，蓋有無形之道内主之也。」按：樂，喜也，好也。内，謂心。政，淮南子氾論「聽天下之政」注：「治也。」言衆人若能有統一喜好，則無形之和從内而治。**故聖知神方，調於無形，而物莫不從。**○聖，聖人。神方，神異之方。調，調合。物，謂人。

「天受藻華，以爲神明之根者也。○陸佃曰：「天受道之英華，以生神明。列子曰：『輕清者上爲天，重濁者下爲地。』」吴世拱曰：「藻華，地之藻華也。言天受地之藻華，爲神明之根也。上文云：『文理者，相明者也。』」按：藻華，文采光華。根，根基、根本。**地受時，以爲萬物原者也。**陸佃曰：「（時）或作『得』。」按：作「得」者誤。○陸佃曰：「地者受天之時，以産萬物。」吴世拱曰：「時，天之時也。言地受天之時，爲萬物原也。」張金城曰：「上文云『承天之演，備載以寧』是也。」按：時，天時。地受時而生萬物，故曰以爲萬物之原者也。**神聖詳理，**陸佃曰：「（詳）或作『祥』。或無『詳理』二字，作『庠惡』。」吴世拱曰：「『詳』作『祥』、『庠』，皆聲轉。」按：作「祥」、作「庠」，皆以音誤。「理」作「惡」，則涉下誤。○陸佃曰：「深契於理。」張金城曰：「孟子離婁下『博學而詳説之』注：『詳，悉也。』詳者，悉盡審明之謂，故詳理曰深契於理。」按：神聖，聖人。詳，詳知。理，謂天受藻華以爲萬物之根，地受天時以爲萬物之原之理。**惡離制命之柄，**陸佃曰：「或無『離』字。」按：無「離」字或是。○陸佃曰：「老子所謂『魚不可脱於淵，利器不可以示人』。」張金城曰：「老子三十六章：『魚不可脱於淵，國之利器不可以示人。』注云：『器不可親而物各得其所，則國之利器也，示人者任刑也。』引此者，以明神聖契理，因物之性，不假於僞而離經也。」按：惡，厭。制命，控制人命。制命之柄，蓋謂權術。**斂散華精，以慰地責天者也。**陸佃曰：「（責）或作『貴』。」張之純曰：「當從『貴』字。繹上下文，無責天之理，陸注未是。」按：慰地貴天不協，作「責」是也，張説非。○陸佃曰：「此言神聖契理而有以制命，則齏粉萬物而不爲戾，雖以慰地責天可也。昔者老子上毁五帝，通及三皇，而西域之學有喝佛罵祖者，豈近是乎？」吴世拱曰：「天散精斂華，地斂精散華，言神聖猶天地斂散華精也。慰，威也，則也。責，則也。言取則天地以爲治。」張金城曰：「慰，要也。慰地貴天，謂安乎地貴乎天也。蓋以天受藻華爲神明根，地依四時爲萬物原，故神聖安之貴之也。注云『齏粉萬物而不爲戾』者，語本莊子天道篇『䪡萬物而不爲戾』。」按：斂，舉；散，分。華精，謂天地之精華。慰，詩車舝「以慰我心」釋文：「怨也。」**調味章色，正聲以定。天、地、人事，三者畢此矣。」**○陸佃曰：「其道如上所謂，則天地人事豈有出於此乎？」張金城曰：「此言依四時應五行以立事，則自然玄同，天人合一矣。」按：調，和。味，五味。章，同「彰」，顯。調味章色，亦就聖人言。正聲，五行之聲。上文曰：「調其氣，和其味，聽其聲。」畢，完畢。

泰録第十一

○泰，指泰鴻、泰一。録，記録、記載。此篇承上篇，續論天、地、人事之道，當是上篇之續録，故名。或本係一篇，而後人分之。

入論泰鴻之内，出觀神明之外，定制泰一之衷，○陸佃曰：「衷之言中也。無所出入爲定。」吴世拱曰：「衷，中也，内也。泰鴻，元氣也，故言入論。神明所以出物照物，故言出觀。泰一執大同之制，故本之定制。」張金城曰：「衷，左氏閔二年傳『用其衷』注、僖二十八年傳『今天誘其衷』注並云：『中也。』定者，説文云：『安也。』乃止息之義。故注云無所出入爲定。」按：此承上篇，「泰鴻」與上篇同，指廣大無邊之天。神明，神靈。泰鴻篇曰：「天受藻華，以爲神明之根者也。」泰一，承上篇亦謂天神。衷，同「中」。

以爲物稽。○陸佃曰：「入而論泰鴻之内，出而觀神明之外，定而制泰一之衷，使物取稽焉。」張之純曰：「内論泰鴻，外觀神明，衷制泰一，所以使物取稽也。」吴世拱曰：「稽，計也，治也。」張金城曰：「泰鴻篇云：『泰一者，執大同之制，調泰鴻之氣，正神明之位者也。』以其執調正位，實爲中宰，故可以爲萬物稽。」按：物，事物。稽，考，所稽考、所取稽。**天有九鴻，**○陸佃曰：「拾遺記曰：『望三壺如聚米，視八鴻若縈帶。』説者以爲八鴻，八方之名。鴻，鴻大也。然則九鴻蓋九方歟。」吴世拱曰：「九鴻，即九野也。管子五行：『天道以九制。』淮南天文訓：『天有九野。』」張金城曰：「列子湯問『八紘九野之水』注：『九野，天之八方、中央也。』淮南子覽冥篇『上通九天』注：『八方、中央也。』又精神篇『天有四時五行九解』注：『一説八方、中央，故曰九解。』然則九鴻蓋九野、九天、九解之謂歟。」按：九鴻，即列子之「九野」，指八方與中央，諸説是。**地有九州，**○陸佃曰：「此即鄒子所謂『九州』，非禹別者也。」吴世拱曰：「御覽地部一引淮南墬形訓：『天有九部八紀，地有九州八柱。』」張金城曰：「九州，蓋如淮南墬形訓之神州農土、次州沃土、戎州滔土、弇州并土、冀州中土、臺州肥土、濟州成土、薄州隱土、陽州申土。」按：九州，即張引淮南子之九州，原文作：「何謂九州？東南神州曰農土，正南次州曰沃土，西南戎州曰滔土，正西弇州曰并土，正中冀州曰中土，西北臺州曰肥土，正北濟州曰成土，東北薄州曰隱土，正東陽州曰申土。」**泰一之道，九皇之傳，請成於泰始之末，**張金城曰：「路史循蜚紀注引此作『泰一之道，九皇之傳，清成之初，太始之末』。」孫人和曰：「路史前紀注引作『清成之初，泰始之末』，疑今本脱誤。」按：路史注殆非，未可據。○陸佃曰：「泰一之道至矣，故上篇云『九皇受傳，以索其然之所生』，而此又言其傳嘗請成於泰始，蓋非泰始莫足以知焉。其曰『末』者，言順下風而請也。」吴世拱曰：「以九皇稱九州長也。傳，敷也，治也。泰始，天地萬物本始也。末，微也。下文云：『精微者，天地之始也。』」張金城曰：「注云『順下風而請』者，莊子在宥篇：『黄帝順下風膝行而進。』天地篇：『禹趨就下風，立而問焉。』是其事。」按：九皇，九州之長。傳，師。請，問。成，現成。泰始，元氣，天地萬物之始。末，微。泰始之末，即下文「精微」。**見不詳事於名理之外。**陸佃曰：「或無

『不』字。」按：無「不」字者脱。○陸佃曰：「此言纔見其事之略而已。更當要其會歸，故下文云。」張之純曰：「不詳事，猶言大略也。」吴世拱曰：「不詳事，不審明之事物也。謂無形彎名理也，故見察於名理之外。」張金城曰：「名理者，下文云『理者，所以紀名也』是也。名理之外，道甚精，而見之不詳，故注曰『事之略』。」按：不詳事，事之大略。陸、張説是。名，當借爲「明」。明理之外，幽冥之中也。下「名理」同。**范無形，嘗無味，以要名理之所會。**○張之純曰：「此則得其詳矣。」吴世拱曰：「（范無形）范於無形也。『范』同『範』，模也。木曰模，竹曰範。記禮運『范金合土』注：『范，鑄作器用。』（嘗無味）嘗於無味也。以要名理之所會，言求名理之所由成也。下文云：『理者，所以紀名也。』形、味者，皆名理所由成。形由於無形，味由於無味，故范嘗至於無，以要名理之真實而探其原極也。」張金城曰：「無形、無味，質之所未始，名理之未著者也。」按：范，同「範」，下同，鑄器之模型。范無形，謂能爲無形之無制範。嘗無味，謂能嘗出無味之味。要，爾雅釋詁：「成也。」會，會合。**范者，味之正也。**味，當作「形」，涉上下文誤。○陸佃曰：「范者，形也。正，如『覆怨其正』之正。蓋形受養於味者也。」張之純曰：「能范無形，則飲食得其正味，故曰范者味之正也。」張金城曰：「禮運『范金合土』注：『范，鑄作器用。』是范者成形之稱，故曰『形也』。『覆怨其正』者，小雅節南山文，傳：『正，長也。』」按：諸説非。範爲形之模，故曰形之正也。**味者，氣之父母也。**○陸佃曰：「氣不足，補之以精；精不足，補之以味。」吴世拱曰：「以有氣皆有味也。」按：味散發氣，故曰爲之父母。**精微者，天地之始也。**陸佃曰：「精，或作『清』」；之始，或作『所治』。」按：作

「清」者「精」字之誤；作「治」者「始」字之誤。「所始」與「之始」同，然依例當作「之始」。○陸佃曰：「言形言味，而又言此者，蓋將要名理之所會，又當致此三者也。」吳世拱曰：「精微，謂元氣也。」張金城曰：「此由名理之内所可形覺者，以推源至名理之外所難察者，明其體以達其用，故曰『蓋將要名理之所會，又當致此三者也』。」按：精微，即泰始之末，元氣也。**不見形臠，而天下歸美焉。**陸佃曰：「或無『不』字。」形臠，王闓運訂作「形變」，曰：「陸誤作『形臠』。」按：無「不」字者脱。「形臠」用借字，王改非。○陸佃曰：「臠，肉也。」孫詒讓曰：「形臠，即埒也。史記司馬相如傳子虛賦：『脟割輪焠。』集解引郭璞云：『脟音臠。』漢書司馬相如傳顔注云：『脟字與「臠」同。』吕氏春秋察今篇『嘗一脟肉』，意林引作『臠』。『埒』、『脟』聲同，故『形埒』亦謂之『形臠』。陸注失之。」張金城曰：「孫説是。列子天瑞篇云『無易形埒』者，即此形臠矣。」按：臠，借爲「埒」，諸説是。淮南子本經「含氣化物，以成埒類」注：「埒，形也。」是「形臠」即形。不見形臠，統上「范」、「味」、「精微」三者言。美，善也，正也。**名尸神明者，大道是也。**陸佃曰：「（是）或作『正』。」張金城曰：「永樂大典一萬九千七百四十三引此作『名爲神明者』是也。此蓋承上文『出觀神明』句而來。作『尸神明者』，蓋涉度萬第八之句而誤。」按：作「正」者非，「名尸」不誤。度萬「名尸」上亦云「衆美貴焉」，大典誤，張説非。○張之純曰：「度萬篇曰：『地寧天澄，衆美歸焉，名尸神明。』」按：尸，主也。大道，天道、泰一之道。**夫錯行合意，扶義本仁，**陸佃曰：「（仁）或作『收』。」張金城曰：「『意』字疑是『義』之誤。」按：「本」下宜是名詞，作「收」者非。又「意」與「行」相對，不當作「義」，張説非。○張金城曰：「扶，説文：『佐也。』扶義，謂以義相援佐，即行義之謂。」按：錯，雜也。行，行動。合，會合、統一。意，思想。扶，扶持。本，根本。本仁，以仁爲根本。**積順之所成，先聖之所生也。**○吴世拱曰：「順，順道也。先聖，先王也。生，出也。」按：積，積累。順，爾雅釋詁：「叙也。」謂順序。言雜行而合意，扶義而本仁，積累順序之所成，是先聖之所産生的原由。

行其道者有其名，爲其事者有其功。○陸佃曰：「此言仁義之治，故行其道者有其名，爲其事者有其功。若夫聖人無名，神人無功，乘於道德而遊乎萬物之上，則豈局於仁義之域哉？故下文云。」張金城曰：「言聖人無名者，莊子逍遥遊云：『若夫乘天地之正而御六氣之辯，以遊無窮者，彼且惡乎待哉？故曰至人無己，神人無功，聖人無名。』」按：行大道者有神明之名，爲聖人之事者有聖人之功也。**故天地成於元氣，萬物乘於天地，**陸佃曰：「或無『元』字。」按：無「元」字者脱。○陸佃曰：「元氣，太虚也。太虚含天地，天地含萬物，故其言如此。」吴世拱曰：「上文云：『精微者，天地之始也。』乘，同『承』，受也。下同。」張金城曰：「二氣分而天地成，乾坤定而萬物生。易序云：『有天地然後萬物生焉。』」按：天地始於泰始之末，成於元氣。乘，文選演連珠「乘風載響」注：「猶因也。」**神聖乘於道德，**陸佃曰：「（乘）或作『秉』。」按：作「秉」者「乘」字之誤。○陸佃曰：「南華所謂『無訾無譽，一龍一蛇』者也。」張金城曰：「乘於道德者，莊子山木：『若乎乘道德而浮遊，則不然。無譽無訾，一龍一蛇，與時俱化，而無肯專爲。』」按：乘，因，依靠。**以究其理。**○陸佃曰：「或云萬物乘於聖，秉於道德，以救其聖神，以究天地萬物之理。」吴世拱曰：「究道德之理。」按：究，探究。其，指天地萬物，陸説是。陸注「救」字似有誤，「秉」亦當作「乘」。**若上聖皇天者，先聖之所倚威立有命也，**○陸佃曰：「堯、舜、三代，誥命未嘗不稱天者，蓋以倚威立命而已。若夫致治之自，則豈可以取賴於天哉？是在我者也。此紂之矯誣上帝，而無益於亂，故下文云。」張之純曰：「堯、舜、三代，誥命未嘗不稱天，蓋以倚威立命而已，非一切取賴於天也。殷紂云『我生不有命在天』，則謬矣。」吴世拱曰：「威，法也。爾雅釋言：『威，則也。』言依上聖皇天之法則爲萬物立命也。」張金城曰：「倚威立命者，書臯陶謨『天命有德』、『天討有罪』、『天明畏，自我民明威』，甘誓『恭行天之罰』，湯誓『天命極之』，泰誓『皇天震怒』者皆是也。云紂矯誣上帝者，蓋即泰誓中所云『謂己有天命，謂敬不足行，謂祭無益，謂暴無傷』之義。」按：倚，依仗、憑借。威，威嚴。立，猶成。有，詞頭。有命，即命。

故致治之自在己者也。○張之純曰：「自，從也。此言致治之自不在天而在己，所謂人定勝天也。」吴世拱曰：「自，始也。言在己之慎始如何也。」按：致，達到。治，天下大治之治。自，由也，所從來也。**招高者高，招庳者庳。**○陸佃曰：「此言治之汙隆，顧我所以招之如何，未有囿於管晏之卑而可以招堯舜之高者也。」張金城曰：「庳，史記司馬相如傳『其庳濕』索隱：『庳，下也。』注言『囿於管晏之卑』者，蓋即孟子公孫丑上『管仲以其君霸，晏子以其君顯』之謂。」按：招，後漢書班固傳注：「猶舉也。」庳，同「卑」，低。

故成形而不變者，度也。○張金城曰：「成形而不變者，列子天瑞篇云：『形之所形者實矣，而形形者未嘗有。』形形者，度是也。」按：度，法度。法度，故不變。**未離己而在彼者，狎漚也。**狎漚，道藏本闕，王闓運改「區」，云：「本作『狎漚』，用僞列子狎漚事，今改。」張金城曰：「『狎漚』二字藏本闕，永樂大典亦無，疑是後人據注文增入。」按：張説或是，此當缺。○陸佃曰：「如狎漚者心動於内則漚，鳥舞而不下，此未離己而在彼者也。」張之純曰：「漚，通『鷗』。列子黄帝篇：『海上有好鷗鳥者。』狎漚，正用其事。蓋謂狎漚者心動於内，漚鳥舞不下，即未離己而在彼之義也。」按：未離己而在彼者，蓋指法。**陳體立節，萬世不易，天地之位也。**○吴世拱曰：「體，全體也。節，同『卩』，半也。方言作『即』。」按：陳，陳設。體，身。立，設置。節，肢節。此以人比天，故言體、節。**分物紀名，文聖明别，神聖之齊也。**陸佃曰：「（紀）或作『他』。」張金城本「神聖」作「神理」，曰：「疑『分物紀名，文理明别，神聖之齊也』十三字錯簡於此，説見下。『理』，除藏本外皆誤爲『聖』，蓋涉下『神聖』而誤。下文云『故文者所以分物也，理者所以紀名也』，即此文之覆。永樂大典亦作『理』，其誤甚明。」按：「紀」作「他」者非。「神聖」似不誤，下文云「神聖之鑒也」、「神聖之教也」，與此並列。竊疑「文聖」當作「文理」，方與下文「文者所以分物，理者所以紀名」相諧。○陸佃曰：「齊，如齊量之齊。」吴世拱曰：「（分物紀名）言區别品物，依類定名也。文，精密也。聖，同『程』，品量也。（文聖明别）言能精品明别不差也。齊，整齊萬物。」張金城曰：「齊量者，猶度量也。水經濟水注引春秋説題辭曰『齊，度也』是。」按：分，區分。紀，綱紀。文，文理之文；理，文理之理。别，辨。齊，整齊。言神聖以此整齊萬物。**法天居地，去方錯圓，神聖之鑒也。**陸佃曰：「（圓）或作『督』。」按：作「督」者非。○陸佃曰：「方以智則滯，圓而神則通。」張金城曰：「莊子説劍云：『上法圓天，以順三光；下法方地，以順四時。』呂覽圜道：『天道圜，地道方。聖王法之，所以立上下。』言『去方』者，蓋謂去其不兼之智也。注云『圓而神，方以智』，語見周易繫辭上。」按：居，同「據」，依據。去，離開。錯，置。天圓地方，法天，故去方錯圓。鑒，鏡子。

象説名物，○陸佃曰：「擬之者象也，議之者説也。」吴世拱曰：「象，圖象其形。説，會説其義。」張金城曰：「易乾『象曰』釋文云：『象，擬象也。』」按：象説名物，擬物象，説物名也。

成功遂事，隱彰不相離，○陸佃曰：「神聖之教，不即不離，而至妙之所會者更麤，至高之所適者反下，隱顯豈相離哉？」吴世拱曰：「隱彰不相離者，名實相符也。」張金城曰：「周易繫辭上云：『聖人立象以盡意，設卦以定情僞。』所以立、設者，蓋以探賾索隱、鈎深致遠也。故其教也隱則顯，幽則明。」按：遂，亦成也。隱，幽隱。彰，顯明。不相離，相輔相成也。

神聖之教也。○陸佃曰：「天一位，地一位，聖人參於兩間，以齊齊之。而以彼鑒此，以此教彼，則天下之理得矣，然後萬物各遂其生，故下文云。」張金城曰：「此易泰象『後以財成天地之道，輔相天地之宜』之謂也。」按：教，教化。言以此爲教化也。

故流分而神生，○陸佃曰：「流分，謂水也。天一生水，其於物爲精，精聚而後神從之。」吴世拱曰：「流分，發散也。神，外出者也。上文云：『出觀神明之外。』」按：流，謂水，謂陰。神，精神，不可見之物。

動登而明生，○陸佃曰：「動登，謂火也。地二生火，其於物爲神，神會而後識從之。」吴世拱曰：「動登，動定也。動定則靜，靜而明生。」按：動，謂火，謂陽。登，升也，動也。明，光，可見之物。

明見而形成，形成而功存。○吴世

拱曰：「形，形名也。言明見則形名定矣，形名定則功成矣。」張金城曰：「神明不居功而功實存矣。」按：見，同「現」。可見，故形成。功，功效、成績。**故文者，所以分物也；理者，所以紀名也。**陸佃曰：「（紀）或作『地』。」張金城曰：「此二句亦疑錯脱入此，説並見下。」按：作「地」者以音誤。此總結上文，故復言之，張説非。○吴世拱曰：「循文以分物，按理以紀名，所謂仰觀天文、俯察地理也。」按：上文云：「分物紀名，文聖（理）明别。」**天地者，同事而異域者也。**○陸佃曰：「天域於上，地域於下。」按：天有文，地有理，故曰同事。在上下，故曰異域。**無規圓者，天之文也；無矩方者，地之理也。**○張之純曰：「規，所以爲圓。天文則無規而自圓。矩，所以爲方。地理則無矩而自方。」按：天文自然圓，地理自然方，此天圓地方之説。**天循文以動，地循理以作者也。**張金城曰：「疑自『天地者同事而異域也』至此一段，本在上文『萬世不易，天地之位也』之下，而後直接上文『法天居地，去方錯圓，神聖之鑒也』三句，如此文義始有着落。蓋此段皆所以發明天圓地方、體位異而具道同、聖人以爲鑒之理也。之後已叙及『文』、『理』，乃接『故文者所以分物也，理者所以紀名也』二句，並以上文『分物紀名，文理明别，神聖之齊也』爲結。如此，文義較明。」按：張説有理，然未必是。○吴世拱曰：「動，下生也。作，上養也。」按：循，順。動，運動。作，亦「動」義。天圓，故循文而動；地方，故循理以作。**二端者，神之法也。**陸佃曰：「（二端）或作『聖端』。」按：作「聖端」者涉下文「神聖」誤。○陸佃曰：「神明之法如是而已。」按：端，緒也，事也。二端，謂天循文以動、地循理以作二事。神，神明。

神聖之人，后先天地而尊者也。陸佃曰：「（后）或作『命』。」張金城曰：「下文『後』『先』二句對文，此『后』字下疑有脱文。」按：后，同「後」。「后」、「先」對文，無誤，張説非。○吴世拱曰：「言雖后天地生，先天地亡，而尊於天地也。」按：后，探下謂後天地而生；先，探下謂先天地而亡。吴説是。尊，貴也。**後天地生，然知天地之始；先天地亡，然知天地之終。**○此所謂後先天地而尊者也。**道包之，故能知度之。**○陸佃曰：「其道圍乎天地之外，故知能知之，義能度之。」張金城曰：「淮南精神篇云：『精神内守形骸而不外越，則望於往世之前，而視於來世之後。』蓋此之謂。」按：其道大，故包之。上文曰：「名尸神明者，大道是也。」**尊重焉，故能改動。**陸佃曰：「或無『動』字。」按：無「動」字者脱。○陸佃曰：「拔陰陽，移寒暑。」張之純曰：「改動者，如消弭災異之類。此皆因尊重之所致。」吴世拱曰：「重，如重疊之重，加也。」張金城曰：「尊重者，德潤身之重也。」按：尊重焉，謂尊、重於天地。改動，謂改造、變動天地。**敏明焉，故能制斷之。**陸佃曰：「（敏）或作『數』。」按：作「數」者「敏」字之誤。○吴世拱曰：「上文云：『去方錯圓，神聖之鑒也。』」張金城曰：「周易繫辭上云：『聖人以通天下之志，以定天下之業，以斷天下之疑。』蓋此『制斷』之謂。」按：敏明，聰明。焉，於天地。制，裁制。斷，決斷。之，謂天。改動、制斷之，所謂人定勝天也。

精神者，物之貴大者也。○陸佃曰：「精神之外，皆其緒餘土苴者也。」吴世拱曰：「物無精神不存。」張金城曰：「莊子讓王篇：『道之真以治身，其緒餘以爲國家，其土苴以治天下。』」釋文：『司馬、李云：「緒者，殘也，謂殘餘也。」』莊子知北遊曰：『精神生於道。』」按：精神，指人的精神、思想。人可發揮主觀能動性以改造天地，故爲萬物之貴大者。**内聖者，精神之原也。**陸佃曰：「（内聖）或作『聖内』。」按：作「聖内」者誤倒。○陸佃曰：「外王者皆其餘緒土苴，則内聖者精神之原也。」吴世拱曰：「内聖所以養精神。」張金城曰：「莊子天下篇云：『是故内聖外王之道闇而不明。』」按：内，内心。聖，聖明。内聖，謂聖人的思想。原，本原。**莫貴焉，故靡不仰制焉。**○莫貴於内聖，故無不仰制焉。制，制度。**制者所以衛精擢神致氣也，**○陸佃曰：「精欲塞，神欲養，氣欲專，故其辭如此。擢者，秀拔之辭。」吴世拱曰：「擢，引出也。致，通也。」按：衛，護衛。精，精氣。擢，拔。神，神情。致，達。氣，浩然之氣。**幽則不洩，簡則不煩，**陸佃曰：「（簡）或作『聞』。」吴世拱曰：「『簡』、『間』聲同。『聞』，『間』之誤。」張金城曰：「『簡』或作『蔄』，蓋形之誤。」按：吴説是，作「聞」者「間」字之誤，「間」又「簡」字音誤。叢刊本「簡」作「蔄」，俗體。○吴世拱曰：「簡，簡易也。」張金城曰：「周易繫辭上曰：『易則易知，簡則易從。』疏云：『簡，謂簡省凝靜，不須煩勞。』此言制其精神，故能潛隱而不放，凝靜而不煩也。」按：幽，靜。洩，外洩。靜則精不洩，簡則氣不煩。**不煩則精明達，**○陸佃曰：「明太用則昏，精太用則竭。」張金城曰：「莊子刻意云：『精用而不已則勞，勞則竭。』」按：精，精氣。明，聰敏。達，暢達，不閉塞。**故能役賢，能使神明，**○陸佃曰：「無爲也，故能用天下而有餘。」按：役，使役。此就神聖之人言。**百化隨而變，終始**

從而豫。○陸佃曰：「豫，暇豫也。」俞樾曰：「豫，亦變也。荀子儒效篇：『仲尼將爲司寇，魯之鬻牛馬者不豫賈。』淮南子覽冥篇：『黄帝治天下，市不豫賈。』史記循吏傳：『子産爲相，市不豫賈。』凡言『不豫賈』者，皆謂不變其價值也。而解者多以『凡事豫則立』之豫説之，殊失其解。王氏引之作經義述聞，於周官司市注：『使定物價，防誑豫也。』始正其誤。然但云『豫，猶誑也』，而不知『豫』有變義，由未讀此文也。故知古書不厭多讀矣。」吴世拱曰：「爾雅釋言：『豫，叙也。』」按：百化，猶言千變萬化。變，變化。豫，借爲「渝」，變也。**神明者，積精微全粹之所成也。**○吴世拱曰：「全，純也。」按：全，考工記弓人注：「無瑕病。」即純浄義，吴説是。言神明乃積精微純粹而成。**聖道神方，要之極也。**陸佃曰：「（方）或作『万』。」按：作「万」者「方」字之壞。○陸佃曰：「要其會歸，至於此而極矣。」吴世拱曰：「方，術也，與『道』同。」張金城曰：「極者，上文云『内聖』是也。」按：要，求也。極，終極、極點。**帝制神化，治之期也。**○陸佃曰：「至矣盡矣，不可以有加矣。」吴世拱曰：「期，至也。」張金城曰：「治之期，外王是也。」按：治，治國。期，期望。**故師爲君而學爲臣。**陸佃曰：「或無『師』字。」按：無「師」字者脱。○陸佃曰：「教者爲君，學者爲臣。」張金城曰：「學記曰：『能爲師然後能爲長，能爲長然後能爲君。故師也者，所以學爲君也。』蓋古代政、教合一，民以君爲師。尚書泰誓上曰『作之君，作之師』是也。」按：師，謂聖道神方、帝制神化。學，謂後世君王。上文「要」、「期」，皆學之謂也。**上賢爲天子，次賢爲三公，高爲諸**

侯。「高」下疑有脱字，或是「義」字。○陸佃曰：「高者以爲諸侯。」吴世拱曰：「三公，周太師、太傅、太保。韓詩外傳：『三公者，司空、司馬、司徒也。』案：漢之制也。」按：高，崇高。以義高者爲諸侯。**易姓而王，不以祖籍爲君者，欲同一善之安也。**陸佃曰：「（祖）或作『禮』。」按：作「禮」者「祖」字之誤。○陸佃曰：「堯授舜授禹，用此道也。」張之純曰：「如堯、舜之官天下，傳賢而不傳子也。」吴世拱曰：「老子：『立天子，置三公。』易姓而王，謂授禪賢者。祖籍，祖踐之勢位也。莊子天地：『共給之之爲安。』周書謚法：『好和不争曰安。』」張金城曰：「籍，祚也。言不以祖籍爲君者，謂不襲祖位以爲君也。吕覽圜道篇云：『堯、舜，賢主也，皆以賢者爲後，不肯與其子孫。』此之謂也。言欲同一善之安者，孟子萬章上云『天與賢則與賢，天與子則與子』是也。」按：易姓而王，王位不世襲也。籍，説文：「簿書也。」祖籍，謂出身。同，統一。吴引老子，見六十二章。**彼天地動作於胸中，然後事成於外；萬物出入焉，然後生物無害。**陸佃曰：「（然後）或作『然同』。」按：作「然同」者，「同」字涉上文誤。○陸佃曰：「聖人心外無法，而氣合於神，神合於無。天地之大，萬物之多，動作出入反在於胸中，則事豈有不成，物豈有不利哉？」吴世拱曰：「彼，夫也。言天地萬物皆備於我，故成事，生物無害也。『外』、『害』爲韻。」按：動作，運動。天地動作於胸中，謂胸中裝着天地。出入焉，出入於胸中也。生物，一切有生命之物。以下指神聖言。**闓闔四時，引移陰陽，**○吴世拱曰：「闓，説文：『開也。』方言六：『闓、苫，開也。楚謂之闓。』」

老子：『天門闔闔。』」按：闔闔，即開合。四時，四季。引，延伸。依，移動。吴引老子，見十章。**怨没澄物，天下以爲自然。**澄，四庫本、聚珍本作「澂」。陸佃曰：「『怨没澄物』疑。」按：陸説是。怨没澄物，「澄」疑當作「成」。○陸佃曰：「『百姓謂我自然』是也。」吴世拱曰：「怨，同『苑』，鬱生也。没，滅也，殺也。澄，登也，成也。言用陰陽四時以生没物也。老子：『功成事遂，百姓皆謂我自然。』」按：没，消也，滅也。怨没成物，與老子十七章「成功遂事」義相當，吴説近是。**此神聖之所以絶衆也。**○陸佃曰：「子貢曰：『仲尼，天也，不可階而升也。』」吴世拱曰：「絶，遠過也。」張金城曰：「絶者，超絶也。與下文『過人可見』之『過』義同。此莊子田子方『夫子奔逸絶塵，而回瞠若乎後矣』之謂。注云子貢曰者，論語子張：『夫子不可及也，猶天之不可階而升也。』」按：絶，超。言以上乃神聖超絶衆人之處。**聖原神文，有驗而不可見者也，**○陸佃曰：「有情有性，無爲無形。」張之純曰：「有情有性，故有驗；無爲無形，故不可見。」吴世拱曰：「文，文明也。見成功不見其爲也。」張金城曰：「蓋神與道合，聖者則之，故曰聖原神文。有驗而不可見者，老子云『其精甚真，其中有信』是也。」按：原，本原。文，文采。言其本原聖，文采神，成事有驗而不可見。驗，效驗。張引老子，見二十一章。**故過人可見，絶人未遠也。**「過人」即「絶人」，疑「過人」本作「有驗而」而涉下誤。○陸佃曰：「南華曰：『南行者至於郢，北面而不見冥山，是何也？則去之遠矣。』」張之純曰：「此言神聖如其可見，尚與衆近，未可謂之道也。」吴世拱曰：「人，衆人也。言有爲可見，超人未遠也。」按：故，猶「夫」，若。言若有效驗而可見，則説明其過人未遠，不爲神聖。**神明，所以類合者也，故神明錮結其紘。**後「神明」疑是「神聖」之誤。○陸佃曰：「紘者，取譬於冠。而錮結云者，以明無危墮之患也。」張之純曰：「紘，所以結冠於人首者。錮結則不墜矣。」吴世拱曰：「類，衆多也，謂總合凡類也。錮結，固結也。紘，同『宏』，言所含宏富也。易坤『含宏光大』崔注：『含有萬物爲宏。』」張金城曰：「錮結其紘，即下文『用一』之謂也。紘，淮南原道云：『紘宇宙而章三光。』注曰：『綱也，若小車蓋四維謂之紘繩之類也。』陸云冠者，其本義也。」按：所以，猶「以」。類合，以類相合。錮，同「固」，牢。紘，冠帶，此以比神明。吴引易坤，係象傳文，「宏」本作「弘」。**類類生成，用一不窮。**陸佃曰：「或作『用不窮一』。」按：作「用不窮一」者錯倒。○陸佃曰：「所謂『仲尼，神明也。小以成小，大以成大，至於山川鳥獸草木，裕如也』。」吴世拱曰：「類類，種種也，繁多也。『紘』、『窮』爲韻，『窮』讀『弓』也。」按：神明以類相合，故可類類相成。一，「一法其同」之「一」，謂同一個，指神明。窮，窮盡。**影則隨形，響則應聲。故形聲者，天地之師也。**陸佃曰：「（響則，『則』）或作『明』。」按：「響則」是，作「明」非。○陸佃曰：「隨而應之，故曰師也。」吴世拱曰：「師，猶表也。言天以聲表，地以形表。」張金城曰：「師爲師法義也。蓋形聲發而影響應，天地立而萬物成，相師法之，故曰隨而應之。」按：有形而影隨，有聲而響應，故曰形聲爲天地之師。**四時之功，陰陽不能獨爲也。**○吴世拱曰：「獨陰不生，獨陽不長。」按：吴説是。**聖王**

者不失本末，故神明終始焉。○陸佃曰：「輔相導，陰陽終始，四時之功。」吴世拱曰：「不失本末，神明得終始生物。」張金城曰：「易乾文言謂大人能與天地合其德、與四時合其序者，蓋言聖人有財成輔相之道也。其道本也，其功末也。本末不失，故神明終始焉。」按：本末，謂神明類合之道。終始，謂始終如一。**卒令八風三光之變，經氣不常之故，**陸佃曰：「（經）或作『纏』。」按：作「纏」者非。○張之純曰：「服虔云：『八風，八卦之風。乾音石，其風不周；坎音革，其風廣莫；艮音匏，其風融；震音竹，其風明庶；巽音木，其風清明；離音絲，其風景；坤音土，其風涼；兑音金，其風閶闔。』」吴世拱曰：「故，同『痼』，病也。」張金城曰：「此即泰鴻篇『散以八風』之八風。」按：卒，終。令，使。八風，八方之風。三光，日、月、星。變，變化。經氣，常氣。不常，異常。故，事故、變故。**孰不詔請都理焉？**陸佃曰：「（請）或作『緒』；（都）或作『邵』。」按：「請」作「緒」、「都」作「邵」，皆字之誤。○陸佃曰：「都之爲言總也，讀如都鄙之都。此言人保聖人，故陰陽失和，詔而請之，使總理焉。雖然，大亂之本實始於此。此庚桑楚所以不釋於老聃之言，故下文云。」張之純曰：「詔，告也。」吴世拱曰：「都，總也，督也。」按：孰，誰。詔，説文：「告也。」請，求也。都，總。理，治理。焉，於神明。**故神靈威明上變光，**○陸佃曰：「老聃所謂『上悖日月之明』。」吴世拱曰：「光，三光也。」按：言神明之神靈威明，上可以改變日月之光明。**疾徐緩急中動氣，**○陸佃曰：「老聃所謂『中墮四時之施』。」按：疾，速。徐，慢。疾徐緩急，亦就神明言。動，變動。氣，空氣、天氣。言神明之疾徐緩急變化，中可以變動天氣。**煞傷毀禍下在地。**陸佃曰：「或作『徵下在地』。」按：「毀禍」不誤，作「徵」不協，非。○陸佃曰：「老聃所謂『下爍山川之精』。」吳世拱曰：「在，怪也，聲轉。言煞傷毁禍，變動其地也。說文『圣』下云：『汝潁之間謂致力於地曰圣。』」張金城曰：「注言『所謂』者，皆見莊子胠篋篇。謂『釋夫恬淡無爲，而悦乎啍啍之意』，此世之所以大亂也。」按：煞，同「殺」。毁，毁傷。禍，爲患。言神明下可以殺傷毁禍於地。**故天地陰陽之受命，取象於神明之効，既已見矣。**○陸佃曰：「其効如上，所謂亦已見矣。雖然，豈遂可以無聖人之治哉？故下文云。」吳世拱曰：「効，功力也。言聖象神明，天地受制焉。」張金城曰：「取象於神明者，謂『錮結其紘，類類生成，用一不窮』也。此言天地恬淡無爲，得一以清以寧，故陰陽調，四時化。神聖師之，亦當本此。」按：取象，猶取法。効，漢書外戚傳下注：「徵驗也。」**天者，氣之所總出也；**○陸佃曰：「所謂虹霓也，霜露也，風雨也，積氣之成乎天者也。」張金城曰：「列子天瑞云：『天，積氣耳。』蓋是。天瑞篇又云：『虹霓也，雲霧也，風雨也，四時也，此積氣之成乎天者也。』蓋注文所本。」按：積氣成天，故曰天者氣之總出也。夜行：「天，文也。」**地者，理之必然也。**陸佃曰：「或作『理然之必』。」吳世拱曰：「一曰『理之』下當有『所』字。」按：作「理然之必」者錯倒。依例「理之」下當有「所」字，吳說是。○陸佃曰：「無可無不可者，天道也。地道則取必焉。」吳世拱曰：「說文：『必，分極也。』」張金城曰：「夜行篇云：『地者，理也。』度萬篇云：『地者，形也。』又天權篇云：『理之所居謂之地。』皆謂形於理者爲地。蓋即泰鴻篇所謂『地者，承天之演、備載以寧者也』之義。言其順天之施而現象於下，故曰必然也。」按：夜行：「地，理也。」有文理則爲地，理之所居謂之地，則地爲理之必然也。

故聖人者出之於天，○陸佃曰：「其道常出於天。」張金城曰：「言秉天之氣，氣志如神也。」按：出，易説卦傳「萬物出乎震」虞注：「生也。」**收之於地。**○陸佃曰：「不肯出於地也。」吴世拱曰：「收，守也。言聖人出則本於天，守則本於地，以天總出者也，地必然不易者也。」張金城曰：「聖人不器；地成形理，則爲器矣。」按：收，左傳襄公二十七年「我其收之」注：「取也。」小爾雅廣言：「收，斂也。」**在天地若陰陽者，**陸佃曰：「或無『陽』字。」下文張金城據永樂大典補「在天不物，愚莫信之。在地成形，愚故死之。聖人者從事乎未明，愚者從事於其已成也。天地者效素，以因於文理、於聖人者也。故文不滅質者，四通而祥利；用不傷本者，美成而福至。以此角聖人之内，故道德可貴、度數可法也。知道德之至、度數之謂者，則不從心意之所流，不隨耳目之所淫。故能全粹，萬物皆得其生。如是者，不假物以爲益，不持天地以爲大。自若以處而萬物包焉者，聖人之至也。以名與之則租，以聲比之則外。至聖人之所惡，深於微，内於神，故其迹可道，而功不可及也。天法義度，制滅於中宫；華發采出，見於外營者也。若天宫者，精神舍焉；若地府者，生長收藏也」一段，並注之。按：張補近是，然大典「在天不物，愚莫信之」似與上「在天地若陰陽者」不協，疑大典「在天」至「見於外營者也」本在此句上，而「若天宫者」至「生長收藏也」二句又當在下「與時遷焉」句下、「二(三)者聖人存則活」句上，文義方順。無「陽」者脱。藏本闕「天地」二字。○張之純曰：「在，察也。所謂察乎天地也。若，順也。」按：若，與也。**杜燥濕以法義，與時遷焉。**陸佃曰：「或無『焉』字。」按：無「焉」者脱。○陸佃曰：「若陰者以法義杜燥，若陽者以法義杜濕。度萬云：『神濕則天不生水，形燥則地不生火。』」張之純曰：「言順陰杜燥，順陽杜濕，皆以法義，而不違四時也。」按：杜，杜絶。燥濕，謂形燥、神濕，陸説是。義，宜也。言陰陽調節燥濕之宜，隨時令變遷。**二者聖人存則治、亡則亂者，天失其文，地失其理也。**陸佃曰：「或無『人』字。」張金城「二者」訂作「三者」，曰：「『三』字除藏本外並誤作『二』。此承上『天宫』、『地府』、『陰陽』爲説，作『三』是也。言失其文者，文滅質是也。言失其理者，用傷本是也。」按：二，當作「三」，張説是。諸本「二」蓋因脱而改。○吴世拱曰：「二者，謂天地也。」按：三者，謂陰陽、天宫、地府。張説是。治，理；亂，不治。**以是知先靈王百神者上德執大道。**陸佃曰：「（是）或作『文』。」按：作「文」者非。○陸佃曰：「先靈，先王之靈。」吴世拱曰：「子華子：『晏子餒其先靈。』言懷德高而持道大，故王百神。上文云：『名尸神明者，大道是也。』又云：『神聖乘於道德。』」按：先靈，蓋如陸説，謂先王之靈。上，同「尚」。聖，聖人。執，猶行。大道，天地之道。**凡此者，物之長也。**○吴世拱曰：「凡，領也，得也。」張金城曰：「物之長，猶曰萬物之君長。廣雅釋詁一：『長，君也。』」按：凡此，謂執大道。物，事，謂行事。長，君。**及至乎祖籍之世，代繼之君，身雖不賢，然南面稱寡，猶不果亡者，其能受教乎有道之士者也。**○吴世拱曰：「寡君者，自謙詞。老子曰：『王公自謂孤、寡、不穀。』」張金城曰：「孟子言賢人輔相久而後失，此之謂也。」按：祖籍之世，謂王位世襲時代。代繼之君，世襲之君。果，成爲事實。吴引老子，見三十九章，「王公」本作「侯王」。張引孟子言者，公孫丑上曰：「又有微子、微仲、王子比干、箕子、膠鬲，皆賢人也，相與輔相之，故久而後失之也。」**不然而能守宗廟存國家者，未之有也。**○張之純曰：「詩云：『人之云亡，邦國殄瘁。』無有道之士之謂也。」

按：不然，謂不能受教於有道之士。失大道，故不能守存。張引詩云，大雅瞻卬文。

卷　下

世兵第十二

○世兵，世間之兵（戰争）。此篇文如其名，論人世間之戰争，講用兵之道及戰争的一般規律。

道有度數，故神明可交也。陸佃曰：「（交）或作『効』。」孫人和曰：「泰録篇云：『取象於神明之効。』則或本是也。」按：孫説是，「交」當作「効」。○陸佃曰：「易曰：『始作八卦，以通神明之德。』」張金城曰：「注言易曰者，見繫辭下。疏曰：『萬事云爲，皆使神明之德也。』」按：効，同「效」，效法。可効，有度數之故。**物有相勝，故水火可用也。**○吴世拱曰：「相勝，相克也。」按：可用，以其有相勝也。

東、西、南、北，故形名可信也。信，疑當作「定」，以音誤。○陸佃曰：「有方矣，然後形名著焉。」張之純曰：「四方之位既定，然後形名顯著。」張金城曰：「老子曰：『反者道之動，弱者道之用。』蓋高以下爲基，貴以賤爲本，水火相勝，南北之相違，皆所以成其用也。莊子秋水『知東西之相反，而不可以相無，則功分定矣』是也。」按：此即張引莊子秋水之意。東、西、南、北各有方，故物亦各有形、名。張金城引老子，見四十章。**五帝在前，三王在後，上德已衰矣，兵知俱起，**○張之純曰：「『知』去聲。」按：上德，上古之德。知，同「智」，謂詐謀。此句倒裝，言上古之德已衰，則兵智俱起，而前有五帝，後有三王。**黄帝百戰，**〇陸佃曰：「百戰之數，未盡聞也。蓋與炎帝戰於阪泉之野三，與蚩尤戰於涿鹿之野七十二，此其大略也。」吴世拱曰：「言百戰者，概舉也。史記五帝本紀：『黄帝者，少典之子，姓公孫，名曰軒轅。』又：『軒轅乃習用干戈，以征不享。』又：『教熊羆貔貅貙虎，以與炎帝戰於阪泉之野。三戰，然後得其志。』又：『黄帝乃徵師諸侯，與蚩尤戰於涿鹿之野。』又：『天下有不順者，黄帝從而征之。』又：『東至』『西至』『南至』『北逐』云云，皆侵略諸侯，以武服人者。鄧析子無厚：『百戰百勝，黄帝之師。』」張金城曰：「注言黄帝與蚩尤戰，事見淮南子兵略、史記五帝本紀。而帝王世紀謂與蚩尤戰五十二，與下文所言異。又周書嘗麥解謂殺蚩尤於絶轡之野，亦與注相出入。」按：百戰，言大略，吴説是。逸周書嘗麥解云：「赤（炎）帝大懾，乃説於黄帝，執蚩尤，殺之於中冀。以甲兵釋怒，用大正順天思序。紀於大帝（常），用名之曰絶轡之野。」是張氏「殺蚩尤於絶轡之野」之説也。**蚩尤七十二，**陸佃曰：「或云無『二』字。」按：無「二」字句法合。〇吴世拱曰：「陸解以蚩尤，即與黄帝戰之蚩尤。」按：七十，亦言大略。以上所謂五帝在前。**堯伐有唐，**陸佃曰：「伐，或作『代』。」按：作「代」者「伐」字之誤。〇陸佃曰：「傳曰：『堯佐帝摯，受封於唐，二十而登帝位。』今此云堯伐有唐，未詳聞也。」吴世拱曰：「唐，古國名，在今直隸唐縣。案堯伐唐有功，故帝摯封爲唐侯。有，語助。與『有虞』、『有夏』、『有苗』同例。一曰：『有唐』之合音爲『陽』。陽，南陽也。淮南子兵略訓：『堯戰於丹水之浦。』注：『堯以楚伯受命，滅不義於丹水。』丹水在南陽，即此事也。」張金城曰：「注曰『傳云』者，見帝王世紀。」**禹服有苗，**陸佃曰：「(服)或作『伏』。」按：作「伏」者借字。○吴世拱曰：「書禹貢：『三苗丕叙。』」張金城曰：「書堯典載：『竄三苗於三危。』大禹謨謂『舜修教而有苗格』。淮南子兵略亦曰：『舜伐有苗。』注曰：『有苗，三苗也。』而此言禹服有苗者，蓋禹爲舜臣而主其事者也。」按：以上所謂三王在後。**天不變其常，地不易其則，陰陽不亂其氣，生死不俛其位，三光不改其用，神明不徙其法，**○陸佃曰：「善用法者其道如此。」張之純曰：「俛，當係『偭』之假借字。偭，背也。離騷云：『偭規矩而改錯。』即此義。此言有黄帝等之用兵，而後天地陰陽生死三光神明皆如其舊，故兵刑所以救德教之窮。」張金城曰：「此蓋謂兵知之起，五帝三王以下所不能偃。然而黄帝之於蚩尤，堯舜之於有苗，皆能以討暴平亂，是如南北之相違，水火之相勝，而得乎度數與神明交者也。蓋失道者弱，得道者强，此所以天地、陰陽、生死、三光、神明之無失也。」按：常，規律。荀子天論：「天行有常。」易，亦變。則，法式。俛，借爲「偭」，張之純説是。徙，遷改。**得失不兩張，成敗不兩立。**○張金城曰：「有度數者得之、成之，反之則失之、敗之，故曰不兩張、不兩立。」按：兩，雙。張，廣雅釋詁一：「大也。」左傳昭公十四年注：「强也。」立，勢不兩立之立。**所謂賢不肖者，古今一也。**○張之純曰：「賢，如黄帝、堯、舜；不肖，如蚩尤、三苗。」吴世拱曰：「言天地古今如一，人之賢不肖亦當無異。今之賢猶古之賢，古之不肖猶今之不肖也。」按：天不變其常，故賢不肖亦古今不二。**君子不惰，真人不怠，**○陸佃曰：「怠然後解，解然後惰，故君子言惰，真人言怠。禮云：『三日不怠，三月不解。』」張金城曰：「莊子大宗師：『有真人而後有真知。』此言真人者，蓋與上『君子』同義。惰、怠者，禮記雜記下『三日不怠，三月不解』注：『怠，惰也；解，倦也。』其實『怠』、『惰』同義之辭，不惰亦不怠也。」按：惰，懶惰。怠，懈怠。言是君子則不懶惰，是真人則不懈怠。真人，謂存養本性之人。

無見久貧賤則據簡之。○張之純曰：「人之久貧賤者，皆怠惰所致。不怠不惰，則無見矣。簡，策也。」張金城曰：「淮南俶真『非簡之也』注：『簡，賤也。』此言『據簡之』，當是此義。謂無以其久居貧賤則援此以輕賤之也。淮南氾論『衆人見其位之卑賤，事之洿辱，而不知其大略，以爲不肖』，正是此義。下文舉伊尹、太公、管子、百里奚之事爲證，義甚明。張説失之。」按：無，猶未。據，左傳僖公五年「神必據我」注：「安也。」此謂安於。簡，簡陋、貧賤。之，語助。言久貧賤者未必安於貧賤，而會有所發奮，故下舉例。陸、張殆非。

伊尹酒保，○陸佃曰：「保，傭保也。」吴世拱曰：「孟子萬章萬章問：『人有言伊尹以割烹要湯，有諸？』史記殷本紀：『阿衡欲干湯而無由，乃爲有莘氏媵臣，負鼎俎，以滋味説湯，致於王道。』即此所言酒保事也。索隱引孫子兵書：『伊尹，名摯。』又引吕覽：『母居伊水，命曰伊尹。』」按：伊尹，商湯相，出身酒保，久貧賤也。

太公屠牛，○陸佃曰：「傳曰：『太公少貧，賣漿，值天凉；屠牛賣肉，值天熱而肉敗。』」吴世拱曰：「史記齊世家：『太公望吕尚者，東海上人。』索隱引譙周曰：『姓姜名牙，炎帝之裔，伯夷之後。』又：『吕望常屠牛於朝歌，賣飯於孟津。』」張金城曰：「文選爲蕭揚州薦士表注引此，五臣注曰『屠，謂太公屠牛於朝歌。保，謂伊尹爲酒家傭保』是也。韓詩外傳七：『吕望行年五十，賣食棘津；年七十，屠於朝歌。』又尉繚子武議篇：『太公望年七十屠牛朝歌，賣食盟津。』」按：太公，太公望呂尚，文王師，出身屠夫，久貧賤也。**管子作革，**陸佃曰：「（革）或作『草』。」張金城曰：「于先生曰：『「作革」二字無所見，疑當是「行賈」。』」按：作「草」者「革」之誤。張引于說或是，然「作革」亦通，或另有傳聞，不必改。○張之純曰：「管仲嘗與鮑叔賈，革蓋賈中之一物也。」吳世拱曰：「管子，管仲也。稱子，尊詞。史記管晏傳：『管仲夷吾者，潁上人也。』韋昭云：『管仲，姬姓之後，管嚴之子敬仲也。』革，賈也。『革』、『賈』聲轉。呂氏春秋：『管仲與鮑叔同賈南陽。』」按：革，皮革。作革，製作皮革器具，即皮匠也。管仲，齊桓公相，亦曾久貧賤。**百里奚官奴。**○陸佃曰：「百里奚，虞人也。虞亡，晉主辱之，以媵穆姬，而飯牛於秦，豈此所謂官奴者乎？」張之純曰：「晉以百里奚爲穆姬之媵，此即所謂官奴也。」吳世拱曰：「史記秦本紀：『晉獻公滅虞、虢，虜虞君與其大夫百里傒，以爲繆公夫人媵於秦。百里傒亡秦走宛，楚鄙人執之。』又：『吾媵臣百里傒在焉，請以五羖皮贖之。』此言官奴，即指此事。『奚』、『傒』聲轉，孟子告子亦作『奚』。」張金城曰：「左傳僖公五年：『遂襲虞，滅之，執虞公及其大夫井伯，以媵秦穆姬。』（史記晉世家同）注曰：『送女曰媵，以屈辱之。』井伯，即百里奚也。」按：百里奚，秦穆公師，曾爲奴，亦久貧賤。**海內荒亂，立爲世師，莫不天地善謀。**○吳世拱曰：「（立爲世師）謂伊尹、太公、管子、百里奚也。孟子公孫丑：『湯之於伊尹，學焉而後臣之，故不勞而王；桓公之於管仲，學焉而後臣之，故不勞而霸。』呂覽尊師：『湯師小臣，文王、武王師呂望、周公旦，齊桓公師管夷吾。』高注：『小臣，謂伊尹。』謀，猶合也。言善合於天也。」張金城曰：「淮南主術『狡躁康荒』注：『荒，亂也。』詩蟋蟀『好樂無荒』箋：『荒，廢亂也。』此謂其人之道皆能善合天地也。」按：荒亂，猶言兵荒馬亂。世師，一世之師。天地善謀，善謀天地也。

日月不息，迺成四時，○吴世拱曰：「息，已也，滅也。言能明曆叙度，成四時也。」按：息，止息。積日月而成四時。**精習象神，**○陸佃曰：「南華曰：『鑢成見者，驚猶鬼神。』豈謂是乎？」吴世拱曰：「習，行也，熠也。言精明通，如神也。泰録：『不煩則精明達。』」張金城曰：「論語『學而時習之』皇疏：『習，是修固之稱。』此言精習，即修其故能之謂。象神者，如神之妙也，即莊子達生篇『用志不分，乃疑於神』是也。注引之者，以明精習其道，故其成功也如疑於神。」按：精，專精。習，練習。精習，習之積也。象神，如神。積日月能成四時，精習亦能如神。張引論語，見學而篇。**孰謂能之？**○陸佃曰：「言非不學而能也。」張之純曰：「言非生而即能也。」按：孰，誰。能之，謂生即能之。**素成其用，先知其故。**○陸佃曰：「所謂始乎故，長乎性，成乎命。」張之純曰：「言其不惰不怠，所以能成用而知其故也。」吴世拱曰：「素，豫也。」張金城曰：「此言其用素備，其故先知，故能成功。論語里仁曰：『不患莫己知，求爲可知也。』此之謂也。注云者，見莊子達生篇。」按：素，平素、平時。成，成就。其，指兵。故，吕覽知度「非晉國之故」注：「法也。」言欲素成其用，需先知其法，精習能如神故也。**湯能以七十里放桀，武王以百里伐紂。**○吴世拱曰：「孟子公孫丑上：『王不待大：湯以七十里，文王以百里。』」張金城曰：「又淮南氾論：『湯無七十里之分，以王諸侯；文王處岐周之間也，地方不過百里，而立爲天子者，有王道也。』皆以湯、文王並稱。此云武王者，蓋以武承文烈，伐紂以成也。」按：先知其故故也。

知一不煩，知，疑當作「執」，以音誤。○陸佃曰：「知一則簡。」張之純曰：「以簡御煩。」吴世拱曰：「『煩』、『全』爲韻。」按：執一則簡，故不煩。**千方萬曲，所雜齊同。**○陸佃曰：「會之有元，故不能異也。」張之純曰：「言不能離一也。」吴世拱曰：「雜，會歸也。」張金城曰：「萬曲，與千方同義，謂事之繁雜也。禮記禮器『曲禮三千』注：『曲，猶事也。』淮南繆稱『察一曲者』注：『一曲，一事也。』」按：曲，折。千方萬曲，言其所執繁多。雜，不一。會，會聚，此言煩。**勝道不一，**○陸佃曰：「致勝之道夫豈一端而已？」張金城曰：「孫子謀攻云：『故致勝有五。』故曰非一端。」按：勝道，致勝之道。不一，很多。**知者計全。**○陸佃曰：「戰必勝，攻必取。」按：知，同「智」。計，猶慮。全，全面。**明將不倍時而棄利，勇士不怯死而滅名。**○吴世拱曰：「倍，反也。」張金城曰：「背時則無功，怯死則無勇，故將士不取。」按：倍，同「背」。不倍時，所謂得天時也。**欲踰至德之美者，其慮不與俗同；**張金城曰：「于先生曰：『至德不可踰，疑「踰」當是「躋」字。』」按：既爲至德，則不可逾，張引于説近是。○陸佃曰：「狗俗則病傭，欲踰至德之美難矣。」張之純曰：「言其智計超乎流俗也。」按：躋，升也，達也。俗，衆也。**欲驗九天之高者，行不徑請，**陸佃曰：「（徑）或作『經』。」孫人和曰：「請，當作『情』。」著希云：「『君子弗徑情而行。』」按：作「經」者同，二字古通。請，當作「情」，孫説是。○陸佃曰：「安可以問塗而至也？九天，具見鴻烈真經，蓋若南方曰朱天、北方曰玄天、中央曰鈞天之類。」張之純曰：「徑，路之小者。九天之高，必由己推算，而得非有行徑可請問也。」張金城曰：「徑請者，行而由徑也。禮記祭義『道而不徑』釋文：『邪也。』老子『而民好徑』王注：『徑，邪不平正也。』請者，干求之義。徑請者，由邪徑以請求也。九天，淮南子天文篇謂之九野，其目爲：中央曰鈞天，東方曰蒼天，東北曰變天，北方曰玄天，西北曰幽天，西方曰顥天，西南曰朱天，南方曰炎天，東南曰陽天。」按：驗，驗證。九天，天之最上層，猶九霄。行，行爲。徑，由也。情，謂常情。張引老子，見五十三章。**是以忠臣不先其身而後其君，**○張金城曰：「孟子梁惠王篇『未有義而後其君者也』，即此。」按：行不徑情，欲躋至德之美也。張引梁惠王，見其上篇。**寒心孤立，懸命將軍，**○張之純曰：「此言畏怯而不能操勝算者。」吴世拱曰：「將，率領也。『君』、『軍』爲韻。」張金城曰：「孟子盡心上：『獨孤臣孽子，其操心也危，其慮患也深。』蓋即寒心孤立之説也。又將軍者，猶帥軍也。」按：寒心孤立，謂不知計全。懸命，謂不知勝道。將，統帥。**野戰則國弊民罷，城守則食人灼骸。**陸佃曰：「（骸）或作『火體』。」按：作「火體」者，當是「灼骸」之訛。○陸佃曰：「易子而食，析骸而炊。」張之純曰：「如宋人易子而食、析骸而爨之類。」張金城曰：「孟子離婁上：『争地以戰，殺人盈野；争城以戰，殺人盈城。』此國弊民罷之謂也。左宣十五年傳：『弊邑易子而食，析骸而爨。』注：『爨，炊也。』此食人灼骸之説也。」按：野戰，戰於郊野。弊，破。罷，讀爲「疲」，疲憊。城守，守城。灼，燒。骸，尸骨。**計失，其國削主困，爲天下笑。**○吴世拱曰：「其，則也。」按：計，用兵之計。計失，即失計。削，削弱。主，君。

困，困窘。**持國計者，可以無詳乎？**○吴世拱曰：「持，主也。詳，審也。」按：持，執持。國計，爲國之計。詳，詳審。**固有過計，有嘗試。**陸佃曰：「（嘗）或作『賞』。」按：作「賞」者「嘗」字之誤。○陸佃曰：「嘗試失之疏，過計失之細，事貴取中而已。明此所當審也。」吴世拱曰：「過計，失計也，曹沫是。嘗試，欲倖勝也，劇辛是。」按：過，過分。過計失之細，陸説是。嘗試，不計而試，故曰失之疏。**是以曹沫爲魯將，與齊三戰而亡地千里，**沫，叢刊本、道藏本作「沬」，據史記當是本字。○吴世拱曰：「曹沬，左傳、穀梁傳並作『曹劌』，公羊僅稱『曹子』。史記刺客傳作『曹沫』，索隱：『沫，宜音劌。』『沫』、『劌』聲近而字異耳。刺客列傳：『曹沫，魯人也，以勇力事魯莊公。莊公好力，曹沫爲魯將，與齊戰，三敗北。』此云千里，經傳無確數，蓋指汶陽之田類也。」張金城曰：「淮南氾論：『昔者曹子爲魯將兵，三戰不勝，亡地千里。』」按：亡，失也。此言先者之事。**使曹子計不顧後，刎頸而死，則不免爲敗軍擒將。**○張金城曰：「淮南子作『使曹子計不顧後，足不旋踵，刎頸於陣中，則終身爲破軍擒將矣』。」按：使，若。計，爲計、考慮。此言當時若如此。**曹子以爲敗軍擒將非勇也，國削名滅非智也，身死君危非忠也。**○張金城曰：「淮南子云：『管仲輔公子糾而不能遂，不可謂智；遁逃奔走，不死其難，不可謂勇；束縛桎梏，不諱其耻，不可謂貞。』文理相似，且其文接在論曹沫之後，因循之迹甚爲明顯。」按：此言當時曹子之計。張引淮南子，皆氾論篇文。**夫死人之事者，不能續人之壽，**○吴世拱曰：「續，同『贖』，報復也。後漢書趙壹傳注：『贖，即續也。』壽，讎也。春秋繁露循天之道：『壽者，讎也。』亦聲轉。」張金城曰：「此言爲他人之事，效死而無裨於人者，蓋非計之美者也，故退與魯君謀其全。」按：死人之事，爲人之事而死。續，延長。言於事無補。**故退與魯君計。**○吳世拱曰：「公羊莊十三年傳：『莊公將會乎桓，曹子進曰：「君之意何如？」莊公曰：「寡人之生，則不若死矣。」曹子曰：「然則君請當其君，臣請當其臣。」莊公曰：「諾！」』此即與魯君計也。」按：此所謂詳也。**桓公合諸侯，曹子以一劍之任劫桓公墠位之上，**○吳世拱曰：「即十三年經：『冬，公會齊侯，盟於柯。』任，同『憑』，憑依也。言僅以一劍之力也。謝惠連雪賦『任地班行』注：『猶因也。』公羊莊十三年傳：『於是會於桓，莊公升壇，曹子手劍而從之。』史記刺客傳：『桓公與莊公既盟於壇上，曹沫執匕首劫齊桓公。』魯仲連傳：『曹子以一劍之任，枝桓公之心。』『墠』、『壇』聲轉，猶『禪』借爲『嬗』也。」張金城曰：「任，呂覽樂成『達乎任人也』注、舉難『將任之』注並云：『用也。』」按：合，會。任，當訓爲「用」，張說是。劫，劫持。墠，借爲「壇」，吳說是。**顏色不變，辭氣不悖，**○張金城曰：「史記刺客列傳作『顏色不變，辭令如故』，魯鄒列傳同。」按：顏色，臉色。辭氣，言辭。悖，逆、亂。**三戰之所亡，一旦而反，天下震動，四鄰驚駭，名傳後世。**○吳世拱曰：「公羊莊十三年傳：『曹子曰：「願請汶陽之田。」管子顧曰：「君許諾。」桓公曰：「諾！」』史記刺客列傳：『桓乃盡許歸魯之侵地。』」按：上文云：「三戰而亡地千里。」一旦，一日。四鄰，鄰國。**扶杖於小愧者，**

大功不成。扶杖，王闓運改作「夫忮」，云：「本誤作『扶杖』。」張金城曰：「王改於義較是。」○吳世拱曰：「扶杖，猶抱執也。愧，醜也，孟子所謂『小丈夫』。」張金城曰：「淮南子氾論曰：『曹子不羞其敗，恥死而無功。』下文云『去忿悁之心，棄細忿之愧』，即『忮於小愧』之義。忮，詩雄雉『不忮不求』傳、莊子齊物論『大勇不忮』釋文並云：『害也。』此言文德出入之愧，而並以爲害者，大功難成也。」按：扶杖，猶曰堅持、耿耿於懷。小愧，三戰而亡地千里之類。大功，三戰之所亡一旦而反之類。下云「去」、「棄」，是不「扶杖」也。

故曹子去忿悁之心，立終身之功；棄細忿之愧，立累世之名。細忿，疑當作「細小」。上文曰：「扶杖於小愧者。」○張金城曰：「魯鄒列傳作『去感忿之怨』、『棄忿悁之節』。」按：去，除掉。忿悁，憤恨。累世，幾代。**故曹子爲知時，魯君爲知人。**○知，懂得、瞭解。時，時機。**劇辛爲燕將，與趙戰，軍敗，劇辛自剄，燕以失五城，自賊，以爲禍門，**○吳世拱曰：「史記燕世家：『劇辛故居趙，與龐煖善，已而亡走燕。』又：『燕使劇辛將擊趙，趙使煖擊之，取燕軍二萬，殺劇辛。』又趙世家：『悼襄王三年，龐煖將攻燕，禽其將劇辛。』即此事也。」張金城曰：「六國年表：『（燕王喜十三年）劇辛死於趙。』」按：以其自剄而失五城，故曰自賊。禍門，禍所出入。**身死以危其君，名實俱滅，**○名，名聲。實，謂身。**是謂失此不還人之計也，**張金城讀「此謂失」句，曰：「『失』下疑脱『計』字。上文云：『計失，其國削主困。』此正結上而言。」按：此句可通，張説非。「謂」，吳注本作「爲」，非。○陸佃曰：「言其計劃無後（張金城曰：『「復」字之誤）之爾。」吳世拱曰：「此，其也。還，復也，報也。上文云：『夫死人之事者，不能續人之壽。』」張金城曰：「此言劇辛自刎，蓋無能仇報敵人之計而已。」按：還人，報復人。言劇辛爲有失此不報復人之計者。**非過材之莿也。**材，疑當作「計」。○陸佃曰：「此言賢者誠重其死，雖然，曹沫之事適遭管仲，不欲愈一小快而以齊信於諸侯，故能成其名也。若夫李陵之降，欲以報漢，而卒族妻母，隴西之士用爲耻焉。則沫之劫致，豈可以爲常哉？矧又霸者之事也。至於王德之人，誠信素明，則將無與魯地而誅沫矣，何足貴乎？」吴世拱曰：「過材，高人之才也。莿，策也。言非高明者之謀也。」張金城曰：「此言劇辛身殉，實非有過人之才者之策，但無能復仇之計而已。注曰曹沫之事不可爲常，且舉史記李將軍列傳李陵之事爲説，是也。」按：莿，「策」之異體，計策。言劇辛之行非爲過計之策，乃失計、不計之策也。**夫得道者務無大失，凡人者務有小善，**○張金城曰：「務無大失者，大德不踰閑是也。務有小善者，厚責於人是也。淮南氾論云：『詘寸而伸尺，聖人爲之；小枉而大直，君子行之。』又曰：『總其略行，而求其小善，則失賢之數也。』謂不當以小過而掩大美也。」按：得道者，謂掌握正確思想方法之人。務，追求。凡人，普通人。**小善積則多惡欲，**叢刊本、朱氏本脱「則」字，學津本、四部備要本「則多」二字誤作小注。○積，累。爲小善者欲人報，故小善積則多惡欲。**多惡則不□，不□則多難，**二「不」下叢刊本、道藏本各闕一字；聚珍本、四庫本上「不」下作「積德」；學津本上下均作「積德」，吴注本從；王闓運各補「忍」字。陸佃曰：「或云『多惡則多難』，無『則不』下五字。」吴世拱曰：「『德』字與下文『博』字對文，二『積』字當涉上『積』字衍。且舊校云『無「則不」下五字』，今合『則不』下已七字，顯爲衍文，或後人誤解校文而妄增。今本或無兩

『積德』四字，有『則不』下三字。又王湘綺據明刻兩『積德』作兩『不忍』，與下『難』字頗貫洽，疑此本是也。」孫人和曰：「此文各本不同，今參合校定之，作『凡人者務有小善，小善積則多惡，欲多惡則不德，不德則多難，多難則濁，濁則無知』，與下『多欲』數語正同。」按：王補「忍」字近是。作「積德」者於句法不協，作「多惡則多難」者兩「則」字相涉而脱。孫説非。○張金城曰：「務求小善者，每志人之所短，故多惡。如此而欲致人者，難矣，故曰多難。」按：多惡，謂多惡欲。不忍，不忍於人，即殘忍於人。殘忍於人，自己亦必有難，故曰不忍則多難。**多難則濁，濁則無知；**○張金城曰：「内無人才，行爲失度，是闇濁也。行爲不能計全，故曰無知。淮南氾論曰：『小謹者無成功，呰行者不容於衆。』是多惡之説也。」按：濁，吕覽振亂「當今之世濁甚矣」注：「亂也。」此謂志濁。知，同「智」。志濁，則無智慧矣，故曰濁則無智。**多欲則不博，不博則多憂，多憂則濁，濁則無知。**○張金城曰：「多欲者，淮南氾論所謂『志人之所短，而忘人之所修』，求全責備於一人是也。其責人也厚，故所容不廣，所謂德孤是也。德孤故多憂。多憂，所計亦多失，終底於無知矣。」按：多欲，多惡欲。多惡欲不能實現，故不博。不能實現而心生憂，故多憂。多憂，則志濁而無智矣。**欲、惡者，知之所昏也。**○張金城曰：「此言知之昏濁，皆因多欲多惡之故也。」按：上文云「多惡則不忍，不忍則多難，多難則濁，濁則無智」，「多欲則不博，不博則多憂，多憂則濁，濁則無智」，是惡、欲乃智之所以昏亂也。**夫强不能者僇，**道藏本同，叢刊本「者僇」二字誤爲注；朱氏本、王氏本、吴注本「能」下作「睹」（按王氏本作「賭」），無「者僇」二字；又王氏本「夫」作「失」；張金城本「夫」作「天」，云：

「陸注以『辱』釋『僇』」，是原本有『僇』明矣。又聚珍本、學津本誤以注入正文，作『夫强不能者，僇之其言辱』，亦非。此據藏本、葉本、子彙本正。」孫人和曰：「注有『者僇之言其辱』六字，語不可解。聚珍本正文作『夫强不能者，僇之其言辱』。裴謙校曰：『一本此六字誤作注，又一本無「之其言辱」四字。緜眇閣本作「夫强不能者僇」，崇文局本又作「夫强不能睹」，注有「僇之言辱」四字。作「睹」者，則又誤合「者其」二字，又訛爲「睹」也。』」按：諸本異文皆非，此本不誤。○陸佃曰：「僇，辱。」吴世拱曰：「夫，雖也。强，讀勉强之强。睹，明見也，當作『睹』，聲轉也。」張金城曰：「此言以其人之所不善者相强，則受辱必矣。」按：夫，發語詞。强，勉强。不能，謂才力所不及。僇，辱。張説是。**是劇辛能絶，而燕王不知人也。**○吴世拱曰：「能，善也。絶，猶少也。言劇辛僅有小善，而昏於大道，燕王不知其人，而强誤用也。」張金城曰：「言劇辛能自絶，而燕王不知人也。」按：絶，自絶。劇辛能自絶不能戰，燕王强使之戰，是其不知人也，故蒙耻。

昔善戰者舉兵相從，陳以五行，戰以五音，○張之純曰：「五行案金、木、水、火、土相生相克而結陳。五音，如師曠之驟歌北風又歌南風，而知南風不競之類。」吴世拱曰：「陳，陳軍旅也。以，用也。」張金城曰：「張説是也。六韜五音篇：『金、木、水、火、土，各以其勝攻之。』又曰：『微妙之音，皆有外候。』是五行、五音之説也。」按：從，隨。陳，布陣。言以五行相生相克之法布陣，以五音相勝之理爲戰。**指天之極，與神同方。**○吴世拱曰：「指，止也，定也。極，北辰也。（指天之極）言用北辰居中以御四方之道也。方，術也。」張金城曰：「曲禮上：『招搖在上，急繕其怒。』注：『畫招搖星於旌旗上，以起居堅勁軍之威怒，象天帝也。』招搖星在北斗杓端，主指者，此指天同方之説也。」按：指，以爲指。極，北極星。與神同方，言其妙算如神。**類類生成，用一不窮。**○吴世拱曰：「類類，繁縟貌。」張金城曰：「二句又見前泰録篇。此言行陳皆法其類以成勢，得一道於此，其化則無窮也。」按：類類生成，猶曰舉一反三。一，一個，指陳以五行、戰以五音之法。窮，盡。**明者爲法，微道是行。**○吴世拱曰：「微，惟也。一曰：微，依從也。言尾隨道而行也。」按：明者，五行、五音之法。微道，類類生成之道。**齊過進退，參之天地。**○陸佃曰：「齊，不過也。」張之純曰：「齊，整齊也。過，愆也。牧誓曰：『不愆於六步七步，乃止，齊焉。』」張金城曰：「此即曲禮上所謂『進退有度，左右有局』是也。」按：齊，整齊。過，超越、超過。進，使之進；退，使之退。齊過進退，過者齊之，退者進之。參，參考。**出實觸虛，**○陸佃曰：「吴奔東南，亞夫使備西北，蓋知此矣。」吴世拱曰：「以己之實，觸敵之虛。」張金城曰：「出，荀子大略『乘其出者，是其反者也』注、吕覽忠廉『殺身出生』注並云：『去也。』出實者，猶云避去其實也。孫子計篇『亂而取之，實而備之』、淮南要略『避實擊虛』是也。漢書張陳王周列傳：『頃之，復定，吴奔壁東南，亞夫使備西北。』」按：出，當訓「去」，張説是。觸，觸犯。出實觸虛，即避實擊虛。**禽將破軍，發如鏃矢，動如雷霆。**陸佃曰：「（鏃）或作『鍭』。」按：作「鍭」者字之誤。○吴世拱曰：「大曰矢，小曰鏃。小則行速，故借喻。」按：發，出發。鏃，箭頭。矢，箭。如鏃矢，形容疾速。動，動作、運動。雷霆，疾雷。動如雷霆，形容聲勢大。**暴疾擣虛，殷若壞**

牆。○陸佃曰：「殷，壞聲也。」張之純曰：「殷，倚謹切，音隱，雷發聲也。言軍聲殷殷若壞牆也。」張金城曰：「張氏言『殷，雷聲』者，蓋取詩殷其雷箋之説。注曰『壞聲』者，順文勢而言，二説其實一也。此以狀軍威之盛也。擣虛者，史記孫武傳：『批亢擣虛。』」按：暴，「暴虎」之暴，同「搏」。疾，患、害。暴疾，即孫武傳「批亢」之義，張説是。擣，攻打。殷，同「磤」，崩壞聲。壞牆，牆壁倒塌。**執急節短，用不縵縵。**○陸佃曰：「孫子兵法曰：『其執險，其節短。』」吳世拱曰：「執急，主敏疾也。節短，藏己之短。縵縵，窮盡也。」張金城曰：「孫子勢篇：『善戰者其勢險，其節短。』杜佑注曰：『短，近也。節，斷也。』梅堯臣曰：『險則迅，短則勁，故戰之勢當險疾而短近。』縵，通『慢』。周禮春官磬師『教縵樂燕』注：『杜子春讀縵爲怠慢之慢。』此言縵縵者，與前文急、短相對，謂其用兵不惰慢也。」按：執，持、掌握。急，緊急、急切。節，節制。短，不急。縵縵，紛亂貌。言執其所急，節其所短，則輕重緩急有序而不紛亂矣。**避我所死，就吾所生。**○吳世拱曰：「就吾之利，避吾不利。」按：死，使死者；生，使生者。**趨吾所時，**○吳世拱曰：「用時機之使。」按：趨，奔走。時，借爲「善」。爲吾所善者奔走。**援吾所勝。**陸佃曰：「（援）或作『授』。」按：作「授」者「援」字之誤。○吳世拱曰：「援，引也。勝，猶長也。」按：援，援助。勝，説文：「任也。」廣雅釋詁一：「舉也。」助吾所舉也。**故士不折北，兵不困窮。**○張之純曰：「軍敗曰北。」按：士，戰士。折北，敗逃。兵，軍隊。困窮，被困，走投無路。**得此道者，驅用市人，乘流以逝，**陸佃曰：

「（逝）或作『遊』。」按：作「遊」者字之誤。○張之純曰：「如韓信之背水陣。」吳世拱曰：「市，衆也。逝，往也。」張金城曰：「淮陰侯傳：『此所謂驅市人而戰之。』」按：道，方。市人，街市上的人。乘流，順流。逝，往。**與道翱翔，翱翔授取，**○吳世拱曰：「翱翔，變化無方也。授取，進取也。詩公劉：『何以舟之？』箋訓『舟』爲進，朱駿聲以爲『授』之借字。王湘綺謂以下多襲賈生語，亦臆説也。」張金城曰：「賈生語，謂鵩鳥賦也。此二句賦作『與道翱翔，乘流則逝』。五臣注：『言真人無著，與道同翱翔而已。亦猶木之浮水，行止隨流也。』」按：道，規律。翱翔，上下飛動，此形容其自如。授，予、給。翱翔授取，謂自如地取予。**錮據堅守，**陸佃曰：「（據）或作『豫』。」按：作「豫」者非。○吳世拱曰：「錮，固也。與『堅』同義。」按：錮，牢固。據，盤據。**呼吸鎮移，與時更爲。**陸佃曰：「（鎮）一作『推』，或作『損』。」按：「鎮」與「移」相對，作「推」作「損」皆非。○陸佃曰：「鎮，不移也。」吳世拱曰：「呼吸，忽也，謂其迅疾。鎮，轉也，與『紾』同。或作『推』，亦同。言轉移之速如四時更爲。」張金城曰：「楚辭抽思『覽民尤以自鎮』注：『止也。』止亦不移之意。」按：呼吸，謂極短時間之内。鎮，停止。移，轉移。與，以。時，時機。更，更改、更代。爲，猶行。承上，言是固守盤據，還是迅速轉移，以時而定。**一先一後，音律相奏。**陸佃曰：「（奏）或作『奉』。」按：作「奉」者字之誤。○吳世拱曰：「奏，凑合也。『後』、『奏』爲韻。」按：先後，猶進退。奏，合。音律相奏，如音律一般相諧和有節奏。**一右一左，道無不可。**○吳世拱曰：「『左』、『可』爲韻。」張金城曰：「此言得道之至，無不然，無不可也。賦云：『達人大觀兮，物無不可。』」按：道，方。無不可，皆相宜也。帛書黃帝書稱：「天地之道，有左有右。」張引賦即賈誼鵩鳥賦，下並同。**受數於天，定位於地，成名於人。**○吴世拱曰：「數，度數也。言如天之變化，如山嶽之不動，功成於人。淮南兵略訓：『故上將之用兵也，上得天道，下得地利，中得人心。』孟子『天時、地利、人和』亦此義。」按：天有度數，地有定位，人可成名，即所謂天時、地利、人和也。帛書黃帝書十大經立：「吾受命於天，定立（位）於地，成名於人。」**彼時之至，安可復還？**陸佃曰：「或作『復還至』。」按：作「復還至」者「至」字涉前衍。○陸佃曰：「復，反復也。還，回還也。」按：復，再次、二次。還，回還。言時不再來也。**安可控摶？**○陸佃曰：「控，引也。摶，持也。復還言不可禦，控摶言不可止。」吴世拱曰：「控摶，度量也。言時至不可挽回，不可度量也。賈誼鵩賦『何足控摶』蓋出此。」張金城曰：「賦云：『忽然爲人兮，何足控摶？』李善注引孟康曰：『控，引也。摶，持也。』此謂得天之數，安地之位，勝敗得失之名成於人，其時如此矣，安可禦止，安可引持？此所以道無不可之故也。」按：控，引；摶，持。安可控摶，承上言時不可以由人引持。張説近是。**天地不倚，錯以待能，**○吴世拱曰：「倚，偏也。錯，置也。言天地無私，置之以待能者。」按：吴説是。**度數相使，陰陽相攻，死生相攝，氣威相滅，虚實相因，得失浮縣，**陸佃曰：「或作『得失相浮』。」吴世拱曰：「以上文例觀之，有『相』字是。」按：當作「相浮」，或本是。○陸佃曰：「浮縣，言無定也。」張之純曰：「（縣）同『懸』。」吴世拱曰：「此皆斥用兵之道而言。攝，枝也。浮縣者，謂或得或失之大異也。浮、縣皆遠，而義通耳。」張金城曰：「説文：『縣，繫也。』浮縣，謂如縣物之浮動，曰無定也。」按：使，使役。攻，攻擊。攝，攝持。氣，氣勢。威，威嚴。因，依。浮，漂浮。言世間之事皆如此。**兵以勢勝，**○陸佃曰：「兵法曰：『如轉圓石於千仞之山者，勢也。』」按：勢，威勢。威勢强者勝，弱者敗。陸引兵法，見孫子勢篇。**時不常使，**○吴世拱曰：「言時會無常，故兵乘勢勝也。淮南兵略訓：『乃行之以機，發之以勢，是以無破軍敗兵。』」張金城曰：「此言時有宜否也。」按：使，疑借爲「施」，行也。**蚤晚絀嬴，反相殖生，**嬴，王氏本作「羸」，同，借字。○張之純曰：「反，還也。史記田單傳：『兵以正合，以奇勝。善之者出奇無窮。奇正還相生。』」吴世拱曰：「蚤晚，先後也。絀嬴，屈申也，盈虚也。殖，腐敗也。言蚤晚盈虚，互相生滅也。」按：蚤，同「早」。早晚，就時言。絀，不足。嬴，與絀相對，借爲「盈」，滿。荀子非相：「緩急嬴絀。」殖生，生殖。反相殖生，相反相成也。**變化無窮，何可勝言？**○張金城曰：「孫子勢篇云：『戰勢不過奇正，奇正之變，不可勝窮也。』蓋言兵勢之難窮端倪也。」按：勝言，盡言。**水激則旱，矢激則遠；精神回薄，振蕩相轉，**洪頤煊曰：「文選鵩鳥賦李善注、史記賈誼列傳索隱引鶡冠子，皆作『水激則悍』。史記河渠書：『水湍悍。』淮南子墬形訓高誘注：『湍，急流；悍，水也。』字當作『悍』。今本作『旱』，是後人從史記、漢書、文選本改。」俞樾曰：「文選鵩鳥賦『矢激則旱兮』，李善注引鶡冠子作『悍』，且曰：『悍，與「旱」同。』則知今本鶡冠子作『旱』者非。」按：旱，本字當作「悍」，二説是。○張之純曰：「上『激』字言觸物，下『激』字言張滿。（薄）音迫。」吴世拱曰：「賈誼鵩賦『水激則旱兮，矢激則遠。萬物廻薄兮，震蕩相轉』，蓋出此。文選注引此，『旱』作『悍』，

『回』作『迴』，注云：『言矢飛水流，各有常度。爲物所激，或旱或遠，斯則萬物變化，烏有常則乎？』又：『悍，與「旱」同，並户但切。』吕氏春秋去宥：『激矢則遠，激水則旱。』案此言精神，與鵩賦言萬物別。」按：激，一切經音義十四引莊子司馬注：「流急曰激。」旱，借爲「悍」，强、急。精神，思想。回，回旋。薄，同「迫」。言精神回迫振蕩相轉，如水激則悍、矢激則遠。

遲速有命，必中三五，陸佃曰：「有命，一作『言息』，又作『止息』。」俞樾曰：「文選注引作『遲速止息』。」張金城曰：「賦作『遲速有命兮（漢書無『兮』字），焉識其時』，李善注引作『遲速止息』。據此，則『有命』或後人因賦而改者也。又：諸本『三伍』作『三五』，惟藏本作『三伍』，是也。李善注引此正作『參伍』。」按：下言「必中三五」，則上當爲動詞，故當以「止息」爲是。今本「有命」，或後人據賦文而改，張説是。又「五」，道藏本作「伍」，張金城本從，非。○張之純曰：「史記孫子傳：『約束既布，乃設鈇鉞，即三令五申之。』」張金城曰：「韓非揚權篇：『參伍比物，似之形也。參之以比物，伍之以合虛。』又孤憤篇：『不以參伍審罪過。』注：『參，比驗也。伍，偶會也。』必中三伍者，謂必中比驗偶合之實。」按：遲，慢；速，快。止息，停止。中，去聲，合。三、五，皆數。必中三五，謂或三之或五之，錯雜不固定也。

合散消息，孰識其時？俞樾曰：「文選注引作『同合消散，孰識其時』。」張金城曰：「此或後人據賦而改之。」按：合散消息，當依文選注作「同合消散」，此誤。○吴世拱曰：「言隨其命數之自然也。莊子曰：『人之生，氣之聚也。聚則爲生，散則爲死。』」張金城曰：「五臣注曰：『合而成形，散而歸無，形自無生，無自形出，消息之理，安有長則？』」

按：同合，集中。消散，分散。孰識其時，言無定時也。吴引莊子曰，見文選李善注。

至人遺物，獨與道俱，陸佃曰：「遺物，或作『不遺』；（獨）或作『動』。」張金城曰：「李善注正作『不遺』，『獨』亦引作『動』，或亦後人據賦而改。」按：「遺物」不誤，作「不遺」者非。獨，似當作「動」，文選注是，此蓋以音誤。○吴世拱曰：「賈誼鵩賦『至人遺物兮，獨與道俱』，蓋出此。文選注引此作『至人不遺，動與道俱』，與舊校合。莊子曰：『不離於真，謂之至人。』又：『孔子請老聃曰：形體若槁木，似遺物而立於獨也。』」張金城曰：「史記索隱引張機曰：『體盡於聖，德美之極，謂之聖人。』」按：至人，道行最高之人。遺，遺棄。道，規律。俱，在一起。吴引莊子，亦據文選注，上句今見天下篇，下句今見田子方篇，文梢異。**縱驅委命，與時往來，**張金城曰：「賦作『縱軀委命兮』。『軀』、『命』相對，作『軀』爲是。此作『驅』者，蓋同音之誤也。文選東征賦、海賦、鷦鷯賦李善注引並作『軀』，是其證。五臣曰：『委身命與萬物同。』是也。」按：本字當作「軀」，張説是。○吴世拱曰：「賈誼鵩賦『縱軀委命兮，不私與己』，蓋出此。『驅』、『軀』聲轉。」按：縱，後漢書譙元傳注：「舍也。」軀，身。委，廣雅釋詁二：「棄也。」時，時機。往來，亦「俱」義，在一起。**盛衰死生，孰識其期？**○盛衰死生，指至人言。識，知。期，日期、期限。**儼然至湛，孰知其尤？**○吴世拱曰：「儼然，高遠貌。湛，深也。尤，甚也，極也。期尤伏福，纏則意息。」張金城曰：「儼然，爾雅釋詁注：『敬貌。』國策秦策『儼然不遠千里』高注：『矜莊貌。』湛者，文選封禪文『湛恩厖鴻』注：『深也。』此蓋賦文『澹乎若深淵』之義，謂處心莊敬淵深，安知禍福哉？」按：儼然，莊重貌。湛，深，深沉。

尤，過。**禍乎，福之所倚；福乎，禍之所伏：禍與福如糾纆。**纆，諸本或作「纏」，誤。吴世拱改「纏」爲「纆」，曰：「纏，據賈誼鵩賦及文選注引當作『纆』，與『期』、『尤』、『伏』等爲韻，故改。又文選注引此作『禍與福如糾纆也』，多『也』字。」○陸佃曰：「此言禍福相爲表裏，埶（叢刊本、道藏本作『執』）如索綯纆索也。三合曰糾。」吴世拱曰：「倚，因也。纆，索也。鵩賦『禍兮福所倚，福兮禍所伏』，又『禍之與福兮，何異糾纆』，蓋出此。」張金城曰：「上二句見老子五十八章。文選李善注引字林曰：『糾，兩合繩；纆，三合繩。』此云『糾，三合繩』者，慧琳一切經音義十七引蒼頡解詁之説也。善注又引臣瓚曰：『纆，索也。』是陸注所謂者也。注云『索綯』者，詩七月『宵爾索綯』注：『綯，索也。』」按：倚，斜靠着。伏，藏匿。糾，纏繞。纆，當是兩合繩。糾纆，糾結而成之雙股繩。**渾沌錯紛，其狀若一；交解形狀，孰知其則？**○吴世拱曰：「交，勾絞也。解，散離也。」按：渾沌，渾濁不清。錯紛，交錯紛亂。其，指禍福。交，交互。解，分解。則，法。**芴芒無貌，**陸佃曰：「貌，或爲『根』。」按：或本是「貌」當是「根」字之訛。○吴世拱曰：「根，痕也，今云痕迹。」張金城曰：「賦『沕穆無窮兮』善注：『沕穆，不可分別也。』芴、沕同音，芒、穆雙聲，義亦相近。莊子至樂篇『雜乎芒芴之間』，老子『唯恍唯忽』，蓋皆義同。」按：芴，同「忽」，恍惚。芒，昧，不明。張引老子，見二十一章。**唯聖人而後決其意。**陸佃曰：「或作『能決其意』。」按：作「能」義順。○唯，祇有。決，決斷。**斡流遷徙，固無休息，**○陸佃曰：「小休曰息。」張之純曰：「（斡）音烏括切，旋也，運也。」吴世拱曰：「如淳曰：『斡，轉也。』」按：斡，旋轉。流，流動。斡流遷徙，亦指禍福言。休息，休止。

終則有始，孰知其極？ ○吴世拱曰：「賈誼鵩賦『命不可説兮，孰知其極』，蓋出此。老子『孰知其極』河上公注：『禍福更相生死，孰知其窮極時也？』顔監曰：『極，止也。』」張金城曰：「賦云『千變萬化兮，未始有極』是也。」按：極，終極、終止，吴説是。吴引老子，見五十八章。

一目之羅，不可以得雀。 ○陸佃曰：「太疎故也。」張金城曰：「淮南説山云：『今爲一目之羅，則無時得鳥矣。』説林篇云：『一目之羅，不可以得鳥。』蓋謂小道一曲者之難以有得也。」按：目，網眼。羅，網羅。一目之羅，曰太大、太疏。陸説是。

籠中之鳥，空窺不出。 張金城曰：「文選左思咏史詩七注引作『空籠不出』，於義較勝。蓋言鳥在籠中，雖其籠甚是空曠，終是籠中之物，不得出也。與上句羅以一目得雀，但以一目，終無可得雀之義相成。如作『空窺』，則失其義矣。『籠』、『窺』蓋形近之誤也。」按：「窺」不誤。文選注「籠」字蓋涉前誤，張説非。○陸佃曰：「太密故也。」吴世拱曰：「空，穿也。窺，從孔外窺也。空窺，窺孔撞叩，欲出貌。」按：空，徒，白白地。窺，向外探視，吴説是。籠中之鳥空窺而不得出，目密故也，陸説是。

衆人唯唯，安定禍福。 ○吴世拱曰：「唯唯，順隨無知貌。言聽禍福之去留，不能定也。」張金城曰：「唯唯，荀子大略『唯唯而亡者，誹也』注：『聽從貌。』」按：唯唯，順從聲。安定禍福，謂安於禍福，即得福享福，遭禍受禍。

憂喜聚門，吉凶同域。 吴世拱曰：「聚，文選注引此云：『或作「最」，亦聚也。』」按：文選注本作「或多『最』」，或本當衍。○陸佃曰：「慶者在堂，吊者在門。」吴世拱曰：「言憂喜吉凶相連也。賈誼鵩賦『憂喜聚門兮，吉凶同虞』，蓋出此。『福』、『聚』爲韻。」張金城曰：「二句與賦同，李善注曰：『董仲舒曰：「吊者在門，慶者在廬。」』陸氏蓋本此。」按：言喜與憂同聚一門，吉與凶同出一域，常相隨也。**失反爲得，成反爲敗。吴大兵强，夫差以困。**○張之純曰：「夫差自縊於甬東。」吴世拱曰：「夫差，吴王闔廬子。」按：夫差，吴王名。**越棲會稽，句踐霸世。**○張之純曰：「會稽，山名，在今浙江會稽縣東南十二里。棲者，登山而處，以避兵難也。齊桓、晉文、秦穆、楚莊、句踐爲五霸。」吴世拱曰：「鄒誕云：『保山曰棲，猶鳥棲於木以避害也。故六韜曰：「軍山之高者曰棲。」』會稽，山名，在今浙江紹興府會稽縣。句踐，越王允常子。史記越世家『三年，句踐聞吴王夫差日夜勒兵，且以報越，越欲先吴未發往伐之』云云，『遂興師。吴王聞之，悉發精兵擊越，敗之夫椒。越王乃以餘兵五千人保棲於會稽。吴王追而圍之』。此越棲會稽事也。吴世家：『二十年，越王句踐復伐吴。二十一年，遂圍吴。二十三年十一月丁卯，越敗吴。越王句踐欲遷吴王夫差於甬東，予百家居之。吴王曰：「孤老矣，不能事君王也。吾悔不用子胥之言，自令陷此。」遂自剄死。』此夫差以困事也。越世家：『句踐已平吴，乃以兵北渡淮，與齊、晉諸侯會於徐，致貢於周。周元王使人賜句踐胙，命爲伯。句踐已去，渡淮南，以淮上地與楚，歸吴所侵宋地於宋，與魯泗東方百里。當是時，越兵横行於江、淮東，諸侯畢賀，號稱霸王。』」按：越，謂越王句踐。棲，停居。會稽，山名。國語越語上：「越王句踐棲於會稽之上。」此失反爲得也。**達人大觀，乃見其可。**陸佃曰：「可，或作『苛』。」張金城曰：「作『苛』作『可』皆非。文選鵩鳥賦注引作『乃見其符』。又征西官屬送於陟陽侯作詩注引作『乃見其理』。

『符』、『理』同義。『苛』乃『符』之形誤，後又誤爲『可』。且鵬賦作『物無不可』，後人乃更以爲『可』矣。」按：張説是，「可」當從文選注作「符」。○達人，智慮通達之人。大觀，宏觀。符，史記蘇秦列傳「焚秦符」注：「徵兆也。」**楯枋一術，奚足以游？**○陸佃曰：「楯，讀如『隋銎』之隋。枋，讀如『方銎』之方。大天下之事百出，要以百變應之。而今隋方一術，則豈足遊於變通之會哉？」吴世拱曰：「楯，隋陷也。方，域也，有也。言有陷於一術也。」張金城曰：「楯，朱駿聲曰：『凡狹長之器，皆得曰楯。』又曰：『傳注多以隋爲之。』是『楯』、『隋』通也。枋，朱氏曰：『又叚借爲方。』是『枋』、『方』聲同而通也。云『隋銎』者，詩破斧『既破我斧，又缺我斨』傳『隋銎曰斧』是也。楯枋一術者，言其適於一曲，或隋或方，不足以應變也。」按：楯，楕圓形。枋，借爲「方」，方形。一術，各執一方。奚，何。游，活動。**往古來今，事孰無郵？**○陸佃曰：「郵，置郵也，行者過之而已。故事之過者爲郵。」張之純曰：「郵，過也。」吴世拱曰：「郵，異也。」按：事，謂人。孰，誰、哪個。郵，同「尤」，指責、怪罪。**舜有不孝，堯有不慈，**○張之純曰：「不告而娶，或以舜爲不孝；不傳位於朱，或以堯爲不慈。」吴世拱曰：「吕覽當務：『舜有不孝之行。』高注：『詩云：「娶妻如之何？必告父母。」堯妻舜，舜遂不告而娶，故曰有不孝之行也。』莊子盜跖：『堯殺長子。』」張金城曰：「吕覽舉難篇亦云：『人傷堯以不慈之名，舜以卑父之號。』淮南氾論：『然堯有不慈之名，舜有卑父之謗。』蓋同指其事也。」按：言舜尚有不孝之名，堯尚有不慈之責。**文王桎梏，**○張之純曰：「桎，足械也。梏，手械也。」吴世拱曰：「文王名昌，季歷之子。桎梏，指紂囚西伯於羑里。」張金城曰：「周本紀曰：『紂乃囚西伯於羑里。』莊子盜跖：『文王拘羑里。』釋文：『紂之二十四年囚文王。』」按：言文王尚且被戴上桎梏。**管仲拘囚，**○吴世拱曰：「左莊九年傳：『召忽死之，管仲請囚。』管子小匡：『於是魯君乃不殺，遂生束縛而柙以予齊。』」張金城曰：「管晏列傳『公子糾死，管仲囚焉』，是其事也。」按：言管仲尚且被拘囚。**坱軋𣞤垠，**陸佃曰：「𣞤垠，或作『葜云』。」按：作「葜云」者，「葜」以形誤，「云」以音誤。吴世拱本「坱」作「央」，非。○張之純曰：「軋，或作『圠』。」賈誼鵩鳥賦『坱圠無垠』注：『坱圠，冲融無迹也。』𣞤，古『無』字。無垠，應劭：『非有限齊也。』」吴世拱曰：「賈誼鵩賦『大鈞播物兮，坱軋無垠』，蓋出此。」按：坱軋，同「坱圠」，彌漫。垠，邊際、盡頭。**孰㷄得之？**張之純曰：「㷄，當作『錘』。莊子大宗師『在爐錘之間』注：『爐，烹物之具。錘，成物之具。』字正从『金』。」按：「㷄」字疑誤。○陸佃曰：「此言大鈞播物，坱軋無垠，皆在爐㷄之内，孰㷄得之？」吴世拱曰：「㷄，即錘埵字，字書未收。案字從『火』『垂』聲，冶具，吹火助冶也，中空似管。淮南本經訓『鼓橐吹埵』注：『埵，橐口鐵筩。埵入火中吹火也，故曰吹埵銷鑠。』齊俗訓『爐橐埵坊設』注：『冶具也。』莊子子黎曰：『今一以天地爲大爐，以造化爲大冶，惡乎往而不可哉？』此喻天地造化之大也。」按：此句有誤字，義未明，諸説殆非。**至得無私，泛泛乎若不繫之舟，**○陸佃曰：「任之而已。」吴世拱曰：「得，德也。言至德無戀，泛泛如不繫之舟也。莊子：『汎若不繫之舟，虚而遨遊。』鄭氏曰：『道家養空虚，若浮舟也。』賈誼鵩賦『汜兮若不繫之舟』，蓋出此。『泛』、『汜』同聲轉。」按：私，偏私。泛泛，漂浮貌。賈賦作「泛乎若不繫之舟」，吳引非。**能者以濟，不能者以覆。**○吳世拱曰：「平得超外能濟，否則覆矣。」按：濟，渡過，謂得之也。覆，翻船，謂不得也。**天不可與謀，地不可與慮。**○吳世拱曰：「文選注引此作『天不可預謀，道不可預慮』。案『地』豈『道』之誤與？」張金城曰：「文選注引此，二『與』字均作『預』，『地』作『道』，與賦文同。」按：「與」不誤，作「預」者借字。地，當如文選注作「道」。○吳世拱曰：「與，同『預』，聲轉。賈誼鵩賦『天不可與慮兮，道不可與謀』，蓋出此。司馬貞云：『與音預。』」按：天，大自然。與，謂與之，訓預爲者非。道，自然規律。言天與道不以人意志爲轉移。**聖人捐物，從理與舍。**○吳世拱曰：「與舍，去留也。」按：聖人，道行次於至人者。捐，棄。物，外物。莊子逍遥遊：「聖人無名。」從，隨。理，情理。與，與之。舍，居。**衆人域域，迫於嗜欲。**張金城曰：「鵩賦作『衆人惑惑兮，好惡積億』。史記、五臣本（文選）皆作『或或』，同。李善注引此作『衆人惑惑』，蓋皆同聲之假借也。」按：域域，當從文選注作「惑惑」，作「或或」者同。陸見本誤。○陸佃曰：「域域，淺狹之貌。」張金城曰：「注言『淺狹之貌』者，以域有界局之義故也。善引李奇曰：『惑惑，東西也。』五臣曰：『衆人趣利東西。』於義較順。」按：惑惑，迷惑、無主見。**小知立趨，好惡自懼。**懼，疑是「拘」字音誤。賈賦曰：「窘若囚拘。」○吳世拱曰：「立，止也。趨，向也。言小知溺於自私，好惡之憂迫戚於心也。」張金城曰：「此蓋謂小智慧之人其立其趨，患得患失，心中每多好惡之恐懼。」按：知，同「智」。立，止也、定也。

趨，奔走。拘，拘束。此句蓋言小智之人或立或趨，皆隨好惡而定。**夸者死權，自貴矜容。**陸佃曰：「一本『自矜容』下云『狥名終身謀奈』，無『列士』以下兩句。」吳世拱曰：「文選注引此作『夸者死權，自貴矜容殉名財』。」按：此本不誤。陸見一本及文選注所引皆脱誤。○陸佃曰：「詩曰『垂帶悸兮』是也。」吳世拱曰：「夸，應劭曰：『毗也。』臣瓚曰：『泰也。』容，榮也。莊子曰：『權勢不尤，則夸者不悲也。』司馬貞曰：『言好夸毗者死於權利。』是貪勢以自矜夸者，至死不休也。」張金城曰：「上句又見史記伯夷列傳。文選注引司馬彪莊子注云：『夸，虚名也。』容，禮記雜記『戚容稱其服』注：『威儀也。』自貴矜容，謂自貴其身，矜莊其威儀也。注云『詩曰』者，衛風芄蘭文，傳：『垂其紳帶，悸悸然有節度。』悸，釋文：『垂貌。』」按：夸者，浮夸圖虚名者。死權，爲權而死。自貴，自貴重者。矜，矜莊。容，儀容。吳引莊子，見徐無鬼篇。**列士徇名，貪夫徇財。**張金城曰：「列，鵩賦作『烈』。」按：作「烈」者本字。○陸佃曰：「以身逐物曰徇。」吳世拱曰：「列，同『烈』。徇，同『殉』。司馬彪曰：『殉，營也。』臣瓚曰：『以身從物曰殉。』列子曰：『胥士之殉名，貪夫之殉財。』賈誼鵩賦『貪夫殉財兮，烈士殉名。夸者死權兮，品庶馮生』，蓋出此。」按：列士，即「烈士」，剛烈之士。徇，同「殉」，吳説是。徇名，爲名而死。吳引司馬彪、臣瓚、列子曰，皆據文選李注。**至博不給，**陸佃曰：「給，或作『結』。」按：作「結」者字之誤。○陸佃曰：「統之無要，則雖博乃更不給。何則？至道常約故也。」張金城曰：「給者，漢書司馬遷傳『則人給家足之道也』注：『亦足也。』不給，謂不周足也。論語雍也：『君子博學於文，約之以禮。』此言道博而貴得其要也。」按：博，博洽、淵博。給，足也，張説是。言至博之人亦有不足。**知時何羞？**○陸佃曰：「不愧不怍。」吴世拱曰：「羞，辱也。言知時不辱也。」張金城曰：「此句承曹子之事而言，謂知時勢之可行，雖出乎權計，亦何羞之有。注云者，孟子盡心上云：『仰不愧於天，俯不怍於人，二樂也。』」按：時，左傳閔公二年注：「事之徵也。」言知時則不爲羞也。**不肖繫俗，賢爭於時。**陸佃曰：「繫，或作『敷』。」按：作「敷」者非。○陸佃曰：「知也者，爭之器也。名也者，相軋也。」張金城曰：「此前文所謂『欲踰至德之義者，其慮不與俗同』之謂也。注文見莊子大宗師。『軋』，或作『札』。疏曰：『傷也。』注云：『名起則相札，智用則爭興，故遺名知而後行可盡也。』」按：繫俗，被世俗所牽繫。爭於時，不與俗同也。**細故袃蒯，奚足以疑？**陸佃曰：「一本『袃』作『褉』，『蒯』作『薊』。」按：「袃」作「褉」者字之誤；「蒯」當作「薊」，或本是。道藏本作「褺」，聚珍本作「栔」，亦皆非。○陸佃曰：「蒯，猶『芥』也。芥，刺鯁也。」吴世拱曰：「蒯，文選注引作『薊』。薊，説文作『葪』。賈誼鵩賦『細故蔕葪兮，何足以疑』，蓋出此。漢書『蒯』作『芥』。文選『遰薊』作『蔕芥』。韋昭曰：『遰音土介反。』司馬貞曰：『薊音介。』文選注：『栔葪與蔕芥古字通。』集韻：『袃，五邁切，同遰。』是皆聲轉通用字也。張揖云：『遰介，鯁刺也。』以言細微事不足遰介我心，故於此云何足以疑之者也。」按：袃，類篇：「同『蔕』」，刺鯁也。或作褉。」薊，借爲「芥」。言太細必成鯁芥，無足疑也。**事成欲得，又奚足夸？**○陸佃曰：「此言如意與不，無足欣戚。」吴世拱曰：「憂患既不疑於心志，功成願遂，亦不足矜夸也。」按：夸，夸獎，釋矜夸殆非。**千言萬説，卒賞謂何？**王闓運曰：「以上蓋鵩賦草稿，鈔者誤以爲鶡冠子。」按：王説非，不足信。○陸佃曰：「此言理盡於上，而彼之繁言雖累千萬，猶當賞此。」吳世拱曰：「賞，如賞還之賞。謂，爲也。謂何，猶何爲也。」張金城曰：「賞者，左襄十四年傳『善則賞之』注：『賞謂宣揚。』疏云：『賞者，善善之名。』卒賞謂何，猶曰終宜室美者，其主意何在耶？」按：千言萬説，喻繁言。卒，終。賞，奬賞。謂，同「爲」，吳説是。時成欲得猶不足夸，千言萬説又何足賞。**句踐不官，二國不定。**○陸佃曰：「句踐嘗臣於吳。」吳世拱曰：「請臣於吳之事也，詳見吳越世家。」張金城曰：「官，説文云：『吏事君也。』故注云臣於吳。此言句踐詘以求伸，故能卒成事而平二國之事。」按：官，謂以官吏身份事君。二國，謂吳、越。安，安定。言句踐當時若不以官吏身份事奉夫差，則二國皆不得安定。**文王不幽，武王不正。**陸佃曰：「或作『武王不執正』。」按：或本疑是。○陸佃曰：「幽於羑里。」吳世拱曰：「幽，囚也。荀子王霸『公侯失禮則幽』注：『囚也。』『幽』、『囚』聲轉。即紂囚文王羑里事。正，君也。」張金城曰：「周本紀曰：『崇侯虎譖西伯於殷紂曰：「西伯積善累德，諸侯皆向之，將不利於帝。」帝乃囚西伯於羑里。』是西伯以行仁而見幽。武王能定天下者，蓋承祖德而光大之而已，故其文如此。」按：幽，被囚禁。執正，蓋謂改正朔。**管仲不羞辱，名不與大賢。**○吳世拱曰：「與，同也，齊也。」按：羞，辱，被羞辱。被羞辱，蓋即蒙不智、不勇、不貞之名，張説是。**功不□，三王鉦面備矣。**「功不」下叢刊本、道藏本、朱氏本闕二字，聚珍本、學津本補「得與」。叢刊本下注：「此下原文即備，知章無缺。」吳注本補「與」，讀「功不與」三字句。王闓運本補「並」字，曰：「前言成鳩氏鉦面達行，此又言『鉦面』，謬與相應也。」按：依例當缺二字。又「備」字疑涉下篇篇名誤。○

吴世拱曰：「鉦，征也。面，方術也。知此道者，服順天下之術備矣。」張金城曰：「『鉦面』辭已見王鈇篇，陸注存疑，或因脱誤，或因字誤，蓋難索解。」**按**：王鈇篇云：「（成鳩氏）以鉦面達行。」此句脱誤過多，義未明，「鉦面」當與王鈇篇同。

備知第十三

○備，周備、全面。知，瞭解。二字取篇末「費仲、惡來者可謂知心矣，而不知事；比干、子胥者可謂知事矣，而不知心。聖人者，必兩備而後能究一世」之「備」與「知」。此篇論爲臣之道。

天高而可知，地大而可宰。萬物安之？人情安取？ ○吴世拱曰：「之，出也，往也。取，趨也，亦往也。言天地可知，人、物安可逃往哉？」張金城曰：「莊子讓王子貢曰：『吾不知天之高也，地之下也。』以賜之上材，乃曰不知，而此言知者，蓋謂知其所以高大之道也。安取者，隨分而取、各得其平之謂也。」按：宰，治。安，哪裏。之，往。取，同「趨」。吴説是。言以天之高人猶可知，以地之大人猶可治，萬物、人情豈可不知？ **伯夷、叔齊能無盜，而不能使人不意己。** ○陸佃曰：「横逆豈可必哉？」張之純曰：「意，古與『億』通，謂未見而意之也。説文無『億』字。」吴世拱曰：「意，憶忖也。」按：伯夷、叔齊，周初賢人。意，疑，疑其盜也。 **申徒狄以爲世溷濁不可居，故負石自投於河，不知水中之亂有逾甚者。** ○陸佃曰：「申徒狄，殷之末世枯槁者也。」吴世拱曰：「申徒狄，湯時賢人。莊子外物：『湯與務光天下，務光怒之。紀他聞之，帥弟子而踆於窾水，諸侯弔之。三年，申徒狄因以踣河。』盜跖：『申徒狄諫而不聽，負石自投於河，爲魚鱉所食。』」張金城曰：「荀子不苟篇：『故懷負石而赴河，是行之難爲者也，而申徒狄能之。』（韓詩外傳卷三載文略同）注曰：『申徒狄恨道不行，發憤而負石，自沈於河。』」

按：溷濁，不清明。逾，過、更加。言申徒狄能爲難爲之事，亦不能使人不非己也。**德之盛，山無徑迹，澤無橋梁，不相往來，舟車不通，**○吳世拱曰：「德之盛，謂盛德之世。」張金城曰：「莊子馬蹄『故至德之世，山無蹊隧，澤無舟梁』，而老子第八十章『使民重死而不遠徙，雖有舟輿，無所乘之』，『使民至老死不相往來』，皆此文所本。」按：德，謂君主之德。之，若。盛，茂盛。徑，小路。澤，水澤，此謂江河。不相往來，指民言。**何者？其民猶赤子也。**○陸佃曰：「老子曰：『含德之厚，比於赤子。』男曰赤子，女曰嬰兒。」張金城曰：「注文見老子五十五章。王注曰：『赤子無求無取，不犯衆物。含德之厚者不犯於物，故無物以損其全也。』注云『男曰赤子，女曰嬰兒』者，慧琳一切經音義二引三蒼『男曰兒，女曰嬰』是也。」按：赤子，嬰兒。嬰兒思想純潔，盛德之世民無奸詐，故曰猶赤子。**有知者不以相欺役也，有力者不以相臣主也，**○張金城曰：「此知（智）不詐愚、强不凌弱之謂也。」按：欺，欺詐。役，奴役。臣主，爲臣爲主。此亦就盛德之世言，謂盛德之世有智者不以其智欺役人，有力者不以其力使人爲臣、做人之主。**是以鳥鵲之巢可俯而窺也，麋鹿羣居可從而係也。**張金城曰：「荀子哀公篇『鳥鵲』作『烏鵲』。」孫人和曰：「淮南子氾論篇作『烏鵲之巢可俯而探也』，『鳥』作『烏』。文子上禮篇『鳥鵲』作『飛鳥』。」按：鳥當作「烏」，字之誤。○陸佃曰：「烏鵲性猜瞿，麋鹿性驚決，故此主言之。」張之純曰：「此言人、物一致也。鳳凰來儀，百獸率舞，堯舜時且然，況更上世乎？」吳世拱曰：「係，連屬也，結交也。莊子馬蹄：『禽獸可係羈而遊，烏鵲之巢可攀援而闚。』子華子：『孔子贈大名之世，澹泊恬愉，鹿聚而麕居。』」按：俯而窺，從上往下探視。從，隨。係，拴。言盛德之世鳥獸亦不避人。**至世之衰，父子相圖，兄弟相疑，**○陸佃曰：「夫父子，天性也；兄弟，天倫也。恩信素足，非自外至。故蹍市人之足則辭以脱，悮兄則以嫗，大親而已矣。今德下衰，而至於父子相猶、兄弟相痛者，豈其性固異於古也哉？蓋治之之過也。」吴世拱曰：「好用智慧也。文子上禮：『骨肉以生怨也。』吕覽明理：『長少相殺，父子相忍，弟兄相誣，知交相倒。』」張金城曰：「此莊子盜跖篇『堯殺長子，舜流母弟，疏戚有倫乎』之謂也。吕覽明理：『故至亂之化，父子相忍，兄弟相誣。』義亦與此同。注『蹍市人之足辭以脱』者，謂履及市人之足，則婉辭以求脱。」按：衰，謂德衰。圖，謀。疑，猜疑。**何者？其化薄而出於相以有爲也。**○陸佃曰：「此言不能相與於無相與，相爲於無相爲，故其弊至此。郭象曰：『夫體天地宜變化者，雖手足異任，五藏殊管，未嘗相與而百節同和，斯相與於無相與也。未嘗相爲，而表裏俱濟，斯相爲於無相爲也。若乃役其心志以恤手足，運其股肱以營五藏，則相營愈篤，而内外愈困矣。』蓋知此也。」張金城曰：「莊子大宗師：『孰能相與於無相與，相爲於無相爲？』注引郭象曰者，即此二句注文。」按：化，教化。相以，相與。言不能出於相與無爲，即莊子「相與於無相與，相爲於無相爲」義，陸説近是。**故爲者敗之，治者亂之。**○張金城曰：「老子二十九章『天下神器，不可爲也，不可執也（此句今本奪，從馬叙倫校補）。爲者敗之，執者失之』，蓋此文所本。」按：爲之者反而敗之，止之者反而亂之，此老子無爲之說。**敗則倗，亂則阿；**○陸佃曰：「倗，黨也。」張之純曰：「『倗』同『朋』，黨也。管子幼官篇：『練之以散羣倗署。』」吳世拱曰：「倗，朋黨字古文也，說文作『倗』，輔也，經傳通借朋鳥之朋。周官秋官士師『七曰爲邦朋』注：『故書朋作「倗」。鄭司農云：「倗，讀如朋友之朋。」』」按：敗、亂，皆就世言。倗，同「朋」。朋比、結黨。阿，偏袒、迎合。**阿則理廢，倗則義不立。**○吳世拱曰：「（阿）私阿。」張金城曰：「此言以知爲治，人亦假知以行其詐。故朋黨阿私俱生，而自然之理義滅矣。莊子胠篋：『並與其聖知之法而盜之。』又曰：『上誠好知而無道，則天下大亂矣。』即此之謂。」按：理，公理。私相偏袒則無公理，故曰阿則理廢。義，宜也。相朋比則無義事，故曰義不立。**堯傳舜以天下，故好義者以爲堯智，其好利者以爲堯愚。**○所好不同，故所見各異。**湯、武放弒利其子，好義者以爲無道，而好利之人以爲賢。**○陸佃曰：「此言何謂也？若予所學，則唯好義者以爲有道。」張金城曰：「陸氏以爲不然，故曰『此言何謂也』。然史記伯夷列傳載武王伐紂，夷齊扣馬而諫曰：『以臣弒君，可謂仁乎？』太公以爲此義人也。然則所謂好義者以爲無道，此之謂歟？此言好利之人以傳子爲賢，乃所以爲好利也。」按：湯放桀，武王弒紂，以天下傳其子，故曰利其子。**爲彼世不傳賢，故有放君。**陸佃曰：「或無『爲』字。」按：無「爲」字者是，此衍。○吳世拱讀「爲彼」句，曰：「彼，同『詖』，慧也。謂賢明也。一曰：彼，大也。屬下讀。」按：彼，猶「夫」，吳引一曰是。放君，被流放之君。**君好倗阿，故有弒主。**○張金城曰：「倗阿，謂好阿之人。（主）所以見弒者，亦由爲之、治之之故也。」按：弒，臣殺君。弒主，被弒殺之君。**夫放、弒之所加，亡國之所在，吾未見便樂而安處之者也。**陸佃曰：「或作『見其便樂』。」按：「未見」是，作「見其」者脱「未」字。○吴世拱曰：「便，安適也。」張金城曰：「便，説文、廣雅釋詁一並云：『安也。』」按：便，以爲便。樂，以爲樂。

夫處危以忘安，循哀以損樂，是故國有無服之喪、無軍之兵，可以先見也。忘，諸本皆誤「安」。○張之純曰：「無喪如有喪，無兵如有兵。言死亡之兆已先見也。」吴世拱曰：「説苑修文：『孔子曰：「無體之禮，敬也；無服之喪，憂也。」』」張金城曰：「『循哀以損樂』句難得其解，不知『損』字當是何字之誤。尋其義，似謂身處哀地，猶上句之危，而猶然求樂也。」按：以，猶「則」。循，從也。損，減。無服之喪，不穿孝服的喪事。無軍之兵，没有軍隊的戰争。處危忘安，循哀損樂，言自行節制，自我驚懼也，故兵、喪先見。**是故箕子逃而搏裘牧，**張之純曰：「以下句例之，當作『裘牧搏』。」按：張説是，「搏」字當在後。裘牧，聚珍本、學津本作「仇牧」，古書異文。○陸佃曰：「逃，逃禍也，非謂逃而去之。孔子曰：『微子去之，箕子爲之奴。』宋世家曰：『南宫萬殺湣公於蒙澤，大夫裘牧聞之，以兵造公門。萬搏牧，牧齒著門死。』即其事也。」張金城曰：「書洪範疏引書傳曰：『武王釋箕子之囚，箕子不忍周之釋，走之朝鮮。』則箕子之去，蓋在商亡之後，故此云『非謂逃而去之』。注引孔子曰，見論語微子篇。『著門死』，世家作『著門闔死』，其事見莊公十二年春秋。裘牧，三傳作『仇牧』。」按：逃，謂逃禍。搏，謂就搏而死之，反於逃也。箕子逃禍免死，裘牧就搏取死，君異臣亦異也。**商容拘而蹇叔哭。**○陸佃曰：「蹇叔，秦臣也。穆公襲鄭，蹇叔哭之。」吳世拱曰：「史記殷本紀：『商容，賢者，百姓愛之，紂廢之。』又：『表商容之閭。』司馬貞曰：『皇甫謐云：「商容，與殷人觀周軍之入。」則以爲人名。鄭玄云：「商家典樂之官。知禮容，所以禮署稱容臺。」』秦本紀：『使百里傒子孟明視、蹇叔子西乞術及白乙丙將兵。行日，百里傒、蹇叔二人哭之。』」張金城曰：「蹇叔哭師，事見左傳僖公三十三年。舉上四人者，蓋明其能見事於未形也。」按：言商容被紂王拘，而蹇叔爲穆公哭。**昔之登高者，下人代之㥄，手足爲之汗出，**陸佃曰：「（㥄）或作『殣』。」按：作「殣」非。○陸佃曰：「㥄，怖也。怖，故爲之汗濡。」張之純曰：「㥄，驚也。極寫怖之形狀。」按：代，替。㥄，驚怖。**而上人乃始搏折枝而趨操木，**陸佃曰：「或無『人』字。」按：有「人」字義順。又「趨操木」似不辭，「操」疑當作「梢」，以音誤。○陸佃曰：「言傍觀者爲之驚懼，而登高之人雖危莫知焉，乃始搏而折枝，趨而操木。」吳世拱曰：「乃始，方將也。折，按也。趨，就也。操，手拱抱也。」張金城曰：「韓非姦劫弒臣篇：『上高陵之顛，墮峻谿之下而求生，必不幾矣。』此蓋言主局者之不明也。」按：上人，登高在上者。搏，抓。折，廣雅釋詁一：「曲也。」趨，向。梢木，樹梢。**止之者僇，**○陸佃曰：「止之使勿爾者覆受僇焉。凡此，以況處危忘安而諫者蒙辱之義。」張之純曰：「止之使勿，而反受僇也。」按：止。勸止。僇，受辱。好心反被誤解也。**是故天下寒心，而人主孤立。**○吳世拱曰：「天下爲之㥄，而猶孤立不改也。」張金城曰：「賢者懼僇不前，故曰寒心。」按：好心被辱，故寒心。**今世之處側者，皆亂臣也，其**

智足以使主不達，其言足以滑政，○張之純曰：「滑，亂也。所謂辯言亂政也。」吳世拱曰：「（不達）蒙蔽使不明也。」按：處側，居君側也。達，論語雍也「賜也達」注：「謂通於物理也。」滑，小爾雅廣言：「亂也。」**其朋黨足以相寧於利害。**○張之純曰：「朋黨固結，足以相保有利而無害。」吳世拱曰：「寧，安也。相寧，相保也。」張金城曰：「韓非子有度篇『外内朋黨，雖有大過，其蔽必多』，此之謂也。」按：寧，安寧。利害，謂害，禍害、災害。朋黨足以相寧於利害，言其朋黨之多。**昔湯用伊尹，周用太公，秦用百里，楚用申麃，齊用管子，**○陸佃曰：「（百里）百里奚也。（申麃）申包胥也。」張之純曰：「（申麃）陸注以爲申包胥，案下文云『亡國之忠臣』，伊尹先事桀，太公先事紂，百里先事虞，管子先事糾，申包胥則不類。考左氏哀十七傳：『彭仲爽，申俘也。』恐係此人。」吳世拱曰：「申麃，服虔曰：『楚大夫王孫包胥。』張守節曰：『包胥姓公孫，封於申，故號申包胥。』麃爲『包胥』之合音。『胥』同『少』，讀如少小之少。列子天瑞『胡蝶胥也』釋文：『胥，少也。』」按：申麃，即哭秦廷之申包胥，「麃」爲「包胥」之合音，吳説是，陸不誤。**此數大夫之所以高世者，皆亡國之忠臣所以死也。**○陸佃曰：「此言古之人其才一也，或以高世，亦或以死者，所遇之君異也。」吳世拱曰：「伊尹、太公等之所以高世，以得時命故也。亡國之忠臣所以死，以失時命故也。亡國之忠臣，如龍逄、比干、召忽之類是。」按：高世，爲世所崇敬。死，效死。**由是觀之，非其智能難與也，乃其時命者不可及也。**「由」字叢刊本、道藏本、學津本誤入注。「由是」以上疑有脱文。○陸佃曰：「此言伊、吕、申、管之才，人非莫及也，而箕、裘之徒卒以殺、辱者，無其時命故也。」吳世拱曰：「與，及也。」張金城曰：「論語述而『唯我與爾有是夫』釋文：『與，及也。』故注曰莫及。」按：其，指今之處側者。與，與之並。難與，難與伊、吕、百里、申、管並也。者，語助。時，生不逢時之時，時機、機遇。命，命運、運氣。時命不及，無明君也。

唯無如是，○陸佃曰：「無其時命。」俞樾曰：「陸注『唯無如是』句，曰：『無其時命。』此未達古語也。無，乃語詞。唯無如是者，唯如是也。古書多有此例。」吳世拱曰：「唯無，惟也。言因其如是也。」按：唯，同「雖」。無，語助。言雖如此也，與管子「唯無」異。**時有所至而求，**陸佃曰：「（求）或作『袁』」，又或作『表』。」按：作「表」、作「袁」，皆「求」字之誤。○陸佃曰：「有君無臣，故雖時有所至，而上求焉。」吳世拱曰：「求，遷也，進也。」按：求，尋求。言時機有時候到了而求人。**時有所至而辭，**○陸佃曰：「有臣無君，故雖時有所至，而下辭焉。」張之純曰：「遇賢君之時則求之，遇暗君之時則辭之。」吳世拱曰：「辭，退也。」按：辭，拒絶、不接受。言時機有時候到了而辭人。**命有所至而闔，命有所至而闢。**陸佃曰：「（闔）或作『閤』」，「（闢）或作『闕』」。按：「闔」與「闢」相對，作「閤」同，作「闕」誤。○陸佃曰：「闔，猶辭也。闢，猶求也。」吳世拱曰：「闔，合也，閉藏也。闢，開也。管子宙合：『聖人之動靜開闔、詘信取與之必因於時也。時則動，不時則靜。』」張金城曰：「張説爲是。鬼谷子捭闔篇云：『闔之者，閉之也。』閉即否塞。説文：『闢，開也。』即通達也。」按：闔，同「合」，閉塞、不開。闢，開放。言命有時到了以後合着，有時到了以後開着，故下云賢不必得時，不肖不必失命。**賢不必得時也，不肖不必失命也。**○張之純曰：

「言賢者未必盡得時，不肖有命亦得在高位，所謂庸人享庸福也。」張金城曰：「二句又見天則篇。」按：若賢遇時至而辭，則不能得時；若不肖遇命至而闢，則必能得命，是賢不必得時，不肖不必失命也。**是故賢者守時，而不肖者守命。**○陸佃曰：「守命，猶委命也。」張金城曰：「賢者自足於内，隨時否泰；不肖者虛其中以待窮達，雖有其時，亦難有爲也。」按：守，猶待也。**今世非無舜之行也，不知堯之故也；**○王闓運曰：「知，猶遇也。」吴世拱曰：「知，匹也，遇也。」張金城曰：「王説較是。莊子庚桑楚云：『知者，接也。』引伸之，即有遇義。」按：知，識也。諸説非。此言今世雖有賢臣，而不識明君也。**非無湯、武之事也，不知伊尹、太公之故也。**○張金城曰：「此言賢臣遇明君，聖君得賢輔，事乃能有成也。」按：此言雖有明君而不識賢臣也。

費仲、惡來得辛紂之利，而不知武王之伐之也；○吴世拱曰：「史記殷本紀：『（紂）用費中爲政。費中善諛好利，殷人弗親，紂又用惡來。』惡來，司馬貞云：『秦之祖蜚廉子。』秦本紀：『蜚廉生惡來。惡來有力，蜚廉善走，父子俱以材力事殷紂。周武王之伐紂，並殺惡來。』」張金城曰：「本紀云：費仲、惡來，紂之二臣也。」按：辛，紂之日名。紂，紂之本名，又作「受」，音同。之伐之，將伐之也。**比干、子胥好忠諫，而不知其主之煞之也。**干，朱氏本誤作「千」。○張之純曰：「（比干）紂諸父。（煞）俗殺字。」吴世拱曰：「史記殷本紀：『比干曰：「爲人臣者，不得不以死爭。」乃強諫紂。紂怒曰：「吾聞聖人之心有七竅。」剖比干，觀其心。』子胥，伍員也。吳敗越於會稽，越請成，子胥進諫曰：『今不滅越，後必悔之。』吳王將伐齊，子胥諫曰：『未可。』越請貸，子胥諫曰：『勿與。』後吳王賜子胥屬鏤劍以自殺。事見史記吳世家。」按：好，喜歡。煞，同「殺」。**費仲、惡來者，可謂知心矣，而不知事；**○張金城曰：「投君所好而敗事，故曰云云。」按：知心，知君心。事，世事。二子知君心而不知世事也。**比干、子胥者，可謂知事矣，而不知心。**○二子知世事而不知君心也。**聖人者必兩備，而後能究一世。**○聖人，謂道行高之人。究，竟也，終也。兩備，謂知事又知心。

兵政第十四

○兵，軍隊。政，政事。言兵政之事，故名。此篇論兵政之本末在「道」與「神明」。

龐子問鶡冠子曰：「用兵之法，天之、地之、人之，○張之純曰：「所謂天時、地利、人和也。」張金城曰：「管子九守篇（鬼谷子符言篇同）曰：『一曰天之，二曰地之，三曰人之。』尹注：『言三才之道也。』鬼谷子注曰：『天有逆順之紀，地有孤虚之理，人有通塞之分，有天下者宜皆知之。』言天、地、人三者，二書並以爲主問之道。」按：天之，得天時；地之，得地利；人之，得人和也。**賞以勸戰，罰以必衆，**陸佃曰：「（必衆）或作『恐衆』。」按：作「恐」似非，或本誤。○吳世拱曰：「必，敕誡也。」張金城曰：「管子九守篇曰：『用賞者貴誠，用罰者貴必。』（鬼谷子作『用賞貴信，用刑貴正』）刑賞二者，二書以爲主賞之道。此言用兵之法者，蓋謂用兵當取道三才，而行之以刑賞也。」按：勸，勉勵。必衆，使衆人必須做到。言以賞勸勵作戰，以罰統必衆人。**五者已圖，然九夷用之而勝不必者，其故何也？」**○陸佃曰：「得其戰矣，而未得其所以戰也，故九夷用之而不必勝。語曰：『以書御者，不盡馬之情。』此之謂也。故曰『夫子馳亦馳，夫子趨亦趨。夫子奔逸絶塵，而回瞠若乎其後』，其近是乎。」張之純曰：「九夷，見竹書紀年，謂畎夷、于夷、方夷、黄夷、白夷、赤夷、玄夷、風夷、陽夷也。此言得其戰矣，而未知所以戰，故用之而不勝。」吳世拱曰：「九夷，謂南方九夷也。李斯諫逐客書：『包九夷。』司馬貞云：『九夷，即屬楚之夷也。』文選注同。時九夷蓋爲楚所滅，龐子故舉以爲言。」按：圖，謀。勝不必，不一定勝也。

鶡冠子曰：「物有生，○陸佃曰：「生，猶化也。」吳世拱曰：「生，同『性』。」張金城曰：「大戴禮記本命篇：『化於陰陽，象形而發謂之生。』」按：生，本性。吳説是。**故金、木、水、火未用而相制。**○陸佃曰：「此言前期而勝也。」張金城曰：「五行之性，生克存乎自然，不待用之乃始相制。用兵之道，勝負定於未形，雖有明法，亦不可期其必勝。淮南子兵略：『神明者，先勝者也。』孫子虚實：『形兵之極，至於無極。』蓋此之謂也。」按：金、木、水、火諸物具有相生相制之本能，故不待用而自相制也。**子獨不見夫閉關乎？**○吳世拱曰：「關，説文：『以木横持門户也。』」張金城曰：「子善閉，無關鍵而不可開。」按：獨，惟獨，偏偏。閉關，插門之横木。**立而倚之，則婦人揭之。**陸佃曰：「或作『易揭之上』。」按：作「易揭之上」者誤衍二字，或本非。○吳世拱曰：「倚，依任也。揭，舉也。言將關木竪立而附身抱舉之，雖婦人可揭也。」按：立，竪立。倚，斜靠着。揭，扛。**仆而措之，則不擇性而能舉其中。**○吳世拱曰：「仆，説文：『頓也。』左氏音義引孫炎曰：『前覆曰仆。』不擇性，謂不論其强弱也。言先舉關一端，使一端仍着於地，然後舉之，則爲力省，故無論强弱，皆能舉插於門植之中。」按：仆，放倒。措，置放。不擇性，不分男女。舉，抬。舉其中，從中間抬起。**若操其端，則雖選士，不能絶地。**○吳世拱曰：「選士，謂强有力中選之士也。記月令：『（孟秋）天子乃命將帥選士。』絶，離去也。言操持一端，連彼端平行舉之，則其重過質，量甚大，雖力士亦難令離地也。」張金城曰：「選，左傳宣公十五年注：『雋絶異也。』疏引辨名記曰：『千人曰選。』選士者，謂才力絶異者也。」按：操，持。端，一頭。選士，謂力士。絶，離。吴説是。

關尚一身，而輕重異之者，埶使之然也。

埶，叢刊本、道藏本誤作「執」，王氏本、聚珍本作「勢」。又孫詒讓曰：「『身』，當爲『耳』，形近而誤。管子兵法篇『教其耳以號令之數』，墨子公孟篇『是言有三物焉，今子乃知其一耳』，今本『耳』並誤『身』，與此正同。關尚一耳，言門關猶一耳。下文云：『若達物生者，五尚一也耳。』」按：「身」字亦通，不必改。〇張金城曰：「勢異者，關闔相制，捭闔之勢自異也。」按：關，即前文「閉關」。尚，猶也。身，體。埶，同「勢」，情勢。

夫以關言之，則物有而埶在矣。

埶，王氏本、聚珍本作「勢」，同。〇吴世拱曰：「而，猶其也。」按：而，猶「則」，吴説非。言有物則有勢。

九夷用之而勝不必者，其不達物生者也。

〇陸佃曰：「此言不達事變物化，故輒敗北。素問曰：『物生之謂化，物極之謂變。』」吴世拱曰：「生，性也。下同。」張金城曰：「注引素問，見天元紀大論。王冰注云：『所謂化、變，聖神之道也。化，施化也。變，散易也。』」按：達，通曉。下同。物生，物性。

若達物生者，五尚一也耳。」

〇吴世拱曰：「五，天、地、人、賞、罰也。尚，猶也。」張金城曰：「淮南兵略曰：『得一之原，以應無方。』得物生之理，故雖繁而實簡也。」按：吴説是。

龐子曰：「以五爲一奈何？」

鶡冠子曰：「天不能以早爲晚，地不能以高爲下，人不能以男爲女，○言天時、地利、人和亦有局限。**賞不能勸不勝任，**○陸佃曰：「金帛在前，不能使尪者負。」按：陸説是。尪者，脛骨彎曲者。賞能勸戰，但不能勸不勝任者戰，猶不能使尪者負也。**罰不能必不可。」**○陸佃曰：「或無『不』字。」按：無「不」字者脱。○陸佃曰：「斧鉞在後，不能使啞者鳴。」吴世拱曰：「同有不能。」張金城曰：「此蓋謂天、地、人、賞、罰之有時而詘，不可不因自然之道也。」按：不可，謂不可能做到者。

龐子曰：「取功奈何？」○取功，得功、制勝。

鶡冠子曰：「天不能使人，人不能使天。因物之然，而窮達存焉。陸佃曰：「（因）或作『固』。」按：作「固」者「因」字之誤。○張金城曰：「慎子内篇：『天道因則大，化則細。因也者，因人之情也。』蓋言因其自爲則達，用人之爲我則窮也。管子勢篇：『天因人，聖人因天。』書傳略説篇曰：『天非人不因，人非天不成。』然則取功者，窮達之數蓋在此焉。」按：使，使役。因，依靠。然，本然，自然屬性。窮，不通。達，通達。言窮達存於物之本然，不可强爲。**之二也，在權在埶。**埶，叢刊本誤作「執」，王氏本、聚珍本作「勢」。下同。○吴世拱曰：「之，此也，指窮、達。權謂審地度時，埶謂順道合人。」張金城曰：「權者，所以知輕重。」按：之，此。也，猶「者」。之二也，謂窮、達二者，吴説是。權，權衡，此謂權衡物之然。埶，同「勢」，此謂物之勢。上文曰：「物有而勢在矣。」**在權，故生財有過富；**○吴世拱曰：「有，得也。過，大也。下同。」張金城曰：「因任而有權節，故能生生而不竭也。」按：因物之然而權之，故生生不竭而有過富。過，過剩。**在埶，故用兵有過勝。**○張金城曰：「孫子勢篇曰：『善戰者求之於勢。』」是勢得而兵勝也。」按：因物之然而乘其勢，故用兵有過勝。**財之生也，力之於地，順之於天。**○張金城曰：「權於天地之宜，故財生也。列子天瑞篇曰『盜天地之合』者蓋是。」按：力，用力。順，順應。列子原文作「盜天地之時利」，張誤。**兵之勝也，順之於道，合之於人。**○張之純曰：「以上言達之存，上半重在『埶』字，而以『權』字陪之；下半重在『道』字，而以『人』字陪之。」張金城曰：「達於物生、人情之勢，故兵勝也。」按：道，規律、道理。合，符合。人，謂人心。**其弗知者以逆爲順，以患爲利。**○吴世拱曰：「弗知，不知權埶。」張金城曰：「此孟子離婁上『安其危而利其災，樂其所以亡者』之謂也。」按：弗知，謂不知「順」、「合」。患，害。**以逆爲順，故其財貧；以患爲利，故其兵禽。**○吴世拱曰：「禽，易井『舊井無禽』崔覲注：『猶獲也。』記曲禮『不亦禽獸之心乎』疏：『禽者，擒也。』」按：貧，乏。禽，同「擒」，被擒。**昔之知時者與道證，**陸佃曰：「（證）或作『登』（道藏本作『澄』）。」按：作「登」者當是「證」字之壞。○吴世拱曰：「證，平成也。言知時者與道同成也。」張金城曰：「證，廣雅釋詁四：『驗也。』此言昔之知時者皆能與道相驗合也。」按：證，疑借爲「征」。爾雅釋言：「征，行也。」與道征，謂與道同行。下文曰：「道之所亡。」**弗知者危神明。**○吴世拱曰：「危，敗也。」張金城曰：「淮南兵略：『得一之原，以應無方，是謂神明。』」按：弗知，謂不知時。危，害。害則敗，故下文云神明之敗。**道之所亡，神明之敗，何物可以留其創？**陸佃曰：「（亡）或作『斥』。」按：作「斥」者非。○陸佃曰：「留，猶止也。使創不伸曰留。」吴世拱曰：「亡，離亡也。留，止也。創，傷也。言道既亡，神明既敗，則無可止創而全矣。『明』、『亡』、『創』爲韻。」張金城曰：「此言失道者兵危必矣，無以挽止也。淮南子曰『兵失道而弱，得道而强』是也。留，説文：『止也。』創，廣雅釋詁四曰：『傷也。』」按：道之，「之」爲語助。所，猶若。亡，失也。不與道同行，故失。之敗，若敗。留，留止。創，創傷。諸説是。**故曰：道乎道乎，與神明相保乎！」**陸佃曰：「或作『道道乎』。」按：作「道道乎」者脱一「乎」字。○吴世拱曰：「『道』、『保』爲韻。」張金城曰：「相保，周禮春官大司徒：『令五家爲比，使之相保。』桂馥注：『保，正作㑭。』説文：『㑭，相次也。』徐鍇曰：『五家爲㑭也。通作「保」。』是相保者，相比也。」按：保，詩崧高「南土是保」箋：「守也。」相守，不相離也。

龐子曰：「何如而相保？」○吴世拱曰：「而，能也。」按：何如，猶如何、爲何。

鶡冠子曰：「賢生聖，○陸佃曰：「賢上生聖。」吴世拱曰：「聖由賢出也。下同例。」張金城曰：「荀子哀公問『則可謂賢人矣』注：『賢者，亞聖之名。』故曰賢上生聖。」按：聖人出於賢者，故曰賢生聖。**聖生道，**○張金城曰：「荀子哀公問云：『所謂大聖者，知通乎大道，應變而不窮，辨乎萬物之情性者也。』」按：聖人明道，故曰聖生道。**道生法，法生神，**○陸佃曰：「一陰一陽之謂道，制而用之謂之法，利用出入、民咸用之謂之神。」張金城曰：「注所言者，並見周易繫辭上。王弼注曰：『道者何？無之稱也。寂然天體，不可爲象，必有之用極，而無之功顯。』蓋以形上之道制用爲範，故曰道生法。法之用也至微至妙，故曰法生神。」按：制而用之謂之法。道不變，可制而用之，故曰道生法。神，易說卦傳：「妙萬物而爲言者也。」言神妙。如法而治，則有神妙之功，故曰法生神。**神生明。**○陸佃曰：「神下生明。」張金城曰：「此謂微妙之神德著見之則爲明也。禮記郊特牲『明之也』注『明之者，神明之也』是也。」按：明，著明、顯明。神妙則著明，故曰神生明。**神明者，正之末也。**○陸佃曰：「偏生暗，公生明，誠信生神，故曰正之末也。」吳世拱曰：「正，生也，聲轉。」張金城曰：「正，謂道也。末者，尚書立政曰『我則末惟成德之彦』疏云：『末訓爲終。』終，猶終極也。此言道爲神明之終極也。注言『偏生暗』云云，荀子不苟篇曰：『公生明，偏生暗，端慤生通，詐僞生塞，誠信生神。』是所本也。」按：正，同「政」，兵政。末，終，張說是。**末受之本，是故相保。**」陸佃曰：「或作『未』字。」按：朱氏本作「未」，誤。○張之純曰：「由本及末，所以能保。」張金城曰：「此言神明必本於道，故二者相比次，不可亂也。」按：末，神明也。本，道也。本生末，有本而始有末，故曰末受之本。本末不相失，故曰相保。

學問第十五

○學，學習；問，問難。此篇論學、問之道。

龐子問鶡冠子曰：「聖人學問服師也，亦有終始乎？」張金城曰：「『學』字藏本作『之』，竊疑句本作『聖人之學問服師也』。天權篇云『先王之服師事術』句與此類，而有『之』字爲順。」○陸佃曰：「服，事也。」張金城曰：「注用爾雅釋詁文。終始者，謂本末先後也。荀子勸學曰：『始乎誦經，終乎讀禮。』」按：服師，事奉老師。終始，開始與終止。**抑其拾誦記辭，闔棺而止乎？」**陸佃曰：「拾，或作『捨』。下同。」按：作「捨」者「拾」字之誤。○張之純曰：「拾誦，掇拾誦說也。（闔棺而止）言至死而止也。」按：拾誦記辭，拾其誦說、記其言辭。闔棺，被裝入棺材，謂死後。

鶡冠子曰：「始於初問，終於九道。若不聞九道之解，拾誦記辭，闔棺而止，以何定乎？」○陸佃曰：「此言非獨白紛如也。雖至闔棺而止，尚不足以定之也，故所貴乎問。學者豈誦說之云乎？在於得書之體，得言之解。」吳世拱曰：「以，用也，又也。定，定立也。」張金城曰：「解，漢書外戚傳上『君知解未』注：『解，猶解說其意。』此言學不貴多，而貴得其要。論語之『朝聞夕死』，荀子大略篇之『博學而無方、好多而無定者，君子不與』，即此義也。」按：道，謂法術。九道，詳下。解，廣雅釋詁三：「說也。」定，呂覽仲冬「以待陰陽之所定」注：「猶成也。」

龐子曰：「何謂九道？」

鶡冠子曰：「一曰道德，二曰陰陽，三曰法令，四曰天官，五曰神徵，六曰伎藝，七曰人情，八曰械器，九曰處兵。」○吳世拱曰：「解具見下。」

龐子曰：「願聞九道之事。」

鶡冠子曰：「道德者，操行所以爲素也。○陸佃曰：「素，如獻素之素。道德，操行之本，故曰素也。」張之純曰：「博雅：『素，本也。』言操行以道德爲本也。」吳世拱曰：「太史譚猶稱道德，班固則稱道家。操行，所執持之志行也。素，本也，質也。」張金城曰：「注曰獻素者，儀禮士喪禮『素獻素成』注：『形法定爲素。』即所本也。」按：道德，思想道德。操行，所操持的品行。所以，用以。素，猶本。**陰陽者，分數所以觀氣變也。**○陸佃曰：「周官保章氏云：『以星土、以雲物、以十有二歲、以十有二風，占天地之災祥。』」吳世拱曰：「陰陽家也。分數，定方位，分分度，次二十四節，序四時，以觀氣之更變也。」張金城曰：「注云『以星土』者，謂以星土辨九州之地以觀妖祥也。云『以雲物』者，謂以五雲之氣辨象也。云『以十二歲』者，謂以十有二歲之相觀天下之妖祥也。云『以十二風』者，謂以十有二風祭天地之和，命乖別之妖祥也。」按：陰陽，謂日月運轉之學。分數，區分四時八位二十四氣之數。氣，氣候。張疏注用周禮原文。**法令者，主道治亂，國之命也。**○吳世拱曰：「法家也。主，謂主用。言依道理亂也。」張金城曰：

「道，同『導』。荀子不苟『以開道人』注、王霸『故道王者之法』注並云：『與導同。』是也。此言法令者，治亂之機樞，而爲國命之所繫也。」按：張説是。治，治理。命，命脉。**天官者，表儀祥兆，下之應也。**○陸佃曰：「此言學問之序，道德已明，而陰陽次之；陰陽已明，而法令次之。三者備矣，然後可以言治矣，天官冢宰是也。百官取揆，故曰表儀。造始而已，故曰祥兆。此以静唱，彼以動和，故曰下之應也。」吴世拱曰：「天官學，後世混入陰陽。祥，象也。周語『辰馬農祥也』注：『猶象也。』天官以天之表儀象兆爲下應也。天有木正勾芒、火正祝融、金正蓐收、水正玄冥、土正后土。尉繚子有天官篇，指兵言。」按：天官，蓋謂禮儀之官。表，表明、表現。儀，儀式。祥，善。兆，見也。應，響應、回應。**神徵者，風采光景，所以序怪也。**○陸佃曰：「祭義所謂『其氣發揚於上爲昭明，焄蒿悽愴』。此百物之精也，神之著也。」吴世拱曰：「後之神仙家其流也。徵，驗也。景，同『影』。風采光景，聲、臭、氣、象也。漢書郊祀志谷永曰：『明於天之性，不可或以神怪；知萬物之情，不可罔以非類。諸背仁義之正道，不遵五經之法言，而盛稱奇怪鬼神，廣崇祭祀之方，求報無福之祠。』即序怪類也。」張金城曰：「風采者，淮南要略『同九夷之風采』注：『風，俗也。采，事也。』序怪者，祭義所謂『明命鬼神，一爲黔首則』是也。注云者，鄭注：『焄，謂香臭也。蒿，謂氣烝出貌。』」按：徵，驗。神徵，蓋謂占卜、占筮之學。風采，風俗。光景，景象。序，釋名釋言語：「抒也，拙抒其實也。」怪，怪異。**伎藝者，如勝同任，所以出無獨異也。**陸佃曰：「（任）或爲『住』。」按：作「住」者「任」字之誤。○陸佃曰：「周官六德則異之以智、仁、聖、義、忠、和，六藝則同之以禮、樂、射、御、書、數。」王闓運曰：「所勝與人同也。」張之純曰：「此蓋伎藝之同也。」吳世拱曰：「如冬官考工學，與後世之方伎別。勝，猶任也，任事也。言己爲皆人所需，人爲皆己所求；己不爲人必須爲，然後足；人不爲己必須爲，然後濟。是人爲即己爲，己爲即人爲，然所爲不必同，故曰如勝同任。技藝以普及適用爲主，不得獨異，無供他求也。是爲通工一事，防無以廣利用也。」按：伎藝，各種技巧工藝。勝，承擔、承受。出無，製造出以前所無之物。獨異，不與衆同。**人情者，大小愚知賢不肖雄俊豪英相萬也。**孫人和曰：「小大，緜眇閣本作『大小』。」○張之純曰：「此蓋言人情之異也。」吳世拱曰：「從横家也。言人之高下不同，審情以處宜也。」張金城曰：「萬，呂覽貴當『此功之所以相萬也』注：『萬倍。』相萬者，相萬倍也，即相異也。孟子滕文公上：『夫物之不齊，物之情也。或相倍蓰，或相什百，或相千萬。』雖指物數，而人情亦同之。」按：人情，人之實情，謂察人之學。知，讀爲「智」。雄，强有力之人。俊，才智出衆之人。英，英才，傑出人物。豪，豪傑，卓越人物。萬，萬倍。言之所以學人情之學，因人之才智差異過大故也。**械器者，假乘焉，世用國備也。**陸佃曰：「（焉）或作『馬』。」吳世拱「焉」改「馬」，曰：「原作『焉』，舊校『或作馬』，是，今據改。」按：當作「馬」，「焉」乃「馬」字之訛。吳説是。○王闓運曰：「有人乃假之，乘之以爲用。」張之純曰：「古者軍械藏於太宮，有事則授之，平時練習偶一借用，故曰假乘。因繫國備，不得輕用也。」吳世拱曰：「農政也。後之君臣並耕之説，其流也。農必因械器，故言。管子海王：『耕者必出一耜一銚。』孟子滕文公：『農夫豈爲出疆舍其耒耜哉？』假乘馬者，即管子所謂『筴乘馬』，蓋神農時之農政也。世用，謂民衆利之。國備，謂國府實也。」按：械器，謂軍械。假，借，通過。乘馬，軍賦名。備，備用。世用國備，世所用、國之備也。**處兵者，威柄所持，立不敗之地也。**陸佃曰：「（敗）或作『取』。」按：作「取」者「敗」字之誤。○吳世拱曰：「謂兵家。」張金城曰：「此言持威柄、得常勝者，處兵之道也。呂覽論威篇：『凡兵也者，威也。』孫子形篇：『故善戰者立於不敗之地。』」按：處，左傳文公十二年「以處事」注：「猶制也。」處兵，謂制兵、用兵。兵乃威勢之柄，善用兵則立於不敗之地。**九道形心，謂之有靈。**○陸佃曰：「形，著見也。」吳世拱曰：「靈，明。」按：形，見也，陸不誤。靈，神也。**后能見變而命之，**○陸佃曰：「物至能名。或曰：奇見異聞爲變。列子曰：『大禹行而見之，伯益知而名之。』蓋此類也。」吳世拱曰：「命，名也。」張金城曰：「后，與『後』同。此言其心虛靈不昧，故見物變而知其所謂也。」按：后，同「後」，張說是。變，變化。命，令也、使也。**因其所爲而定之。**○張之純曰：「九道既備，然後能應變行權，無施不可。」吳世拱曰：「定其可否。」按：因，依。定，定奪。**若心無形靈辭，**陸佃曰：「（靈）或作『虛』。（『辭』下）或有『傳』字。」按：作「虛」者誤，有「傳」者衍。又「辭」字疑衍。上文曰：「九道形心，謂之有靈。」○言若九道不形心而無靈，則如下所云。**雖搏捆，不知所之。**張之純曰：「『搏』疑『縛』字之誤。」按：張說是，「搏」當作「縛」。○陸佃曰：「捆，猶叩椓也。」張之純曰：「言心無形靈，所記之辭雖如繩索之縛捆，亦無益也。」吳世拱曰：「捆，説文：『絭束也。』搏捆，言交持而不失、出入而不絕也。之，往也。」按：縛捆，捆綁。之，往。張説非。**彼心爲主，則内將使外。**陸佃曰：「(主)或作『至』。」按：作「至」誤。○吴世拱曰：「彼，夫也。心有主宰則駕馭外也。」張金城曰：「此言以拾誦記辭主於心也。使，即上文『形』字之謂。内主如此，所形於外則瑣碎而難安也。」按：彼，猶「其」。主，主人、君主。心爲主，師心自用也。内，謂心。使，役。外，謂行動。**内無巧驗，近則不及，遠則不至。**」○陸佃曰：「精不足以揆道，粗不足以驗物。」吴世拱曰：「驗，説文：『馬名。』内無巧驗者，言心無形靈也。以巧驗況者，猶今俗謂心猿意馬也。」張金城曰：「驗，吕覽察傳『必驗之以理』注曰：『效也。』此言内無明法以觀驗於物也。近則不及，遠則不至，近者不悦，遠者不來是也。」按：内，心。巧，工巧。驗，效驗。及，至。至，達。

龐子曰：「禮、樂、仁、義、忠、信，願聞其合之於數。」陸佃曰：「(『禮樂』上)或有『曾聞』字。」按：有「曾聞」似順。○張金城曰：「數，廣雅釋言：『術也。』謂治術也。此猶曰：爲治之術如之何，而可以合乎禮樂仁義忠信之道也。」按：合，符合。數，定數、禮數。

鶡冠子曰：「所謂禮者，不犯者也。○吴世拱曰：「禮主和讓。」張金城曰：「荀子致仕曰：『禮者，節之準也。』勸學曰：『禮者，法之大分。』有節、分，故不争不犯也。」按：犯，違犯。禮爲衆所必須遵守者，故曰不犯者也。**所謂樂者，無菑者也。**陸佃曰：「(菑)或作『蓄』。」按：作「蓄」者「菑」字之誤。○吴世拱曰：「菑，害也。樂，所以樂也。淫蕩以害天和，非樂也。記樂記：『大樂與天地同和。』又：『樂者，樂也。君子樂得其道，小人樂得其欲。以道制欲，則樂而不亂；以欲忘道，則惑而不樂。』」按：樂，音樂。菑，同「災」。音樂使人樂，故曰無災者也。**所謂仁者，同好者也。**○吳世拱曰：「仁，說文：『親也。』以『人』以『二』會義，言彼此親密和好謂之仁也。泰鴻：『同和者，仁也。』」按：仁，對人親善，仁愛。與人爲善，故同好。**所謂義者，同惡者也。**○吳世拱曰：「人之惡，猶己之惡也。」張金城曰：「管子侈靡上『義以禁暴』注：『惡惡爲義。』故曰義，同惡者也。」按：義，宜也。不宜者人惡己亦惡，故曰同惡者也。**所謂忠者，久愈親者也。**○吳世拱曰：「愈親，猶愈厚也。愈相親近，即交感愈厚，故賈子大政云：『忠者，德之厚也。』」張金城曰：「莊子繕性曰：『義明而物親，忠也。』」按：忠，忠誠。愈，更加。親，親近、親密。**所謂信者，無二響者也。**○張金城曰：「響者，聲之應也。無二響者，謂無異應也。白虎通情性：『信者，誠也，專一不移也。』」按：信，誠信、不二。二，不一致。響，應也。**聖人以此六者，卦世得失逆順之經。**陸佃曰：「或無『者』字。」按：無「者」字者脫。○陸佃曰：「卦，猶卜也。」張之純曰：「言世之得失逆順，皆以六者卜之也。」張金城曰：「說文：『卦，筮也。』筮亦卜之義也。」按：世，世事。經，歷也，過也。**夫離道非數，不可以□緒端：**「以」下「緒」上，叢刊本、道藏本、朱氏本、聚珍本、學津本闕二字，依下例當非。張之純補「理」字，曰：「原本缺『理』字，朱子曰：『經者理其緒而分之。』此處『緒端』二字，正承上『經』字言，則所缺者當係『理』字。」吳世拱曰：「此處原缺，當是與下句『剬』字爲對文。」張金城曰：「舊本缺二字，唯子彙本缺一字。依文例，子彙本是也。」按：張之純所補近是。○張金城曰：「離道非數，言離道則不合於數也。」按：離道，背離正道。非數，不合於定數。上文曰：「願聞其合之於數。」緒端，即端緒，頭緒。**不要元法，不可以⿰曾刂心體。**⿰曾刂，學津本誤作「劊」，注同。○陸佃曰：「⿰曾刂，猶刳也。南華曰：『隨其肢體，黜其聰明。』又曰：『夫道覆載天地，君子不可以不刳心焉。』」吴世拱曰：「要，會也，領也。」張金城曰：「注引南華曰者，大宗師云『墮肢體，黜神明，離形去智，同於大道』是也。又引者，天地篇曰：『夫道，覆載萬物者也，洋洋乎大哉，君子不可以不刳心焉。』郭注曰：『有心則累其自然，故當刳而去之。』」按：要，吕覽貴生「所要輕也」注：「得也。」元法，大法也。⿰曾刂，唐韻、集韻並七鄧切，音蹭，「割過傷也」。陸釋刳近是。**表術裏原，雖淺不窮；**陸佃曰：「或無『表』字。」俞樾曰：「注曰云云，是曲説也。疑鶡冠子原文本作『表⿴行戔裏厚，雖淺不窮』。説文有『⿴行戔』字，此則假爲『淺』字。言其外雖似淺，而中實厚，則雖淺而不窮也。與下文『中虚外博，雖博必虚』相對成義。上句用『⿴行戔』字，下句用『淺』字，上假字，下正字，古書多有此例。今作『表術裏原』，皆以形似而誤。」按：俞説近是，「術」當是「⿴行戔」之誤，「原」當是「厚」之誤。○陸佃曰：「術，如術業之術。原，如原道之原。」吴世拱曰：「尹大令桐陽云：『術』同『⿰風术』，小也。原，大也。陸解甚誤。」按：表，外。⿴行戔，同「淺」，薄也。裏，内。厚，深。窮，窮盡。**中虚外博，雖博必虚。**」張金城曰：「此如孟子所論無本之水，其涸也可立而待是也。」按：中，内。虚，空虚。博，廣博。中虚外博，無實也，故雖博必虚。

龐子再拜曰：「有問戒哉！○戒，借爲「誡」，教也。有問戒，言有問有教也。**雖母如是，**

其材乃徤，弗學孰能？其，叢刊本、道藏本、朱氏本、聚珍本、學津本作「冥」。陸佃曰：「或無『其』（朱氏本、聚珍本、學津本作『冥』）字。」母，張金城訂作「毋」，曰：「『毋』字覆宋本、葉本、子彙本並作『母』，形近誤也。」按：母，當作「毋」，張説是。「其」作「冥」者亦字之誤。○張之純曰：「爾雅釋言：『冥，幼也。』注：『幼稚者冥昧也。』此則『冥材』即『幼材』，言母生時其材雖徤，弗學終不成，所謂小時了了，大未必佳也。」吳世拱曰：「雖無，惟無也，與單用『惟』義同。冥材，昧暗材也。記哀公問：『寡人蠢愚冥煩。』注：『言不能明理此事。』」張金城曰：「『雖毋如是』者，唯如是也。乃古代語法所習見。此謂唯如此，學問之用乃能堅建也。」按：雖毋，同「唯無」，唯也。材，才能，徤，同「健」，有才能。言唯有問有戒，才會有才能，然而亦需學習，方能做到。**此天下至道，而世主廢之，何哉？」**○至道，最好的方法。世主，世上的君主。廢，廢棄。

鶡冠子曰：「不提生於弗器，○陸佃曰：「器，故提之。」張之純曰：「弗成器者，故不提。」吳世拱曰：「提，用也。」張金城曰：「説文：『提，挈也。』」按：不成器，故不能提拿。言學當成器。**賤生於無所用。**○張之純曰：「無所用者則人皆賤之。」按：無所用，故賤。言當學有用。**中河失船，一壺千金，**孫人和曰：「埤雅十六引『中河』作『中流』。」按：「中河」即「中流」，不必改。○陸佃曰：「壺，瓠也，佩之可以濟河，南人謂之腰舟。」按：中河，河中央。失，失掉、喪失。壺，借爲「瓠」，瓠瓜，中空可浮。言所學急用者更貴。**貴賤無常，時使物然。**○張金城曰：「此盛衰無定、相代爲帝之謂也。」按：時，時機、時間。然，謂貴賤。**常知善善，昭繆不易一揆至今。**○張之純曰：「禮大傳『序以昭繆』注：『繆，讀若「穆」。』此言左昭右穆，子孫傳祚，次序不易，相承至今也。」吴世拱曰：「揆，歸也。」張金城曰：「禮記祭統曰：『昭穆者，所以别父子遠近、長幼親疏之序而無亂。』」按：善善，善所當善。昭穆，宗廟或墓地中排列輩次的制度。易，改變。揆，度。**不知善善，故有身死國亡，絶祀滅宗。**○張之純曰：「不知善善，正因廢學之故。」吴世拱曰：「『亡』、『況』爲韻。」按：絶，斷絶。祀，祭祀。滅，滅亡。宗，宗族。**細人猶然，不能保壽，義則自況。**」○陸佃曰：「此言細人且爾也，況於己乎？其義當以自況。」吴世拱曰：「細，同小。小人，謂無禄位者。猶然，若然也，謂不知善善。義，善也，宜也。則，於也，又法取也。況，方也，法也。」按：細人，小人，小民；猶然，如此，吴説是。壽，謂身。義，宜。況，比。言小民如此尚不能自保其身，故以義當自況。

世賢第十六

○世賢，謂世之賢臣。此篇論治病必用良醫，治國必用賢臣。

卓襄王問龐煖曰：「夫君人者，亦有爲其國乎？」陸佃曰：「卓，當爲『悼』，此趙悼襄王也。」孫詒讓曰：「治要引正作『悼』，則唐本尚未誤。」按：卓，當從治要作「悼」。○陸佃曰：「蓋趙孝成王卒，子偃立，是爲悼襄王。襄王三年，龐煖將攻燕，擒其將劇辛。」吳世拱曰：「言人君亦有所以爲其國之道乎？卓襄王，即趙悼襄王也，名偃，孝成王丹之子。『卓』、『悼』聲轉。」張金城曰：「爲其國者，謂爲其國事而操勞也。注云者，見六國年表及趙世家。」按：君人者，爲人君者。爲，治。爲其國，謂治國之良策。龐煖，趙悼襄王將。

龐煖曰：「王獨不聞俞跗之爲醫乎？跗，治要作「拊」。○吳世拱曰：「淮南人間訓『雖有扁鵲、俞跗之巧，猶不能生也』注：『俞跗，黄帝時醫。』史記扁鵲傳『醫有俞跗』正義：『應劭云：黄帝時將也。』」按：獨，惟獨，偏偏。俞跗，上古良醫。**已成必治，鬼神避之。**治要「成」作「識」，無「鬼」字，非。○吳世拱曰：「鬼神，司病之鬼神也。言病篤無救，而能起愈也。」張金城曰：「此蓋言神醫之所在，於病則有而必治，雖鬼神之明，亦皆避讓之也。」按：成，謂病成。治，謂治愈。鬼神避之，言其神也。**楚王臨朝爲隨兵，**治要無此句，孫詒讓曰：「此句與上下文不相屬，疑誤衍。治要引無，當據删。」按：孫説非，治要無，未録而已，原文不必無。○張之純曰：「隨，姬姓國，其地在今湖北鄂東道隨縣。」吳世拱曰：「臨朝，謂臨朝而與羣臣議事也。爲，因也。隨，漢東國之强大者，嘗與楚用兵。」按：臨朝，上朝之時。爲，用也。隨，小國名，楚附庸。用隨兵，取其無私。鶡冠子爲楚人，故多言楚事。

故若堯之任人也，不用親戚，而必使能；故若，治要作「昔」。張金城曰：「（據治要）疑『若』乃『昔』形近之誤。」按：治要非，蓋因不知「堯」讀爲「敖」而誤改，參下注。○吳世拱曰：「若堯，即若敖，『敖』、『堯』聲轉，楚君雄儀之號。」按：吳説是。若敖，複姓，楚子雄儀之後，世爲楚國執政。魯宣公四年，楚盡滅若敖氏。楚王臨朝用隨兵，故其執政若敖氏不用親戚而必使能，君無私則臣亦不敢私也。

其治病也，不任所愛，必使舊醫。○陸佃曰：「語曰：『老醫少卜。』蓋老醫更病多矣，堯故使之。」張之純曰：「舊醫，世醫也。醫不三世，不服其藥，恐其不舊也。」吳世拱曰：「舊醫，謂久於醫術，富經驗者。」按：任、使，皆用也。

楚王聞傳暮黬在身，必待俞跗。」孫詒讓曰：「此十二字與上下文亦不相屬，治要引無，當據删。」按：孫説非，治要未録而已。傳暮黬，疑有誤字。張金城本「傳」作「傅」。○陸佃曰：「黬，蓋病也。俞跗蓋非楚人，此亦寓言。傳曰：『上古之時，醫有俞跗，治病不以湯液醴洒，鑱石橋引，案机毒熨，而割皮解肌，訣脉結筋，搦髓腦，浣腸胃，練精易形。』此雖已成，所以必治，而鬼神避之也。」吳世拱曰：「尹大令桐陽云：『聞』爲『蚡冒』之合音，楚君雄眴之號。傳暮，薄暮也。」張金城曰：「注引傳曰者，節略史記扁鵲倉公列傳之文也。而此『醴洒』，當從本傳作『醴灑』，亦湯藥之屬也。鑱石者，索隱曰：『石針也。』橋引，當作『撟引』。索隱曰：『撟，音九兆反，謂爲按摩之法，天撟引身，如熊顧鳥伸也。』案机，當作『案杌』。索隱：『杌音玩，亦謂按摩而玩弄身體使調也。毒熨，謂毒病之處，以藥物熨帖也。』」按：吴引尹説近是，「聞」或是「紛冒」合音之誤。紛冒，楚武王兄。「傳暮鍼」有誤字，意當爲病。俞跗，謂良醫。

卓襄王曰：「善。」

龐煖曰：「王其忘乎？治要「忘」下有「之」字。孫詒讓曰：「今本脱。」**昔伊尹醫殷，太公醫周武王，**治要無「武王」二字。孫詒讓曰：「以上下文例校之，此(武王)二字不當有，當據治要删。」張金城曰：「孫説是。且太公從文王在先，言武王失當。」○張金城曰：「此以病喻，故曰醫。」按：伊尹，名阿衡，輔湯滅夏。太公，太公望吕尚，輔周武王滅商。**百里醫秦，申麃醫郢，**○陸佃曰：「郢，荆所都。」吴世拱曰：「百里，百里奚；申麃，申包胥也。郢，楚地名，楚文王始都此。吕覽愛類『十日十夜而至於郢』高注：『郢，楚都也。』説文『郢』下云：『故楚都，在南郡江陵北十里。』括地志云：『紀南故城，在荆州江陵縣北五十里。』案在今湖北荆南道江陵縣北。」按：百里，百里奚，虞大夫。晉獻公滅虞，以百里奚爲秦穆夫人媵，秦穆公知其賢，授以國政，後輔穆公成就霸業，所謂醫秦也。申麃，申包胥。吴伐楚，楚昭王出奔，吴人入郢都，昭王使申包胥求救於秦，郢都得以復，所謂申麃醫郢也。**原季醫晉，**○陸佃曰：「國語曰：『晉文公使原季爲卿。』」張金城曰：「晉語『公使原季爲卿』注：『原季，趙衰也。』文公三年爲原大夫。卿，次卿。』」按：國語晉語四：「(文)公使趙衰爲卿，辭曰：『欒枝貞慎，先軫有謀，胥臣多聞，皆可以爲輔佐，臣弗若也。』」「公使原季爲卿，辭曰：『夫三德者，偃之出也。以德紀民，其章大矣，不可廢也。』」「狐毛卒，使趙衰代之，辭曰」云云。「公曰：『趙衰三讓，其所讓皆社稷之衛也。廢讓，是廢德也。』以趙衰之故，蒐於靖原，作五軍，使趙衰將新上軍。」蓋即原季醫晉事。

范蠡醫越，○吴世拱曰：「史記越世家『越王請范蠡』正義云：『會稽典録云：范蠡字少伯，越之上將軍也，本是楚宛三户人。』」按：范蠡，越王句踐臣。國語越語下：「越王句踐即位三年，而欲伐吴，范蠡進諫曰」云云，「四年，王召范蠡而問焉」，「又一年，王召范蠡而問焉」，「又一年，王召范蠡而問焉。至於玄月，王召范蠡而問焉」。蓋即范蠡醫越事。

管仲醫齊，而五國霸。「而」下治要有「立」字，衍。○吴世拱曰：「不數殷周，爲王故也。」按：管仲，齊桓公臣，相桓公成霸業。五國，謂秦、楚、晉、越、齊。

其善一也，然道不同數。」○張金城曰：「此言賢君但能任人得當，皆可致於善，不必勞精竭神也。廣雅釋言：『數，術也。』」按：善，謂成就霸業。道，方法、途徑。數，術。

卓襄王曰：「願聞其數。」

煖曰：「王獨不聞魏文侯之問扁鵲耶？魏文侯，叢刊本、朱氏本誤作「魏文王」，吴世拱本、張金城本從之。吴世拱曰：「『文王』王字，御覽三七五人事部引作『侯』。」張金城曰：「『王』疑『侯』字之誤。」○陸佃曰：「扁鵲，勃海鄭人也。姓秦氏，名越人。」張金城曰：「史記扁鵲倉公列傳言扁鵲爲趙簡子醫疾。魏世家：『魏侈與趙鞅（即趙簡子）共攻范中行氏。魏侈之孫曰魏桓子』，『桓子之孫曰文侯都』。是文侯上至魏侈，時隔六代，侈與鞅又同時。然則此言魏文侯問扁鵲者，蓋不實，或亦寓言之類歟。注曰者，史記本傳文，史記

『勃海』下有『郡』字。」按：扁鵲，春秋名醫秦越人之號。**曰：『子昆弟三人，其孰最善爲醫？』**○昆弟，兄弟。孰，誰。**扁鵲曰：『長兄最善，中兄次之，扁鵲最爲下。』**治要「下」下有「也」字。○張之純曰：「(中)與『仲』通。」吴世拱曰：「『中』同『仲』。下同。御覽三七五人事部引作『仲』，七二四方術引亦同。」**魏文侯曰：『可得聞邪？』**治要無「魏」字，「邪」作「耶」。又上已言魏文侯，此無「魏」字是。下同。○聞，聽聞。邪，同「耶」。**扁鵲曰：『長兄於病視神，未有形而除之，**○陸佃曰：「此神醫也，爲之於未有。周官疾醫曰：『以五氣、五聲、五色視其死生，兩之以九竅之變，參之以九藏之動。』夫昧於在神，而以五氣、五聲、五色視其死生，更以參兩驗之，亦已粗矣。然周官言此而已者，蓋中材之法也。岐、跗豈世有哉？」按：神，謂人之神情。**故名不出於家。**○陸佃曰：「名在門内而已。老子曰：『太上不知有之，其次親之譽之。』」按：未有形而除之，人多不信，故名不出於家。注引老子，見十七章，今本「親之」作「親而」。**中兄治病，其在毫毛，**○陸佃曰：「此明醫也。治之於未亂，所謂造形而悟者也。」張金城曰：「『所謂』云者，謂明於已形之後也。莊子達生：『則物之造乎不形，而止乎無所化。』此言病已形乎毫毛，則明而治之。」按：毫毛，喻其細小，病始發也。**故名不出於閭。**○陸佃曰：「其閭里知之矣。」張金城曰：「説文：『閭，里門也。』周禮五家爲比，五比爲閭。閭，侶也，二十五家相羣侶也。」按：病始發即治愈，遠人不知也，故名不出閭。**若扁鵲者，鑱血脉，投毒藥，副肌膚間，而名出聞於諸侯。』**治要「副」作「割」，無「間」字。孫詒讓曰：「今本疑誤衍。」孫説是。吴世拱曰：「御覽三七五人事部引作『鍼人血脉，救人生死，名聞天下』，方術部引作『鑱人血脉，投人毒藥』。治要引無『間』字，是，當删。御覽七二四引『而』作『故』，同。」張金城曰：「『鑱』下、『投』下意林並有『人』字。」○陸佃曰：「其所能愈粗，其所聞愈遠。」張之純曰：「鑱，仕咸切，石鍼也，史記所謂『鑱石』。副，方六切，音覆，剖也，判也，即史記所謂割皮解肌也。」吴世拱曰：「史記扁鵲傳『鑱石撟引，案杌毒熨』索隱：『鑱，音仕咸反，謂石針也。』脉，説文：『血理之分邪行體中者。』肌，説文：『肉也。』」按：鑱，刺。病重而顯，治之也狠，故名聞遠。張引周禮原文「供」作「共」。

魏文侯曰：「善！使管子行醫術以扁鵲之道，曰桓公幾能成其霸乎？」治要無「魏」字，「曰」作「則」。孫詒讓曰：「治要引是，當據正。」張金城曰：「『使管子行醫術以扁鵲之道』，句不可通。譚復堂批校治要，以爲『醫術』二字恐『政』字，或是。」按：醫術，或本作「政」，張引譚校是。○陸佃曰：「管仲匡救桓公，常在其細，故能以其君霸。蓋桓公實怒少姬南襲蔡，管仲因而伐楚，責包茅不入貢於周室；桓公實北征山戎，而管仲因而令燕修召公之政。方是之時，諸侯莫或知焉。此其治毫毛者也。」張之純曰：「管仲匡救桓公常在細，故是治毫毛之術也，故桓公能霸。」吴世拱曰：「使，以也，惟也。曰，語詞，猶故也。幾，及也。」張金城曰：「注文言桓公實怒少姬云云，用史記管晏列傳文。事又見左傳僖公四年。此蓋言管仲能因禍爲福，匡君於細微，故無大過，終能成霸業也。」按：扁鵲之道，大刀闊斧也。幾，幾乎。幾能，不能也。

凡此者，不病病，陸佃曰：「或云『不病』。」按：不病病，疑本作「不及病」，注云「至於病」是其證。○陸佃曰：「至於病而治之，不亦晚乎？疾甚曰病。」張金城曰：「上『病』字如孟子滕文公下『病於畦』之『病』，注曰：『極也。』下『病』字，疾甚也。不極其病以至於甚，是必治之於毫末之謂，故注云『至於病而治之，不亦晚乎』。云『疾甚曰病』者，說文云『病，疾加也』是。」按：凡此者，謂扁鵲兄弟之事。**治之無名，使之無形，**陸佃曰：「或云『治無名』。（使）或作『便』。」按：或本非，作「便」者「使」字之誤。○陸佃曰：「夫病之形名著矣，然後使醫，此桓侯之所以死（叢刊本、朱氏本、聚珍本、學津本作『免』）也。」吳世拱曰：「名，形也。使，用也。」按：前「之」謂病，後「之」謂醫。形，現也。**至功之成其下，謂之自然。**陸佃曰：「（其）或作『六』。」張金城曰：「『其下』，疑本作『天下』。注云『或作六』，『六』乃『天』字之形誤。」按：「其下」不誤，張說非。○陸佃曰：「針艾之功，無所欣賴，故其昧者謂之自然。推之於治，此擊壤之民所以不知堯舜之力也。」張之純曰：「不知者，謂之自然而愈，並非醫者之功。猶之擊壤之民，忘其爲堯舜之力也。」張金城曰：「老子十七章『功成事遂，百姓皆謂我自然』，即此之謂也。注曰『針艾之功，無所欣賴』者，謂不事於針艾之方以治病也。艾，即孟子離婁上『求三年之艾也』之『艾』，所以灸之藥草也。」按：至功，大功。其，謂「不及病」。**故良醫化之，拙醫敗之，雖幸不死，創伸股維。**王闓運曰：「『股維』二字誤。」孫詒讓曰：「股牽攣，不可以言維，陸說（見注）無據。『維』疑當爲『綟』，與『戾』字通。」○陸佃曰：「維，牽攣也。」吳世拱曰：「維，同『戾』，曲也，聲轉。謂股曲病也。文選注引呂覽遇合『長肘而盭股』，『盭』即『戾』。今本作『長肘而盭』，脫『股』字。」張金城曰：「維，廣雅釋詁二：『繫也。』儀禮士相見禮『維之以索』注：『維是繫聯其足。』是維者，繫聯之意。股維者，股脚相繫之狀，即有牽攣之意，舊注可通。」按：化，化解。敗，攻破。幸，僥幸。創，傷。股維，蓋指身軀。言拙醫敗之必有創傷。

卓襄王曰：「善！寡人雖不能無創，孰能加秋毫寡人之上哉？」○陸佃曰：「庶幾管仲者出焉。」吴世拱曰：「言孰能醫之無形。」張金城曰：「此王自言或不能無過，但冀有如管仲者出，以匡救其創於細末也。加者，左傳定公九年『苟有可以加於國家者』注：『益也。』加秋毫寡人之上者，謂於秋毫之細創上有所救益也。」按：不能無創，言已被拙醫所敗。加，益，此謂治病。秋毫，喻細小，與前「其在毫毛」同。言誰能如扁鵲之中兄治寡人秋毫之病？望賢臣也。

天權第十七

〇權，秤錘，所以平物。天權，平衡天地自然之物。此篇論用兵之道務在先明天權。

挈天地而能遊者，陸佃曰：「或無『能』字。」按：無「能」者當是。〇陸佃曰：「南華所謂『旁日月挾宇宙』者類此。」吴世拱曰：「莊子大宗師：『豨韋氏得之，以挈天地。』成云：『挈，又作「契」』。言能混同萬物，符合二儀。』」張金城曰：「注引南華，見齊物論。」按：挈，提着，吴説非。**謂之還名。**陸佃曰：「（還）或作『環』，又或作『繹』。」按：下云「不還於名之人」，則此作「還名」不誤。〇陸佃曰：「常住真際而不逐其名。」張之純曰：「還名，猶忘名。言不逐於名也。」吴世拱曰：「還，歸也，遺棄也。名，物也。一曰：還名，猶無名也。」按：還，國語越語「無有還形」注：「還，反也。」名，疑借爲「明」。又釋名釋言語云：「名，明也，名實使分明也。」還明，謂反照其明。下文云不還名（明）之人不能照己之明，正相對照。**而不還於名之人，**〇陸佃曰：「區區外慕，逐物喪己，常爲造化負之而走，豈能挈天地而遊哉？」吴世拱曰：「不還於名之人，逐物之人也。」按：名，亦當借爲「明」。不還於明，不能反照其明。**明照光照，不能照己之明是也。**〇陸佃曰：「離朱方晝拭眥，百步之外明燭鬚眉，而不能近視其睫，則逐物不反靈於人者，雖明照如月，光照如日，而不能照己之明，何足怪哉？」張之純曰：「逐名之人，雖明照如日光照如月，而不能照己之明。」吴世拱曰：「逐物者雖光明俱照，而己之明終不能盡顯。『照己』之『照』，當同『昭』。」按：不反於明故也。**獨化終始，隨能序致，**陸佃曰：「致，或作『故』。」按：「致」、「故」疑皆是「功」字之誤。○吴世拱曰：「獨，同『趨』，行貌。能，同『態』，意也。序，猶『循』也。致，會也。言隨順其自然趨會也。」張金城曰：「莊子達生『遊乎萬物之所終始』注：『終始者，物之極。』疏曰：『夫物所始終，謂造化也。』是獨化終始者與造化冥合，放任乎自然之境之謂也。」按：獨，自。化，化育。素問天元紀大論：「物生謂之化。」能，能力。序，次。序功，按次序布列其功。**獨立宇宙無封，謂之皇天地。**張金城曰：「于先生云：『無封』下疑脱二字。」按：張引于説非，當衍「天地」二字。○陸佃曰：「無封，無畛域也。革（『革』上四庫本、聚珍本有『列子湯問於夏』六字）曰：『四海之外，無極無盡，猶齊州也，東行至營，人民猶是也。問營之東，復猶營也。西行至豳，人民猶是也。問豳之西，復猶豳也。』」吴世拱曰：「皇，君也。言爲天地君也。」張金城曰：「蓋言其忘天地，遺萬物，故能曠然無累，與物俱在，而無所不應也。封，吕覽孟春『皆修封疆』注：『界也。』界即『畛域』之義。注又曰『革曰』云者，事見列子湯問篇。」按：獨立，遺物而立。宇，上下四方。宙，古往今來。封，疆界。皇，大也。**浮懸天地之明，**○陸佃曰：「四時之運，轉移日月，執若浮懸。」吴世拱曰：「浮懸，繫也。明，謂日月星辰。一曰：浮懸，提持也。明，象也。連金木水火言之。日月四時之用，金木水火四時之功。」按：浮懸，漂浮懸挂。天地之明，謂日、月、星。**委、命相鬲，謂之時。**○陸佃曰：「且然無間謂之命。四時之運，委之而已。

然而木斅、金斂、火炎、水列，譬如耳、目、鼻、口，皆有所用，不能相通。」吴世拱曰：「委，隨也，任也。命，同『令』。釋名：『令，領也，理領之事使不得相犯也。』鬲，同『隔』。下同。言春不行夏令，秋不行冬令，各任所領而不相犯也。『命』、『令』、『領』皆聲轉。」張金城曰：「此言造化序致隨能，無所不及。天地因之，上垂其明；日月委之，運代相繼。如此，則四時成矣。」按：委，委交、致送。命，令。委命，謂所委所命。鬲，同「隔」，不通。**通而鬲，謂之道。**「通而鬲」不可通，「而」疑當作「無」。○陸佃曰：「道，故有塞有通。」張之純曰：「道，猶路也。路有塞有通。」吴世拱曰：「而，其也。言道貫通四時也。」張金城曰：「通而鬲，猶曰通及鬲也。法言問道篇曰：『道也者，通也，無不通也。』此言體乎無形，自然能通物塞者，即謂之道也。」按：道也者無不通也，故通無隔謂之道。**連萬物，領天地，**陸佃曰：「『天地』下有『建報重九明』五字。」按：「建報重九明」五字義不通，當衍，陸刪是。○張金城曰：「連，即通也。領，淮南子本經『神明弗能領也』注曰：『領，理也。』」按：連，連接。領，統領。**合膊同根，命曰宇宙。**陸佃曰：「膊，一作『搏』。或爲『宇宙』二字。」俞樾曰：「陸氏説（見注）『合膊』之義甚爲無理。膊，乃『膞』字之誤。『膞』，又『端』之字也。『膞』從『專』聲，『端』從『耑』聲，兩音相近，故得相通。」吴世拱曰：「淮南子天文訓：『清妙之合專易。』莊刻本『專』作『摶』。『膊』、『摶』聲轉。校作『搏』者，亦聲轉。」按：「膊」當作「膞」，俞説是。○陸佃曰：「闔天之謂宇，闢宇之謂宙。二者相須而立，故曰合膊同根。」張金城曰：「注云『闔天之謂宇』云云，並見太玄元剸篇。」按：膞，借爲「端」，頭。上下四方往古今來爲一，故曰合端同根。**知宇，故無不容**

也。○陸佃曰：「有實而無乎處者，宇也。知宇，故無不容。」吴世拱曰：「宇，大有上下四方。」張金城曰：「宇者，四方上下之名。無外之實，難得其窮，故曰無不容也。注語見莊子庚桑楚。」按：知上下四方之大，故無不容也。**知宙，故無不足也。**○陸佃曰：「有乎長而無本剽者，宙也。知宙，故無不足。」吴世拱曰：「宙，富有往古來今。」張金城曰：「宙者，往古來今之謂。增長無極，故曰無不足也。注文亦見庚桑楚，但原文無『乎』字。」按：知往古今來，故無不足也。**知德，故無不安也。**陸佃曰：「德，或作『隱』。」按：作「隱」者當是「德」字之誤。○陸佃曰：「知德，故所遇於地者不擇而安之。」張金城曰：「德者，道由以成者也。莊子天地篇曰：『物得以生謂之德。』釋名釋言語：『德，得也，得事宜也。』」按：德，得也。禮記曲禮上「道德仁義」注：「道者，得理之稱。」知所得，故無不安也。**知道，故無不聽也。**○陸佃曰：「知道，故所受於天者不辭而聽之。」吴世拱曰：「聽，從也，通也。上文云：『咼謂之道。』」按：道，謂普遍規律。禮記曲禮上「道德仁義」注：「道者，通物之名。」聽，接受。**知物，故無不然也。**○陸佃曰：「因其所然而然之，萬物莫不然也。」張金城曰：「此莊子齊物論『然於然，不然於不然；無物不然，無物不可』之説也。注文『因其所然而然之』云云，見莊子秋水。」按：然，答應。以上皆就得道之人言。**知一而不知道，故未能裹也。**裹，當作「理」，以音誤。○陸佃曰：「不能視己之明，故曰未能裹也。」吴世拱曰：「一，一方也。道，無不通也。裹，理也。荀子解蔽：『而宇宙裹矣。』言不知道，不能統理也。」按：知一，只知其一。

道，普遍規律。理，治理。**昔行不知所如，往而求者則必惑。**求，疑當是「來」字之訛。○陸佃曰：「蓋昔之亡羊者曰：『岐之中又有岐焉，吾不知所之，是以反也。』都子曰：『大道以多岐喪羊，學者以多方喪生。』」洪頤煊曰：「昔行，夜行也。莊子天運篇『則通昔不寐』釋文：『昔，夜也。』謂夜行不知處，往而求則必惑。陸注非。」張之純曰：「即列子岐路追羊之意。所謂『大道以多岐亡羊，學者以多方喪生』也。」吴世拱曰：「昔，同『夕』。昔行，夜行。如，往也。惑，惑其所向行之方也。言夜行必道熟，然後所求行者不惑也。」張金城曰：「注言亡羊事，見列子説瑞篇。」按：昔，借爲「夕」，夜晚，諸説是。如，往。來，謂返回。惑，迷路。**索所不知求之象者，則必弗得。**「求」字當衍。○陸佃曰：「象者，意之筌蹄。夫索所不知求之筌蹄，而不知求之言意之表，豈足以得其粹哉？輪人曰：『公之所讀，是古人之糟粕已。』尋繹鶡冠子之意，蓋將發蒙解惑，使人致一而求道於言意之表，故有此言，而下文云。」張之純曰：「即莊子得魚忘筌、得兔忘蹄之意。」吴世拱曰：「象，形貌也。言索其不知所求之物象，自不能得也。遺腹子而不夢父，即此意。」張金城曰：「注曰『筌蹄』者，莊子外物曰『筌者所以在魚，得魚而忘筌。蹄者所以在兔，得兔而忘蹄』是也。又言『輪人曰』者，文見莊子天道篇。」按：索，求。象，圖象。求而不知其物象，則必不能得也。**故人者，莫不蔽於其所不見，鬲於其所不聞，塞於其所不開，詘於其所不能，制於其所不勝。**○吴世拱曰：「詘，同『屈』。」張金城曰：「莊子天下篇曰：『天下多得一察焉以自好。譬如耳目鼻口，皆有所明，不能相通。』又曰：『不該不遍，一曲之士也。』此之謂也。」按：蔽，被蒙蔽。所不見，所未見。未曾見，故蔽而不見。鬲，同「隔」，被障隔。所不聞，所未聞。未曾聞，故隔而不覺。塞，閉塞。所不開，所未開。未曾開，故閉而不開。詘，同「屈」，短也。制，被制約。**世俗之衆，籠乎此五也而不通。**○張金城曰：「世俗之衆，如上所云一曲之士是也。籠者，莊子庚桑楚『以天下爲之籠』疏曰：『大道曠蕩，無不制圍，故以天下爲籠。』是籠者制圍之稱，猶曰蒙蔽也。」按：籠，被籠罩。也，猶「者」。**此未見而有形。**○陸佃曰：「危機雖未兆見，而理已有焉。」張之純曰：「危機雖未見，而其形已兆。」吴世拱曰：「此，於也。」按：此，指以上所言，吴説非。見，讀爲「現」，出現。未見而有形，可先見也。**故曰有無軍之兵，有無服之喪，**○吴世拱曰：「備知語。」按：無軍之兵、無喪之服，皆先見者也。**人之輕死生之故也，人之輕安危之故也。**○陸佃曰：「以故，是以知之。」王闓運曰：「輕，易也。」張金城曰：「尹文子大道下曰：『凡民之不畏死，由刑罰過，則民不賴其生。生無所賴，視君之威末如也。刑罰中，則民畏死，畏死由生之可樂也。』誼同此。」按：輕死生，故有無服之喪；輕安危，故有無軍之兵。**夫蚊䖟墜乎千仞之谿，**○陸佃曰：「注谷曰谿。」張金城曰：「䖟，俗虻字，所謂牛虻也。谿，爾雅釋水：『水注川曰谿。』」按：玉篇：「䖟，俗蝱字。」説文：「蝱，齧人蟲也。」仞，一人高。谿，山谷。千仞之谿，謂極深之谷。**乃始翱翔而成其容；**陸佃曰：「容，或作『客』。」按：作「客」者「容」字之誤。○陸佃曰：「成其翱翔之容。高飛曰翱，布翼不動曰翔。」張之純曰：「成其容者，言雖墜而不改常也。」張金城曰：「淮南子俶真篇：『雲臺之高，墜者折脊碎腦，而呡虻適足以翱翔。』注曰：『䛃虻微細，故翱翔而無傷毀之患，道所貴也。』是則蚊虻墜谿、翱翔成容者，乘於道、順乎物故也。」按：容，禮記少儀「祭祀之容」注：「即儀也。」翱翔而成其容，言其飛舞而成儀。**牛馬墜焉，碎而無形，**陸佃曰：「碎，或作『鉢』。」按：作「鉢」者非。焉，叢刊本、弘治本誤作「馬」。○吳世拱曰：「鉢，説文新附作『盋』。『盋』、『碎』聲轉。形，全身也。」按：形，禮記檀弓注：「體也。」謂整體。**由是觀之，則大者不便，重者創深。**○陸佃曰：「此言貴高之蹶，其患大矣。老子曰：『奈何萬乘之主而以身輕天下？』」張之純曰：「此比高貴者之墜，其患更大也。」張金城曰：「注引老子曰，見第二十六章。」按：蚊虻墜而成其容，是小者便，故曰大者不便；牛馬墜而無形，是重者創深。創，創傷。深，重。此以比高貴者之墜其患更大。**兵者，涉死而取生，陵危而取安，**張金城曰：「此承上『人之輕死生之故也，人之輕安危之故也』而言，疑此原緊接其下。」按：此句與上下文不屬，疑衍，張説亦非。○吳世拱曰：「陵，鄰也，踐也。」張金城曰：「孫子計篇曰：『兵者國之大事，死生之地，存亡之道，不可不察也。』誼與此同。」按：涉，涉入、進入。取，求取。陵，乘。此言一般戰爭之性質與目的，當是他處脱文。**是故言而然，道而當。**陸佃曰：「當，或爲『富』。道而當，一作『道奠富』。」按：作「富」者當是「當」字之誤，作「奠富」者涉後文誤。○陸佃曰：「言而然，然後道而當。道，猶行也。」張之純曰：「道，猶行也。言無口過，故行無身過也。」吳世拱曰：「二『而』字皆『以』也。道，行也。言兵者，死生安危重大，莫有過者，故言行須慎重其果與當。」張金城曰：「此即孫子『不可不察』之謂，言察照於前，故可以生存也。」按：而，當借爲「難」，音相轉。公羊傳宣公四年：「而者何？難也。」然，謂適中、正確。周禮眡祲注「謂計其吉凶然否多少」疏：「然，謂中也。」道，謂行。當，恰當。此句承「大者不便，重者創深」言，謂高貴者因此而言難適中，行難恰當。**故一蚋⿰虫朁膚，不寐至旦；半糠入目，四方弗治。**⿰虫朁，王氏本、聚珍本及諸注本並作「噆」，是，此涉上字而誤偏旁。○吳世拱曰：「故，夫也。噆，齧也。蚋，蚊也。治，理也，猶明也。」張金城曰：「莊子天運篇曰：『夫播糠眯目，則天地四方易位矣；蚊虻噆膚，則通宵不寐矣。』注：『外物加之，雖小而傷性已大也。』蓋此所本。此言『四方弗治』，即莊子『四方易位』之義。弗治，謂不能明辨也。」按：故，猶「夫」，吳説是。蚋，蚊子。噆，叮咬。寐，睡着。糠，米殼。治，謂辨。周禮宰夫「帥執事而治之」注：「治，謂其辨也。」此言小亦能害大。**所謂蔽者，豈必障於帷㡘、隱於帷薄哉？**○陸佃曰：「細曰㡘，粗曰薄。」張金城曰：「此言不僅障於帷㡘、帷薄，乃爲蔽耳。下文云『周平弗見』，即爲蔽也。禮記曲禮注：『帷，幔也。薄，平博反，簾也。』」按：蔽，遮蔽。障，阻隔。帷，帷帳。㡘，布簾子。隱，隱蔽。薄，草簾子。**周平弗見之謂蔽。**○陸佃曰：「昔齊人有欲金者，清旦之市，攫人之金，以爲取金之時徒見金不見人。蓋嗜欲之亂人心如此，豈必四周有物障之也哉？」張之純曰：「言四周無所障隱，亦弗見也。」張金城曰：「齊人攫金，事見列子説符篇。又云『嗜欲之亂人心也如此』者，語本張湛列子注。」按：周，四周。平，齊也，全也。**故病視而目弗見，疾聽而耳弗聞。**○吳世拱曰：「病，疾也。」張金城曰：「病視不見，疾聽弗聞，蔽於外者也。」

按：故，猶「夫」。病視，視力有毛病。疾聽，聽覺有毛病。**蒙，故知能與其所聞見俱盡；**陸佃曰：「或無『蒙』字。」按：無「蒙」字者脱。○蒙，被蒙蔽。知能，即智能。盡，無、失。**鬲，故莫務行事，與其任力俱終；**陸佃曰：「鬲，或作『高』。」按：作「高」者「鬲」字之誤。○王闓運曰：「莫，定。」按：鬲，同「隔」，被障隔。莫，定。務，事務。任，擔負。任力，謂所付出之勞動。終，盡、結束。**塞，故四發上統而不續，□□而消亡。**陸佃曰：「上統，或作『上紞』。」按：「四發」疑有誤。作「上紞」者當是「上統」之誤。「而消亡」上原闕二字，諸本亦皆闕，未詳何字。○張之純曰：「統，公羊傳隱公元年『大一統也』注：『統，始也，總繫之辭。』上統而不續，言有其始而無其繼也。」吳世拱曰：「發，開也。上，大也。統，本也。言塞則四出之大本絶而不續。」張金城曰：「此言蒙蔽於内，故逐物任知，死而後已。求冥合天地，無封宇宙，終不可得。」按：塞，被雍塞、堵塞。雍塞則隔斷，故上統不續，久則消亡。

夫道者，必有應而後至；陸佃曰：「後至，一作『後合』。」按：作「後合」疑是。○陸佃曰：「至觀之於易見矣。」吳世拱曰：「感而後動。」按：道，謂規律。應，應驗。有應驗而後合，言不合不爲道也。**事者，必有德而後成。**○吳世拱曰：「德，得也。」張金城曰：「莊子天地篇曰：『故通於天地者，德也；行於萬物者，道也；上治人者，事也。』又曰：『事兼於義，義兼於德，德兼於道，道兼於天。』然則至道所應者天也，事得以成者義也。」按：無德（得）不爲成。**夫德，知事之所成；成之所得，而後曰我能成**

之。張金城曰：「二句即上文『事者必有德而後成』之義，疑是注文混入。」按：張説近是，然亦不排除自注之可能。又「所得」，「所」字疑涉上誤，當作「有」。○吴世拱曰：「言能知事之所以成，成之何所得也。」按：知，疑借爲「主」。成之，「之」猶「而」。言成而有得，方能説我能成之。**成無爲，**○陸佃曰：「成之於無爲。」張金城曰：「此言事之成也，因其本性，物各率能也。」按：有德自然成，故曰無爲，成之於無爲也。**得無來，**○陸佃曰：「得之於無來。夫德至矣，故妙須心解，而君不能得之臣，子不能獻之父，則得之在我而已，其來豈有自哉？」張金城曰：「無來，謂無所自來。自得於性分之内，故曰得無來。注曰『子不能獻之父』者，莊子天道篇曰『臣不能以喻臣之子，臣之子亦不能受之於臣』是也。」按：無來，無所來，虚無之地也。言得之於無所來之地。**詳察其道，何由然哉？**陸佃曰：「詳，或作『脺』（道藏本作『辟』）。」按：「脺」非字，當是「詳」字之訛。作「辟」者又「脺」之誤。○吴世拱曰：「由，從也。言道之開，天地出萬物，亦無爲無從也。」張金城曰：「道至事成，亦但引物率性而已，豈有他道哉？」按：其道，「成無爲，得無來」之道。由，用也，因也。何由然，因何然也。**迷往以觀今，是以知其未能。**迷，當作「迭」，字之誤。泰鴻篇曰：「迭往觀今，故業可循也。」○吴世拱曰：「往事所以證今。」按：迭，借爲「眣」，視也。未能，未有不「成無爲得無來」者也。

彼立表而望者不惑，按法而割者不疑，○吴世拱曰：「彼，猶『夫』也。割，斷也，治也。一曰：法，理也。疑，同『礙』。」張金城曰：「立表者，史記司馬穰苴列傳『立表下漏』索隱『立表，謂立木爲表，以視日景』是也。割，如老子『大制不割』之割，謂判斷之。廣雅釋詁二：『割，裁也。』此言表立的張，則望者不惑；法懸式舉，則制者不疑。」按：「彼」猶「夫」，吴説是。表，標誌。惑，迷惑。法，法式。割，切割。疑，遲疑，吴説非。**固言「有以希之」也。**○吴世拱曰：「固言，猶乃是也。希，覲相也。言有所依仿也。」張金城曰：「有以希之者，謂有所希合於正也。」按：固，同「故」。有以，有所。希，望也。有以希之，蓋書傳成語，言有法可循也。**夫望而無表，割無法，其惑之屬耶。**王宇曰：「『割』下當補『而』字。」按：王説是，依例當有。○張金城曰：「『耶』者，不定之辭。言望無表、割無法，蓋近乎惑者也。」按：耶，同「也」。**所謂惑者，非無日月之明、四時之序、星辰之行也，因乎反兹而之惑也。**陸佃曰：「兹而，一作『兹西』。」按：作「兹西」者誤。○陸佃曰：「所謂惑者，反之而已，豈必無也哉？列子云：『天地四方，水火寒暑，無不倒錯者。』蓋類是也。」吴世拱曰：「反，悖亂也。兹，此也，指日月四時星辰言。之，及也。所謂上亂天文、下滅地理也。」張金城曰：「注引列子，見周穆王篇。」按：四時之序，春、夏、秋、冬之次序。行，運行。因乎，由於。反，違背。兹，同「此」，謂「有以希之」。之，往。**惑，故疾視愈亂，惇而易方。**孫詒讓曰：「惇，當爲『悖』，形近而誤。注沿誤爲説，不可從。」按：孫説是，「惇而易方」不可通，「惇」當是「悖」字之誤。吴注本作「敦」，與「惇」同。○陸佃曰：「疾視，即上所謂病視四方（二字疑衍）。故書曰：『譬彼病目見空中華。』蓋空中本無華，由妄見。故惇猶篤也。易方，南華所謂『天地四方易位』是也。蓋疾視至於天地四方易位，則其病之篤者也，非獨目視昏華而已。」吴世拱曰：「敦，同『憝』，煩昧也，聲轉。左文十八年傳『謂之渾敦』注：『不開通之貌。』宋玉風賦『憝憝溷邑』注：『煩濁之貌。』」張金城曰：「悖，猶篤也，易也。注引南華，見天運篇。」按：疾視，即「病視」，視力有毛病。愈，後漢書班彪傳注：「猶甚也。」悖，惑亂。方，位。易方，即莊子「天地四方易位」，陸説是。

兵有符而道有驗。○陸佃曰：「蓋弗迷者然後見之。」吴世拱曰：「符，符信也。」張金城曰：「言皆可驗於無形也。符，亦驗也。淮南子修務『故有符於中』注曰『符，驗』是也。」按：符，兵符，用兵之憑證。道，自然規律。驗，應驗之證據。言事需有證驗。**備必豫具，慮必蚤定，**○陸佃曰：「否則惑矣。」張金城曰：「禮記祭義曰：『慮事不可以不豫，比時具物不可以不備。』又中庸曰：『凡事豫則立，不豫則廢。』是備、豫之謂也。」按：備，事前之準備。豫，同「預」，預先。具，備辦。慮，謂主意。蚤，同「早」。事必有驗，故備必預具，慮必早定。以下言用兵。**下因地利，制以五行，**○張金城曰：「淮南子兵略：『所謂地利者，後生而前死，左牡而右牝』是也。」按：因，依，根據。地利，地形。制，裁制、處理。**左木，右金，前火，後水，中土，營軍陳士，不失其宜，**○吴世拱曰：「營軍，謂築壘圜居以守也。説文『營』下云：『帀居也。』陳，列也。言布設士卒以爲戰也。」張金城曰：「此言備設軍陣皆能順五行生殺而爲制，不失其宜也。六韜五音篇曰：『五行之神，道之常也，可以知敵。金、木、水、火、土，各以其勝攻之。』」按：左木、右金、前火、後水、中土，所謂制以五行。營軍，布設軍營。陳，列。士，士卒。**五度既正，無事不舉。**○陸佃曰：「左木、右金、前火、後水、中土是也。」張金城曰：「淮南子兵略：『古得道者，詘伸不獲五度。』注曰：『五度，五行也。』」按：度，法也。五度，即上左木、右金、前火、後水、中土。正，定也。事，謂戰。舉，成也，勝也。**招摇在上，繕者作下。**○陸佃曰：「招摇，斗之柄端主指者。禮云『行前朱雀而後玄武，左青龍而右白虎，招摇在上，急繕其怒』，即此是也。繕，猶繼也。蓋兵一鼓作氣，再而衰，三而竭，故善戰者常繕（無）其怒，使再不至於衰，三不至於竭。此黄帝之所以百戰而兵不敗也。」張金城曰：「此言軍中設招摇之旗以指正四方，使行陣不差，則軍旅士卒奮其威怒，紛起於下也。注曰『繕猶繼也』者，謂使其威怒相繼不衰也，義與鄭注『讀曰勁』相近。言一鼓作氣云云，見左傳莊公十年。云黄帝之所以百戰不敗者，見世兵篇。」按：招摇，謂旌旗。繕，左傳哀公二十四年「軍吏令繕將進」注：「治戰備。」則「繕者」，蓋謂治戰備者，即負責作戰者。作下，作於下也。**取法於天，四時求象：**陸佃曰：「求，或作『生』。」王闓運訂「求」爲「成」，曰：「草書形近。」按：王訂近是，本或作「四時成象」。○陸佃曰：「四時求象，言求象四時也。」吴世拱曰：「求，就也，成也。象，蒼龍、赤鳥、白虎、玄武也。言順用四時之象。」按：取法，就布陣言。四時成象，四時所成之象，即下文所云。**春用蒼龍，夏用赤鳥，秋用白虎，冬用玄武。**○吴世拱曰：「（赤鳥）一名朱雀。蒼龍、赤鳥、白虎、玄武，四方宿名也。」張金城曰：「此以四季爲言者，上文所謂『四時求象』是也。蒼龍，即青龍。赤鳥，即朱鳥，即朱雀。白虎、玄武，皆四方宿名也。淮南子注曰：『角、亢（東方宿）爲青龍，參、井（西方宿）爲白虎，心、張（南方宿）爲朱雀，斗、牛（北方宿）爲玄武。』謂順四時星象，以制左右向背之用也。」按：此言法天文也。**天地已得，何物不可宰？**○張金城曰：「天，四時之變；地，五行之化是也。」按：下因地利，上法天文，故曰天地已得。物，謂敵。宰，廣雅釋言：「制也。」

理之所居謂之地，神之所形謂之天。○張金城曰：「五行之任所止者，地是也。夜行篇曰：『地，理也。』四時之化，所成者天也。度萬篇曰：『天者，神也。』」按：理，文理之理。地有理，故曰理之所居謂之地。神，周易繫辭上傳：「陰陽不測之謂神。」形，體現、表現。天不可測，故曰神之所形謂之天。**知天，故能一舉而四致，並起而獨成。**陸佃曰：「（獨）或作『稅』。」按：「獨」與「並」相對，作「稅」者非。○吴世拱曰：「四致，周至也。並起，衆至也，與四致同義。獨，一也。與上句爲對文。」張金城曰：「一舉者，招搖在上主指是也。四致者，四方應合，繕者作下是也。並起而獨成，並起於下而獨成於上也。」按：一舉，舉一方。致，達。四致，達四方。並起，與衆同起。**鳥乘隨隨，⿰身句蜚垂⿰車耿。**⿰車耿，諸本作「⿰車秋」，聚珍本作「⿰車秋」。陸佃曰：「⿰車耿，或作『⿰車秋』（諸本作『軟』），未詳。」按：「⿰身句」非字，疑是「駒」字之誤。「⿰車耿」、「⿰車秋」亦皆非字，疑當是「⿰車秋」字之誤，聚珍本是。二句疑本作「鳥飛隨隨，駒乘⿰車秋垂」，今訛錯。○吴世拱曰：「鳥乘隨隨者，謂鳥雌雄之飛必相隨，若雁之類。方言六：『飛鳥曰雙，雁曰乘。』⿰身句蜚，謂駒馬之急行而耳著於頰，因云垂⿰車秋。頰下有頰車，馬耳甚長，其下垂於頰，必至於頰車。耿旁加車，意蓋在此。賈誼弔屈原賦：『文驥垂兩耳服鹽車兮。』此馬急行而耳垂著於頰之確證也。」按：蜚，借爲「飛」。隨隨，相隨之貌。駒，少壯之馬。乘，駕車。垂，懸也。⿰車秋，玉篇：「輻。」駒乘垂⿰車秋，言壯馬駕車車輻浮懸，喻其疾。**故昔善計者非以求利，將以明數；**陸佃曰：「（求利）一作『求勝』；（明數）一作『明勝』。」按：作「求勝」、「明勝」者涉下誤。「計」，王氏本同，餘諸本皆誤作「討」，張金城訂作「計」。○吴世拱曰：「討，同『籌』，算也。言善算者非以求利之多寡爲比，在明數術工拙也。」按：計，計算。明，明白。數，數字。**昔善戰者非以求勝，將以明勝。**○吴世拱曰：「明勝之道。」張金城曰：「明於争勝之道則易勝，故非以求勝。孫子形篇曰：『古之所謂善戰者，勝於易勝者也。故善戰者之勝也，無智明，無勇功。』義與此同。」按：明勝，明其勝道。

獨不見夫隱者乎？陸佃曰：「或有『及』字。」按：有「及」字者衍。○吴世拱曰：「隱，説文：『蔽也。』隱者，愚昧者也。荀子解蔽：『蔽者，言不能通明，滯於一隅，如有物壅蔽之也。』」張金城曰：「隱，如隱語之隱。史記楚世家『願有進隱』集解：『隱，謂隱藏之意。』下文陸注曰『隱者韜潛』，義亦同此。」按：夫，彼、那。隱者，爲隱語者，即設謎者，張説是。**設使知之，其知之者，屈已知之矣。**張金城曰：「藏本『使』作『始』。」按：作「始」者以音誤。○王闓運曰：「設隱語使人知，則自出也。」吴世拱曰：「設，設有也。屈，短也。」按：設使知之，設隱語使人猜。屈，一切經音義十二引淮南許注：「短也。」謂短時之内。**若其弗知者，雖師而説，尚不曉也。**○陸佃曰：「隱者韜潛，故其難知如此。此善戰者所以必至於明勝也。」王闓運曰：「不知其隱義，而但學其語，不爲曉也。」吴世拱曰：「言隱者或有告之其已知者，則短其淺；其已不知者，雖善誘，猶不明也。」按：師而説，像老師教一般説。曉，明。言其蔽之深也，諸説非。

悲乎！夫蔽象鬲塞之人，未敗而崩，未死而禽。俞樾曰：「象，乃『蒙』字之誤。上文云：『周平弗見謂之蔽。』又曰：『蒙，故知能與其所聞見俱盡；鬲，故奠務行事與其任力俱終；塞，故四發上統而不續。』此即承上文而言。」吳世拱曰：「象，當作『蒙』。」按：二説是，「象」當是「蒙」字之誤。「死」，疑當作「亡」。○吳世拱曰：「禽，獲也。」張金城曰：「此言不明於道，則蔽蒙壅塞，而兵敗身死。所謂『無軍之兵，無服之喪』，此之謂也。」按：被蒙蔽隔塞之人，猶不明隱語者。雖師而説尚不能明，故未敗而崩，未亡而禽。崩，潰敗。亡，敗逃。禽，同「擒」。

設兵取國，武之美也。○吳世拱曰：「設，陳也。」張金城曰：「淮南子兵略曰：『古之用兵者，將以存亡繼絶，平天下之亂，而除萬民之害也。』其事在禁暴討亂，故曰武之美也。」按：設兵，陳兵、動武。美，華美。**不動取國，文之華也。**陸佃曰：「（華）或爲『歸』。」按：作「歸」者非。○張金城曰：「文，謂仁德，所以附衆者也。中庸之行九經以懷四方，是文華之盛也。」按：不動，謂不動武。華，光華。**士益武，人不益文。**「不」字疑涉上衍。○陸佃曰：「二句其實一也。變文，是以不同。」吳世拱曰：「言偏武則文衰。」張金城曰：「廣雅釋詁二：『益，加也。』易益卦釋文：『益，增長之名。』士益武者，謂兵士增益其武勇之事而已。人不益文，謂不加修其文德也。」按：士，士卒。益，戰國策秦策「於是出利金以益功賞」注：「助也。」人，謂普通人。**一者寡愛，**陸佃曰：「（者）或作『甚』。」按：作「甚」者當是「者」字之誤。「一者」，張金城從道藏本作「二者」，云：「『二』，藏本外諸本並作『一』，蓋涉上陸注『其實一也』而誤。此言益武而或流於暴，不益文，無仁恩，或失於利，皆寡愛之事也。若作『一者寡愛』，則甚失文理矣。」按：張説是，當作「二者」。○陸佃曰：「武事刻慘，失之少恩。」按：二者，謂「士」與「人」。寡，少。士益武不益文，人益文不益武，皆是寡愛。**不可勝論。**○吳世拱曰：「論，同『倫』，類也。言獨武不能服人也。」張金城曰：「言不可盡論其害也。」按：勝，盡。論，言也。言二者之寡愛不可盡言。

耳者，可以聽調聲，而不能爲調聲；目者，可以視異形，而不能爲異形；口者，可以道神明，而不能爲神明。○陸佃曰：「凡此，以明師匠能與人規矩，而不能與人巧也，故下文云。」張金城曰：「此莊子知北遊所謂『無知無能者，固人之所不免也』之義。注云師匠云者，孟子盡心下『梓匠輪輿，能與人規矩，不能使人巧』是也。」按：言能説者未必能爲。**故先王之服師術者，呼往發蒙，**俞樾曰：「（陸）注義迂曲。『往』疑『狂』字之誤。狂者呼之，蒙者發之，語義正相當也。」按：俞説是，當作「狂」。○陸佃曰：「迷者不反，呼之使勿往也。南華曰：『微夫子之發吾覆，則吾無以見天地之大全。』」張金城曰：「呼往，謂呼其往者。舊説可通。注引南華經，見田子方篇。」按：服，事。呼，儀禮特牲饋食禮「凡祝呼佐食許諾」注：「猶命也。」狂，莊子逍遥遊「以是狂而不信也」注：「痴也。」發，打開、揭開。蒙，昧。**釋約解刺，**張金城曰：「『解』與『刺』義不相涉，疑『刺』本作『束』。」按：張説是，「刺」當是「束」字之誤。○陸佃曰：「約，如繩約之約。刺，如針刺之刺。」張金城曰：「釋約解束，謂癸其困惑，如解繩索之約束也。注曰繩約者，老子曰『善結，無繩約而不可解』是也。」按：釋，排解。約，説文：「纏束也。」解，解除。束，束縛。

張引老子，見二十七章。**達昏開明，而且知焉。**張金城曰：「依文義，『開明』似當作『開冥』，始與『達昏』響應。『明』、『冥』音同而誤。亦癸家之謂也。」按：張説是，「明」當作「冥」。○張之純曰：「（知）音『智』。」吴世拱曰：「且，之也。言使至明知處。」按：達，通曉。達昏，使昏昧者通曉。冥，昏暗。開冥，使冥頑者開化。知，同「智」。焉，同「也」。**故能説適計險，**險，當作「驗」，音之誤。○陸佃曰：「説，止息也。適，如往也。」張之純曰：「適，安便也，自得也。蓋與險相反者。説適計險，猶言計出萬全，不覆危地也。」吴世拱曰：「適，合也。三蒼：『適，悦也。』險，同驗，聲轉。」按：説，言。適，國語周語注：「行也。」計，謀。驗，應驗。所言者實行，所謀者應驗。**歷越踰俗，軼倫越等，**上「越」字涉下誤，疑當作「衆」。○張之純曰：「越，遠也，見書秦誓注。此『越』字與下『越』字異解。歷遠，謂經歷久遠也。」按：歷，過。衆，衆人。踰，超越。軼，廣雅釋言：「過也。」倫，同類。越，超越。等，同輩。**知略之見，遺跋衆人，**陸佃曰：「（人）或作『久』。」張之純曰：「跋，疑『拔』之誤。」按：「跋」或當爲「拔」，張説近是。「人」作「久」者，字之誤。○張之純曰：「拔，挺拔也，特立貌。謂挺拔於衆人中也。」吴世拱曰：「遺，佚也，過也。跋，同『拔』，擢出也，聲轉。漢耿勛碑『經拔涉』，以『拔』爲『跋』也。」張金城曰：「知略者，猶智略、智謀也。漢書司馬相如傳上『觀士大夫之勤略也』注：『略，智略也。』久，舊也。衆久，謂諸先達。『久』與上文『等』字韻。」按：知略，即「智略」，智謀，張金城説是。見，見解。遺，遺棄、遠過。拔，超拔。**求絶紹遠。**陸佃曰：「（求）或作『未』。」按：作「未」者字之誤。○張之純曰：「求絶學，紹遠緒。」吴世拱曰：「求，索也，又得也。紹，接也，又昭也。言得索其絶，明通其遠也。」按：絶，亦遠義。淮南子脩務「絶國殊俗」注：「絶，遠也。」紹，接續。言所求遠，所紹亦遠。**難之在前者能當之，難之在後者能章之；**○陸佃曰：「章，如彰往察來之章。」吳世拱曰：「章，同『障』，防衛也。『當』、『章』爲韻。」張金城曰：「當，呂覽無義篇『將而當之』注：『應也。』當之，謂應之也。章之，猶曰能預見之也。」按：當，阻擋。章，借爲「障」，防。**要領天下而無疏，**○陸佃曰：「疏之爲言失也。」張之純曰：「言無疏失也。」張金城曰：「漢書張騫傳：『竟不能得月氏要領。』注引李奇曰：『要領，要契也。』要領天下，猶曰統理天下也。疏，釋名釋言語曰：『索也，獲索相遠也。』與事情相遠則失之，故注云然。」按：要領天下，謂得天下之要領。疏，疏忽、疏漏。**則遠乎敵國之制。**陸佃曰：「（則）或作『明』。」按：作「明」者非。○陸佃曰：「不爲敵人所制。」按：遠，遠離。制，制約。**戰勝攻取之道，應物而不窮，**○張金城曰：「此孫子虚實篇『其戰勝不復，而應形無窮』之意。所謂『能因敵變化而取勝』者是也。」按：道，方法。應，適應。物，外物、外界環境。窮，窮盡。**以一宰萬而不總。**○陸佃曰：「提要而已。如每事而總之，焉得力而給諸？」張之純曰：「握其大綱，不必每事總之也。」吳世拱曰：「總，繫束也，又衆多也。」按：宰，小爾雅廣詁：「治也。」萬，謂萬變。總，合也。**類類生之，耀名之所在。**陸佃曰：「（耀）或作『翟』。」按：作「翟」者當是「耀」字之壞。○陸佃曰：「朝廷，耀名之所在也。傳曰：『争名者於朝，争利者於市。』」張之純曰：「（類類生之）猶言因物付物也。戰國策曰：『争名者於朝。』」吴世拱曰：「類類，多貌。耀，明也。」張金城曰：「此句與上下文不貫，疑有脱文。注云傳曰者，戰國策秦策一文。」按：類類，相生之貌。不總，故類類生之。耀，顯示。生之則多，多則顯，故能耀名。吴引周世家，謂魯周公世家。**究賢能之變，**陸佃曰：「（賢）或作『則』。」按：作「則」者誤。○張金城曰：「變，化也，謂隨時而動也。究賢能之變，謂窮究賢能所以因時而動之道，即前文應物而不窮、以一宰萬、類類生之之道是也。」按：究，探究。變，應變。以一宰萬，需應變也。**極蕭楯之元，**孫詒讓曰：「此『蕭楯』，疑當作『蕭條』。『條』與『循』俗書形略近。唐李晟碑『循』作『循』，與『條』偏旁相似。又古書『脩』、『循』二字多互訛，亦其比例。蓋『條』訛爲『循』，『循』傳寫又訛爲『楯』，其本字遂不可知。」按：孫説近是。又陸佃曰：「元，或作『無』。」○陸佃曰：「蕭，蕭斧也。干謂之楯。蕭以戮人，楯以衛己，知此則知兵矣。戉之字從『戈』從『甲』，蓋兵之道如此而已。」張之純曰：「蕭，斧名，見左思魏都賦。楯，干也。元，始也。斧以戮人，楯以衛己。推極其始，則刑與兵不輕用矣。」孫詒讓曰：「淮南子齊俗訓云：『故蕭條者形之君。』許注云：『蕭條，深静也。』此云『極蕭條之元』者，謂窮極深静虚無之本也。」張金城曰：「上文云『以一宰萬而不總』，下文云『謂之無方之傳』，皆言因物隨變，以静制動之要，則孫説或是。注曰『戉之字從戈從甲』者，説文『戉，兵也。从戈、甲』是也。」按：極，盡。元，本。下文云「謂之無方之傳」，即有深静虚無之意，孫説是。**謂之無方之傳，**○陸佃曰：「究變極無，則適乎變通之會矣。」南華曰：『今蘄行周於魯，是猶推舟於陸也，勞而無功。彼未知夫無方之傳，應物而不窮者也。』」張之純曰：「無方之傳，應物而不窮，見莊子。」吴世拱曰：「傳，郵傳也。」張金城曰：「注文『極無』，當作『極元』。『無』或作『无』，與『元』形近而誤。上文注『元或作無』，是陸氏以『元』爲是。則此不當作『無』明矣。注引南華，見天運篇。」按：方，廣雅釋詁一：「始也。」傳，同「轉」，轉動。無方之傳，無端頭之轉動，莊子比作桔橰者是也。**著乎無封之宇。**陸佃曰：「（宇）或作『博』。」按：作「博」不可通，當是誤字。○吴世拱曰：「『封』、『功』爲韻。」張金城曰：「著，史記樂書『著不息者天也』正義：『著，猶處也。』著乎無封之宇，猶曰處乎無封之域。蓋不主常可，與天地化之謂也。」按：著，附着，引申有「處」義。無封，無邊界。宇，借爲「域」，張説是。

制事内不能究其形者，用兵外不能充其功。陸佃曰：「或無『者』字。」按：無「者」字者脱。○陸佃曰：「不得於内，斯不可成於外矣。」張金城曰：「内究其形者，如隨四時正五度，與物因循之類是也。充，淮南子主術篇『此皆有充於内』注：『實也。』充其功，猶曰實有其功也。」按：制，同「治」，處理。事，政事。究，探求。形，大體。充，大也。**彼兵者，有天有人有地。**○陸佃曰：「天時、地利、人和。」張金城曰：「淮南兵略『上將之用兵也，上得天道，下得地利，中得人心』，此之謂也。注言天時云云，見孟子公孫丑下。」按：兵，謂戰争。言戰争有天、地、人三要素。**兵極人，**○陸佃曰：「盡兵之事，則人道得矣。」張金城曰：「極，窮極也，即勝也。言兵極人者，淮南兵略謂『地利勝天時』者是也。」按：極，盡。言戰争盡由人。**人極地，**陸佃曰：「（極地）或作『蔽地』。」按：依例當是「極」，作「蔽」者非。○陸佃曰：「人極乃地。」張金城曰：「淮南兵略『巧舉勝地利』是也。」按：言人盡在地。**地極天。**○陸佃曰：「地極乃天。」按：言地盡在天下。**天有勝，**○陸佃曰：「天時故有勝。」張金城曰：「天時有休王之勝，故曰有勝。」按：勝，謂制勝之時。**地有維，**○陸佃曰：「地利故有維。」張金城曰：「廣雅釋詁二：『維，繫也。』地利有生死牡牝之繫，故曰地有維。」按：維，謂維繫之綱。**人有成。**○陸佃曰：「人和故有成。」按：成，謂成功之法。**故善用兵者慎。**○陸佃曰：「子之所慎者戰。」張金城曰：「注文見論語述而篇。」按：慎，慎天、地、人也。**以天勝，以地維，以人成。**○天有勝時，故以天時勝；地有綱維，故以地維；人有成功之法，故以人成。**三者明白，何設不可圖？**三，叢刊本、王氏本、朱氏本、吴注本並誤作「王」。張金城曰：「此承上天勝、地維、人成而言，作『王』非是。」○吴世拱曰：「設，施也。」按：三者，謂以天勝、以地維、以人成。明白，清楚。設，施、爲。圖，謀。

所謂天者，非以無驗有勝，○陸佃曰：「天事窈冥，無所用質，然而不可勝也。」吴世拱曰：「言非無明驗而有勝也。」張金城曰：「此句及下句，皆以反詰語表明正面意，謂天事窈冥，難以的質，然就其休王更代有無之象驗之，豈非有勝之天歟？」按：以，因。驗，效驗。**非以日勢之長，而萬物之所受服者邪？**○陸佃曰：「日勢，五行休王孤虚之屬。」張金城曰：「長，廣雅釋詁一：『君也。』」君，謂主之也。五行旺相，孤虚向背，皆有所當，所當者即謂之長，是謂日勢之長。萬物受服者，如環流篇『斗柄東指，天下皆春』之類，謂萬物因承而從之也。服，堯典『五刑有服』傳：『從也。』」按：日勢之長，猶言日積月累。受服，服從。**彼天生物而不物者，其原陰陽也。**陸佃曰：「(生)或作『士』。」按：作「士」者「生」字之誤。○吳世拱曰：「陰陽，生物者也。言陰陽即天生物而不物之原也。」張金城曰：「陰陽者，氣之大者也。萬物因以生，故曰原。莊子秋水『比形於天地，而受氣於陰陽』者是也。」按：不物，不爲物。原，本原。**四時生長收藏而不失序者，**○陸佃曰：「南華曰：『春、夏先，秋、冬後，神明之序也。』」按：四時生長收藏，春生、夏長、秋收、冬藏也。序，次序。**其權音也。**○陸佃曰：「觸於角、章於商之屬。」吳世拱曰：「言音即四時生長收藏不失序之權也。」張金城曰：「管子兵法『不知兵權者也』注：『權者，所以知輕重。』此言四時之序，可權音以知之也。史記律書：『武王伐紂，吹律聽聲，推孟春至於季冬，殺氣相并，而音尚宮。』蓋其事也。注云『觸於角』云者，漢書律曆志上『商之爲言章也，物成熟可章度也。角，觸也，物觸地而出，戴芒角也』是也。」按：權，秤錘，所以平物。音，五音。**音在乎不可傳者，其功英也。**○陸佃曰：「其功以非糟粕，故不可傳也。」吳世拱曰：「英，精美也，神也。言音之功神秘，在乎不可傳也。」張金城曰：「傳，呂覽必己『人倫之傳則不然』注：『猶轉。』英，爾雅釋草：『榮而不實者謂之英。』謂英華也。音之章著，各以時當之，始於子，律中黄鐘，終於亥，律中應鐘之類，其事甚精，不可略移也。」按：傳，同「轉」，轉移。功，功果。英，華、花。陸言非糟粕，近是。**故所肆學兵，必先天權。**肆，王氏本、朱氏本、四庫本、聚珍本、學津本及張、吳注本並作「肄」，是。○張金城曰：「說文：『肄，習也。』必先天權，言稱情於天也。」按：

所，猶「若」。肄學，學習。言學兵必先學天權。

陳以五行，戰以五音，左倍宮、角，右挾商、羽，徵君爲隨，○陸佃曰：「徵在其後。」吴世拱曰：「倍，同『背』，肩任也。」張金城曰：「此蓋因天權以布陣之法也。六韜五音篇：『武王問太公曰：「律音之聲，可以知三軍之消息，勝負之決乎？」』文又論呼聲應管，順布五行之法，蓋皆其比也。倍，當讀爲『陪』。左傳定公四年『分之土田倍敦』釋文：『倍，本作「陪」。』陪與挾，皆護持之義。」按：陳，同「陣」，謂布陣。陣以五行，前文所謂「左金、右木、前火、後水、中土」是也。戰，戰鬥。倍，借爲「陪」，張説是。漢書文帝紀引文穎曰：「陪，輔也。」挾，廣雅釋詁四：「輔也。」與「倍」同。隨，從於後也。**以𣈅無素之衆。**陸佃曰：「（𣈅）或作『轉』。」按：作「轉」者非。○陸佃曰：「𣈅，猶『羣』也。韓信曰：『信非得素拊循士大夫，所謂敺市人而戰之也。其埶非置死地人自爲戰，寧尚得而用之乎？』蓋知此矣。」吴世拱曰：「𣈅，篆文『曹』字，會治也。言士卒衆多，統治於將也。説文『𣈅』下云：『獄兩曹也。从㯥，在廷東也；从曰，治事者也。』與此義同。素，數也。戰士之爲數不一，故曰無素之衆，與史記淮陰侯傳『信非得素拊循士大夫也』素字別。」按：𣈅，古「曹」字。三國志杜瓊傳注：「曹，衆也。」曹其衆，使衆爲衆，即使衆人皆發揮作用。無素，謂無素養。曹無素之衆，與敺市人而戰同義。**陸溺溺人，**陸佃曰：「（陸）或作『陛』。」按：作「陛」者「陸」字之誤。○陸佃曰：「陸溺，陸沉也。蓋以奇用兵，其陰謀赤地能興風波。」張金城曰：「水乃溺人，而言陸溺者，是用奇謀興風波之故也。注曰陸沉者，莊子則陽曰『方且與世違而心不屑與之俱，是陸沉者也』注：

『人中隱者，譬無水而沉也。』」按：陸、張説是，言興奇兵而敗敵。**故能往來竇決。**○陸佃曰：「不水能致風波，則彼雖如川之流，可使之竭也。荀子曰：『厭其源，開其竇，江湖可竭。』」吴世拱曰：「竇決，水口決崩也。言其往來無御，猶竇決不可當也。」張金城曰：「竇決，謂如川流之決逝也。此言其往來披靡，如川流決逝，不可阻遏也。注引荀子，見修身篇，『竇』今本作『瀆』。」按：竇，借爲「瀆」，溝渠。決，決口。往來竇決，言其隨時如瀆之決口而溺人。

獨金而不連，○陸佃曰：「偏任金德，隆於殺伐，不以四行連而輔之，故其弊如下所云。」張金城曰：「金爲西方之行。春秋繁露五行逆順曰：『金者秋，殺氣之始也。』漢書五行傳上：『金，西方。萬物既成，殺氣之始也。』獨任金德，則多殺戾之象。」按：金，史記樂書正義：「武也。」連，連繫、配合。言獨武而不配合文德，則如下言。**絶道之紀，亂天之文，干音之謂。**陸佃曰：「（紀）或作『絶』。」孫詒讓曰：「『謂』無義，疑『調』之誤。」按：「紀」作「絶」者涉前誤。「謂」當作「調」，字之誤，孫説是。「干」，朱氏本誤作「于」，張金城本誤作「千」。○吴世拱曰：「謂，指也。」按：絶，斷絶。紀，綱紀。干，淮南子説林「不得相干」注：「亂也。」調，協調。**違物之情，**陸佃曰：「（違）或作『達』。」按：作「達」者「違」字之誤。○張金城曰：「此言黷武無德之害也。」按：違，違背。情，性。**天之不綱，**陸佃曰：「（綱）或作『細』。」按：作「細」者「綱」字之誤。吴注本從作「細」，非。○張金城曰：「此猶曰不以天爲綱紀也。」按：之，猶「則」。綱，綱紀。**其咎燥凶。**陸佃曰：「（燥）或作『慘』。」按：作「慘」者以音誤。○陸佃曰：「燥凶，凶旱也。」

四時之和不成，故其咎凶旱。老子曰『必有凶年』，蓋言是也。」張金城曰：「燥，素問陰陽應象大論『燥勝風』注：『燥爲金氣。』此蓋兵事煩，金氣盛，四時不和之咎也。老子曰『兵者，不祥之器』是也。注引老子，見第三十章。」按：咎，災禍。燥，金氣盛之兆。燥凶，大旱。張引老子，見三十一章，原文作「夫佳兵者，不祥之器也」。

欲無亂逆，謹司天英。○吳世拱曰：「英，即上文『其功英也』之英。」張金城曰：「天英者，上所云得乎天地人而後陳以五行、戰以五音之類是也。蓋以法天則其事甚精，故曰天英也。」按：司，主。英，華、花。**天英各失，三軍無實。**陸佃曰：「或無此『天英』二字。」張金城曰：「各，疑是『若』字之誤。」按：無「天英」者脱。「各」當作「若」，張説是。○吳世拱曰：「無英則無實。實，德也。」按：「兵有天」，故天英失則軍無實。**夫不英而實，孰有其物？**○陸佃曰：「言無是也。凡物之生，英而不實者有矣，未有不英而實者也。」張金城曰：「英，詩齊風著箋：『瓊英，猶瓊華也。』疏曰：『英是華之別名。』蓋草木必先開花，乃能結實，故云然。注云『英而不實』云者，論語子罕：『秀而不實者，有矣夫。』」按：英，開花。而，連詞。實，結果。孰，猶「何」。

常聖博□□，古今復一日者，天地之所待而闔耳。闕處原墨，諸本並闕。吳世拱曰：「『博』下原有缺文。案：注缺，非正文。」按：正文當闕一字，吳説非。又陸佃曰：「（耳）或作『耳目』。」按：作「耳目」者衍「目」字。○陸佃曰：「此言真聖三萬歲而成純，則天地與我爲一矣。五行不能宰，五音不能制，雖遺陰陽可也。苟爲不在此域，則豈能廢陰陽之術哉？故下文云。」吴世拱曰：「常，猶經也。常聖，經緯天地之聖也。博，通也。復，歸也。待，共也。齊策『將以待之』注：『猶共也。』闔，同『合』，如也。言聖通古今若一日者，與天地共而能之耳。」張金城曰：「注云真聖云云，蓋取莊子齊物論『聖人愚芚，參萬歲而一成純』之意解之。言日者，上文『日勢』是也。闔，淮南子墬形『西方曰西極之山，曰閶闔之門』注：『闔，閉也。大聚萬物而閉之。』此言日勢之主屬，有休有立，乃天地之所待以閉藏萬物者也。」按：常，同「長」，久也。「博」下所闕疑是「通」字。復一日，言其同也。闔，合。蓋言長聖者必博通，古今一道，天地待日而後合也。

故天權神曲，五音術兵。曲，疑當作「趨」，以音誤。○吴世拱曰：「(天權神曲)言神明於天權之道而得其隱曲。五音術兵，兵書之名，若漢志『五音奇胲用兵』之類。」按：舊讀連下「逸言曰」句，非。趨，往也。神趨，神其所趨。術，借爲「遂」。術兵，遂其兵。上文曰：「戰以五音。」

逸言曰：○陸佃舊讀連上爲句，曰：「天權神曲，五音術兵逸言，疑若兵法一書之名。」按：陸讀非。上文云「必先天權」、「戰以五音」，則「天權神曲五音術兵」非書名明矣。逸，當同「遺」。逸言，上古所遺之言。

「章以禍福，若合符節。」陸佃曰：「『禍福』上或有『斯』字。」按：有「斯」字者衍。○吴世拱曰：「與天地合。」張金城曰：「此蓋以證天英之得，則禍福章明，若符節相合不爽也。」按：章，著明。符節，取信之憑證，皆兩半相合以爲驗。若合符節，言其密合不差分毫。

凡事者生於慮，成於務，失於驚。孫人和曰：「驚，當作『驁』，字之誤也。驁，與『傲』同。管子乘馬篇云『凡事者生於慮，成於務，失於傲』，鶡冠子所本。漢書竇嬰傳：『諸公稍自引而怠驁。』師古曰：『驁，與「傲」同。』」按：孫説是。「驚」當是「驁」字之誤。○吴世拱曰：「慮，念也。務，勤也。」按：慮，考慮。務，致力、實行。驁，同「傲」，驕傲。

能天第十八

○能，任也，負也。「能天」二字取自篇中「能天地而舉措」句。此篇論至人與聖人之不同。

原聖心之作，情隱微而後起，陸佃曰：「（後）或作『以』。」按：作「以」者似非。○陸佃曰：「情，如情天地之情。言聖人盡天下之情然後應物。」張金城曰：「此言萬物之情隱，必待聖人乃有以明之。易文言曰：『聖人作而萬物睹。』禮記祭義曰：『昔者聖人建陰陽天地之情。』此之謂也。情，呂覽誣徒『則得教之情也』注：『理也。』此處用如動詞，謂得其情理也。」按：原，推其原。作，産生。情，事情。隱微，細小。起，興起。**散無方而求監焉。**陸佃曰：「（求）或作『永』。」按：作「永」者「求」字之誤。○陸佃曰：「道中庸，故求監焉。」吴世拱曰：「從無求監，則無不照也。」張金城曰：「此言聖人之道播散無方，其化廣被，故得明監也。易恒彖傳曰：『聖人久於其道，而天下化成。觀其所恒，而天地萬物之情可見也。』此之謂也。監，大學『儀監於殷』疏：『視也。』」按：散，散亂。方，道。無方，無統一之道。監，視。焉，於聖心。張引易傳原文「也」作「矣」。**軼玄眇而后無，**此上疑脱「至人」句。○陸佃曰：「軼，如軼倫之軼。言聖人超天下之理然後忘物。」吴世拱曰：「軼，出也。眇，微小也。」張金城曰：「玄者，變化莫測之謂。眇者，微眇之稱。玄眇者，道化之微也。無者，物生之始也。」按：軼，超越。玄眇，幽深細微。后，同「後」。無，虚無，道家所謂「道」的本體。**抗澄幽而思謹焉。**○陸佃曰：「道中庸故思謹焉。」張金城曰：「抗，與上『軼』

同義，皆謂高逸也。澄，説文：『清也。』澄幽者，謂志慮之清静幽深也。莊子知北遊曰：『無知無慮始知道。』謂抗軼其澄幽之智，乃足以謹其思以察萬物也。」按：抗，舉。澄，清。謹，謹慎。**截六際而不絞。**○陸佃曰：「情隱微而求監，軼玄眇而思謹，此道之所以大而不蕩、小而不迫也，故能截六際而不絞。六際，六合也。絞者，迫切之辭。截，言以此爲界。蓋六合之外，聖人存而不論，六合之内，聖人論而不議。」張金城曰：「説文：『截，斷也。』是截者斷限義，故引伸爲界別。際，廣雅釋詁四：『方也。』六際，上下四方，即六合也。絞者，論語泰伯『直而無禮則絞』鄭注曰：『急也。』此言聖人以六合爲限，不急切於其末也。注云『六合之外』云云，見莊子齊物論。」按：截，詩長發「海外有截」箋：「整齊也。」六際，上下四方，即六合，陸説是。絞，急切，張説是。**觀乎孰莫，**陸佃曰：「（莫）或作『暮』。」吴世拱曰：「『莫』或作『暮』，『莫』之俗字也。」按：作「暮」者以音誤。○陸佃曰：「孰莫，言無何也。」張金城曰：「莊子山木『遊於大莫之國』釋文：『莫，無也。』孰莫者，何莫也，猶無何有也。莊子逍遥遊『何不樹之於無何有之鄉』疏：『無何有，猶無有也。』觀乎孰莫者，謂觀於無何有，即莊子天地篇『視乎冥冥』之義。謂聖心凝寂，觀視於虚無之道也。」按：孰，猶「何」。莫，借爲「無」，古音近。孰莫，什麽也没有，即無何有，張説是。**聽乎無罔，**罔，疑當作「聞」，以音誤。○吴世拱曰：「無罔，猶虚無也。」按：無聞，無所聞，即無聲也。**極乎無係，**○張金城曰：「係，莊子大宗師『而曠萬物之所係』疏：『屬也。』極乎無係者，莊子刻意云『精神四達並流，無所不極，上際於天，下蟠於地』是也。」按：極，終也，止也。係，縛也。無係，無所繫縛。**論乎窈冥，**○張金城曰：「論，淮南子説山『以近論遠』注：『知也。』窈冥者，幽微也。此言知乎形器之外也。」按：論，辯論、討論。窈冥，幽暗、奥妙。**湛不亂紛。**○張之純曰：「揚子方言：『湛，安也。』」吴世拱曰：「湛，深静也，同『沈』。釋名釋言語：『沈，澹也，澹然安著之言也。』」按：湛，同「沈（沉）」，沉潛安著。言聖人觀乎孰莫，聽乎無聞，極乎無係，論乎窈冥，亦能沉潛安著，而不紛亂。**故能絶塵埃而立乎太清，**○張金城曰：「此言遺俗而與道俱者也。本書度萬篇曰『其德上及太清』注：『天也。』」按：絶，離。塵埃，喻世俗。太清，至清，遠離世俗之地。**往無與俱，來無與偕。**○陸佃曰：「獨往獨來。」張金城曰：「莊子在宥篇：『出入六合，遊乎九州，獨往獨來，是謂獨有。』又天下篇『獨與天地精神往來』，此之謂也。」按：俱、偕，皆謂一同。**希備寡屬，**○陸佃曰：「食於苟簡之田，故云希備。遊於寂寞之鄉，故云寡屬。」吴世拱曰：「備，陪也，副也。與『屬』同義，言無副屬者。」按：希，少。備，準備。莊子逍遥遊：「適百里者宿舂糧，適千里者三月聚糧。」即備也。寡，少。屬，下屬。**孤而不伴，**○陸佃曰：「未嘗設對。」張金城曰：「莊子在宥篇所謂『獨有』是也。注曰『未嘗設對』者，即至大無偶之義。」按：不伴，猶無伴。寡屬，故無伴。**所以無疵，**疵，叢刊本、朱氏本、張金城本誤作「疪」。○陸佃曰：「澡雪之至。」吴世拱曰：「疵，同『此』，滯止也。言無所繫絆之累也。」張金城曰：「此言聖者得道之精英，故絲毫無染也。莊子知北遊『澡雪而精神』是也。」按：疵，小毛病。**保然獨至，**陸佃曰：「（保）或作『保』。」吴世拱曰：「或作『保』，古文也。」○陸佃曰：「保，猶安也。所謂不行而至者是。」吴世拱曰：「保，和適也。言虛靈自得也。」按：保然，猶安然。無病，故安然。至，到。詩天保曰：「天保定爾。」**傳未有之將然，**〇陸佃曰：「見於未萌。」張金城曰：「傳，猶言説也。樂記『有司失其傳也』注：『猶説也。』傳未有之將然者，謂能言且然無間之所謂也。」按：傳，傳注之傳，解説。爲未有之將然作傳，言其先知先見也。**領無首之即次。**〇陸佃曰：「和而不倡。」張之純曰：「易曰：『用九，見羣龍無首，吉。』乾卦之吉在無首者，言不以剛健而聚人之首，和之至也。即，就也。次，序也。」吴世拱曰：「領，理也。首，端也。即，同『則』，等也。次，次第也。言領天地循環之序次也。」張金城曰：「樂記『領父子君臣之節』注：『領，猶理治也。』淮南本經『神明弗能領也』注：『領，理也。』注曰『和而不倡』者，猶和而不唱也。」按：領，借爲「理」。首，端，頭。即，就。次，位次、次第。即次，序列，與易旅之「即次」異。言能理無端之緒。

度十、五而用事，陸佃曰：「或作『度十十耑肝事往來』。」按：或本非。〇張之純曰：「天五地十，度之以用事。」吴世拱曰：「十五，謂朔望。一曰：節氣各望十五日。」張金城曰：「周易繫辭上云：『天一地二，天三地四，天五地六，天七地八，天九地十。』注曰：『易以極數通神明之德，故明易之道先舉天地之數。』然則十五者，蓋天地之極數也。聖人度之，所以通神明而立事也。」按：度，音奪，量。十、五，謂數。度十、五，謂以十、五之數度量。**量往來而廢興，**陸佃曰：「（來）或作『力』。」按：作「力」者以音誤。〇陸佃曰：「已往者廢，方來者興。」張之純曰：「寒暑往來，寓廢興之理。」吴世拱曰：「往來，謂寒暑。言因寒暑而廢興之。」按：量，與上「度」同，揆度。**因動靜而結生，**陸佃曰：「（生）元作『笙』。」吳世拱曰：「元作『笙』是也。」按：「笙」借爲「生」，陸改是。○陸佃曰：「結，猶實也。生，猶華也。」張之純曰：「天動地靜，萬物由此結生。結，猶實也。生，猶華也。」吳世拱曰：「動靜，謂陰陽。結，收斂也。生，進出物也。」按：因，依。結，聚結。生，生發。動則生，靜則結。**能天地而舉措。**○陸佃曰：「能天能地。」張之純曰：「十五往來動靜，皆天地之道。度之量之因之，是能合天地也。又：篇名能天，此兼地説，蓋有天即有地也。」張金城曰：「能，廣雅釋詁二：『任也。』能天地而舉措，謂因任天地之理而廢興也。」按：能，借爲「任」，張金城説是。任，負也，背也。舉措，動作。言能背負着天地而動作。

自然，形也，不可改也。○張金城曰：「形者，謂彰著於外也。其成也，本乎不得已。可改，則非天而爲人矣。」按：自然，天然、本然。形，體也。改則爲異體，故曰不可改。**奇偶，數也，不可增減也。**○張之純曰：「奇，音嵇，單數也。」張金城曰：「此言天地之數，不可增損也，增損之則失其序也。」按：奇增則爲偶，偶減則爲奇，故曰不可增減也。**成敗，兆也，非而長也。**王闓運曰：「『非而』字誤。」按：王説非，不知「而」讀爲「能」。○陸佃曰：「而，女也。長，如長民之長。」俞樾曰：「而，當爲『能』，古字通用。成敗，兆也，非能長也，與上文『自然，形也，不可改也』；『奇偶，數也，不可增減也』文義一律。下文『地弗能立，地弗能安，天弗能生，天弗能成』，皆承此言。」張金城曰：「俞説是。段玉裁曰：『「而」或釋爲能者，古音「而」與「能」同。』」按：兆，徵兆。而，借爲「能」。非而，不能也。長，生長。成敗有兆，兆不能長。

故其得道以立者，地能立之；其得道以仆者，地弗能立也；其得道以安者，地能安之；其得道以危者，地弗能安也。陸佃曰：「（仆）或作『邳』。」按：作「邳」者以音誤。○其，指人。得道，得自然之道。以，連詞。仆，倒下，與「立」相對。其得道以生者，天能生之；其得道以死者，天弗能生也。其得道以存者，天能存之；其得道以亡者，天弗能存也。其得道以危，「其得」二字叢刊本倒。○張金城曰：「中庸曰：『故天之生物，必因其材而篤焉。故栽者培之，傾者覆之。』」按：以上所謂自然，形也，不可改也；奇偶，數也，不可增減也；成敗，兆也，非能長也：本然如此也。

彼安危，埶也；存亡，理也，何可責於天道？鬼神奚與？埶，王氏本、朱氏本、四庫本、聚珍本並作「勢」，正體。○陸佃曰：「直而推之，曲而任之。自安自危，自存自亡，天道豈容有責，而鬼神亦奚與哉？」吴世拱曰：「言理勢使然，天道無責，鬼神無與也。」張金城曰：「與，參與也。周禮『三曰與』注：『謂所與共事也。』直推、曲任，列子力命文。」按：埶，同「勢」，形勢，自然之勢。理，理當如此之理，道理。責，要求。奚，何。與，參與。張説是。

一者，德之賢也。陸佃曰：「（者）或作『曰』。」按：「一者」與下「聖者」、「道者」相對，作「曰」者非。○陸佃曰：「未離乎數。」張之純曰：「有德者之所賢。」張金城曰：「一者，韓非子揚權篇：『道無雙，故曰一。』淮南子原道：『所謂一者，無匹合於天下者也。』是一者，道之稱也。一者德之賢也者，莊子天地篇謂

『德兼於道』是也。謂德必攝於道，一爲德所法尚也。」按：一，謂單一、不雜。德，道德。賢，善也。德之賢，道德之所善。**聖者，賢之愛也。**○陸佃曰：「愛，猶慕也。」張之純曰：「賢者之所愛。」張金城曰：「賢亞乎聖，故賢慕於聖。」按：聖，聖人。愛，謂所愛慕。**道者，聖之所吏也，**「吏」，疑當是「使」字之壞。下文曰：「聖，道也。」是其證。○陸佃曰：「吏，猶任也。」張金城曰：「道者，所以凝成萬物者也。聖人所以裁成輔相者，任道而已。」按：道，道家所謂「道」。使，用也。**至之所得也。**○陸佃曰：「不離於真，謂之至人。故道者，聖人之所利，至人之所得也。」吴世拱曰：「得，有也。」張金城曰：「所得者真也、道也、一也。『不離於真，謂之至人』，莊子天下篇文。」按：至，至人。莊子逍遥遊：「至人無己，神人無功，聖人無名。」得道，故謂之至人。**以至，圖弗能載，名弗能舉，**陸佃曰：「（至）或作『聖』；（圖）或作『國』。」按：作「聖」、作「國」，皆字之誤。○張金城曰：「以至者，謂聖人任道，至人全真，至之極也。」按：以，因也。至，至極，到頂點。圖，畫。載，繪。名，名號。舉，稱。**口不可以致其意，貌不可以立其狀，**○吴世拱曰：「貌，容也。立，具也。」張金城曰：「得道之至，圖、名弗所措，口、貌無所形，渾然爲一。此老子所以曰夷曰希曰微而不可致詰者也。」按：致，達。其，謂至人。貌，形貌。立，樹立、成立。狀，形狀。**若道之象門户是也，**○陸佃曰：「道，猶言也。」張之純曰：「論語曰：『誰能出不由户，何莫由斯道也？』可爲道若門户之證。」張金城曰：「張説是也。下文云：『有焉出入而弗異也。』正承此而言。舊注釋道爲言，失之。」按：道，道家之「道」，有道路義，萬物之所必經也，故曰象門户。張之純引論語，見雍也篇。**賢不肖、愚知，由焉出入而弗異也。**○焉，猶「此」。弗異，不易道也。言賢不肖、愚智出入皆經由道。

道者，開物者也，非齊物者也。○陸佃曰：「能使之由而已，不能序之。」吴世拱曰：「齊，次也，序也。言化生萬物，非序物者也。」按：開，小爾雅廣詁：「達也。」齊，整齊。賢不肖、愚智皆由之而出入，是不齊物也。**故聖，道也；道，非聖也。**○陸佃曰：「夫聖人者，道之主也。故聖，道也，而道非聖也。」張之純曰：「聖人爲道之主，故聖可賅道，而道不可賅聖。」吴世拱曰：「上文云：『道，聖之所吏也。』言道通物，聖序物，用道而非道也。」按：上文云：「道者，聖人之所吏（使）」，故曰聖，道也。聖人使道，但不能爲道，故曰道非聖也。

道者，通物者也；聖者，序物者也。○吴世拱曰：「道使物通，聖使物序。」張金城曰：「通物，即鼓萬物使化成之。序物者，範圍曲成，或裁成之，或輔相之，使各得其序之謂也。」按：通物，使物通行。序物，使物有序。**是以有先王之道，而無道之先王。**○陸佃曰：「此申『聖，道也；道，非聖也』之義。」張金城曰：「此言以先王之聖，有行之則爲道者；其待道之範圍絜矩而成聖者，則未之有也。」按：道爲聖之所使，故可以有先王之道；道即道，無先後，故不可以有道之先王。**故聖人者後天地而生，而知天地之始；先天地而亡，而知天地之終。**○張金城曰：「四句已見泰録篇。」按：此言聖人能知天地之終始。**力不若天地，而知天地之任；**○張金城曰：「任者，天覆地載之任也。知，俞樾曰：『「知」、「折」、「制」三字古音相近，故得通假。此蓋以「知」爲「制」，謂力不如天地之任負萬物，然範圍曲制，則聖人之力也。』」按：不若，不如。知，即知曉之知，與上諸「知」同。俞説非。任，負任、負載。**氣不若陰陽，而能爲之經；**○吳世拱曰：「『經』、『正』爲韻。」張金城曰：「祭義曰：『昔者聖人建陰陽天地之情。』聖人經之，故陰陽合。」按：莊子則陽：「陰陽者，氣之大者也。」氣不如陰陽大，而能爲陰陽之經。經，漢書司馬遷傳「此天道之大經也」注：「常法也。」**不若萬物多，而能爲之正；不若衆美麗，而能舉善指過焉；**○吳世拱曰：「正，長也。又：正，性命也。」張金城曰：「在天之美，莫若日月星辰；在地之美，莫若河岳山川，其善惟聖人能舉之。然而日月之蝕、星辰之隕、河川之竭、山岳之崩，必待聖人而指其過者，聖人本於道者也。」按：正，長也，君也。舉，舉出、提出。指，指出、指責。過，錯。**不若道德富，而能爲之崇；**○陸佃曰：「易曰：『崇高莫大乎富貴。』高者貴也，崇者富也。」張金城曰：「上文曰：『聖，道也；道，非聖也。』道德必待而主之，故雖富，不行則不崇也。」按：富，豐富。崇，高，所尊崇。**不若神明照，而能爲之主；**陸佃曰：「（主）或作『王』。」按：作「王」者「主」字之誤。○照，同「昭」，明也。**不若鬼神潛，而能著其靈；**「著」下叢刊本空一字，道藏本空二字，皆非，或是誤衍而又挖去。○吳世拱曰：「『靈』、『勁』、『形』爲韻。」按：潛，廣雅釋詁四：「隱也。」著，彰明。**不若金石固，而能燒**

其勁；○張金城曰：「金石雖固，精誠至則開之。」按：燒，猶化。勁，堅。**不若方圓治，而能陳其形。**陸佃曰：「(治)或作『活』。」按：作「活」者「治」字之誤。○張金城曰：「方圓雖整，得道正則形之。治，呂覽振亂『欲民之治也』注：『整也。』方圓治，謂規矩明整也。」按：治，正也，謂標準。陳，陳述、說明。言聖人不如方圓標準，而能說明方圓之形。

昔之得道以立，至今不遷者，四時、太山是也。○張金城曰：「四時得道，故代更而不亂也。太山得道，故安固而不塌也。」按：立，成立。遷，改變。**其得道以危，至今不可安者，苓巒堙谿、橐木降風是也。**陸佃曰：「(苓)或作『芩』」；「(堙)或作『甄』。」按：「苓」作「芩」、「堙」作「甄」，皆字之誤。○陸佃曰：「苓，如零落之零。堙，塞也。橐，蘀落之蘀。降，下也。」孫詒讓曰：「橐，當讀爲『蠹』，二字古通。韓非子亡徵篇云：『木之折也，必通蠹。』淮南子說林訓云：『蠹衆則木折。』又云：『木雖蠹，無疾風不折。』此云『橐木降風』，亦謂木內已蠹，而又遇風，則必折。陸讀爲『蘀』，失之。」按：苓，同「零」，凋零。零巒，零落之山巒。堙，填塞。谿，山谷。橐，借爲「蠹」，孫說是。蠹木，被蠹蟲蛀空之樹。降風，遇大風。二者皆危而不安者也。**其得道以生，至今不亡者，日月星辰是也。**○張金城曰：「說文云：『萬物之精，上列爲星。』」按：生，生存。亡，消亡、消失。**其得道以亡，至今不可存者，苓葉遇霜、朝露遭日是也。**○張金城曰：「苓，讀爲『零』。漢書叙傳上曰『失時者苓落』注：『苓，同「零」

也。』此謂將零之葉遇秋霜則凋落，朝露遇日則乾也。」按：存，存在、存續。苓，同「零」。零葉，行將凋零之葉。遭，遇上。張説是。**故聖人者取之於執，而弗索於察。**執，四庫本、聚珍本作「勢」。○吳世拱曰：「執察物出。索，取用也。」張金城曰：「此言得於其勢自然之理，不求察察爲明也。」按：執，同「勢」。下同。言順自然之勢而取之，不求於深察。

執者，其專而在己者也。○吳世拱曰：「言順勢不勞，則統在己也。」張金城曰：「其理自足乎內，有感必應，不待外襲者也。」按：專，與下「散」相對，謂單一、單純。在己，在己取之而已。**察者，其散而之物者也。**察，叢刊本誤作「蔡」。○吳世拱曰：「之物，往在物也。明察逐物，則散在物也。」張金城曰：「必待理勢散乎物乃明其然者，察也。」按：察，探察。散，分散。之，往。物非一，故曰散。**物乎物，**○吳世拱曰：「乎，語助。猶言物也物也。」按：猶言「物啊物」。**芬芬份份，**○陸佃曰：「離亂之貌。」吳世拱曰：「芬，同『紛』，衆多貌。份，美盛貌。説文：『份，文質備也。』」張金城曰：「芬芬、份份，皆謂雜亂之貌。與『紛』、『分』、『沸』皆以聲母相同，而爲狀雜亂之詞。呂覽慎大『言者不同，紛紛分分』，淮南子俶真『孰肯分分然以物爲事也』，韓詩外傳卷五『紛紛沸沸，道之所行』，並同意。注曰『芬亂之貌』，是也。」按：芬芬，同「紛紛」，衆多貌。份份，同「彬彬」，雜亂貌。**孰不從一出，至一易？**○陸佃曰：「皆出於一，至一而易。」吳世拱曰：「説文『一』下云：『道立於一，造分天地，化生萬物。』易，變也。列子天瑞：

『一變而爲七，七變而爲九。九者，究也。乃復而爲一。一者，形變之始也。』言孰不從一出，從一變也。」按：列子天瑞：「一者，形變之始也。」管子内業：「一，無也。」淮南子詮言：「一也者，萬物之本也。」是以莫不從一出至一易。易，變也。**故定審於人，觀變於物。**「觀變」，當作「變觀」，二字倒。○吴世拱曰：「從人觀物。」張金城曰：「所以能定審觀變者，一理在故也。」按：定，固定、不變。變，變化。審，審視。

口者，所以抒心誠意也。○吴世拱曰：「誠，信也，伸也。墨子：『信，言合於意也。』」張金城曰：「誠意者，謂信實其志意，猶曰達意，與『抒心』同。」按：抒心，抒發心意。誠，使人信也，即表達之義。張説近是。吴引墨子，見經上篇。**或不能俞受究曉，揚其所謂，或過其實。**陸佃曰：「（受）或作『愛』。」按：作「愛」者疑是。○陸佃曰：「『俞』之言然。受，聽受也。」吴世拱曰：「俞，諭也，知也。究，窮也。曉，明也。言不能明隱盡知也。揚，表也。」張金城曰：「俞者喻也，與下文『曉』同義。注曰『俞之言然』者，書舜典『帝曰俞』注『俞，然也』是。」按：俞，同「喻」，明也。張説是。俞愛，明所愛。究，窮。究曉，窮所曉。揚，廣雅釋詁二：「説也。」謂説明。不能俞愛究曉，揚其所謂，言其口之拙。或過其實，言其口之巧。

故行異者相非，道異者相戾。張金城曰：「相戾，亦相非也。荀子榮辱篇『猛貪而戾』注：『戾，乖背也。』」按：行，行爲。非，非議。道，所行之道。戾，違背。

詖辭者，革物者也；聖人知其所離。陸佃曰：「（革）或作『庠』。」按：作「庠」者「革」字之誤。○陸佃曰：「詖辭，蓋若告子之類。告子外義，聖人無之，故曰革物者也。」吴世拱曰：「詖，説文：『辨論也。』詖辭，辨別之辭論也。革，分析也。離，亦分析義。言格物之理，求其不同畢異之説也，與孟子『詖辭知其所蔽』別。」張金城曰：「孟子公孫丑上『詖辭知其所蔽』注：『人有險詖之言。』是詖辭者，言辭偏詖也。革，變革也。革物者，顛倒其事，使變革也。離，即『邪辭知其所離』之誼。」按：詖，借爲「頗」。説文：「詖，辯論也。古文以爲『頗』。」詖辭，偏頗不正之辭，即孟子之「邪辭」。革，更改。偏頗之辭失其實情，故曰革物者也。離，偏離。聖人知其與正辭實情之距離也。

淫辭者，因物者也；聖人知其所合。○陸佃曰：「淫辭，蓋若墨子之類。墨子兼愛，聖人有之，故曰因物者也。」吳世拱曰：「淫，大也，盈也。因，説文：『就也。』」按：淫，過也。淫辭，浮夸失實之辭。因，依。依物之情而夸大之，故曰因物者也。合，相合、符合。聖人知其與實物之所合與所不合也。

詐辭者，沮物者也；聖人知其所飾。○陸佃曰：「詐，猶邪也。（知其所飾）又從而爲之辭。」張之純曰：「詐，猶邪。飾，文飾也。孟子責陳賈所謂『又從爲之辭』也。」吳世拱曰：「詐，僞也。沮，阻塞也。飾，文飾也。謂偏於禮儀者。」張金城曰：「孟子曰：『邪辭知其所離。』注曰：『有邪辟不正之離。』邪辟不正，即詐也。言沮物者，沮，慧琳一切經音義十三引三蒼云：『敗壞也。』沮物，謂壞事也。知其所飾，言文其姦也。注云『從而爲之辭』者，孟子公孫丑下：『豈徒順之，又從爲之辭。』」按：詐，爾雅釋詁：「僞也。」詐辭，虛僞之辭。沮，禮記儒效「世亂不沮」疏：「猶廢壞也。」虛僞之辭無物，故曰沮物。飾，修飾。

遁辭者，請物者也；聖人知其所極。○陸佃曰：「夷之曰：『命之矣。』極，猶窮也。」吳世拱曰：「遁，廣雅釋詁四：『隱也。』遁辭，循隱之辭也。請，情也。極，極至也。言索賾物情也。鷄三足、卵有毛，仁内義外之類。」按：遁，隱。遁辭，隱遁支吾之辭。請，求也。支吾之辭欲求物情而搪塞之，故曰請物者也。極，窮盡。**正辭者，惠物者也；聖人知其所立。**○陸佃曰：「不詖不淫，不邪不遁，謂之正辭。」張之純曰：「易曰：『修辭立其誠。』」吳世拱曰：「正辭，正名之辭也。惠，順也，循也。所謂循名責實是。」按：正辭，實辭。正辭表物之實情，故曰惠物者也。立，成立。**立者，能効其所可知也，莫能道其所不及。**陸佃曰：「（効）或作『郊』。」按：作「郊」者「効」字之誤。○陸佃曰：「微妙之會，意不能到，況於言乎？」吳世拱曰：「効，昭也。言命事物之名，能舉其形義所可知，不能稱道其不及。不及者，上文云『圖弗能載，名弗能舉，口不可以致其意，貌不可以立其狀』、下文云『一在而不可見，道在而不可專』之類，故老子有『强爲之名』。」張金城曰：「立者，立事成物也。事物之成也明而易見，故曰能效其所可知。效者，方言十二『效，明也』是。」按：效，當訓「明」，張説是。不及，未有也。以上言察言。篇末陸引或本曰：「而察者，聖人之功也。」

明諭外内，後能定人。陸佃曰：「（諭）或爲『論』。」按：作「論」者「諭」字之誤。○陸佃曰：「表裏具通，而後可以印證。」吳世拱曰：「言上有主内之人，有主外之人，欲定人必明諭内外，而後能也。」張金城曰：「外内者，外爲言，内爲道。聖人體道應物，外内明悉，故聞其言而知其行，可以相印證也。」按：諭，曉也。外内，謂人之内心與外表。定，確定。此言察人。**一在而不可見，道在而不可專。**○張之純曰：「再借『一』字、『道』字陪説，愈見聖人之淵深。」吳世拱曰：「專，同『傳』，與『見』對文。」張金城曰：

「一」，亦道也。不可見，言不可究詰也。不可專，言不可專指也。」按：一，即上文「孰不從一出至一易」之「一」，謂事物的本初。存，存在。道，規律。專，專擅。規律是普遍的，故曰不可專。**切譬於淵，其深不測，**○王宇曰：「老子曰：『上善若水。』」吴世拱曰：「切，小爾雅廣詁：『近也。』史記李斯傳：『請一切逐客。』正義云：『猶一例。』切譬，猶譬如也。」張金城曰：「謂道不可見，如以近取譬，則如淵之深，不可測耳。」按：淵不可言近，諸説似非。切，磨也，引申有妥切義。切譬，謂妥切地比喻。淵，深水。其，指「一」與「道」。王引老子，見八章。**淩淩乎泳澹波而不竭。**○陸佃曰：「㴒（四庫本、聚珍本作『涵』）泳溢流，莫之能竭。」吴世拱曰：「淩淩，泓深汜濫貌。泳，同『永』，遠長也。澹，説文：『水搖也。』波，流也。言淵之廣大汜濫，流而不竭也。」張金城曰：「淩，廣雅釋言：『馳也。』淩淩，蓋狀水勢流馳之盛也。」按：淩淩，同「粼粼」。淩淩乎，明净貌。泳，借爲「涌」。澹，恬静、平静。澹波，平静之波。**彼雖至人，**○張之純曰：「至人者，謂聖之至妙，人所不能測，非聖人之上又有一等至人也。」吴世拱曰：「彼，夫也。雖，讀爲『惟』。」按：彼，猶「夫」。雖，讀爲「唯」，祇有，吴説是。至人，道行最高之人，在聖人之上，張説非。**能以練其精神，修其耳目，整飾其身，若合符節。**陸佃曰：「（飾其身）或作『飾其身體』。（若）或作『與』。」按：或本衍「體」字。○吴世拱曰：「明内。」張金城曰：「此莊子知北遊『汝齊戒疏瀹而心，澡雪而精神，掊擊而知』之謂也。」按：以，助詞。練，修練。修，修治。整飾，修整、打扮。練其精神，修其耳目，整飾其身，所謂修身養性也。若合符節，言其無差忒也。」小大曲制，無所遺失；遠近邪直，無所不及。陸佃曰：「（邪）或作『干』。」按：作「干」者非。○吴世拱曰：「干，同『奸』，亦邪也。」張金城曰：「此言天人之相感，化合無間，所以能天也。」按：此言至人無所不知、無所不至也。是以德萬人者謂之儁，德千人者謂之豪，德百人者謂之英。張之純曰：「儁，博選篇作『雋』。」按：儁，與「雋」同。○張金城曰：「數句已見博選篇。」按：此言至人與聖人之有別，猶如「儁」、「豪」、「英」之有別。故聖者，言之凡也。陸佃曰：「一本『凡也』下云『而察人聖者之功也』。」張金城曰：「注曰一本凡也下云者，蓋他本文字多於此，以文理不暢，故陸氏不取。然今本作此，亦或有脱文。」按：一本有八字近是，惟其「人」、「者」二字當互易，疑本作「而察者，聖人之功也」。○陸佃曰：「此所以虚傳章文，顯能未立，上下異奏，賢不如尊卑之術也。合百家爲聖人，故曰言之凡也。凡者，統要之辭。」吴世拱曰：「凡，撮要也，總領也。」按：凡，荀子禮論注：「常也。」言之凡，常言也，即一般之言。言「聖」乃一般所言之名，而非真聖也。

武靈王第十九

○此篇記趙武靈王與龐焕（煖）對話，主旨論不戰而勝之善。「武靈王」三字取自開篇首句。

武靈王問龐焕曰：陸佃曰：「（焕）或作『煖』。」張金城曰：「藝文類聚十九正引作『煖』。」按：「焕」、「煖」古音同，「龐焕」即「龐煖」，類聚引作「煖」，即其證。○陸佃曰：「武靈，趙武靈王也。龐焕，蓋煖之兄。」王闓運曰：「焕，煖。」張之純曰：「史記趙世家：『武靈王，肅侯子也。』」張金城曰：「世家『子武靈王立』索隱曰：『名雍。』注云『蓋煖之兄』者，蓋世賢篇有『卓襄王問龐煖』句，是煖事趙悼襄王也。而據趙世家，武靈王爲悼襄王之曾祖，上下相去七十餘年，是煖既爲悼襄王三年將，或不能同時爲武靈王時人，故以爲煖之兄也。然史無其人，或亦寓言之類。」按：趙武靈王，名雍，公元前三二五至前二九九年在位。在位期間，滅中山、樓煩、林胡，建雲中、代郡，胡服騎射，實現了富國强兵，並曾與魏、韓、燕、楚合縱攻秦。據史記趙世家，趙悼襄王三年，龐煖將兵攻燕。悼襄王於公元前二四四至前二三六年在位，是武靈王末年去悼襄王一年將近六十年，即其見武靈王時二十歲，至悼襄王三年亦不過八十歲，屬之一人，並非完全没有可能。陸云蓋其兄，然亦無確證，總之其人必亦師事鶡冠子者。

「寡人聞飛語流傳曰：○張之純曰：「飛語，謂其語飛揚四播也。」吴世拱曰：「鬼谷子有飛箝篇，蓋即此所謂飛語者。」按：飛語，飛揚四播之語，張説是。

『百戰而勝，非善之善者也。不戰而勝，善之善者也。』孫人和曰：「百戰而勝，當作『百戰百勝』，『而』字涉下『而勝』而誤。孫子謀攻篇云：『是故百戰百勝，非善之善者也；不戰而屈人之兵，善之善者也。』藝文類聚十九引鶡冠子亦作『百勝』。」按：孫説是，當作「百戰百勝」。○張金城曰：「孫子謀攻篇曰：『是故百戰百勝，非善之善者也；不戰而屈人之兵，善之善者也。』或是王問所本。」按：善之善，善中之善，最善。**願聞其解。**」○張金城曰：「解者，顔注漢書淮南王安傳『内史以出爲解』云：『解者，解説也。若今言分疏矣。』」按：願，希望。

龐煥曰：「工者貴無與争，○陸佃曰：「工，猶善也。」張金城曰：「考工記序目云：『巧者述之，守之世，謂之工。』巧，亦善也。老子曰『善勝敵者不與』注：『不與争也。』又曰：『天之道不争而善勝。』」按：工者，精巧者。貴，崇敬。無與争，無人與之競争。張引老子，分見六十八章、七十三章。**故大上用計謀，其次因人事，其下戰克。**○張金城曰：「孫子謀攻曰：『故上兵伐謀，其次伐交，其次伐兵，其下攻城。』蓋所本也。然觀下文所論者，理致不析，恐有脱誤。」按：大上，最上。因，利用。戰克，以戰克。克，勝。**用計謀者，熒惑敵國之主，**○吴世拱曰：「熒，同『營』。」張金城曰：「『熒』、『營』音同字通。莊子人間世『而目將熒之』釋文：『熒，崔本作「營」。』是也。營，亦惑也。」按：熒惑，炫惑、迷惑。**使變更淫俗，**陸佃曰：「（淫）或爲『謡』。」按：作「謡」者是，「淫」當是「謡」字之誤。史記貨殖傳：「人民謡俗。」○陸佃曰：「使爲淫俗所移。」張之純曰：「使爲淫俗所移，如齊人饋女樂，季桓子三日不朝之類。」張金城曰：「六韜文伐云『養其亂臣以迷之，進美女淫聲以惑之』是也。」按：謡俗，風俗，無關淫亂事，諸説非。

哆暴驕恣，暴，叢刊本、朱氏本、四庫本、聚珍本、學津本誤作「恭」，吴世拱、張金城從之，王氏本作「泰」。驕，叢刊本作「憍」。孫人和曰：「緜眇閣本作『哆暴驕恣』，是也。『恭』、『暴』，『憍』、『驕』，形並相近。」○吴世拱曰：「憍，如莊子達生『方虚憍而恃氣』之憍，説文作『驕』。」張金城曰：「暴者，淮南子主術篇『其次賞賢而罰暴』注曰：『虐亂也。』哆暴驕恣，猶伯夷列傳之『暴戾恣睢』。」按：哆，放蕩。暴，暴戾。驕，驕傲。恣，放縱。 **而無聖人之數，**○張金城曰：「聖人者，泛指君主，猶曰明君也。荀子禮論曰：『聖人者，人道之極。』蓋以造作之功，盡倫之事，非君人者莫能，故作此稱。猶後世天子曰聖躬，亦以聖爲名也。數，廣雅釋言：『術也。』『術』從行，道也。然則無聖人之數者，爲無明君之道也。下文所言，正申論此意。」按：聖人，謂君主。數，同「術」，張金城説是。 **愛人而與，無功而爵，未勞而賞，**○愛，喜愛。與，給。 **喜則釋罪，怒則妄殺，**○張金城曰：「管子明法曰：『明主雖心之所愛，而無功者不賞也；雖心之所憎，而無罪者弗罰也。案法式而驗得失，非法度不留意焉。』」按：釋罪，開釋有罪。妄殺，亂殺無辜。 **法民而自慎，**陸佃曰：「（民）或作『居』；（慎）或作『填』。」按：「民」作「居」、「慎」作「填」，皆字之誤。○陸佃曰：「刑民而自以爲慎。」吴世拱曰：「法民，刑逼民也。慎，同『瞋』，張也。『慎』、『至』、『人』爲韻。」張金城曰：「法民，猶孟子梁惠王上『及陷於罪，然後從而刑之，是罔民也』之『罔民』，謂張法網以刑民也。」

按：法民，以法律民。慎，借爲「順」。自順，自便。**少人而自至，**○陸佃曰：「狹人而自以爲至。」吴世拱曰：「少，輕也。至，大也。」張金城曰：「呂覽謹慎篇：『亡國之主反此，乃自賢而少人。』自至，猶自賢也。」按：少，小。少人，小看人。至，呂覽求人「至勞也」注：「大也。」自至，自大。吴説是。**繁無用，**○張金城曰：「天則篇曰：『聖王者去無用。』注云：『屠龍之技，刻楮之巧，雖號高妙，無所用之。』繁，廣雅釋詁三：『多也。』繁無用者，謂務多其無用之事也。」按：繁，增多。無用，一切華美不實用之物。**嗜龜占，**陸佃曰：「（嗜）或作『著』。」按：作「著」者以音誤。○陸佃曰：「專任卜筮而已。」張金城曰：「曲禮曰：『龜爲卜。』是龜占者，猶占卜也。又曰：『卜筮不過三，卜筮不相襲。』謂不敢繁用卜筮以褻瀆神明。此言嗜龜占者，即繁用卜筮之謂。」按：嗜，喜好。龜占，占卜。嗜龜占，言其迷信。**□□高義，下合意内之人，**「高義」上原墨二字，諸本亦闕；唯王氏本、吴注本闕一字，張之純本不闕，皆非。又陸佃曰：「（下）或作『不』。」按：作「不」者字之誤。○張之純曰：「意内之人陳義不高，必降心以下合之。」吴世拱讀於「下」字爲句，曰：「蓋謂欲高義下也，不同倍反也。（意内之人）近比私人。」按：意内之人，蓋謂心腹之人。自「哆暴驕恣」至「下合意内之人」，當係他處錯簡。**所謂因人事者，結弊帛，用貨財，閉近人之復其口，**弊，當作「幣」，以音誤。○陸佃曰：「以賂買其近臣，使順其口。」吴世拱曰：「弊，幣也。孟子：『事之以皮幣。』注：『謂繒帛之貨也。』」張金城曰：「復，如論語學而『言可復』之復，謂反覆也。」按：結，束。幣帛，各種禮物。閉，壅塞。近人，敵君之近臣。復，反。行賄以堵其反覆之口，如下所云。**使其所謂是者盡非也，所謂非者盡是也，**○張金城曰：「呂覽重己篇：『未始有別者，其所謂是未嘗是，其所謂非未嘗非。是其所謂非，非其所謂是，此之謂大惑。』」按：非，以爲非；是，以爲是。**離君之際用忠臣之路。**陸佃曰：「（離）或作『雖』。」按：作「雖」者字之誤。○陸佃曰：「離之言間。」吳世拱曰：「離，離間也。際，接也，通也。」張金城曰：「廣雅釋詁一：『離，分也。』又曰：『遠也。』分、遠皆相間之義，故曰：『離之言間』。際用，猶接用、任用也。孟子萬章下：『敢問交際何心也？』又：『有際可之仕。』注並曰：『際，接也。』」按：廣雅釋詁一：「離，違也。」國語周語注：「離，失也。」是「離」有違失之義。際，交接、交際。用，任用。言使其君違失交接和任用忠臣之路。**所謂戰克者，**○張金城曰：「左傳隱公元年注『以克爲攻』疏：『克者，戰勝獲賊之名。』」按：戰克，以戰制勝。**其國已素破，兵從而攻之。**○張之純曰：「素，如左氏傳『其衆素飽』之素。素訓爲空，言其國已空虛破壞也。」張金城曰：「國已素破，謂其國方鄉殘破也。張氏訓素爲空，恐非是。」按：素，詩板箋「又素以賦斂空虛」疏：「先也。」二說非。破，破敗、衰敗。從，隨。**因句踐用此而吳國亡，**陸佃曰：「或作『因陽（吳本作『陰陽』）用此』，無『句踐』二字。」吳世拱曰：「『句踐』或作『陰陽』者，『陰陽』爲『於越』之聲轉字，謂越國也。」張金城曰：「『因』字不可通。于先生曰：「『因』疑『固』字之誤。固者，故也。』」按：張引于説是，「因」當是「固」字之誤，同「故」。或作「因陽」亦誤，

「陽」或是「越」字音誤。○吴世拱曰：「因，故也。史記吴世家：『二十三年十一月丁卯，越敗吴。』又：『吴王曰：「孤老矣，不能事君王也。吾悔不用子胥之言，自陷此。」遂自剄死。越王滅吴。』」按：固，同「故」。句踐，越王名。吴王夫差二十三年，越王句踐滅吴。**楚用此而陳蔡舉，**○陸佃曰：「靈王八年，使棄疾滅陳；十年，使棄疾定蔡，因爲陳蔡。」張金城曰：「楚世家：『（靈王）八年，使公子棄疾將兵滅陳。十年，召蔡侯，醉而殺之。使棄疾定蔡，因爲陳蔡公。』是其事也。其後楚平王立，復陳蔡之後，而立其後如故。」按：舉，被占領。**三家用此而智氏亡，**陸佃曰：「（亡）或作『殘』。」按：作「殘」非。○陸佃曰：「三家，晉、韓、魏也。」吴世拱曰：「史記晉世家：『哀公四年，趙襄子、韓康子、魏桓子共殺智伯，盡併其地。』索隱：『如紀年之説，此乃出公二十二年事。』」張金城曰：「三家，趙、韓、魏也。而注云『晉、韓、魏』者，史記趙世家云：『趙竟有邯鄲、柏人。范、中行餘邑入於晉。趙名晉卿，實專晉權。』蓋以三家中趙最强大，而居晉舊地，故因以爲稱也。」**韓用此而東分。**○陸佃曰：「晉頃公十二年，韓宣子與趙、魏共分祁氏、羊舌氏十縣。東分，其謂是乎。」張之純曰：「陸注以晉頃公十二年韓宣子與趙、魏共分祁氏、羊舌氏十縣爲東分之證，蓋本史記韓世家。若左氏傳，則宣子已卒，魏獻子代爲政，其事略殊。然宣子之孫韓固，亦得受縣。意者族滅二氏，殆宣子之本謀歟。」吴世拱曰：「史記韓世家：『韓之先與周同姓，姓姬氏。其後苗裔事晉，得封於韓原。』正義：『括地志云：「韓原在同州韓城縣西南八里。又韓城在縣南十八里，故古韓國也。」』案韓城在今陝西同州府韓城縣治，是韓與秦接，而晉、鄭、齊、宋等受之侵分者，皆在其東也，故云東分。陸解僅指分祁氏、羊舌氏十縣，非。」張金城曰：「注，韓世家文也。又晉世家云：『十二年，晉之宗家祁傒孫、叔向子相惡於君。六卿欲弱公室，乃遂以法盡滅其族，而分其邑爲十縣。』並其事也。」按：東分，謂瓜分東方之地，吳説近是。**今世之言兵也，皆强大者必勝，小弱者必滅，**○吳世拱曰：「兵也，猶云『兵者』。皆，如是説。」按：也，猶「者」，吳説是。皆，皆以爲。**是則小國之君無霸王者，而萬乘之主無破亡也。**○吳世拱曰：「『王』、『亡』爲韻。」張金城曰：「淮南子氾論：『今謂强者勝，則度地計衆；富者利，則量粟稱金。若此，則千乘之君無不霸王者，而萬乘之國無不破亡者矣。』」按：是，如是。霸，稱霸。王，爲王。破亡，敗亡。**昔夏廣而湯狹，殷大而周小，**○吳世拱曰：「孟子公孫丑：『王不待大，湯以七十里，文王以百里。』」張金城曰：「淮南子氾論：『湯無七里之分，以王諸侯；文王處岐周之間也，地方不過百里，而立爲天子者，有王道也。』皆謂有德之足勝，而地大之不足恃也。」按：夏大湯小而湯滅夏，殷大周小而周滅殷，是今之所言非也。**越弱而吳强，**○張金城曰：「吳、越會稽之役，吳國兵强天下，句踐卑辭以求成，是越弱吳强之事也。」按：越弱吳强而越滅吳，亦見今之所言非也。**此所謂不戰而勝，善之善者也。**陸佃曰：「（戰）或作『能一』（道藏本無『一』字）。」按：作「能一」或「能」皆非。○張金城曰：「此言殷、周修德以王，越王忍辱而霸，皆有勝形而後戰，故爲善之善者也。」按：湯、周、越，皆不戰而勝者也。**此陰經之法，**○陸佃曰：「陰經，黄帝之書也。」吳世拱曰：「所謂陰符經者。」張金城曰：「漢志万兵家有黄帝陰陽二十五卷，隋志有黄帝陰陽遁甲六卷，或是所指。」按：陰經，兵書名，蓋即陰符。史記言蘇秦讀周書陰符，蓋即此也。**夜行之道，**○張之純曰：「夜行，第三篇篇名。」張金城曰：「夜，舍也。夜行，舍其行迹也，見夜行篇説。」按：夜行，夜間行路，比喻在幽冥之中行事。夜行篇曰：「故聖人貴夜行。」**天武之類也。**○張之純曰：「天武，如第十七篇所謂天權也。」吴世拱曰：「鶡冠子言天者也，本書有天則、天權、能天，天武蓋謂此也，故云類。」按：天，大也。天武，謂大武，與「天權」無涉，二説非。**今或僵尸百萬，流血千里，而勝未決也，**○吴世拱曰：「（未決）無定。」按：尸，借爲「屍」。未決，未定。**以爲功計之，每已不若。**已，舊作「巳」，或作「己」，古書常互誤。○吴世拱曰：「己，圮也。言功不賞所圮壞也。」張金城曰：「不若，猶不然也，詩猗嗟傳『頎，長貌』疏、又漢書賈誼傳『苟若而可』注並曰：『若，然也。』」按：計，計算。每已不若，每每已經不如，言得不償失也。**是故聖人昭然獨思，**陸佃曰：「（獨思）或作『得恩』。」按：以下句例，此作「獨思」是，或本誤。○吴世拱曰：「昭然，明遠也。『思』、『喜』爲韻。」張金城曰：「莊子知北遊『昔日吾昭然』疏：『心中昭然明察。』此言惟聖人之所慮明察得要也。」按：昭然，顯明貌。思，慮。**忻然獨喜。**○吴世拱曰：「得其不戰而勝之道。」按：忻，同「欣」。欣然，歡喜貌。**若夫耳聞金鼓之聲而希功，**○吴世拱曰：「而，始也。下同。」按：若夫，至於。金鼓，軍中號令之器。而，就。希，冀望。下並同。功，立功。**目見旌旗之色而希陳，**陸佃曰：「（旌旗）或作『祀祺』。」按：作「祀旗」者誤。○張之純曰：「(陳)同『陣』。」張金城曰：「金鼓、旌旗，皆兵事之具。管子兵法：『三官：一曰鼓，鼓所以任也，所以起也，所以進也；二曰金，金所以坐也，所以退也，所以免也；三曰旗，旗所以立兵也，所以利兵也，所以偃兵也。』三者皆士卒之耳目也。」按：旌旗，軍中之旗。周禮春官司常：「凡軍事，建旌旗。」陳，同「陣」，布陣，張説是。**手握兵刃之枋而希戰，**○陸佃曰：「枋，柄也。」張金城曰：「儀禮特牲饋食注『所加七枋』釋文：『枋，本亦作「柄」。』」按：枋，集韻、韻會並云：「與『柄』同。」**出進合鬬而希勝，**○吴世拱曰：「進，出禦也。」按：出進，出兵進擊。**是襄主之所破亡也。」**○張之純曰：「襄主，趙襄子，武靈王六世祖。言希功、希陳、希戰、希勝者，皆爲襄子所破亡也。史記武靈王曰：『今吾欲繼襄主之業。』正指襄子言。」張金城曰：「張説是也。襄子與韓、魏共滅智伯。先是，韓、魏、智伯攻晉陽，襄子苦之，乃夜遣張孟談私於韓、魏，反滅智伯，其事見趙世家。淮南氾論云：『趙襄子以晉陽之城霸，智伯以三晉之地亡。』此之謂也。」按：襄主，謂趙襄子，張之純説是。襄子名無恤，趙簡子之子。此龐煥爲趙武靈王言，故稱其先祖爲主。所破亡，即指滅智伯。

武靈慨然嘆曰：「存亡在身。○張之純曰：「禍福無門，惟人自召。武靈變服圖形，亦可謂自求多福者，鶡冠子取以終篇，其旨深矣。」吴世拱曰：「武靈，武靈王也。身，己也。」按：身，自身。言存亡皆自身所致。**微乎哉！福之所生。**○吴世拱曰：「微，精微也。美龐煖之説是福之所生也。」按：微，微妙。言福之所生甚微妙。**寡人聞此，日月有以自觀。**日月，疑當作「日夜」。○吴世拱曰：「日月，言恒常也。觀，審察，法之也。」張金城曰：「自觀，猶曰自明、自鑑。謂取其説以自省也。」按：觀，觀看、鑒視。日夜有以自觀，言其得益也。**昔克德者不詭命，**○張之純曰：「克，能也。詭，違也。漢書董仲舒傳注：『不詭命，言不違天之理也。』」張金城曰：「書堯典云：『克明俊德。』文侯之命云：『克慎明德。』即克德也。」按：克，能；德，明其德。詭，説文：「責也。」**得要者其言不衆。**」紀昀曰：「一本無『得』字。」按：無「得」字者脱。○張之純曰：「言得其要不在多言也。」按：贊龐煥之言得要也。

附録

讀鶡冠子

唐　韓愈

鶡冠子十有六篇，其詞雜黄老刑名。其博選篇「四稽」、「五至」之説，當矣。使其人遇其時，援其道而施於國家，功德豈少哉？學問篇稱「賤生於無所用」、「中流失船，一壺千金」者，余三讀其辭而悲之。文字脱繆，爲之正三十有五字，乙者三，滅者二十有二，注十有二字云。

鶡冠子序

宋 陸佃

鶡冠子，楚人也。居於深山，以鶡爲冠，號曰「鶡冠子」。其道踳駁，著書初本黄老，而末流迪於刑名。傳曰：「申韓厲名，實切事情。」其極慘礉少恩，而原於道德之意。蓋學之弊，有如此者也。故曰：「孔墨之後，儒分爲八，墨離爲三。」嗚呼，可不慎哉！此書雖雜黄老刑名，而要其宿時若散亂而無家者。然其奇言奥旨，亦每每而有也。自博選篇至武靈王問凡十有九篇，而退之讀此，云十有六篇者，非全書也。今其書雖具在，然文字脱繆不可考者多矣。語曰：「書三寫，『魚』成『魯』，『帝』成『虎』。」豈虛言哉？余竊閔之，故爲釋其可知者，而其不可考者輒疑焉，以俟博洽君子。

評鶡冠子

明 朱養純

莊子稱孔子「吾見老子，其猶龍乎」，迺太史公傳老子「著書上下篇，言道德之意」，而後人尊之爲經。若列也，關尹也，文也，鶡冠也，則以爲鑿空借資、贗鼎濫吹耳。然其精神感動處，皆能獨立不懼，精一自信，卓然尊爲一家言。而鶡冠十九篇，其聯屬精絶，深微奇奥，爲六國競士先鞭。予嘗謂儒者將材官羣，有總挈千古，而多設溪隧，過爲韄鍵，至今有一言之幾於道者。不得陳於前，何示人不廣也？學一先生之言而暖暖姝姝，自以爲適，則誠陋矣。予故先閲董子繁露行世，隨及鶡冠。徐將議及列與文與關尹，以俟博古者自得之至。或有議其惑世誣民而欲火其書者，亦聽之而已，余又何與焉！

乾隆御製題鶡冠子

清　愛新覺羅弘曆

鈇器原歸厚德將，開卷首義即云：「王鈇非一世之器者，厚德隆俊也。」注以「王鈇」爲法制，引賈誼言：「權勢法制，人主之斤斧。」謂專任法制，不以厚德將之，而欲以持久，難哉！」是其説雖雜刑名，未嘗不歸於道德，固非若黄老之專務清静，亦不至如申韓之流爲慘礉也。雜刑匪獨老和黄。朱評陸注同因顯，柳謗韓譽兩不妨。完帙幸存書著楚，失篇却勝代稱唐。宋陸佃既爲之注解，復序云：「鶡冠子，楚人，居深山，以鶡羽爲冠，號曰『鶡冠子』。其書雜黄老刑名，要其宿時若散亂而無家，然奇言奥旨，亦每每而有。自博選至武靈王問凡十有九篇，而退之讀此，云十有六篇者，非全書也。」朱子評韓文云：「漢唐皆以爲道家者流，公謂其『辨施於國家，功德豈少』。而柳子厚作辨，則曰『得其書而讀之，言盡鄙淺』。所見不同如此。」朱子雖不置可否，然其書具在，柳説不免過當。朱子又云漢藝文志有鶡冠子一卷，而唐志云三卷，謂漢時遺缺，至唐而全。以今書校之，卷雖唐增於漢，而篇則宋增於唐。兹本既完備無缺，佃注亦世所罕見，自應重刊，以廣流傳。帝常師處王友處，「帝者與師處，王者與友處」，亦其博選篇中語。戒合書紳識弗忘。

四庫全書總目提要

清　紀昀等

鶡冠子書，漢書藝文志列於道家，注曰：「楚人居深山，以鶡爲冠。」劉勰文心雕龍稱：「鶡冠緜緜，亟發深言。」韓愈集有讀鶡冠子一首，稱其博選篇「四稽」、「五至」之説，學問篇「一壺千金」之語，且謂其「施於國家，功德豈少」。柳宗元集有鶡冠子辨一首，乃詆其言爲「鄙淺」，謂其世兵篇多同鵩賦，據司馬遷所引賈生二語，以決其僞。然古人著書，往往偶用舊文，古人引證，亦往往偶隨所見。如「谷神不死」四語今見老子中，而列子乃稱爲黄帝書；「克己復禮」一語今在論語中，左傳乃謂仲尼稱志有之；「元者善之長也」八句今在文言傳中，左傳乃記爲穆姜語。司馬遷惟稱賈生，蓋亦此類，未可以單文孤證遽斷其僞。惟其書漢志稱一篇，隋志始爲三卷，或漢以來有所附益，則未可知耳。至其説雖雜刑名，而大旨本原於道德，其文亦博辯宏肆。自六朝至唐，劉勰最號知文，而韓愈最號知道，二子稱之，宗元乃以爲「鄙淺」，過矣。此本爲宋陸佃注，凡十九篇。其序謂愈但稱十六篇，未睹其全。佃北宋人，其時古本韓文初出，當得其真。今本韓文乃亦作十九篇，殆後來反據此書以改韓集，猶劉禹錫河東集，序稱編爲三十二通，而今本柳集亦反據穆修本改爲四十五通也。佃注惟陳振孫稍及之，通考不著録。晁公武讀書志亦但稱有八卷。一本前三卷全同墨子，後兩卷多引漢以後事。公武削去前後五卷，得十九篇，則似亦未見佃注者，殆宋時已罕傳矣。

題鶡冠子

清　王闓運

漢書藝文志鶡冠子一篇，在道家；又龐煖二篇，在縱横家。隋志則道家有鶡冠子三卷，無龐煖書矣。韓退之所見鶡冠子十六篇，而陸農師注本十九篇，今通行陸注本也。注多玄語雋詞，而訓釋皆望文生意，於本書無益。鶡冠子，楚人，漢志注云耳。其書頗見燕、趙。有卓襄王、武靈王，兩君相距八十一年，或遂改武靈所問爲龐煥。龐煖者，悼襄二年將破燕軍殺劇辛者也。司馬貞以爲即馮煖。高士傳則言馮煖師事鶡冠子，後顯於趙，鶡冠子懼其薦己，乃與煖絶。則鶡冠之徒無龐煖。要之，煖自在趙，師自在楚，凡龐子言，皆宜入煖書。隋以前誤合之與？不然，何篇卷適相合也？其書言「四稽」、「五至」，欲人主之知人。退之乃歎其不得用，即用，亦不得用其「稽」、「至」也。其言王鈇、夜行、鉦面，皆使前後相照。又用招摇、急繕及狎鷗事，明非周人之書。而「天蒼地膊」梁人引之，故録存古書云。（湘綺樓文集卷三，光緒三十三年刻本）

四庫全書總目提要補正

胡玉縉

柳宗元集有鶡冠子辨一首，乃詆爲言盡鄙淺，謂其世兵篇多同鵩賦，據司馬遷所引賈生二語以決其僞。然古人著書，往往偶用舊文，古人引證，亦往往偶隨所見。如「谷神不死」四語今見老子中，而列子乃稱爲黄帝書；「克己復禮」一語今在論語中，左傳乃謂仲尼稱志有之；「元者善之長也」八句今在文言傳中，左傳乃記爲穆姜語。司馬遷惟稱賈生，蓋亦此類，未可以單文孤證遽斷其僞。惟漢志作一篇，而隋志以下皆作三卷，或後來有所附益，則未可知耳。其説雖雜刑名，而大旨本原於道德，其文亦博辨弘肆。自六朝至唐，劉勰最號知文，而韓愈最號知道，二子稱之，宗元乃以爲鄙淺，過矣。

王應麟困學紀聞十云：「鶡冠子博選篇用戰國策郭隗之言，王鈇篇用齊語管子之言，不但用賈生鵩賦而已。柳子之辯，其知言哉！」

玉縉案：王説是也。試取燕策、齊語與博選、王鈇二篇對勘，提要將何以説？

況世兵篇不第襲取「貪夫殉財」、「烈士殉名」、「夸者死權」三句已也。案惟鵬賦係韻語，世兵篇襲之，痕迹多未化，顯見此書用賈賦，非賈賦本鶡冠。王氏困學紀聞云：「博選篇用戰國策郭隗之言，王鈇篇用齊語管子之言，不但用賈生鵬賦而已。」得此説而柳説益信。絳雲樓書目野客叢書陳景雲注云：「今所行者四卷，十五篇。公羊傳疏卷末嘗引是書，則其書雖非真，亦必出唐以前人手筆。或云唐人王某撰，非也。」丁氏藏書志有盧文弨校聚珍本，並載盧跋云：「聚珍版鶡冠子博選篇『樂嗟苦咄』，『樂嗟苦』三字本缺，校者據他本補入。案陸佃注云『樂則嗟之，咄則苦之』，其語頗合。然宋黄東發日鈔載此句是『謳籍誒咄』也。又王鈇篇『家里用提』，注引公羊傳『提月』，校云：『一本作提。』今本公羊傳亦無此文。余案徐堅初學記『晦日』條下所引，正作『提月』。又『其罪有司而貳其家』，本注有『其人爲首其家爲貳』八字，今本無之。又『參於兩間』四字，本注在『天子執一以居中央』下，今以爲正文。天權篇注引列子微有更動，凡一本作某字云云，皆非陸農師所加，其中頗有可删者。其精覈若此，與道藏本何異哉？」（中華書局一九六四年）

鶡冠子吴注前言

吴世拱

漢書藝文志載鶡冠子一篇，隋志以下皆作三卷。韓愈讀鶡冠子云十六篇，陸佃注本都十九篇。本書篇目先後稱載多寡異數，其間雜坿之處無從考，實有謂益龐熯書，或其可也。夫探研舊籍，洞窺其學説與時代爲歸，某作與非某作之真譌，係一人之事，既微且輕，無從正辨，亦可置之。考其名物訓詁及學術思想，塙爲秦前之物，決非後世所能叚借。惜荒堙既久，脱落者多，紕繆之士擅自改奪，還反舊觀，莫有依據。世拱校注幾及三年，猶有未安，尚祈讀者教之。中華民國十八年八月十九日吴世拱志。

跋唐人寫鶡冠子上卷卷子

傅增湘

鶡冠子上卷，唐人寫卷子本。凡二十六紙，每紙二十八行，每行十七字，都七百二十行。末一紙後空八行，距書名後空一行，低二格題「貞觀三年五月燉煌教授令狐袁傳寫」一行十五字。卷中「民」字皆缺末筆。每紙接縫處，紙背鈐有朱色花紋記。用筆秀勁，結體方博，微具褚虞遺範。開卷題「鶡冠子卷上」，次行頂格寫本書，不標篇名。以今本覈之，自博選起，次著希，次夜行，次天則，次環流，次道端，次近迭，次度萬，至王鈇篇「上序其福禄而百事理，行畔者不利」止，蓋上卷爲今本八篇有半也。第「行畔者不利」下，尋繹文義未終，不知何以劃斷爲卷，疑莫能明也。每段下有注，注文仍大字頂格書，以別紙録之，凡得七十九條。撰注者不著何人，以初唐人所書測之，則撰者當爲隋以前人矣。注文説理深摯，而筆勢廉鋭，大非陸農師循文敷衍可比。今以道藏本校正文，開卷「道凡四稽，四曰命權」，今本以「命」字斷句矣。其下「所謂天者，物理有情者也」，至「博選者，以五至爲本者也」，乃「命權」以下「四稽」之注，今本則混入正文矣。設非覩此唐寫本，又烏能糾其失耶？此八九篇文字，凡改訂删乙增補，約近四百言。昔昌黎韓氏嘗苦此書文字脱繆，爲之正訂者凡七十餘字。陸農師亦謂「其書雖具在，然文字脱繆，不可考者多矣」，因有「魚魯帝虎」之歎。今據唐寫本足以正今本之失者至四百事，此固唐宋以來諸人所欲見而不得者。學者倘執是而求之，其奇言奧旨，或有顯著於世之一日乎！然惜其存於世者只此戔戔也。（國立北平圖書館月刊第三卷第六號，一九二九年）

鶡冠子箋疏叙例

張金城

鶡冠子，漢志道家有一篇，自注云：「楚人，居深山，以鶡爲冠。」隋、唐志並載三卷。韓文公讀其書，稱十有六篇。崇文總目曰：「今書十五篇。」王應麟漢藝文志考則謂「今四卷十五篇」。宋濂諸子辨亦曰：「予家所藏，但十五篇。」觀此，是篇卷反多於前也。今本陸佃解，十有九篇。晁氏讀書志曰：「按四庫書目，鶡冠子三十六篇，與愈合，已非漢志之舊。今書乃八卷：前三卷十三篇，與今所傳墨子書同；中三卷十九篇，愈所稱兩篇皆在，宗元非之者篇名世兵亦在；後兩卷有十九篇，多稱引漢以後事，皆後人雜亂附益之。今削去前後五卷，止存十九篇，庶得其真。」則此書篇卷，蓋經後人附會。修短不齊，不足怪也。

鶡冠子，漢志、類聚六十七引劉向別録，並以爲楚人，居深山，因服成號者。繹史卷一百二十八引真隱傳亦曰：「鶡冠子，或曰楚人，隱居幽山，衣被屢空，以鶡爲冠……著書言道家事。」則其書必行於秦漢。唯唐宋以降，傳本殆非漢志之舊。自柳宗元斥其僞，以爲「好事者僞爲其書」。晁公武、陳振孫、王應麟、黄震、宋濂繼之，並以爲贋作。則今本之非舊，殆無可疑。子厚以世兵篇多取賈生鵩賦以成文，斷其非是。伯厚更就博選篇繁用燕策郭隗之言，王鈇篇多襲齊語管子之語，以證其僞。此外若世兵篇又頗用淮南氾論及史記魯仲連鄒陽列傳之語，備知之沿襲莊子馬蹄篇文，夜行篇之用老氏語，其附會之跡，略可概見。雖然，韓文公有言曰：「其詞雜黄老刑名，其博選篇四稽五至之説當矣。」書中古旨奥義時時間出，有非漢以後人所能爲者，蓋不可盡以僞書視之也。明人胡應麟曰：「鶡冠子，漢藝文志有二：一道家，一兵家。兵家任宏所録，班氏省之。則今所傳蓋僞託道家者爾。」又曰：「説者以鶡冠、亢倉、子華皆因前代有其名而依託爲僞，然中實不同：鶡冠則戰國有其書，而後人據漢志補之；亢倉則莊子有其文，而後人據南華益之；若子華，既無其書，又無其文，特好事者因『傾蓋』一言而僞撰以欺世耳。」又曰：「藝文志兵家有龐煖三篇。鶡冠子兵政稱龐煖問，而世賢、武靈等篇直稱煖語。豈煖學於鶡冠，而此二篇自是煖書，後人因鶡冠與煖問答，因取以附之與？」近人梁任公亦曰：「雖未必爲漢志之舊，然猶爲近古，非僞關尹、僞鬼谷之比也。」斷其爲僞，而不盡爲僞。隻眼之論，甚爲得之。

雖然，陳景雲注絳雲樓書目曰：「野客叢書今所行者四卷十五篇，公羊傳疏卷末嘗引是書。則其書雖非真，亦必出唐以前手筆。或云唐人王某撰，非也。」是則僞託者爲誰氏，疑莫能明也。

鶡冠子有宋陸佃解，流傳至今。宋史本傳：「陸佃字農師，越州山陰人。……過金陵，受經於王安石。……著書二百四十二卷，於禮家名數之説尤精，如埤雅、禮象、春秋後傳，皆傳於世。」注鶡冠子事不見史傳或史册，但舉其要篇而已。今案：藏園羣書記傅增湘跋唐人寫鶡冠子上卷卷子云：「每段下有注，注文仍大字頂格書，以别紙録之，凡得七十九條。撰注者不著何人，以初唐人所書測之，則撰者當爲隋以前人矣。注文説理深摯而筆勢廉鋭，大非陸農師循文敷衍可比。」是則陸氏之前蓋有注在先，而後亡佚，乃今復出矣（案：傅氏藏敦煌寫本上卷，今未之見）。又曰：「此八九篇文字（案：據跋文云：「自博選起，次著希、次夜行、次環流、次道端、次近迭、次度萬，至王鈇篇『上序其福禄而百事理，行畔者不利』止，蓋上卷爲今本八篇有半」），凡改訂、删乙、增補約近四百言。昔昌黎韓氏嘗苦此書文字脱繆，爲之正訂者凡七十餘字。陸農師亦謂『其書雖具在，然文字脱繆不可考者多矣』，因有『魚魯帝虎』之歎。今據唐寫本足以正今本之失者至四百事，此固唐宋以來諸人所欲見而不得者。學者倘執是而求之，其奇言奥旨，或有顯著於世之一日乎。然惜其存於世者，只此戔戔也。」雖然，即彼戔戔，今亦難得一見，舊籍面目，爲玄爲黄？所惜者更千百倍之深矣！

有清一代治鶡冠子者，有洪頤煊讀書叢録、王闓運鶡冠子注、俞樾曲園雜纂、孫詒讓札迻四家。諸賢多就片言隻字析其塙詁，釐其正字，鮮能通及全章以究微言。即民國以來，孫人和氏鶡冠子舉正、張純一氏編諸子精華録，雖間有新義，略多通體之論，然十九沿用陸氏舊文，且隨意删節，蓋已失原書神貌。余既入上庠，承于師長卿先生訓誨諄諄，每想通觀子書精義。先生曰：「欲博觀必自專精始，求專精先從一子下工夫。」余欣然受教，因請以鶡冠始。求乎子史之中以箋其義、疏其注，並就古注類書所徵引有可以驗其譌奪者略爲之正。法郝懿行氏箋疏郭注山海經之例，先列陸氏舊注，圈外羅列前賢之説，最後案以己意。文既成，名曰鶡冠子箋疏，蓋冀因訓詁之明以達全文之精微也。

鶡冠子之爲僞書而非盡僞，前已稍論之矣。漢志以爲道家者，蓋是著希、夜行、天則等篇，而近迭、世兵、兵政、武靈王等篇，則始終皆論兵語。道端、泰鴻、天權諸篇，又多見陰陽家之言，何其多雜若是也？胡應麟曰：「考七略，兵家有鶡冠子。雖班氏省之，而漢世尚傳。後人混而爲一，又雜以五行家，故駁然無統。」然則鶡冠子思想，宜入何家？或唐寫本更有新義，姑存以俟詳考焉。（臺灣師範大學國文研究所集刊第十九期）